21世纪经济管理精品教材·财政与税务系列

税收学

（第2版）

谭光荣　曹　越　曹燕萍　编著

清华大学出版社
北　京

内 容 简 介

本书是根据最新营改增和税制改革的内容而整理出的教材，共分基础理论、商品与劳务税、所得税、财产税和行为税五篇。本书突出重点和难点，强调实操性和时效性，强化归纳与总结。

本书既可作为高等院校财税专业的本科生教材，也可作为税务专业学位入学考试教材，还可作为财税工作者的业务培训和参考用书。

图书在版编目(CIP)数据

税收学/谭光荣，曹越，曹燕萍编著. —2版. —北京：清华大学出版社，2016
(21世纪经济管理精品教材. 财政与税务系列)
ISBN 978-7-302-44846-4

Ⅰ. ①税…　Ⅱ. ①谭…　②曹…　③曹…　Ⅲ. ①税收理论－高等学校－教材　Ⅳ. ①F810.42

中国版本图书馆CIP数据核字(2016)第197125号

责任编辑：张　伟
封面设计：汉风唐韵
责任校对：宋玉莲
责任印制：李红英

出版发行：清华大学出版社
　网　　址：http://www.tup.com.cn，http://www.wqbook.com
　地　　址：北京清华大学学研大厦A座　　**邮　　编**：100084
　社 总 机：010-62770175　　**邮　　购**：010-62786544
　投稿与读者服务：010-62776969，c-service@tup.tsinghua.edu.cn
　质量反馈：010-62772015，zhiliang@tup.tsinghua.edu.cn
　课件下载：http://www.tup.com.cn，010-62770175-4506
印 装 者：北京国马印刷厂
经　　销：全国新华书店
开　　本：185mm×260mm　　**印　张**：23.75　　**字　　数**：544千字
版　　次：2013年1月第1版　2016年8月第2版　　**印　　次**：2016年8月第1次印刷
印　　数：1～4000
定　　价：46.00元

产品编号：070561-01

第2版前言

2011年，全国税务专业硕士学位首次招生，湖南大学是首批获得招生资格的高校。"税收学"一直被很多学校列为财税类本科专业(会计学和财政学)的必修课程；"税务专业基础"是全国税务专业硕士入学考试初试的必考课程，该课程要求考核哪些知识，使用何种教材，这些问题一直困惑着我们。近20年的税收实务本科教学、研究生教学和税收业务培训经验，使我们感到写一本理论与实践相结合的"税收学"教材很有必要。2013年1月，我们在清华大学出版社出版了第1版《税收学》，本次在原版的基础上反复征求理论界与实务界的意见，从体例、结构、内容上对原版进行了大幅度的修改。

本书共18章，分为五篇：第Ⅰ篇为基础理论，包括第一章税法基本原理和第二章国际税法；第Ⅱ篇为商品与劳务税，包括第三章增值税、第四章营业税改征增值税、第五章消费税和第六章关税；第Ⅲ篇为所得税，包括第七章企业所得税和第八章个人所得税；第Ⅳ篇为财产税，包括第九章土地增值税、第十章房产税、第十一章车船税、第十二章资源税、第十三章契税和第十四章城镇土地使用税；第Ⅴ篇为行为税，包括第十五章印花税、第十六章耕地占用税、第十七章车辆购置税和第十八章城市维护建设税与教育费附加。

本书有以下特点。

(1) 重点和难点突出。每一个重要知识点都与注册会计师考试、税务师考试的真题相关联，揭示了税收业务知识的重点和难点，从而增强本书对本科生、研究生、税务人员和财会人员的吸引力。对书中列出的知识点请读者一定要结合我们附在网上的习题与习题解答及课程PPT进行学习。

(2) 强调实操性和时效性。现行税收类教材实操性欠佳，经过对财税人员调研后发现，现实中需要税收政策的文件、文号，这样才能规范地进行财税处理，避免税企双方的争议。本书每一个知识点都与税收法规相关联，将知识点的出处用税收文件号标记出来，方便读者查找(推荐百度下载"中国税法查询系统(税法送万家专版)"→注册→在线升级→法规查询)。这对于树立读者的实操意识非常重要，有助于指引财税人员处理工作实务，从而增强本书对实务的指导和操作价值。同时，鉴于正值财税体制改革的加速期，本书全部采用最新有效的税收文件(截至2016年4月30日)，确保教材与时俱进。

(3) 强化归纳与总结。改变现有教材大多简单罗列的弊端，本书多用图表、提示等方式进行归纳、总结和简化，帮助读者迅速掌握知识点。

本书是集体智慧的结晶，包括同事之间和师生之间，具体编写分工如下：第Ⅰ篇、第Ⅱ篇和第八章由谭光荣编写；第七章由曹燕萍编写；第Ⅳ篇和第Ⅴ篇由曹越编写。本书的总体设计由谭光荣和曹越负责;全书的总纂、最终修改与定稿由谭光荣负责。本书在编写过程中汲取了许多专家、学者的研究成果,陈粱、饶冰清、邓雪逸、谢晶晶、韦祎、郑秋云、周珊珊、安炎昌、陈倩、张梦蝶、王艺璇、谢紫薇、彭婕妤、姜慧敏等参与了初稿的整理工作,在此一并表示衷心的感谢。

感谢清华大学出版社编辑的认真校阅与修正。同时,由于作者学识水平有限,书中难免出现疏漏和不足,恳请广大读者批评指正。我们期待全国兄弟院校主讲教师和莘莘学子的反馈意见(E-mail:tgr0921@163.com)。

本书可用作本科及研究生教学的教材以及税务干部、财会人员培训的参考读物,本书献给所有对中国税收业务感兴趣的读者朋友,献给致力于教给学生经久耐用知识的高校教师。

谭光荣　曹　越　曹燕萍

于湖南大学岳麓山下

2016年5月10日

第Ⅰ篇　基础理论

第一章　税法基本原理 …… 3

第一节　税法概述 …… 3
第二节　税法的分类 …… 9
第三节　税收法律关系 …… 19
第四节　税收执法 …… 22
【习题及解答】 …… 23

第二章　国际税法 …… 25

第一节　国际税法的概念及原则 …… 25
第二节　税收管辖权 …… 26
第三节　国际重复征税 …… 28
第四节　国际避税与反避税 …… 31
第五节　国际税收协定 …… 33
【习题及解答】 …… 33

第Ⅱ篇　商品与劳务税

第三章　增值税 …… 37

第一节　增值税概述 …… 37
第二节　纳税人与扣缴义务人 …… 39
第三节　征税范围 …… 43
第四节　税率 …… 46
第五节　增值税的减税、免税 …… 55
第六节　销项税额与进项税额 …… 63
第七节　应纳税额的计算 …… 68
第八节　特定企业(或交易行为)的增值税政策 …… 74

第九节 申报与缴纳 …… 77
第十节 增值税专用发票的使用和管理 …… 78
第十一节 出口货物劳务增值税和消费税退(免)税 …… 80
【习题及解答】 …… 86

第四章 营业税改征增值税 …… 89

第一节 营业税改征增值税概述 …… 89
第二节 纳税人和扣缴义务人 …… 89
第三节 应税服务 …… 91
第四节 税率和征收率 …… 100
第五节 应纳税额计算 …… 101
第六节 特殊经营行为和行业的税务处理 …… 105
第七节 营业税改征增值税试点前后相关业务的衔接 …… 113
第八节 税收减免 …… 115
第九节 征收管理 …… 125
【习题及解答】 …… 126

第五章 消费税 …… 128

第一节 消费税概述 …… 128
第二节 纳税人 …… 129
第三节 税目与税率 …… 129
第四节 计税依据 …… 135
第五节 应纳税额的一般计算 …… 138
第六节 自产自用应税消费品应纳税额的计算 …… 140
第七节 委托加工应税消费品应纳税额的计算 …… 141
第八节 进口应税消费品应纳税额的计算 …… 144
第九节 出口应税消费品消费税退(免)税 …… 145
第十节 消费税征税环节的特殊规定 …… 146
第十一节 申报与缴纳 …… 147
【习题及解答】 …… 149

第六章 关税 …… 150

第一节 关税概述 …… 150
第二节 征税对象、纳税人和税率 …… 150
第三节 原产地规定 …… 152
第四节 关税完税价格和应纳税额的计算 …… 153
第五节 关税减免 …… 160
第六节 申报和缴纳 …… 160

【习题及解答】…… 162

第Ⅲ篇 所 得 税

第七章 企业所得税 …… 165

第一节 企业所得税概述…… 165
第二节 纳税人、征税对象与税率 …… 166
第三节 应纳税所得额的计算…… 168
第四节 资产的所得税处理…… 189
第五节 资产损失税前扣除的所得税处理…… 197
第六节 企业重组的所得税处理…… 201
第七节 房地产开发经营业务的所得税处理…… 204
第八节 应纳税额的计算…… 208
第九节 税收优惠…… 214
第十节 源泉扣缴…… 222
第十一节 特别纳税调整…… 223
第十二节 征收管理…… 228
【习题及解答】…… 230

第八章 个人所得税 …… 232

第一节 个人所得税概述…… 232
第二节 征税范围、纳税人和税率 …… 232
第三节 计税依据和应纳税额的计算…… 242
第四节 减免税优惠…… 258
第五节 申报和缴纳…… 260
【习题及解答】…… 262

第Ⅳ篇 财 产 税

第九章 土地增值税 …… 267

第一节 土地增值税概述…… 267
第二节 征税范围、纳税人和税率 …… 267
第三节 转让房地产增值额的确定…… 271
第四节 应纳税额的计算…… 276
第五节 减免税优惠…… 276
第六节 申报和缴纳…… 278
【习题及解答】…… 281

第十章　房产税 …… 284

第一节　房产税概述 …… 284
第二节　征税范围、纳税人和税率 …… 284
第三节　计税依据和应纳税额的计算 …… 286
第四节　减免税优惠 …… 288
第五节　申报和缴纳 …… 291
【习题及解答】 …… 292

第十一章　车船税 …… 293

第一节　车船税概述 …… 293
第二节　征税范围、纳税人和适用税额 …… 293
第三节　应纳税额的计算与代收代缴 …… 295
第四节　减免税优惠 …… 296
第五节　申报和缴纳 …… 297
【习题及解答】 …… 298

第十二章　资源税 …… 299

第一节　资源税概述 …… 299
第二节　纳税人与扣缴义务人 …… 299
第三节　征税范围 …… 300
第四节　税目与税额 …… 301
第五节　应纳税额的计算 …… 303
第六节　申报与缴纳 …… 306
【习题及解答】 …… 307

第十三章　契税 …… 308

第一节　契税概述 …… 308
第二节　征税范围、纳税人和税率 …… 308
第三节　计税依据和应纳税额的计算 …… 312
第四节　减免税优惠 …… 314
第五节　申报和缴纳 …… 317
【习题及解答】 …… 318

第十四章　城镇土地使用税 …… 319

第一节　城镇土地使用税概述 …… 319
第二节　征税范围、纳税人和应纳税额的计算 …… 319
第三节　减免税优惠 …… 320

第四节　申报和缴纳 …… 324
【习题及解答】…… 325

第Ⅴ篇　行　为　税

第十五章　印花税 …… 329

第一节　印花税概述 …… 329
第二节　征税范围、纳税人和税率 …… 329
第三节　计税依据和应纳税额的计算 …… 334
第四节　减免税优惠 …… 338
第五节　申报和缴纳 …… 342
【习题及解答】…… 344

第十六章　耕地占用税 …… 345

第一节　耕地占用税概述 …… 345
第二节　纳税人和征税范围 …… 345
第三节　应纳税额的计算 …… 346
第四节　税收优惠 …… 347
第五节　申报和缴纳 …… 349
【习题及解答】…… 350

第十七章　车辆购置税 …… 351

第一节　车辆购置税概述 …… 351
第二节　纳税人 …… 351
第三节　征税对象和征税范围 …… 352
第四节　税率与计税依据 …… 353
第五节　税收优惠 …… 355
第六节　应纳税额的计算 …… 357
第七节　申报与缴纳 …… 359
【习题及解答】…… 360

第十八章　城市维护建设税与教育费附加 …… 361

第一节　城市维护建设税 …… 361
第二节　教育费附加 …… 365
【习题及解答】…… 366

参考文献 …… 367

第Ⅰ篇　基础理论

第一章 税法基本原理

第一节　税法概述

一、税法的概念与特点

（一）税法的概念

一般认为，税收是国家为满足社会公共需要，凭借其政治权力，按照法律规定，强制、无偿地参与剩余产品分配所形成的分配关系，是国家取得财政收入的基本形式。

税收的内涵包括：第一，课税的主体是国家或政府；第二，纳税的主体是社会成员；第三，课税的目的是满足社会公共需要；第四，课税凭借的是国家政权；第五，税收的课征是强制无偿的；第六，税收借助于法律形式进行征收；第七，税收是政府收入形式、征税活动和税收制度的统一。总之，税收对纳税人而言，实质上是纳税人换取公共物品或服务的消费权而必须支付的代价；对政府而言，实质上是政府部门履行提供公共物品或服务的义务而必须筹措的财源。

税收是经济学概念，税法则是法学概念。税法是有权力的国家机关制定的，用以调整税收分配过程中形成的权利义务关系的法律规范总和。

税法定义要点如下：

（1）立法机关——有权的机关。在我国即是全国人民代表大会及其常务委员会、地方立法机关、获得授权的行政机关。

（2）调整对象——税收分配中形成的权利义务关系。

（3）范围——有广义与狭义之分。广义的税法包括各级有权的机关制定的税收法律、法规、规章，是由税收实体法、税收程序法、税收争讼法等构成的法律体系。狭义的税法仅指全国人民代表大会及其常务委员会制定的税收法律。

税收的本质特征体现为税收制度，税收制度的具体表现形式是税法。税收之所以必须采用法的形式，是由税收的本质与特性决定的。

第一，税收的本质是一种分配关系。国家通过征税，一部分社会剩余产品或一部分既得利益从纳税人所有转变为国家所有，又以公共产品和公共服务的形式提供给纳税人，因此征税过程实际上就是国家参与社会产品的分配过程。税收所反映的分配关系必须通过法的形式才能得以实现。

第二，税收的特征是强制性、无偿性、固定性。其中，无偿性是其核心，强制性是其基本保障。原因在于：公共产品和公共服务大多具有非排他性，社会成员从中得到的利益也无法直接计量，这就决定了国家对社会成员提供的公共服务只能是无偿的，相应地，国家也只能通过强制、无偿地取得财政收入来满足公共需要。因而，税收要求有很高的强制权力作征税保障,这种权力只能是国家政治权力,法律使这种政治权力得以体现和落实。

第三,从税收职能来看,调节经济是其重要方面。这种调节不是盲目的:一方面调节目标必须明确;另一方面也需要纳税人对税收调节有切实的感受,适当调整自身的经济行为,只有这样才能使税收调节达到预期目的。

(二)税法的特点

(1)从立法过程看,税法属于制定法。现代国家的税法都是经过一定的立法程序制定出来的,即税法是由国家制定而不是认可的,这表明税法属于制定法而不是习惯法。

(2)从法律性质看,税法属于义务性法规。义务性法规是相对于授权性法规而言的,是指直接要求人们从事或不从事某种行为的法规,即直接规定人们某种义务的法规。义务性法规的一个显著特点是具有强制性,它所规定的行为方式明确而肯定,不允许任何个人或机关随意改变或违反。税法属于义务性法规的道理在于以下几点:①从定义推理,税收是纳税人的经济利益向国家的无偿让渡。②权利义务对等是一个基本的法律原则。但从税法的角度看,纳税人则以尽义务为主,所以我们称税法为义务性法规。③税法属于义务性法规,并不是指税法没有规定纳税人的权利,而是说纳税人的权利建立在其纳税义务的基础之上,是从属性的,并且这些权利从总体上看不是纳税人的实体权利,而是纳税人的程序性权利。

(3)从内容看,税法具有综合性。税法不是单一的法律,而是由实体法、程序法、争讼法等构成的综合法律体系,其内容涉及课税的基本原则、征纳双方的权利义务、税收管理规则、法律责任、解决税务争议的法律规范等,包括立法、行政执法、司法的各个方面。

二、税法的原则

税法的原则反映税收活动的根本属性,是税收法律制度建立的基础。税法原则可以分为税法基本原则和税法适用原则(表1-1)。

表1-1 税法的原则

两类原则	具体原则
税法基本原则(4个)	(1)税收法定主义原则 (2)税收公平主义原则 (3)税收合作信赖主义原则 (4)实质课税原则
税法适用原则(6个)	(1)法律优位原则 (2)法律不溯及既往原则 (3)新法优于旧法原则 (4)特别法优于普通法原则 (5)实体从旧、程序从新原则 (6)程序优于实体原则

(一)税法基本原则

从法理学的角度分析,税法基本原则可以概括成税收法定主义原则、税收公平主义原则、税收合作信赖主义原则与实质课税原则。

(1) 税收法定主义原则——税法主体的权利义务必须由法律加以规定，税法的各类构成要素都必须且只能由法律予以明确规定，超越法律规定的课税是违法和无效的。

(2) 税收公平主义原则——税收负担必须根据纳税人的负担能力分配，负担能力相等，税负相同；负担能力不等，税负不同。

(3) 税收合作信赖主义原则——征纳双方的关系从主流上看是相互信赖、相互合作的，而不是对抗的。

(4) 实质课税原则——依纳税人真实负担能力决定其税负，不能仅考核其表面是否符合课税要件。

特别提示

在注册会计师教材中，不是税收合作信赖主义原则，而是税收效率原则。税收效率原则包括两个方面：一是经济效率，即要求税法的制定要有利于资源的有效配置和经济体制的有效运行；二是行政效率，即要求提高税收行政效率，节约税收征管成本。

(二) 税法适用原则

税法适用原则是指税务行政机关和司法机关运用税收法律规范解决具体问题所必须遵循的准则。其作用在于在使法律规定具体化的过程中，提供方向性的指导，判定税法之间的相互关系，合理解决法律纠纷，保障法律顺利实现，以达到税法认可的各项税收政策目标，维护税收征纳双方的合法权益。税法适用原则并不违背税法基本原则，而且在一定程度上体现着税法基本原则。但是与其相比，税法适用原则含有更多的法律技术性准则，更为具体化。

(1) 法律优位原则。含义：法律＞法规＞规章。税收法律的效力高于税收行政法规的效力，税收行政法规的效力高于税收行政规章的效力，效力高的税法高于效力低的税法。在处理不同等级税法的关系上，效力低的税法与效力高的税法发生冲突，效力低的税法即是无效的。

(2) 法律不溯及既往原则。含义：新法实施后，之前人们的行为不适用新法，而是沿用旧法。

(3) 新法优于旧法原则。含义：新法、旧法对同一事项有不同规定时，新法效力优于旧法。

(4) 特别法优于普通法原则。含义：对同一事项两部法律分别制定有一般规定和特别规定时，特别规定的效力高于一般规定的效力。居于特别法地位的级别较低的税法，其效力可以高于作为普通法地位的级别较高的税法。

(5) 实体从旧、程序从新原则。含义：实体法不具备溯及力，而程序法在特定条件下具备一定溯及力。实体性权利义务以其发生的时间为准；而对于程序性问题(如税款征收方法、税务行政处罚等)，新税法具有约束力。

(6) 程序优于实体原则。含义：在税收争讼发生时，程序法优于实体法，以保证国家课税权的实现。

三、税法的效力与解释

(一) 税法的效力

税法的效力是指税法在什么地方、什么时间、对什么人具有法律约束力。税法的效力范围表现为空间效力、时间效力和对人的效力。

1. 税法的空间效力

税法的空间效力指税法在特定地域内发生的效力。由一个主权国家制定的税法,原则上必须适用于其主权管辖的全部领域,但是具体情况有所不同。我国税法的空间效力主要包括两种情况:

(1) 在全国范围内有效。由全国人民代表大会及其常务委员会制定的税收法律,国务院颁布的税收行政法规,财政部、国家税务总局制定的税收行政规章以及具有普遍约束力的税务行政命令在除个别特殊地区外的全国范围内有效。这里所谓个别特殊地区,主要指香港、澳门、台湾和保税区等。

(2) 在地方范围内有效。这里包括两种情况:一是由地方立法机关或政府依法制定的地方性税收法规、税收规章、具有普遍约束力的税收行政命令在其管辖区域内有效;二是由全国人民代表大会及其常务委员会、国务院、财政部、国家税务总局制定的具有特别法性质的税收法律、税收法规、税收规章和具有普遍约束力的税收行政命令在特定地区(如经济特区,老、少、边、贫地区等)内有效。

2. 税法的时间效力

税法的时间效力是指税法何时开始生效、何时终止效力和有无溯及力的问题,具体如表1-2所示。

表1-2 税法的时间效力

分类	具体分类
税法的生效(三种情况)	(1) 税法通过一段时间后开始生效 (2) 税法自通过发布之日起生效(个别条款或小税种) (3) 税法公布后授权地方政府自行确定实施日期,这种税法生效方式实质上是将税收管理权限下放给地方政府
税法的失效(三种类型)	(1) 以新税法代替旧税法(最常见) (2) 直接宣布废止 (3) 税法本身规定废止的日期

3. 税法对人的效力

税法对人的效力即指税法对什么人适用、能管辖哪些人。由于税法的空间效力、时间效力最终都要归结为对人的效力,因此在处理税法对人的效力时,国际上通行的原则有三个:一是属人主义原则,凡是本国的公民或居民,不管其身居国内还是国外,都要受本国税法的管辖;二是属地主义原则,凡是在本国领域内的法人和个人,不管其身份如何,都适用本国税法;三是属人、属地相结合的原则,我国税法即采用这一原则。凡我国公民,在我国境内居住的外籍人员,以及在我国境内注册登记的法人,或虽未在我国境内设立机构,但有来自我国境内收入的外国企业、公司、经济组织等，均适用我国税法。

（二）税法的解释

税法的解释指其法定解释，即有法定解释权的国家机关，在法律赋予的权限内，对有关税法或其条文进行的解释，具体如图 1-1 所示。

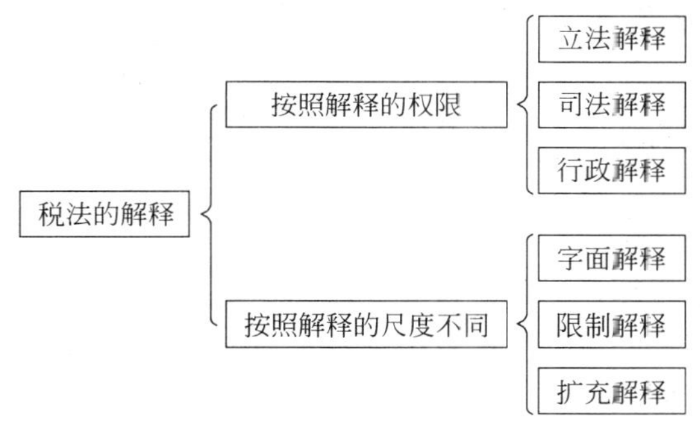

图 1-1　税法的解释

（1）按照解释的权限，税法的法定解释可以分为立法解释、司法解释和行政解释（表 1-3）。

表 1-3　税法的法定解释

种　类	解释主体	法律效力	其　　他
立法解释	三部门：全国人民代表大会及其常务委员会、最高行政机关、地方立法机关作出的税务解释	有法律效力（可作判案依据）	属于事后解释
司法解释	两高：最高人民法院、最高人民检察院，两高联合解释、作出的税务刑事案件或税务行政诉讼案件解释或规定	有法律效力（可作判案依据）	司法解释在我国仅限于税收犯罪范围
行政解释	国家税务行政主管机关（包括财政部、国家税务总局、海关总署）	不具备与被解释的税法同等的法律效力（原则上不作判案依据）	执行中有普遍约束力

（2）按照解释的尺度不同，税法的解释还可以分为字面解释、限制解释与扩充解释。

① 字面解释：必须严格依照税法条文的字面含义进行解释，既不扩大也不缩小。

② 限制解释：为了符合立法精神与目的，对税法条文所进行的小于其字面含义的解释。

③ 扩充解释：为了更好地体现立法精神，对税法条文所进行的大于其字面含义的解释。

税法的解释对于税收执法、税收法律纠纷的解决是必不可少的。

四、税法的作用

税法的作用是指税法实施所产生的社会影响，可以从规范作用和经济作用两方面进行分析。

(一) 税法的规范作用

税法的规范作用是指税法调整、规范人们行为的作用,其实质是法律的基本作用在税法中的体现与引申。

(二) 税法的经济作用

税法是调整经济分配关系的法律。因此,必然会产生种种经济职能,从而使税收的经济功能在法律形式的保障下得以充分发挥。

(1) 税法是税收根本职能得以实现的法律保障。

(2) 税法是正确处理税收分配关系的法律依据。

(3) 税法是国家宏观调控经济的重要手段。

(4) 税法是监督管理经济活动的有力武器。

(5) 税法是维护国家权益的重要手段。

五、税法与其他部门法的关系

税收活动涉及社会经济生活的各个层面,作为调整税收关系的税法与国家其他部门法具有密切的关系。

(一) 税法与宪法的关系

宪法是一个国家的根本大法。税法属于部门法,其位阶低于宪法,依据宪法制定,这种依从包括直接依据宪法的条款制定和依据宪法的原则精神制定两个层面。

(二) 税法与民法的关系

民法是调整平等主体的公民之间、法人之间、公民和法人之间的财产关系和人身关系的法律规范的总和。税法作为新兴部门法与民法的密切联系主要表现在大量借用了民法的概念、规则和原则。但是税法与民法分别属于公法和私法体系,其调整对象不同,法律关系的建立及调整适用的原则不同,调整的程序和手段不同。

(三) 税法与行政法的关系

(1) 税法与行政法有着十分密切的联系。这种联系主要表现在税法具有行政法的一般特征:①调整国家机关之间、国家机关与法人或自然人之间的法律关系;②法律关系中居于领导地位的一方总是国家;③体现国家单方面的意志,不需要双方意思表示一致;④解决法律关系中的争议,一般都按照行政复议程序和行政诉讼程序进行。

(2) 税法与行政法的区别为:①税法具有经济分配的性质,并且是经济利益由纳税人向国家的无偿单向转移,这是一般行政法所不具备的;②税法与社会再生产,特别是与物质资料再生产的全过程密切相连,不论是生产、交换、分配,还是消费,都有税法参与调节,其联系的深度和广度是一般行政法所无法比拟的;③税法是一种义务性法规,并且是以货币收益转移的数额作为纳税人所尽义务的基本度量,而行政法大多为授权性法规,少数义务性法规也不涉及货币收益的转移。因此,简单地将税法体系归并到行政法部门是不够严谨的。

（四）税法与经济法的关系

（1）税法与经济法有着十分密切的联系，表现在：①税法具有较强的经济属性，即在税法运行过程中，始终伴随着经济分配的进行；②经济法中的许多法律、法规是制定税法的重要依据；③经济法中的一些概念、规则、原则也在税法中大量应用。

（2）税法与经济法之间也有区别：①从调整对象来看，经济法调整的是经济管理关系，而税法的调整则含有较多的税务行政管理的性质；②税法属于义务性法规，而经济法基本上属于授权性法规；③税法解决争议的程序适用行政复议、行政诉讼等行政法程序，而不适用经济法中普遍采用的协商、调解、仲裁、民事诉讼程序。

（五）税法与刑法的关系

税法与刑法是从不同角度规范人们的社会行为的法律。刑法是实现税法强制性最有力的保证。两者调整对象不同、性质不同、法律追究形式不同。2009 年我国《刑法修正案》将原来的“偷税罪”修改为“逃避缴纳税款罪”。

（六）税法与国际法的关系

被一个国家承认的国际税法，也应该是这个国家税法的组成部分。各国立法时会吸取国际法中合理的理论、原则及有关法律规范；国际法高于国内法的原则，使国际法对国内法的立法产生较大的影响和制约作用。税法与国际法的关系为：两者是相互影响、相互补充、相互配合的。

第二节　税法的分类

一、按税法内容分类

按照税法内容的不同，可以将税法分为税收实体法和税收程序法。

（一）税收实体法

税收实体法是规定税收法律关系主体的实体权利义务的法律规范的总称。其主要内容包括纳税主体、征税客体、计税依据、税目、税率、减税免税等，是国家向纳税人行使征税权和纳税人负担纳税义务的要件，只有具备这些要件时，纳税人才负有纳税义务，国家才能向纳税人征税。税收实体法直接影响到国家与纳税人之间权利义务的分配，是税法的核心部分，没有税收实体法，税法体系就不能成立。

税收实体法要素主要有六个：纳税义务人，课税对象，税率，减税、免税，纳税环节和纳税期限。

1. 纳税义务人

纳税义务人简称纳税人，也称纳税主体，是税法规定的直接负有纳税义务的单位和个人，包括法人和自然人。

相关概念辨析：

（1）负税人：指实际负担税款的单位和个人。现实中，纳税人与负税人有时一致，有时不一致。

（2）代扣代缴义务人：指有义务从持有的纳税人收入中扣除其应纳税款并代为缴纳

的企业、单位或个人。

(3) 代收代缴义务人:指有义务借助与纳税人的经济交往关系而向纳税人收取应纳税款并代为缴纳的企业或单位。

(4) 代征代缴义务人:指受税务机关委托而代征税款的单位和个人。

(5) 纳税单位:指申报缴纳税款的单位,是纳税人的有效集合。

2. 课税对象

课税对象又称征税对象,是税法中规定的征税目的物,是国家征税的依据。课税对象体现不同税种征税的基本界限,决定着不同税种名称的由来以及各个税种在性质上的差别。它是税法诸要素中的基础性要素,是一种税区别于另一种税的最主要标志。

相关概念辨析:

(1) 计税依据。计税依据又称税基,是指税法中规定的计算各种应征税款的依据或标准。

课税对象与计税依据的关系:课税对象是指征税的目的物,计税依据则是在目的物已经确定的前提下,对目的物计算税款的依据或标准;课税对象是从质的方面对征税所作的规定,而计税依据则是从量的方面对征税所作的规定,是课税对象量的表现。

计税依据和课税对象有时是一致的,有时是不一致的,如表1-4所示。

表1-4 税种举例

税种举例	课税对象	计税依据	计税依据和课税对象的关系
所得税	所得额	所得额	一致
车船税	车辆、船舶	车船吨位(辆、整备质量、净吨位等)	不一致

(2) 税源。税源是指税款的最终来源,是税收负担的最终归宿。税源的大小体现着纳税人的负担能力。税源和征税对象有时是一致的,有时是不一致的。

(3) 税目。税目是课税对象的具体化,反映具体的征税范围,代表征税的广度。税目一般可分为列举税目和概括税目两类。

划分税目的主要作用为:第一,明确征税范围;第二,解决课税对象归类问题。

3. 税率

税率是计算税额的尺度,代表课税的深度,关系着国家的收入多少和纳税人的负担程度。我国现行税率主要有比例税率、累进税率和定额税率三种形式,如表1-5所示。

表1-5 税率形式

税率形式	含　　义	形式及应用举例
比例税率	对同一课税对象,不论数额大小,规定相同的征收比例	(1) 单一比例税率 (2) 差别比例税率 (3) 幅度比例税率
累进税率	课税对象按数额(或相对率)大小分成若干等级,每一等级规定一个税率,税率依次提高	(1) 全额累进税率 (2) 超额累进税率 (3) 超率累进税率
定额税率	按课税对象确定的计算单位,直接规定一个固定的税额	如城镇土地使用税、车船税、耕地占用税等

（1）比例税率。比例税率是指对同一课税对象，不论数额大小，规定相同的征收比例。它不因课税对象数额的多少而变化，是一种应用最广、最常见的税率。我国的增值税、营业税、企业所得税等采用的都是比例税率。比例税率在具体运用上，又可以采取三种不同的表现形式：

① 单一比例税率。即一种税只采用一个税率。如现行企业所得税基本税率统一按应税所得的25%计税，车辆购置税统一按纳税人购买应税车辆所支付的全部价款和价外费用的10%征收。

② 差别比例税率。即一种税分别采用不同比率的比例税率。差别比例税率按其适用范围又分为三种类型：一是产品差别比例税率，即同一种产品适用同一税率，不同产品分别适用不同的税率，如消费税等；二是行业差别比例税率，即同一行业适用同一税率，不同行业分别适用不同的税率，如营业税等；三是地区差别比例税率，即同一地区适用同一税率，不同地区分别适用不同的税率，如城市维护建设税等。

③ 幅度比例税率。即指对同一课税对象，税法只规定税率的最高比率和最低比率，各地方政府在中央统一规定的幅度内自行确定具体的适用税率。如我国现行契税即为幅度比例税率，全国统一规定的幅度是3%～5%。

比例税率的优点主要在于：计算简便，税负透明度高，并且不论课税对象数额的大小，同一课税对象只规定一个比率的税率，不妨碍商品流转额或非商品流转额的扩大，符合税收效率原则。但是，比例税率也存在不足，主要表现在不能针对不同收入的纳税人实施不同的税率。对高收入者和低收入者均按同一比例征税，难以体现税收的公平原则。

（2）累进税率。累进税率是随着课税对象数额的增大而提高的税率。即将课税对象按其数额的大小，划分若干不同的征税级距，规定若干个高低不同的税率，不同等级的课税对象数额分别适用不同的税率，课税对象数额越大，税率越高。累进税率体现了量能负担的原则，能适应纳税人负担能力的变化，更灵活地调节收入，体现税负的公平原则。因此，所得税一般采用累进税率，特别是个人所得税。其缺点是在计算和征收上比较复杂。

累进税率根据累进方式的不同，在实际运用中又可分为全额累进税率、超额累进税率和超率累进税率三种。

① 全额累进税率。全额累进税率是指按课税对象的绝对数额划分征税级距，就纳税人课税对象的全部数额按与之相适应的级距税率计征税款的一种累进税率，即一定课税对象的数额只适用一个等级的税率。

全额累进税率计算简单，但存在不合理现象——在级距临界点附近，容易出现税额增加超过课税对象数额增加的不合理现象。

② 超额累进税率。超额累进税率是指按课税对象的绝对数额划分征税级距，就纳税人课税对象全部数额中符合不同级距部分的数额分别按与之相适应的各级距税率计征税款的一种累进税率，即一定课税对象的数额会同时适用几个等级的税率。

我国现行个人所得税中对于工资和薪金的税率规定实际上是适用超额累进税率，见第八章有关个人所得税税率表。

超额累进税率避免了税额增加超过课税对象数额增加的不合理现象，但计算复杂。

速算扣除数是为了简化超额累进计算方法而设计的一个计算参数，它实际上是按全

额累进税率与按超额累进税率计算的税额之间的差额。用公式表示为

本级速算扣除数 = 按全额累进方法计算的数额 − 按超额累进税率计算的数额

推算超额累进税率表中的速算扣除数,还有一种简单方法,公式为

本级速算扣除数 =上级课税对象的最高数额×(本级税率 − 上级税率)+ 上级速算扣除数

若应纳税所得额1 501元,则应纳税额=1 501×10%−105=45.1(元)。

③ 超率累进税率。超率累进税率是指以课税对象数额的相对率为累进依据,按超额累进方式计算应纳税额的一种税率。现行税制中的土地增值税即采用超率累进税率计税。

(3) 定额税率。定额税率又称固定税额,是根据课税对象的一定计量单位(如数量、重量、面积、体积等),直接规定固定的征税数额。

目前使用定额税率的税种包括资源税(原油、天然气除外)、城镇土地使用税、耕地占用税、车船税、消费税中部分应税消费品、印花税中的部分项目。

定额税率的优点有:一是计算简便;二是税额不受课税对象价格或价值的影响,有利于稳定国家财政收入和促进企业提高产品质量。定额税率的缺点是税额难以反映课税对象的差别和负税能力,税收收入难以随国民收入的增长而同步增长。

(4) 其他形式的税率(表1-6)。

表1-6 其他形式的税率

税率其他形式	含义	备注
名义税率	税法规定的税率	实际税率常常低于名义税率
实际税率	实际负担率=实际缴纳税额÷课税对象实际数额	
边际税率	边际税率=Δ税额÷Δ收入	在比例税率条件下,边际税率等于平均税率;在累进税率条件下,边际税率往往大于平均税率
平均税率	平均税率=税额÷收入	
零税率	以零表示的税率,表明课税对象的持有人负有纳税义务,但不需要缴纳税款	零税率是免税的一种方式,负税率主要用于负所得税的计算
负税率	政府利用税收形式对所得额低于某一特定标准的家庭或个人予以补贴的比例	

4. 减税、免税

减税、免税是对某些纳税人或课税对象的鼓励或照顾措施。减税是从应征税款中减征部分税款;免税是免征全部税款。

(1) 减税、免税的基本形式(表1-7)。

表1-7 减税、免税的基本形式

基本形式	特点	具体表现
税基式减免	通过直接缩小计税依据的方式实行的减税、免税,适用范围最广泛	起征点、免征额、项目扣除、跨期结转

续表

基本形式	特点	具体表现
税率式减免	通过直接降低税率的方式实行的减税、免税，适用于对行业、产品等“线”上的减免，在流转税中运用得最多	重新确定税率、选用其他税率、零税率
税额式减免	通过直接减少应纳税额的方式实行的减税、免税，仅限于解决“点”上的个别问题，仅在特殊情况下适用	全部免征、减半征收、核定减免率、抵免税额、另定减征税额

在上述三种形式的减税、免税中，税基式减免适用范围最广泛，从原则上说它适用于所有生产经营情况；税率式减免比较适用于对某个行业或某种产品这种“线”上的减免，所以流转税中运用最多；税额式减免适用范围最窄，它一般仅限于解决“点”上的个别问题，往往仅在特殊情况下适用。

（2）减税、免税的分类（表 1-8）。

表 1-8 减税、免税的分类

分类	特点
法定减免	由各税种基本法规规定，具有长期的适用性
临时减免	又称困难减免，主要是照顾纳税人的特殊困难，具有临时性的特点
特定减免	是法定减免的补充，分为无期限和有期限两种，大多有期限

5. 纳税环节

纳税环节是指税法规定的课税对象从生产到消费的流转过程中应当缴纳税款的环节。广义的纳税环节指全部课税对象在再生产中的分布情况，如资源税在生产环节，所得税在分配环节。狭义的纳税环节是商品课税中的特殊概念。按照纳税环节的多少，可将税收征收制度分为一次课征制和多次课征制。

6. 纳税期限

纳税期限是纳税人向国家缴纳税款的法定期限。纳税期限长短的决定因素在于：①税种的性质；②应纳税额的大小；③交通条件。

纳税期限有三种形式：①按期纳税，如一般情况下的消费税；②按次纳税，如耕地占用税；③按年计征，分期预缴或缴纳，如企业所得税按年计征，分期预缴；房产税、土地使用税按年计征，分期缴纳。

特别提示

（1）辨析纳税期限与交款期限的联系与区别。

（2）商品课税一般采用“按期纳税”，所得课税一般采用“按年计征，分期预缴”。

（3）纳税期限顺延的两种情况：①最后一天是法定节假日；②期限内有 3 日以上的法定节假日。

(二)税收程序法

税收程序法是税收实体法的对称,指以国家税收活动中所发生的程序关系为调整对象的税法,是规定国家征税权行使程序和纳税人纳税义务履行程序的法律规范的总称。其内容主要包括税收确定程序、税收征收程序、税收检查程序和税务争议的解决程序。税收程序法是指如何具体实施税法的规定,是税法体系的基本组成部分。《税收征收管理法》即属于税收程序法,现将该法所涉及的主要内容作一介绍。

1. 税务登记

税务登记是整个征收管理的首要环节,是税务机关对纳税人的开业、变更、歇业以及生产经营范围实行法定登记的一项管理制度,其内容主要包括开业登记、变更登记、注销登记、报验登记、停复业处理、税务登记证验审和更换、非正常户处理等。办理税务登记是纳税人的法定义务。

2. 账簿

账簿是指纳税人、扣缴义务人以会计凭证为依据,全面、连续、系统地记录各种经济业务的账册或簿籍,主要包括总账、明细账、日记账及其他各种辅助账簿。

3. 纳税申报

纳税申报是指纳税人依照法律、行政法规的规定或者税务机关依法确定的申报期限、申报内容,如实向税务机关报送纳税申报表、财务会计报表以及税务机关根据实际需要要求纳税人报送的其他纳税资料的活动;扣缴义务人依照法律、行政法规或者税务机关依法确定的申报期限、申报内容如实向税务机关报送代扣代缴、代收代缴税款报告表以及税务机关根据实际需要要求扣缴义务人报送的其他有关资料的活动。

4. 税款征收

税款征收是指税务机关依据法律、行政法规规定的标准和范围将纳税人依法应向国家缴纳的税款,及时足额地征收入库的一系列活动的总和。税款征收的内容主要包括征收方式的确定、核定应纳税额、税款入库、减免税管理、欠税的追缴等。税款征收是税收征管的目的,在整个税收征管中处于核心环节和关键地位,是税收征管的出发点和归宿。

5. 税收保全措施和强制执行措施

(1) 税收保全措施的条件。

① 行为条件——纳税人有逃避纳税义务的行为。逃避纳税义务行为主要包括转移、隐匿商品、货物或者其他财产等。

② 时间条件——纳税人在规定的纳税期届满之前和责令缴纳税款的期限之内。

③ 担保条件——在上述两个条件具备的情况下,税务机关可以责成纳税人提供纳税担保,纳税人不提供纳税担保的,税务机关可以依照法定权限和程序,采取税收保全措施。

(2) 税收保全措施的内容。

① 书面通知纳税人的开户银行或者其他金融机构冻结纳税人相当于应纳税款的存款。

② 扣押、查封纳税人的价值相当于应纳税款的商品、货物或者其他财产。

(3) 强制执行措施的条件。

① 超过纳税期限。未按照规定的期限纳税或者解缴税款。

② 告诫在先。税务机关必须责令限期缴纳税款。

③ 超过告诫期。经税务机关责令限期缴纳，逾期仍未缴纳的。

(4) 强制执行措施的内容。

① 书面通知纳税人的开户银行或者其他金融机构从其存款中扣缴税款。

② 扣押、查封、依法拍卖或者变卖其相当于应纳税款的商品、货物或者其他财产。

特别提示

税务机关采取强制执行措施时，对纳税人、扣缴义务人、纳税担保人未缴纳的滞纳金同时强制执行。

6. 税款征收中的相关制度

税款征收中的相关制度主要包括应纳税额核定制度、纳税调整制度、代扣代缴税款制度、欠税管理制度、滞纳金征收制度、延期纳税制度、报验征收制度、税款的退还和追征制度、减免税管理制度、税收凭证管理制度。下面择其要而述之。

(1) 应纳税额核定制度。核定税额是指针对由于纳税人的原因导致税务机关难以查账征收税款而采取的一种措施。但是核定税额不能简单地随意确定，而应有合法、合理的依据。

(2) 欠税管理制度。欠税是指纳税人未按照规定期限缴纳税款，扣缴义务人未按照规定的期限解缴税款的行为。欠税时间是指从规定的纳税期限届满的次日至纳税人、扣缴义务人缴纳或者解缴税款的当日。欠税金额是指纳税人、扣缴义务人缴纳或者应解缴税款与纳税人、扣缴义务人实际缴纳或者解缴税款的差额。自 2001 年 5 月 1 日起，对欠税的纳税人、扣缴义务人按日征收欠缴税款万分之五的滞纳金。

(3) 税款的退还和追征制度(表 1-9)。

表 1-9 税款的退还和追征制度

制度	适 用 情 况	具体制度规定
税款的退还	退还多缴的税款主要包括两种情况： (1) 因为技术上的原因或计算上的错误，造成纳税人多缴或税务机关多征的税款 (2) 正常的税收征管的情况下造成的多缴税款	(1) 税务机关发现应立即退回 (2) 纳税人发现自纳税之日起 3 年内书面申请退税，并加算银行同期存款利息
税款的追征	因税务机关的责任造成的未缴或者少缴税款	税务机关可在 3 年内要求纳税人、扣缴义务人补缴税款，但是不得加收滞纳金
	因纳税人、扣缴义务人的责任造成的未缴或者少缴税款	(1) 一般计算失误情况，税务机关发现在 3 年内追征，并按日加收万分之五滞纳金 (2) 特殊情况(累计金额大)，追征期延长至 5 年，并按日加收万分之五滞纳金 (3) 偷、抗、骗税的，可无限期地追征，并按日加收万分之五滞纳金

二、按税法效力分类

按照税法效力的不同，可以将税法分为税收法律、税收法规、税务规章和税务行政规范。

（一）税收法律——全国人民代表大会及其常务委员会制定

(1) 创制程序(4项)：提出—审议—表决通过—公布。

(2) 具体法律(4法)：属于全国人民代表大会通过的税收法律有《企业所得税法》《个人所得税法》等。属于全国人民代表大会常务委员会通过的税收法律有《车船税法》(自2012年1月1日起施行)、《税收征收管理法》等。

（二）税收法规——目前我国税收立法的主要形式

(1) 创制程序(4项)：立项—起草—审查—决定和公布。

(2) 具体法规(2法)：《个人所得税法实施细则》《增值税暂行条例》等都属于税收行政法规。

(3) 效力：税收法规的效力低于宪法、税收法律，而高于税务规章。

特别提示

税收法律与税收法规的内容如表1-10所示。

表1-10　税收法律与税收法规的内容

类　型	提议阶段	审议阶段	通过和公布阶段
税收法律	一般由国务院授权其税务主管部门(财政部或国家税务总局)负责立法的调查研究等准备工作，并提出立法方案或税法草案，上报国务院	由全国人民代表大会或其常务委员会审议通过	以国家主席名义发布实施
税收法规		由国务院负责审议	以国务院总理名义发布实施

（三）税务规章

税务规章是税务部门规章的简称。部门规章，根据国务院发布的《法规规章备案规定》，是指国务院各部门根据法律和国务院的行政法规、决定、命令在本部门的权限内按照规定程序所制定的规定、办法、实施细则、规则等规范性文件的总称。此处所称的部门，不仅指国务院组成部门，也包括国务院直属机构。税务规章是指根据法律或者国务院的行政法规、决定、命令，在国家税务总局职权范围内制定的，在全国范围内对税务机关、纳税人、扣缴义务人及其他税务当事人具有普遍约束力的税收规范性文件。国家税务总局发布的第一部税务规章是2002年3月1日实施的《税务部门规章制定实施办法》。

1. 税务规章的权限范围

(1) 属于法律、法规决定的事项，主要包括三个要点。

① 只有在法律或国务院行政法规等对税收事项已有规定的情况下，才可以制定税务规章；否则，不得以税务规章的形式予以规定，除非得到国务院的明确授权。

② 制定税务规章的目的是执行法律和国务院的行政法规、决定、命令，而不能另行创设法律和国务院的行政法规、决定、命令所没有规定的内容。

③ 税务规章原则上不得重复法律和国务院的行政法规、决定、命令已经明确规定的内容。

(2) 对于涉及国务院两个以上部门职权范围的事项，一般应当提请国务院制定行政法规。如条件尚不成熟，可出台联合规章，单独制定无效。

2. 税务规章的制定程序

按照《规章制定程序条例》和《税务部门规章制定实施办法》，税务规章的制定程序主要有以下几个方面。

(1) 立项。

(2) 起草。

(3) 审查。税务规章起草单位将规章送审稿报送法制部门审查。审查的内容主要包括：一是合法性，即是否与法律、行政法规等相矛盾或抵触，是否根据上位法来制定；二是与其他税务规章的规定是否协调、衔接；三是是否就重大问题征求并正确处理有关部门、组织或个人的意见；四是是否符合立法技术要求。在审查中发现税务规章送审稿有重大缺陷，如有关单位对草案有重大分歧意见，又难以协调一致的，可将税务规章送审稿退还起草单位修改。

(4) 决定和公布。法制部门审查通过后，形成税务规章草案和审查意见，报局务会议审议。

特别提示

特别注意第(4)项：审议通过的税务规章，报局长签署后予以公布，在国家税务总局公报上刊登的税务规章文本为标准文本。

3. 税务规章的适用与监督

(1) 税务规章的施行时间。税务规章一般应当自公布之日起30日后施行。特殊情况下也可自公布之日起实施。

(2) 税务规章的解释。税务规章由国家税务总局负责解释。税务规章解释与税务规章具有同等效力。

(3) 税务规章的适用。

① 税务规章的效力低于法律、行政法规。

② 税务规章之间对同一事项都作出过规定，特别规定与一般规定不一致的，适用特别规定；新的规定与旧的规定不一致的，适用新的规定。

③ 税务规章一般不应溯及既往，但为了更好地保护税务行政相对人的权利和利益而作的特别规定除外。

(4) 税务规章的冲突裁决机制。

① 税务规章与地方性法规对同一事项的规定不一致，不能确定如何适用时，由国务院提出意见。国务院认为应当适用地方性法规的，税务规章就不再适用；认为应当适用税

务规章的，应当提请全国人民代表大会常务委员会裁决。

② 税务规章与其他部门规章、地方政府规章对同一事项的规定不一致的，由国务院裁决。

(四) 税务行政规范

在税收征管实践中，还存在大量的税务行政规范，作为指导税收征管实践活动的依据，纳税人也必须严格遵守。

税务行政规范，即通常所称的税收规范性文件，是指县以上税务机关依照法定职权和规定程序制定公布的，规定纳税人、扣缴义务人、其他税务行政相对人的权利和义务，在本辖区内具有普遍约束力并可反复适用的文件。

特别提示

税收规范性文件与税务规章的区别表现在四个方面：制定程序、设定权、效力和发布形式。

税务行政规范的特征具体如下：一是属于非立法行为的行为规范；二是适用主体的非特定性；三是效力的普遍性和向后发生效力。

归纳

税收立法权及形式如表1-11所示。

表1-11 税收立法权及形式

<table>
<tr><th>分类</th><th>立法机关</th><th>形式</th><th>举例</th><th>效力</th></tr>
<tr><td rowspan="2">税收法律</td><td>全国人民代表大会及其常务委员会正式立法</td><td>4部法律</td><td>《企业所得税法》
《个人所得税法》
《税收征收管理法》
《车船税法》</td><td>除《宪法》，在税收法律体系中，税收法律具有最高的法律效力</td></tr>
<tr><td>全国人民代表大会及其常务委员会授权国务院立法</td><td>5个暂行条例</td><td>《增值税暂行条例》
《营业税暂行条例》
《消费税暂行条例》
《资源税暂行条例》
《土地增值税暂行条例》</td><td>授权立法的法律效力高于行政法规</td></tr>
<tr><td rowspan="2">税收法规</td><td>国务院——税收行政法规</td><td rowspan="2">条例、暂行条例、实施细则</td><td>《企业所得税法实施条例》
《税收征收管理法实施细则》</td><td rowspan="2">行政法规的效力低于宪法、法律，高于地方法规、部门规章、地方规章</td></tr>
<tr><td>地方人民代表大会及其常务委员会制定的税收地方性法规(目前只有海南省、少数民族自治区按全国人民代表大会授权立法)</td><td></td></tr>
</table>

续表

分类	立法机关	形式	举例	效力
税务规章	财政部、国家税务总局、海关总署——税收部门规章	办法、规则、规定	《增值税暂行条例实施细则》《税收代理试行办法》等	不得与税收法律、行政法规相抵触
	省级地方政府——税收地方规章		《房产税暂行条例实施细则》等	

第三节　税收法律关系

一、税收法律关系的概念与特点

（一）税收法律关系的概念

税收法律关系是税法所确认和调整的，国家与纳税人之间、国家与国家之间以及各级政府之间在税收分配过程中形成的权利义务关系。

（二）税收法律关系的特点

1. 主体的一方只能是国家

在税收法律关系中，国家不仅以立法者与执法者的姿态参与税收法律关系的运行与调整，而且直接以税收法律关系主体的身份出现。这样构成税收法律关系主体的一方可以是任何负有纳税义务的法人和自然人，但是另一方只能是国家。因为税收本身就是国家参与社会剩余产品分配而形成的特殊社会关系。因此，固定有一方主体为国家成为税收法律关系的特点之一。

2. 体现国家单方面的意志

税收法律关系只体现国家单方面的意志，不体现纳税人一方主体的意志。税收法律关系的成立、变更、消灭不以主体双方意思表示一致为要件。只要当事人发生了税法规定的应纳税的行为或事件，就产生了税收法律关系。

3. 权利义务关系具有不对等性

税法作为一种义务性法规，其规定的权利义务是不对等的。即在税收法律关系中，国家享有较多的权利，承担较少的义务；而纳税人则承担较多的义务，享受较少的权利。

4. 具有财产所有权或支配权单向转移的性质

在税收法律关系中，纳税人履行纳税义务，缴纳税款，就意味着将自己拥有或支配的一部分财物，无偿地交给国家，国家不再直接返还给纳税人。所以，税收法律关系中的财产转移，具有无偿、单向、连续等特点。

二、税收法律关系的主体

征纳主体，即税收法律关系的主体，是指税收法律关系中依法享有权利和承担义务的双方当事人，一方为税务机关，另一方为纳税人。

（一）征税主体

从严格意义上讲，唯一享有税收所有权的国家才是真正的征税主体。但是，国家总是通过法律授权的方式赋予具体的国家职能机关来代其行使征税权力，因此，税务机关通过获得授权成为法律意义上的征税主体。税务机关行使的征税权极具程序性，不能自由放弃或转让。

根据现行的《税收征收管理法》，可以将税务机关的职权与职责归纳如下：

1. 税务机关的职权

(1) 税务管理权。包括有权办理税务登记、审核纳税申报、管理有关发票事宜等。

(2) 税收征收权。这是税务机关最基本的权力，包括有权依法征收税款和在法定权限范围内依法自行确定税收征管方式或时间、地点等。

(3) 税收检查权。包括有权对纳税人的财务会计核算、发票使用和其他纳税情况，以及纳税人的应税商品、货物或其他财产进行查验登记等。

(4) 税务违法处理权。包括有权对违反税法的纳税人采取行政强制措施，对情节严重、触犯刑律的，移送有权机关依法追究其刑事责任。

(5) 税收行政立法权。被授权的税务机关有权在授权范围内依照一定程序制定税收行政规章及其他规范性文件，作出行政解释等。

(6) 代位权和撤销权。《税收征收管理法》为了保证税务机关及时、足额追回由于债务关系造成的、过去难以征收的税款，赋予税务机关可以在特定情况下依法行使代位权和撤销权的权力。

2. 税务机关的职责

(1) 税务机关不得违反法律、行政法规的规定开征、停征、多征或少征税款，或擅自决定税收优惠。

(2) 税务机关应当将征收的税款和罚款、滞纳金按时足额并依照预算级次入库，不得截留和挪用。

(3) 税务机关应当依照法定程序征税，依法确定有关税收征收管理的事项。

(4) 税务机关应当依法办理减税、免税等税收优惠，对纳税人的咨询、请求和申诉作出答复处理或报请上级机关处理。

(5) 税务机关对纳税人的经营状况负有保密义务。

(6) 税务机关应当按照规定付给扣缴义务人代扣、代收税款的手续费，且不得强行要求非扣缴义务人代扣、代收税款。

(7) 税务机关应当严格按照法定程序实施和解除税收保全措施，如因税务机关的原因，致使纳税人的合法权益遭受损失的，税务机关应当依法承担赔偿责任。

（二）纳税主体

纳税主体，就是通常所称的纳税人，即法律、行政法规规定负有纳税义务的单位和个人。

对于纳税主体，有许多不同的划分方法。按照纳税主体在民法中身份的不同，可以分为自然人、法人和非法人单位；按照征税权行使范围的不同，可以分为居民纳税人和非居民纳税人(表 1-12)。

表 1-12　纳税主体划分

划分方法	划分类别	说明
按照在民法中身份的不同划分	自然人、法人、非法人单位	不同种类的纳税主体,在税收法律关系中享受的权利和承担的义务也不尽相同
按照征税权行使范围的不同划分	居民纳税人、非居民纳税人	

根据《税收征收管理法》,纳税人的权利与义务可以归纳如下:

1. 纳税人的权利

(1) 依法提出申请享受税收优惠的权利。

(2) 依法请求税务机关退回多征税款的权利。

(3) 依法提起税务行政复议和税务行政诉讼的权利。

(4) 依法对税务人员的违法行为进行检举和控告的权利。

(5) 因税务机关的行为违法或不当,致使纳税人合法权益遭受损害时,有依法请求得到赔偿的权利。

(6) 向税务机关咨询税法及纳税程序的权利。

(7) 要求税务机关为其保密的权利。

(8) 对税务机关作出的决定有陈述和申辩的权利。

2. 纳税人的义务

(1) 依法办理税务登记,变更或注销税务登记

(2) 依法进行账簿、凭证管理。

(3) 按期进行纳税申报,按时足额缴纳税款。

(4) 向税务机关提供生产销售情况和其他资料,主动接受并配合税务机关的税务检查。

(5) 执行税务机关的行政处罚决定,按照规定缴纳滞纳金和罚款。

三、税收法律关系的产生、变更、消灭

与其他社会关系一样,税收法律关系也是处于不断发展变化之中的,这一发展变化过程我们可以概括为税收法律关系的产生、变更、消灭。

(一) 产生

税收法律关系的产生是指在税收法律关系主体之间形成权利义务关系。由于税法属于义务性法规,税收法律关系的产生应以引起纳税义务成立的法律事实为基础和标志。

(二) 变更

税收法律关系的变更是指由于某一法律事实的发生,使税收法律关系的主体、内容和客体发生变化。

(三) 消灭

税收法律关系的消灭是指这一法律关系的终止即其主体间权利义务关系的终止。税

收法律关系消灭的原因主要有以下几个方面：

(1) 纳税人履行纳税义务。

(2) 纳税义务因超过期限而消灭。

(3) 纳税义务的免除。

(4) 某些税法的废止。

(5) 纳税主体的消失。

第四节 税收执法

一、税收执法中适用的原则

(1) 层次高的法律优于层次低的法律。

(2) 同一层次的法律中,特别法优于普通法。

(3) 国际法优于国内法。

(4) 实体法从旧,程序法从新。

二、税务机构设置

税务机构设置如表1-13所示。

表1-13 税务机构设置

国家税务局系统	垂直管理
地方税务局系统	省级以下地方税务局实行上级税务机关和同级政府双重领导,以上级税务机关垂直领导为主的管理体制 省级地方税务局实行地方政府和国家税务总局双重领导,以地方政府领导为主的管理体制

三、税款征收管理权限划分

(1) 除少数民族自治地区和经济特区,各地均不得擅自停征全国性的地方税种。

(2) 经全国人民代表大会及其常务委员会和国务院批准,民族自治区和经济特区可以拥有某些特殊的税收管理权,但必须以不影响国家宏观调控和中央财政收入为前提。

(3) 涉外税收必须执行国家统一的税法,涉外税收政策的调整权集中在全国人民代表大会及其常务委员会和国务院,各地一律不得自行制定涉外税收的优惠措施。

(4) 在税法规定之外,一律不得减税免税,也不得采取先征后返的形式变相减免税。

四、税收征管范围划分

税收征管范围划分如表1-14所示。

表 1-14 税收征管范围划分

征收机关	征收税种
地方财政部门	（大部分地区）地方教育费附加、契税、耕地占用税
海关系统	关税、行李和邮递物品进口税、代征进出口环节的增值税和消费税
国家税务局系统	增值税，消费税，车辆购置税，企业所得税、城市维护建设税，海洋石油企业所得税、资源税，证券交易税，个人所得税中对储蓄存款利息所得征收的部分
地方税务局系统	城市维护建设税（国家税务局征收的除外）、个人所得税（国家税务局征收的除外）、企业所得税、资源税、城镇土地使用税、土地增值税、房产税、车船税、印花税等

五、税收收入划分

税收收入划分如表 1-15 所示。

表 1-15 税收收入划分

中央政府固定收入	消费税（含进口环节海关代征部分）、车辆购置税、关税、海关代征的进口环节增值税等
中央政府与地方政府共享收入	增值税（50%：50%）、企业所得税、个人所得税、资源税、城市维护建设税、印花税
地方政府固定收入	城镇土地使用税、耕地占用税、土地增值税、房产税、车船税、契税等

特别提示

自 2016 年 5 月 1 日以后，暂定在 2～3 年的过渡期内，中央地方各分享增值税的 50%（国发〔2016〕26 号）。

【习题及解答】

【例 1-1 单选题】 （2010 年注会）下列关于税收法律关系的表述中，正确的是（　　）。

A. 税法是引起法律关系的前提条件，税法可以产生具体的税收法律关系

B. 税收法律关系中权利主体双方法律地位并不平等，双方的权利义务也不对等

C. 代表国家行使征税职责的各级国家税务机关是税收法律关系中的权利主体之一

D. 税收法律关系总体上与其他法律关系一样，都是由权利主体、权利客体两方面构成

【答案】 C

【解析】 税法是引起税收法律关系的前提条件，但税法本身并不能产生具体的税收法律关系。税收法律关系的产生、变更与消灭必须由税收法律事实来决定；税收法律关系中权利主体双方法律地位平等，但双方的权利义务不对等；代表国家行使征税职责的各级国家税务机关是税收法律关系中的权利主体之一，还有财政、海关；税收法律关系总体上由

权利主体、权利客体和内容构成。

【例 1-2 多选题】 (2012 年注税)我国现行税收制度中,没有采用的税率形式有(　　)。

A. 超率累进税率　　B. 定额税率

C. 负税率　　D. 超倍累进税率

E. 超额累进税率

【答案】 CD

【解析】 我国现行税收制度中,采用的税率形式包括比例税率、定额税率、超额累进税率和超率累进税率。

第二章

国际税法

第一节　国际税法的概念及原则

一、国际税法的概念

国际税法是指调整在国家与国际社会协调相关税收过程中所产生的国家涉外税收征纳关系和国家间税收分配关系的法律规范的总和。国际税法的调整对象是国家与涉外纳税人之间的涉外税收征纳关系和国家相互之间的税收分配关系。从发展趋势来看,国际税法总是同时对涉外税收征纳关系和税收分配关系进行调整。

国际税法的重要渊源是国际税收协定,其最典型的形式是经济合作与发展组织(OECD)范本和联合国范本,从两个范本的基本内容可以看出国际税法的主要内容包括税收管辖权、国际重复征税、国际避税与反避税等。国际税法是国际法的特殊组成部分,一旦得到一国政府和立法机关的法律承认,国际税法的效力高于国内税法。

二、国际税法的基本原则

(一)国家税收主权原则

国家税收主权原则是指国际税收中一国在决定其实行怎样的涉外税收制度以及如何实行这一制度等方面有完全的自主权,不受其他任何国家和组织的干涉。任何人、国家和国际组织都应尊重他国的税收主权。

(二)国际税收分配公平原则

国际税收分配公平原则是指主权国家在其税收管辖权相互独立的基础上平等地参与国际税收利益的分配,使有关国家从对国际交易的所得等征税对象的课税中获得合理的税收份额。国家间的税收分配关系是国际税法的重要调整对象之一。

(三)国际税收中性原则

国际税收中性原则是指国际税收体制不应对涉外纳税人跨国经济活动的区位选择以及企业的组织形式等产生影响。

国际税收中性原则可以从来源国和居住国两个角度进行衡量。从来源国的角度看,就是资本输入中性;而从居住国的角度看,就是资本输出中性。资本输出中性要求税法既不鼓励也不阻碍资本的输出,使国内投资者和海外投资者的相同税前所得适用相同的税率;资本输入中性要求位于同一国家内的本国投资者和外国投资者在相同税前所得情况下适用相同的税率。

第二节 税收管辖权

一、税收管辖权的概念和分类

(一)税收管辖权的概念

税收管辖权,是一个主权国家在税收管理方面所行使的在一定范围内的征税权力,属于国家主权在税收领域中的体现。

税收管辖权具有明显的独立性和排他性。独立性是指主权国家在税收征收管理方面行使权力的完全自主性,即对本国的税收立法和税务管理具有独立的管辖权;排他性是指在处理属于本国税收事物时不受外来干涉、控制和支配。任何国家的企业、团体或个人只要在某一国的税收管辖范围之内,就要无条件地向该国履行纳税义务。

(二)税收管辖权的分类

根据行使征税权力的原则和税收管辖范围、内容的不同,目前世界上的税收管辖权分为三类:来源地管辖权、居民管辖权和公民管辖权。

二、约束税收管辖权的国际惯例

(一)约束居民(公民)管辖权的国际惯例

1. 自然人居民身份的一般判定标准

当一个国家行使居民管辖权征税时,首先要确定纳税人是否具有该国的居民身份。所谓居民,从税收的角度而言,是指在行使居民管辖权的国家中,符合其居民判定标准,具有纳税义务的一切人员,其中包括自然人、法人和其他社会团体。

(1)住所标准。任何个人在一国境内拥有永久性或习惯性住所,就成为该国的居民,该国则可以依据居民管辖权征税。

(2)时间标准。任何个人在一国境内居住或停留达到一定时间以上,就成为该国的居民,该国则可以依据居民管辖权征税。

(3)意愿标准。任何个人在一国境内有居住的主观意愿,就可以被视为该国的居民,该国则可以依据居民管辖权征税。

2. 自然人居民身份的特殊判定标准

根据国际上通行的做法,应按以下顺序来判定跨国自然人的居民身份:

(1)以永久性住所为判定标准,应认为是其永久性住所所在国的居民。一个跨国自然人同时在两个或两个以上的国家居住,其永久性住所在哪个国家,就认为实际上是属于哪个国家的居民,该国就可以对其行使居民管辖权。

(2)以同个人和经济关系更为密切为判定标准,应认为是与其个人和经济关系更密切的所在国的居民。

(3)以习惯性住所为判定标准,应认为是其有习惯性住所的所在国的居民。

(4)以国籍为判定标准,应认为是其国籍国的居民。

(5)通过有关国家协商解决。

3. 法人居民身份的一般判定标准

判定一个公司(或企业、单位,下同)是否属于一国的法人居民,一般有下列四项标准:

(1) 管理中心标准。任何公司的实际管理和控制中心设在哪一国,就认定其是哪一国的法人居民,该国可以依据居民管辖权征税。

(2) 总机构标准。任何公司的总机构设在哪一国,就认定其是哪一国的法人居民,该国可以依据居民管辖权征税。

(3) 资本控制标准。控制公司选举权的股东是哪一国的居民,则认定该公司是哪一国的法人居民,该国可以依据居民管辖权征税。

(4) 主要营业活动地标准。公司的主要营业活动在哪一国,则认定该公司是哪一国的法人居民,该国可以依据居民管辖权征税。

4. 法人居民身份的特殊判定标准

关于法人双重居民身份的判定,由于各国采取的法人居民标准不同,往往造成同一家公司成为两个国家的法人居民的情况。对于这种情况,国际上还没有像双重自然人居民那样,形成一个按顺序标准来判定的处理方法,只能由有关国家之间协商解决。

5. 公民身份的判定标准

公民管辖权的管辖范围是公民。一个实行公民管辖权的国家在考虑对某人的世界范围所得是否征税时,必须首先明确该人与本国是否有法律联结因素,即公民身份。对公民身份的判定比较简单,目前实行公民管辖权的国家基本采用两个标准。

(1) 自然人——国籍标准。任何个人如按照一国法律规定,取得该国的国籍,则成为该国的公民,该国则可以依据公民管辖权征税。

(2) 法人——登记注册标准。任何公司如按照一国法律规定,在该国登记注册,取得该国法人地位,成为该国的法人,该国则可以对其依据公民管辖权征税。

(二) 约束来源地管辖权的国际惯例

1. 对跨国劳务所得行使来源地管辖权的约束标准

(1) 对跨国独立个人劳务所得行使来源地管辖权的约束标准。

(2) 对跨国非独立个人劳务所得行使来源地管辖权的约束标准。

(3) 对跨国其他个人劳务所得行使来源地管辖权的约束标准。

2. 对跨国营业所得行使来源地管辖权的约束标准

国际上对跨国营业所得来源地的确认,一般都采用营业活动发生地标准。如果营业活动是通过某种固定的营业机构或场所进行的,一般以营业机构或场所的所在地为营业活动的发生地。

3. 对跨国投资所得行使来源地管辖权的约束标准

跨国投资所得是指跨国投资者提供资金、财产或技术供他人使用所获得的所得。

约束税收管辖权的国际惯例归纳如表 2-1 所示。

表 2-1 约束税收管辖权的国际惯例

<table>
<tr><th colspan="2">管辖权及身份种类</th><th colspan="2">判 别 标 准</th></tr>
<tr><td rowspan="4">居民管辖权</td><td rowspan="2">自然人居民身份的判定</td><td>一般判定标准</td><td>(1) 住所标准——永久性或习惯性
(2) 时间标准——居住或停留达到一定时间以上
(3) 意愿标准——有居住的主观意愿</td></tr>
<tr><td>特殊判定标准</td><td>(1) 以永久性住所为判定标准
(2) 以同个人和经济关系更为密切为判定标准
(3) 以习惯性住所为判定标准
(4) 以国籍为判定标准
(5) 通过有关国家协商解决</td></tr>
<tr><td rowspan="2">法人居民身份的判定</td><td>一般判定标准</td><td>(1) 管理中心标准
(2) 总机构标准
(3) 资本控制标准
(4) 主要营业活动地标准</td></tr>
<tr><td>特殊判定标准</td><td>法人双重居民身份的判定只能由有关国家之间协商解决</td></tr>
<tr><td>公民管辖权</td><td>公民身份的判定</td><td colspan="2">首先明确该人与本国是否有法律联结因素,即公民身份。目前实行公民管辖权的国家基本采用两个标准:
(1) 自然人——国籍标准
(2) 法人——登记注册标准</td></tr>
<tr><td colspan="2">来源地管辖权</td><td colspan="2">(1) 对跨国劳务所得行使来源地管辖权的约束标准
(2) 对跨国营业所得行使来源地管辖权的约束标准——一般为营业活动发生地
(3) 对跨国投资所得行使来源地管辖权的约束标准</td></tr>
</table>

第三节 国际重复征税

一、国际重复征税及其避免

国际重复征税及其避免如表 2-2 所示。

表 2-2 国际重复征税及其避免

要 点	主要内容
国际重复征税的概念	是指两个或两个以上的主权国家或地区,在同一时期内,对参与或被认为是参与国际经济活动的同一或不同纳税人的同一征税对象,征收相同或类似的税
国际重复征税的产生原因	具体有三个原因:纳税人所得或收益的国际化;各国所得税制的普遍化;各国行使税收管辖权的矛盾性
避免国际重复征税的一般方式	单边方式、双边方式和多边方式
避免国际重复征税的基本方法	(1) 免税法:指一国政府对本国居民(公民)来自国外的所得免予征税,以此彻底避免国际重复征税的方法 (2) 抵免法:指一国政府对本国居民(公民)来自国内外的所得一并汇总征税,但允许在本国应纳税额中扣除本国居民就其外国来源所得在国外已纳税额,以此避免国际重复征税的方法

二、国际税收抵免制度

（一）抵免限额的确定

一般来说，抵免限额是指居住国（国籍国）允许居民（公民）纳税人从本国应纳税额中，扣除就其外国来源所得缴纳的外国税款的最高限额，即对跨国纳税人在外国已纳税款进行抵免的限额。这个限额以不超过其外国来源所得按照本国税法规定的适用税率计算的应纳税额为限。

抵免限额的计算公式为

抵免限额 =（来自居住国和非居住国全部应税所得 × 居住国所得税税率）×
（来自非居住国应税所得 ÷ 来自居住国和非居住国全部应税所得）

（二）分国限额法与综合限额法

分国限额法是指在多国税收抵免条件下，跨国纳税人所在国政府对其外国来源所得，按其来源国别，分别计算抵免限额的方法。其计算公式如下：

分国抵免限额 =（来自居住国和非居住国全部应税所得 × 居住国所得税税率）×
（来自非居住国应税所得 ÷ 来自居住国和非居住国全部应税所得）

综合限额法是在多国税收抵免条件下，跨国纳税人所在国政府对其全部外国来源所得，不分国别汇总在一起，统一计算抵免限额的方法。其计算公式如下：

综合抵免限额 =（来自居住国和非居住国全部应税所得 × 居住国所得税税率）×
（来自非居住国全部应税所得 ÷ 来自居住国和非居住国全部应税所得）

在居住国（国籍国）实行比例税率的情况下，上述两个公式可分别简化为

分国抵免限额 = 来自某一非居住国应税所得 × 居住国所得税税率

综合抵免限额 = 来自非居住国全部应税所得 × 居住国所得税税率

分国限额法与综合限额法相比较，各有其优点，在不同条件下，它们所起作用的结果是不同的，如表 2-3 所示。

表 2-3　分国限额法与综合限额法的比较

假 定 情 形	分国限额法	综合限额法
跨国纳税人在国外经营普遍盈利，且税率高低不同	对居住国有利	对纳税人有利
跨国纳税人国外经营有盈有亏	对纳税人有利	对居住国有利

假定一：跨国纳税人国外经营普遍盈利，税率高低不同（表 2-4）。

表 2-4　跨国纳税人国外经营普遍盈利，税率高低不同

跨国纳税人（居住国税率 25%）	A 国经营（A 国税率 30%）	B 国经营（B 国税率 20%）
所得额	50 万元	80 万元
实际来源国纳税	50×30%=15（万元）	80×20%=16（万元）

续表

跨国纳税人(居住国税率25%)		A国经营(A国税率30%)	B国经营(B国税率20%)
分国限额法	分国限额法的限额	50×25%=12.5(万元)	80×25%=20(万元)
	分国限额实际抵税	12.5万元(＜15万元)	16万元(＜20万元)
	分国限额法合计可抵税	12.5+16=28.5(万元)	
综合限额法	综合限额法的限额	(50+80)×25%=32.5(万元)	
	综合限额实际抵税	15+16=31(万元)(＜32.5万元)	
结　　论		综合限额法可抵免的税额多,对纳税人有利	

假定二：跨国纳税人国外经营有盈有亏(表2-5)。

表2-5　跨国纳税人国外经营有盈有亏

跨国纳税人(居住国税率25%)		A国经营(A国税率30%)	B国经营(B国税率20%)
所得额		−60万元	80万元
实际来源国纳税		0	80×20%=16(万元)
分国限额法	分国限额法的限额	0	80×25%=20(万元)
	分国限额实际抵税	0	16万元(＜20万元)
	分国限额法合计可抵税	16万元	
综合限额法	综合限额法的限额	(−60+80)×25%=5(万元)	
	综合限额实际抵税	5万元(＜16万元)	
结　　论		分国限额法可抵免的税额多,对纳税人有利	

(三)直接抵免法与间接抵免法

1. 直接抵免法

直接抵免法是指一国政府对本国居民直接缴纳或应由其直接缴纳的外国所得税给予抵免的方法。它适用于对同一经济实体总、分支机构间的税收抵免。直接抵免法的计算步骤是：一是确定抵免限额,前已述及。二是确定允许抵免额。允许抵免额是指抵免限额与实缴非居住国税款两者之间数额较小者。三是确定居住国应净征收的所得税款,即(居住国应税所得+非居住国应税所得)×居住国税率−允许抵免额。

特别提示

涉及多国直接抵免时,视采用分国限额法还是综合限额法来计算确定允许抵免额。

2. 间接抵免法

间接抵免法是指一国政府对本国居民间接缴纳外国所得税给予抵免的方法。它既适用于母子公司的经营方式,又适用于母、子、孙等多层公司的经营方式。间接抵免法的计算略显复杂，其中最为关键和核心的是股息还原的确定，其他的计算过程大体与直接抵免的计算相同。股息还原的办法是(把外国子公司支付的股息还原成为未征税前的数额)，将外国子公司支付的股息占该公司所得税后全部所得的比重，乘以该公司已纳所得税，然后再加上外国源泉征收的股息预提税，这个结果相当于股息所承担的外国所得税，再加上母公司实际收到的股息，就成为股息还原所得。

两种抵免方法的特点及适用情况如表 2-6 所示。

表 2-6　两种抵免方法的特点及适用情况

抵免方法	特点及适用情况
直接抵免法	特点：一国政府对本国居民直接缴纳或应由其直接缴纳的外国所得税给予抵免适用情况：适用于同一经济实体总、分支机构之间的税收抵免
间接抵免法	特点：一国政府对本国居民间接缴纳的外国所得税给予抵免适用情况：适用于母子公司的经营方式，又适用于母、子、孙等多层公司的经营方式

(四) 税收饶让

税收饶让，又称饶让抵免，是指居住国政府对其居民在非居住国得到税收优惠的那部分所得税，特准给予饶让，视同已纳税额而给予抵免，不再按本国税法规定补征。严格地说，税收饶让不是一种独立的避免国际重复征税的方法，它只是抵免法的附加，是在采取抵免法计算本国居民应纳所得税额时，根据同有关国家预先缔结的税收协定规定，出于鼓励本国居民从事国际经济活动的积极性和维护非居住国利益的双重目的而给予的特殊优惠。

第四节　国际避税与反避税

一、国际避税的基本方式和方法

国际避税的基本方式就是跨国纳税人通过各种错用或滥用有关国家税法和国际税收协定，利用它们的差别、漏洞、特例和缺陷，规避纳税主体和纳税客体的纳税义务(即不纳税或少纳税)。其基本方法可归纳为以下几类：

(1) 通过纳税主体的国际转移进行的国际避税。

(2) 不转移纳税主体的避税。

(3) 通过纳税客体的国际转移进行的国际避税。

(4) 不转移纳税客体的避税。

二、国际避税地

国际避税地，也称避税地、避税港，是指实行低税管辖权的国家和地区，通常是指不课征个人所得税、公司所得税、资本利得税、遗产税、继承税、赠与税等直接税，或者课征的直接税的税率远低于国际一般税负水平，或者向非居民提供特殊的税收优惠，能够进行国际逃税、避税活动的国家和地区。

(一) 国际避税地的类型

一般可以把国际避税地粗分为三大类型：不征收所得税和一般财产税的国家和地区,在这些国家和地区,完全不征收个人所得税、公司所得税、资本税、净财富税、继承税、遗产税等;不征收某些所得税和一般财产税或虽征税但税率较低的国家和地区;虽有规范税制但有某些税收特例或提供某些特殊税收优惠的国家和地区。

(二) 利用国际避税地的避税

(1) 通过国际避税地常设机构避税。

(2) 通过国际避税地公司避税。

三、国际反避税

(1) 国际反避税的措施主要围绕防止纳税主体、纳税客体国际转移以及防止利用避税地避税。

(2) 国际反避税合作的主要内容——税收情报交换。税收情报交换是国家之间合作进行国际反避税的主要内容。所谓税收情报交换,是指签订税收协定的缔约国各方,各自均有义务将协定所涉及的有关税种与国内法律规定,包括协定生效期间内有关税法的修改和变化,向缔约国另一方或多方提供。

特别提示

我国的《一般反避税管理办法(试行)》已于2014年11月25日由国家税务总局2014年度第3次局务会议审议通过,自2015年2月1日起施行(国家税务总局令第32号)。

四、转让定价税制

转让定价税制是国际税收中一种约定俗成的称谓,其实质是一国政府为防止跨国公司利用转让定价避税策略侵犯本国税收权益所制定的,与规范关联方转让定价行为有关的实体性规则和程序性规则等一系列特殊税收制度规定的总称。

(一) 转让定价税制的管辖范围

转让定价税制的管辖对象是公司集团内部的关联交易。确认关联交易,首先要确认关联企业或关联方,关联交易既包括关联企业之间的交易,也包括关联个人与关联企业的交易。

(二) 转让定价调整方法

采用哪些方法对跨国关联企业利用转让定价形成不合理的国际收入和费用分配进行重新调整,是整个转让定价税制的核心内容。目前各国普遍能够接受的方法有以下几种：可比非受控价格法、再销售价格法、成本加成法、利润分割法。

第五节　国际税收协定

一、国际税收协定的概念

国际税收协定，是指两个或两个以上的主权国家或地区，为了协调相互之间的税收分配关系，本着对等的原则，在有关税收事务方面通过谈判所签订的一种书面协议。

国际税收协定可以分为双边税收协定和多边税收协定。凡是两个国家和地区参与签订的相互之间的税收协定，称为双边税收协定。凡是两个以上的国家和地区签订的相互之间的税收协定，称为多边税收协定。

特别提示

在国际税收实践活动中，缔结的国际税收协定绝大多数是双边税收协定。

二、国际税收协定的基本内容

从 OECD 范本和联合国范本以及各国已签订的双边或多边税收协定情况来看，国际税收协定的基本内容主要有四个方面，构成了协调国家间税收关系的基本框架：

(1) 税收管辖权的问题。

(2) 避免和消除国际重复征税的问题。

(3) 避免税收歧视，实行税收无差别待遇。

(4) 加强国际税收合作，防止国际避税和逃税。

三、对外签订的税收协定与国内税法的关系

税收协定是主权国家之间协调国际税收关系的法律文件，属于国际法的范畴，因而具有法律上的约束力，对缔约国任何一方政府及纳税人在协定规定范围内的征纳税活动起制约作用，从而必然影响到国家的税收利益，有时会同国内税法发生冲突。

(1) 税收协定具有高于国内税法的效力。

(2) 税收协定不能干预有关国家自主制定或调整、修改税法。

(3) 税收协定不能限制有关国家对跨国投资者提供更为优惠的税收待遇。

【习题及解答】

【例 2-1　单选题】（2010 年注税）关于国际税收抵免制度的说法，正确的是（　　）。

A. 直接抵免法仅适用于母、子公司之间的税收抵免

B. 允许抵免额等同于抵免限额

C. 税收饶让与抵免法共同构成了避免国际重复征税的办法

D. 抵免限额是指对跨国纳税人在国外已纳税款进行抵免的限度

【答案】D

【例 2-2 多选题】(2012 年注税)下列关于税收协定的说法,正确的有( )。

A. 税收协定具有高于国内税法的效力

B. 税收协定不能干预有关国家自主制定或调整、修改税法

C. 税收协定不能限制有关国家对跨国投资者提供更为优惠的税收待遇

D. 税收协定的缔结在税收实践中,绝大多数是多边税收协定

E. 税收协定的主要内容是税收情报交换

【答案】ABC

【解析】税收协定的缔结在税收实践中,绝大多数是双边税收协定;税收情报交换是国际反避税合作的主要内容。

第Ⅱ篇　商品与劳务税

第三章

增　值　税

第一节　增值税概述

一、增值税的概念

增值税是以单位和个人生产经营过程中取得的增值额为课税对象征收的一种税。我国现行的增值税法是2008年11月10日国务院颁布的《增值税暂行条例》，于2008年11月5日国务院第34次常务会议通过，2008年11月10日以国务院令第538号公布，2009年1月1日起施行。对于销售货物提供加工修理、修配劳务主要适用于《增值税暂行条例》，在本章讲解，对于销售服务、无形资产或者不动产主要适用于《关于全面推开营业税改征增值税试点的通知》(财税〔2016〕36号)，在第四章讲解。

(一) 关于增值额的问题

(1) 不同角度对增值额的理解如表3-1所示。

表3-1　不同角度对增值额的理解

角　　度	对增值额的理解
从理论上讲	增值额是指企业在生产经营过程中新创造的那部分价值，即货物或劳务价值中V+M部分，在我国相当于净产值或国民收入部分
从一个生产经营单位来看	增值额是指该单位销售货物或提供劳务的收入额扣除为生产经营这种货物(包括劳务，下同)而外购的那部分货物价款后的余额
从某一货物来看	增值额是指该货物在经历的生产和流通的各个环节中所创造的增值额之和，也就是该项货物的最终销售价值

(2) 增值与价格的关系。货物在各环节增值与价格的关系如表3-2所示。

表3-2　货物在各环节增值与价格的关系　　　　(单位：元)

项目 \ 环节	成品制造环节	批发环节	零售环节	合　计
增值额	150	50	60	260
销售额	150	200	260	

该项货物在上述三个环节创造的增值额之和为260元，该项货物的最终销售价格也是260元。这种情况说明，在税率一致的情况下，对每一生产流通环节征收的增值税之和，实际上就是按货物最终销售额征收的增值税，或者说是销售税。

(3) 增值额的法定性。实行增值税的国家，据以征税的增值额都是一种法定增值额，并非理论增值额。法定增值额可以等于理论增值额，也可以大于或小于理论增值额。造成法定增值额与理论增值额不一致的一个重要原因是各国在规定扣除范围时,对外购固定资产的处理办法不同。

(二) 增值税一般不直接以增值额作为计税依据

各国计算增值税时都不是先求出各生产经营环节的增值额,然后再据此计算增值税,而是采取从销售总额的应纳税款中扣除外购项目已纳税款的税款抵扣法。

二、增值税的类型

增值税按对外购固定资产处理方式的不同可划分为生产型增值税、收入型增值税和消费型增值税(表3-3)。

表3-3 增值税的类型

增值税类型	特 点	优 点	缺 点
生产型	课税基数大体相当于国民生产总值的统计口径,不允许扣除任何外购固定资产的价款法定增值额>理论增值额	保证财政收入	对固定资产存在重复征税,不利于鼓励投资
收入型	课税基数相当于国民收入部分,外购固定资产价款只允许扣当期计入产品价值的折旧费部分法定增值额=理论增值额	一种标准的增值税	给凭发票扣税的计算方法带来困难
消费型(我国2009年全面实施)	课税基数仅限于消费资料价值的部分,允许将当期购入的固定资产价款一次全部扣除法定增值额<理论增值额	凭发票扣税,便于操作管理,最能体现增值税的优越性	购进固定资产的当期因扣除额大大增加而减少财政收入

三、增值税的性质及其计税原理

(一) 增值税的性质

增值税是属于流转税性质的税种。

(1) 以全部流转额为计税销售额,同时实行税款抵扣制度,是一种只就未税流转额征税的新型流转税。

(2) 税负具有转嫁性。增值税属于间接税。

(3) 按产品或行业实行比例税率,作用在于广泛征集财政收入,而不是调节收入差距。

(二) 增值税的计税原理

采用整体税负扣除以前环节已纳税款的原理。具体体现为:

(1) 按全部销售额计算税款,但只对货物或劳务价值中新增价值部分征税。

(2) 实行税款抵扣制度,对以前环节已纳税款予以扣除。

(3) 税款随着货物的销售逐环节转移,最终消费者是全部税款的承担者,纳税人与负税人相分离。

四、增值税与其他流转税的配合

增值税与其他流转税的配合一般有两种模式。

（一）交叉征税（或称双层次征收）模式

实行增值税的国家在对货物和劳务普遍征收增值税的基础上，再选择一些特定的消费品或消费行为征收一道消费税或其他流转税，使增值税与消费税或其他流转税相互配合，共同发挥税收筹集资金和调节经济的作用。

（二）平行征收模式

一些实行增值税的国家在选择特定的货物或劳务征收消费税或其他流转税后，不再对其征收增值税，而仅对不属于消费税或其他流转税征税范围的货物或劳务征收增值税，从而形成增值税与其他流转税平行征收。

五、增值税的计税方法

（一）直接计算法

直接计算法是指首先计算出应税货物或劳务的增值额，然后用增值额乘以适用税率求出应纳税额。

（二）间接计算法

间接计算法是指不直接根据增值额计算增值税，而是首先计算出应税货物的整体税负，然后从整体税负中扣除法定的外购项目已纳税款。这种方法是实行增值税的国家广泛采用的计税方法。

六、增值税的特点和优点

（一）增值税的特点

（1）不重复征税，具有中性税收的特征。

（2）逐环节征税，逐环节扣税，最终消费者是全部税款的承担者。

（3）税基广阔，具有征收的普遍性和连续性。

（二）增值税的优点

（1）能够平衡税负，促进公平竞争。

（2）既便于对出口商品退税，又可避免对进口商品征税不足。

（3）在组织财政收入上具有稳定性和及时性。

（4）在税收征管上可以互相制约、交叉审计。

第二节　纳税人与扣缴义务人

一、增值税纳税人与扣缴义务人的基本规定

（一）纳税人

在中华人民共和国境内销售货物或者提供加工、修理修配劳务以及进口货物的单位

和个人,为增值税的纳税人(国务院令第538号)。

单位租赁或者承包给其他单位或者个人经营的,以承租人或者承包人为纳税人(国家税务总局令第50号)。

报关进口货物的纳税人是进口货物收货人或报关进口单位。代理进口的,以海关完税凭证(专用缴款书)上的纳税人为增值税的纳税人(国税函发〔1995〕288号)。

(二) 扣缴义务人

中华人民共和国境外的单位或者个人在境内提供应税劳务,在境内未设有经营机构的,以其境内代理人为扣缴义务人;在境内没有代理人的,以购买方为扣缴义务人(国务院令第538号)。

二、增值税纳税人的分类

(一) 增值税纳税人分类的依据

现行增值税制度是以纳税人年应税销售额的大小、会计核算水平和能否提供准确税务资料等标准为依据来划分一般纳税人和小规模纳税人的。

(二) 划分一般纳税人与小规模纳税人的目的

对增值税纳税人进行分类,主要是为了适应纳税人经营管理规模差异大、财务核算水平不一的情况。分类管理有利于加强重点税源管理,简化小型企业计算缴纳程序;有利于对专用发票正确使用与安全管理要求的落实。

三、小规模纳税人的认定及管理

(一) 小规模纳税人的认定

按照现行规定,除营业税改征增值试点企业,凡符合下列条件的纳税人,均视为小规模纳税人:

(1) 从事货物生产或提供应税劳务的纳税人,以及以从事货物生产或提供应税劳务为主,并兼营货物批发或零售的纳税人,年应税销售额在50万元(含)以下的。

(2) 其他纳税人,年应税销售额在80万元(含)以下的。

以从事货物生产或者提供应税劳务为主,是指纳税人的年货物生产或者提供应税劳务的销售额占年应税销售额的比重在50%以上。

年应税销售额超过小规模纳税人标准的其他个人按小规模纳税人纳税;非企业性单位、不经常发生应税行为的企业,可选择按小规模纳税人纳税(财政部、国家税务总局令第50号)。

旅店业和饮食业纳税人销售非现场消费的食品,属于不经常发生增值税应税行为,可以选择按小规模纳税人缴纳增值税(国家税务总局公告2013年第17号)。

特别提示

年应税销售额是指纳税人在连续不超过12个月的经营期内累计应征增值税销售额,

包括纳税申报销售额、稽查查补销售额、纳税评估调整销售额、税务机关代开发票销售额和免税销售额。其中稽查查补销售额和纳税评估调整销售额计入查补税款申报当月的销售额，不计入税款所属期销售额（国税函〔2010〕139 号、税总函〔2015〕311 号）。

（二）小规模纳税人的管理

小规模纳税人实行简易办法征收增值税，一般不得使用增值税专用发票。

四、一般纳税人的认定及管理（国家税务总局令第 22 号、国家税务总局公告 2015 年第 18 号）

（一）一般纳税人的认定范围

（1）增值税纳税人，年应税销售额超过财政部、国家税务总局规定的小规模纳税人标准的，除另有规定，应当向主管税务机关申请一般纳税人资格认定。

（2）年应税销售额未超过财政部、国家税务总局规定的小规模纳税人标准以及新开业的纳税人，可以向主管税务机关申请一般纳税人资格认定。

对提出申请并且符合下列条件的纳税人，主管税务机关应当为其办理一般纳税人资格认定：能够按照国家统一的会计制度规定设置账簿，根据合法、有效凭证核算，能够提供准确税务资料。

（3）下列纳税人不办理一般纳税人资格认定：

① 个体工商户以外的其他个人。其他个人指自然人。

② 选择按照小规模纳税人纳税的非企业性单位。非企业性单位是指行政单位、事业单位、军事单位、社会团体和其他单位。

③ 选择按照小规模纳税人纳税的不经常发生应税行为的企业。不经常发生应税行为的企业是指非增值税纳税人。不经常发生应税行为是指其偶然发生增值税应税行为。

除国家税务总局另有规定，纳税人一经认定为一般纳税人后，不得转为小规模纳税人。

（4）自 2015 年 4 月 1 日起，增值税一般纳税人资格实行登记制，登记事项由增值税纳税人向其主管税务机关办理（国家税务总局公告 2015 年第 18 号）。

（二）纳税人办理一般纳税人资格登记的程序（国家税务总局公告 2015 年第 18 号）

（1）纳税人向主管税务机关填报《增值税一般纳税人资格登记表》，并提供税务登记证件。

（2）纳税人填报内容与税务登记信息一致的，主管税务机关当场登记。

（3）纳税人填报内容与税务登记信息不一致，或者不符合填列要求的，税务机关应当场告知纳税人需要补正的内容。

（4）纳税人年应税销售额超过财政部、国家税务总局规定标准（以下简称规定标准），且符合有关政策规定，选择按小规模纳税人纳税的，应当向主管税务机关提交书面说明。

个体工商户以外的其他个人年应税销售额超过规定标准的，不需要向主管税务机关提交书面说明。

(三) 其他规定(国家税务总局公告2015年第18号)

(1) 纳税人年应税销售额超过规定标准的,在申报期结束后20个工作日内按照国家税务总局公告2015年第18号第二条或第三条的规定即(二)中(2)、(3)办理相关手续;未按规定时限办理的,主管税务机关应当在规定期限结束后10个工作日内制作《税务事项通知书》,告知纳税人应当在10个工作日内向主管税务机关办理相关手续。

(2) 除财政部、国家税务总局另有规定,纳税人自其选择的一般纳税人资格生效之日起,按照增值税一般计税方法计算应纳税额,并按照规定领用增值税专用发票。

(四) 一般纳税人纳税辅导期管理(国税发〔2010〕40号)

(1) 纳税辅导期管理的范围。主管税务机关可以在一定期限内对下列一般纳税人实行纳税辅导期管理(国家税务总局令第22号):

① 按照认定办法规定新认定为一般纳税人的小型商贸批发企业。

② 国家税务总局规定的其他一般纳税人。

(2) 纳税辅导期管理的期限。新认定为一般纳税人的小型商贸批发企业实行纳税辅导期管理的期限为3个月;其他一般纳税人实行纳税辅导期管理的期限为6个月(表3-4)。

表3-4 纳税辅导期管理的期限

类　　型	具体范围	期限
按规定新认定为一般纳税人的小型商贸批发企业	注册资金≤80万元、职工人数≤10人的批发企业	3个月
国家税务总局规定的其他一般纳税人	具有下列情形之一的一般纳税人: (1) 增值税偷税数额占应纳税额的10%以上并且偷税数额在10万元以上的 (2) 骗取出口退税的 (3) 虚开增值税扣税凭证的 (4) 国家税务总局规定的其他情形	6个月

(3) 纳税辅导期进项税额的抵扣。辅导期纳税人取得的增值税专用发票(简称专用发票)抵扣联、海关进口增值税专用缴款书以及运输费用结算单据应当在交叉稽核比对无误后,方可抵扣进项税额。

(4) 主管税务机关对辅导期纳税人实行限量限额发售专用发票。实行纳税辅导期管理的小型商贸批发企业,领购专用发票的最高开票限额不得超过10万元;其他一般纳税人专用发票的最高开票限额应根据企业实际经营情况重新核定。

辅导期纳税人专用发票的领购实行按次限量控制,主管税务机关可根据纳税人的经营情况核定每次专用发票的供应数量,但每次发售专用发票的数量不得超过25份。

辅导期纳税人领购的专用发票未使用完而再次领购的,主管税务机关发售专用发票的份数不得超过核定的每次领购专用发票份数与未使用完的专用发票份数的差额。

(5) 辅导期纳税人一个月内多次领购专用发票的,应从当月第二次领购专用发票起,按照上一次已领购并开具的专用发票销售额的3%预缴增值税,未预缴增值税的,主管税务机关不得向其发售专用发票。

预缴增值税时，纳税人应提供已领购并开具的专用发票记账联，主管税务机关根据其提供的专用发票记账联计算应预缴的增值税。

辅导期纳税人按现定预缴的增值税可在本期增值税应纳税额中抵减，抵减后预缴增值税仍有余额的，可抵减下期再次领购专用发票时应当预缴的增值税。

纳税辅导期结束后，纳税人因增购专用发票发生的预缴增值税有余额的，主管税务机关应在纳税辅导期结束后的第一个月内，一次性退还纳税人。

(6) 辅导期纳税人的"应交税费"科目。辅导期纳税人应当在"应交税费"科目下增设"待抵扣进项税额"明细科门，核算尚未交叉稽核比对的专用发票抵扣联、海关进口增值税专用缴款书以及运输费用结算单据（以下简称"增值税抵扣凭证"）注明或者计算的进项税额。

辅导期纳税人取得增值税抵扣凭证后，借记"应交税费——待抵扣进项税额"明细科目，贷记相关科目。交叉稽核比对无误后，借记"应交税费——应交增值税（进项税额）"科目，贷记"应交税费——待抵扣进项税额"科目。经核实不得抵扣的进项税额，红字借记"应交税费——待抵扣进项税额"科目，红字贷记相关科目。

(7) 纳税辅导期的结束与重新开始。在纳税辅导期内，主管税务机关未发现纳税人存在偷税、逃避追缴欠税、骗取出口退税、抗税或其他需要立案查处的税收违法行为的，从期满的次月起不再实行纳税辅导期管理，主管税务机关应制作、送达《税务事项通知书》，告知纳税人；主管税务机关发现辅导期纳税人存在偷税、逃避追缴欠税、骗取出口退税、抗税或其他需要立案查处的税收违法行为的，从期满的次月起按照规定重新实行纳税辅导期管理，主管税务机关应制作、送达《税务事项通知书》，告知纳税人。

第三节　征税范围

一、我国现行增值税征税范围的一般规定

在中华人民共和国境内销售货物或者提供加工、修理修配劳务以及进口货物的单位和个人，为增值税的纳税人（国务院令第 538 号）。所以，增值税征税范围包括：

(1) 货物，是指有形动产，包括电力、热力、气体在内。

(2) 加工，是指受托加工货物，即委托方提供原料及主要材料，受托方按照委托方的要求，制造货物并收取加工费的业务。

(3) 修理修配，是指受托对损伤和丧失功能的货物进行修复，使其恢复原状和功能的业务（财政部令第 65 号）。

销售货物，是指有偿转让货物的所有权。

(4) 提供加工、修理修配劳务（也称应税劳务），是指有偿提供加工、修理修配劳务。但单位或者个体工商户聘用的员工为本单位或者雇主提供加工、修理修配劳务，不包括在内。此处所称有偿，是指从购买方取得货币、货物或者其他经济利益（财政部令第 65 号）。

二、对视同销售货物行为的征税规定

单位或者个体工商户的下列行为，视同销售货物（财政部、国家税务总局令第 50 号）：

(1) 将货物交付其他单位或者个人代销。

(2) 销售代销货物。

(3) 设有两个以上机构并实行统一核算的纳税人,将货物从一个机构移送其他机构用于销售,但相关机构设在同一县(市)的除外。

(4) 将自产或者委托加工的货物用于非增值税应税项目。

(5) 将自产或者委托加工的货物用于集体福利或者个人消费。

(6) 将自产、委托加工或者购进的货物作为投资,提供给其他单位或者个体工商户。

(7) 将自产、委托加工或者购进的货物分配给股东或者投资者。

(8) 将自产、委托加工或者购进的货物无偿赠送其他单位或者个人。

特别提示1

视同销售货物行为的特点归纳如下:

(1) 货物的所有权发生了变化。

(2) 所有权没有变化,但是将自产或委托加工的货物,从生产领域转移到增值税范围以外或者转移到消费领域。

(3) 所有权或许没有变化,但是基于堵塞管理漏洞的需要,而视同销售计征增值税。

特别提示2

自2015年1月1日起,药品生产企业销售自产创新药的销售额,为向购买方收取的全部价款和价外费用,其提供给患者后续免费使用的相同创新药,不属于增值税视同销售范围(财税〔2015〕4号)。

三、对混合销售行为和兼营行为的征税规定(财税〔2016〕36号)

(一) 混合销售行为

一项销售行为如果既涉及货物又涉及服务,为混合销售。从事货物的生产、批发或者零售的单位和个体工商户的混合销售行为,按照销售货物缴纳增值税;其他单位和个体工商户的混合销售行为,按照销售服务缴纳增值税。

上述从事货物的生产、批发或者零售的单位和个体工商户,包括以从事货物的生产、批发或者零售为主,并兼营销售服务的单位和个体工商户在内。

(二) 兼营行为

所谓兼营非应税项目,是指纳税人的经营范围包括适用不同税率或征收率的增值税应税项目。但是,不同的应税项目不同时发生在同一项销售行为中。例如,某药店除销售药品,还提供医疗服务,医疗服务即属于药店兼营的不同税率或征收率的应税项目。

纳税人兼营适用不同税率或征收率的增值税应税项目的,应分别核算货物或者应税劳务的销售额和非增值税应税项目的营业额;未分别核算的,从高适用增值税税率或征收率。

（三）混合销售与兼营非应税项目的异同点及其税务处理的规定

混合销售与兼营的相同点是：两种行为的经营范围都包括适用不同税率或征收率的增值税应税项目。区别是混合销售强调的是在同一项销售行为中存在两类经营项目的混合，销售货款及劳务价款是同时从一个购买方取得的；兼营强调的是在同一纳税人的经营活动中存在两类经营项目，但这两类经营项目不是在同一项销售行为中发生。

混合销售与兼营在税务处理上的规定不同。混合销售只按一个增值税税率或征收率征税。兼营的纳税原则是分别核算、分别征税，即对适用不同税率或征收率的增值税应税项目按其对应税目征税。对兼营行为不分别核算的，从高适用增值税税率或征收率。

四、征税范围的特别规定

（一）其他按规定属于增值税征税范围的货物和收入

具体征税范围如下：

（1）货物期货（包括商品期货和贵金属期货），应当征收增值税。

（2）银行销售金银的业务，应当征收增值税。

（3）典当业的死当物品销售业务和寄售业代委托人销售寄售物品的业务，均应征收增值税。

（4）因转让著作所有权而发生的销售电影母片、录像带母带、录音磁带母带的业务，以及因转让专利技术和非专利权技术的所有权而发生的销售计算机软件的业务，不征收增值税。

（5）邮政部门销售集邮邮票、首日封，应当征收增值税。

（6）缝纫，应当征收增值税[（1）～（8）来自国税发〔1993〕154 号]。

（7）印刷企业接受出版单位委托，自行购买纸张，印刷有统一刊号（CN）以及采用国际标准书号编序的图书、报纸和杂志，按货物销售征收增值税（财税〔2005〕165 号）。

（8）供电企业利用自身输变电设备对并入电网的企业自备电厂生产的电力产品进行电压调节，属于提供加工劳务。对于上述供电企业进行电力调压并按电量向电厂收取的并网服务费，应当征收增值税（国税函〔2009〕641 号）。

（9）纳税人提供的矿产资源开采、挖掘、切割、破碎、分拣、洗选等劳务，属于增值税应税劳务，应当缴纳增值税（国家税务总局公告 2011 年第 56 号）。

（二）不征收增值税的货物和收入

（1）供应或开采未经加工的天然水（如水库供应农业灌溉用水，工厂自采地下水用于生产），不征收增值税（国税发〔1993〕154 号）。

（2）对国家管理部门行使其管理职能，发放的执照、牌照和有关证书等取得的工本费收入，不征收增值税（国税函发〔1995〕288 号）。

（3）对体育彩票的发行收入，不征收增值税（财税字〔1996〕77 号）。

（4）对增值税纳税人收取的会员费收入，不征收增值税（财税〔2005〕165 号）。

（5）代购货物行为，凡同时具备以下条件的，不征收增值税：

① 受托方不垫付资金。

② 销货方将发票开具给委托方,并由受托方将该项发票转交给委托方。

③ 受托方按销售方实际收取的销售额和增值税额(如系代理进口货物则为海关代征的增值税额)与委托方结算货款,并另外收取手续费(财税字〔1994〕26号)。

第四节 税 率

一、增值税税率体现着货物的整体税负

增值税税率是按照货物的整体税负设计的,用应税货物的销售额乘以增值税税率,即是该货物在这一环节中所负担的全部增值税税额(包括本环节的应纳税额及以前环节的已纳税额)。这种设计税率的方法用公式表示为

$$\text{增值税税率}=\frac{\text{货物在本环节的应纳税额}+\text{以前环节的已纳税额}}{\text{货物在本环节的销售额}}\times 100\%$$

二、确定增值税税率的基本原则及增值税税率的类型

确定增值税税率的基本原则是尽可能减少税率档次,不宜采取过多档次的税率。从世界各国设置增值税税率的情况来看,一般有以下几种类型:

(一) 基本税率

也称标准税率,是各个国家根据本国生产力发展水平、财政政策的需要、消费者的承受能力并考虑到历史上流转税税负水平后确定的,适用于绝大多数货物和应税劳务的税率。

(二) 低税率

对基本生活用品和劳务确定的适用税率。设置低税率的目的决定了各国对低税率货物和劳务的选择具有一致性,即一般都是对属于生活必需品的货物和劳务实行低税率,并对实行低税率的货物和劳务采取在税制中单独列举品目的方式。一般来说,采用低税率的货物和劳务不宜过多,否则会影响增值税发挥其应有的作用。

(三) 高税率

对奢侈品、非生活必需品或劳务确定的适用税率。采用高税率是为了发挥增值税的宏观调控作用,限制某些货物和劳务的消费,增加财政收入。和低税率一样,各国对高税率货物和劳务的选择也具有一致性并在税制中单独列举,采用高税率的货物和劳务也不宜过多。

(四) 零税率

一般来说,各国增值税都规定有零税率,其实施范围主要是出口货物。

三、我国增值税税率

根据确定增值税税率的基本原则,我国增值税设置了一档基本税率和一档低税率,此外还有对出口货物实施的零税率(营业税改征增值税的试点行业除外)。

（一）基本税率

纳税人销售或者进口货物，除列举的，税率均为17%；提供加工、修理修配劳务的，税率也是17%。这一税率就是通常所说的基本税率。

（二）低税率

纳税人销售或者进口列举货物适用税率13%，这一税率即是通常所说的低税率。

（三）零税率

纳税人出口货物，税率为零。但是国务院另有规定的除外。

（四）其他规定

纳税人兼营不同税率的货物或者应税劳务的，应当分别核算不同税率货物或者应税劳务的销售额。未分别核算销售额的，从高适用税率。

四、适用13%低税率货物的具体范围

（一）农业产品

农业产品是指种植业、养殖业、林业、牧业、水产业生产的各种植物、动物的初级产品。农业产品的征税范围如下。

1. 植物类（财税字〔1995〕52号）

植物类包括人工种植和天然生长的各种植物的初级产品。具体征税范围为：

（1）粮食。本货物的征税范围包括小麦、稻谷、玉米、高粱、谷子和其他杂粮（如大麦、燕麦等），以及经碾磨、脱壳等工艺加工后的粮食（如面粉、米、三米面、玉米渣等）。

切面、饺子皮、馄饨皮、面皮、米粉等粮食复制品，也属于本货物的征税范围。

根据现行增值税政策规定，玉米胚芽属于《农业产品征税范围注释》中初级农产品的范围，适用13%的增值税税率；玉米浆、玉米皮、玉米纤维（又称喷浆玉米皮）和玉米蛋白粉不属于初级农产品，也不属于《财政部、国家税务总局关于饲料产品免征增值税问题的通知》（财税〔2001〕121号）中免税饲料的范围，适用17%的增值税税率（国家税务总局公告2012年第11号）。

以粮食为原料加工的速冻食品、方便面、副食品和各种熟食品，不属于本货物的征税范围。

（2）蔬菜。本货物的征税范围包括各种蔬菜、菌类植物和少数可作副食的木本植物。

经晾晒、冷藏、冷冻、包装、脱水等工序加工的蔬菜、腌菜、咸菜、酱菜和盐渍蔬菜等，也属于本货物的征税范围。

各种蔬菜罐头（罐头是指以金属罐、玻璃瓶和其他材料包装，经排气密封的各种食品，下同），不属于本货物的征税范围。

（3）烟叶。本货物的征税范围包括晒烟叶、晾烟叶和初烤烟叶。

（4）茶叶。本货物的征税范围包括各种毛茶（如红毛茶、绿毛茶、乌龙毛茶、白毛茶、黑毛茶等）。

精制茶、边销茶及掺兑各种药物的茶和茶饮料，不属于本货物的征税范围。

(5) 园艺植物。园艺植物如水果、果干(如荔枝干、桂圆干、葡萄干等)、干果、果仁、果用瓜(如甜瓜、西瓜、哈密瓜等),以及胡椒、花椒、大料、咖啡豆等。

经冷冻、冷藏、包装等工序加工的园艺植物,也属于本货物的征税范围。

各种水果罐头,果脯,蜜饯,炒制的果仁、坚果,碾磨后的园艺植物(如胡椒粉、花椒粉等),不属于本货物的征税范围。

(6) 药用植物。药用植物是指用作中药原药的各种植物的根、茎、皮、叶、花、果实等。

利用上述药用植物加工制成的片、丝、块、段等中药饮片,也属于本货物的征税范围。

中成药不属于本货物的征税范围。

(7) 油料植物。油料植物是指主要用作榨取油脂的各种植物的根、茎、叶、果实、花或者胚芽组织等初级产品,如菜子(包括芥菜子)、花生、大豆、葵花子、蓖麻子、芝麻子、胡麻子、茶子、桐子、橄榄仁、棕榈仁、棉籽等。

提取芳香油的芳香油料植物,也属于本货物的征税范围。

(8) 纤维植物。如棉(包括籽棉、皮棉、絮棉),大麻、黄麻、槿麻、苎麻、苘麻、亚麻、罗布麻、蕉麻、剑麻等。

棉短绒和麻纤维经脱胶后的精干(洗)麻,也属于本货物的征税范围。

(9) 糖料植物。糖料植物是指主要用作制糖的各种植物,如甘蔗、甜菜等。

(10) 林业产品。征税范围包括原木、原竹、天然树脂、其他林业产品。

盐水竹笋也属于本货物的征税范围。锯材、竹笋罐头不属于本货物的征税范围。

(11) 其他植物。如树苗、花卉、植物种子、植物叶子、草、麦秸、豆类、薯类、藻类植物等。

干花、干草、薯干、干制的藻类植物,农业产品的下脚料等,也属于本货物的征税范围。

2. 动物类

具体征税范围为:

(1) 水产品。本货物的征税范围包括鱼、虾、蟹、鳖、贝类、棘皮类、软体类、腔肠类、海兽类、鱼苗(卵)、虾苗、蟹苗、贝苗(秧),以及经冷冻、冷藏、盐渍等防腐处理和包装的水产品。

干制的鱼、虾、蟹、贝类、棘皮类、软体类、腔肠类,如干鱼、干虾、干虾仁、干贝等,以及未加工成工艺品的贝壳、珍珠,也属于本货物的征税范围。

熟制的水产品和各类水产品的罐头,不属于本货物的征税范围。

(2) 畜牧产品。本货物的征税范围包括:

① 兽类、禽类和爬行类动物,如牛、马、猪、羊、鸡、鸭等。

② 兽类、禽类和爬行类动物的肉产品,包括整块或者分割的鲜肉、冷藏或者冷冻肉、盐渍肉,兽类、禽类和爬行类动物的内脏、头、尾、蹄等组织。

各种兽类、禽类和爬行类动物的肉类生制品,如腊肉、腌肉、熏肉等,也属于本货物的征税范围。

各种肉类罐头、肉类熟制品,不属于本货物的征税范围。

③ 蛋类产品。包括鲜蛋、冷藏蛋。

经加工的咸蛋、松花蛋、腌制的蛋等,也属于本货物的征税范围。

各种蛋类的罐头不属于本货物的征税范围。

④ 鲜奶。不过，用鲜奶加工的各种奶制品，如酸奶、奶酪、奶油等，不属于本货物的征税范围。

(3) 动物皮张。动物皮张是指从各种动物(兽类、禽类和爬行类动物)身上直接剥取的，未经鞣制的生皮、生皮张。

将生皮、生皮张用清水、盐水或者防腐药水浸泡、刮里、脱毛、晒干或者熏干，未经鞣制的，也属于本货物的征税范围。

(4) 动物毛绒。动物毛绒是指未经洗净的各种动物的毛发、绒发和羽毛。

洗净毛、洗净绒等不属于本货物的征税范围。

(5) 其他动物组织。其他动物组织是指上述列举以外的兽类、禽类、爬行类动物的其他组织，以及昆虫类动物。

① 蚕茧，包括鲜茧和干茧，以及蚕蛹。

② 天然蜂蜜，是指采集的未经加工的天然蜂蜜、鲜蜂王浆等。

③ 动物树脂，如虫胶等。

④ 其他动物组织，如动物骨、壳、兽角、动物血液、动物分泌物、蚕种等。

(二) 食用植物油

食用植物油仅指芝麻油、花生油、豆油、菜籽油、米糠油、葵花籽油、棉籽油、玉米胚油、茶油、胡麻油，以及以上述油为原料生产的混合油(国税发〔1993〕151 号)。棕榈油、核桃油、橄榄油、花椒油、牡丹籽油，也属于本货物的征税范围(国税函〔2009〕455 号、国税函〔2010〕144 号、国家税务总局公告 2011 年第 33 号、国家税务总局公告 2014 年第 75 号)。

皂脚不属于食用植物油，应按照 17%的税率征收增值税(国家税务总局公告 2011 年第 20 号)。

肉桂油、桉油、香茅油不属于农业产品的征税范围，其增值税适用税率为 17%(国家税务总局公告 2010 年第 5 号)。

环氧大豆油、氢化植物油不属于食用植物油的征税范围，应适用 17%增值税税率(国家税务总局公告 2011 年第 43 号)。

(三) 自来水

农业灌溉用水、引水工程输送的水等，不属于本货物的征税范围。

(四) 暖气、热气

利用工业余热生产、回收的暖气、热气和热水，也属于本货物的征税范围。

(五) 冷气

(六) 煤气

煤气的范围包括焦炉煤气、发生炉煤气、液化煤气。

(七) 石油液化气

(八) 天然气

包括气田天然气、油田天然气、煤矿天然气和其他天然气。

(九) 沼气

沼气包括天然沼气和人工生产的沼气。

(十) 居民用煤炭制品

居民用煤炭制品是指煤球、煤饼、蜂窝煤和引火炭。

(十一) 图书、报纸、杂志

(十二) 饲料

本货物的范围包括单一饲料、混合饲料、配合饲料。

直接用于动物饲养的粮食、饲料添加剂,不属于本货物的征税范围。骨粉、鱼粉按"饲料"征收增值税。

(十三) 化肥

化肥的范围包括化学氮肥、磷肥、钾肥、复合肥料、微量元素肥及其他肥。

(十四) 农药

农药包括农药原药和农药制剂。如杀虫剂、杀菌剂、除草剂、植物生长调节剂、植物性农药、微生物农药、卫生用药、其他农药原药、制剂等。

用于人类日常生活的各种类型包装的日用卫生用药(如卫生杀虫剂、驱虫剂、驱蚊剂、蚊香、消毒剂等),不属于增值税"农药"的范围,应按17%的税率征税(国税发〔1995〕192号)。

(十五) 农膜

(十六) 农机

农机的范围包括拖拉机、土壤耕整机械、农田基本建设机械、种植机械、植物保护和管理机械、收获机械、场上作业机械、排灌机械、农副产品加工机械、农业运输机械、畜牧业机械、渔业机械、林业机械、小农具。

以农副产品为原料加工工业产品的机械,不属于本货物的征税范围。

自2012年4月1日起,密集型烤房设备、频振式杀虫灯、自动虫情测报灯、粘虫板适用13%的增值税税率(国家税务总局公告2012年第10号)。

卷帘机属于农机范围,适用13%的增值税税率(国家税务总局公告2012年第29号)。

农用汽车、机动渔船不属于本货物的征税范围。

森林砍伐机械、集材机械不属于本货物的征税范围。

农机零部件不属于本货物的征税范围。

不带动力的手扶拖拉机和三轮农用运输车按照"农机"依13%的增值税税率征收增值税(国税函〔2003〕1118号)。

农用水泵、农用柴油机[以柴油为燃料,油缸数在3缸以下(含3缸)的往复式内燃动力机械]按农机产品依13%的税率征收增值税。4缸以上(含4缸)柴油机不属于农机产品的征税范围(财税字〔1994〕60号)。

(十七) 食用盐

食用盐仍适用13%的增值税税率,其具体范围是指符合《食用盐》(GB 5461—2000)和《食用盐卫生标准》(GB 2721—2003)两项国家标准的食用盐(财税〔2008〕171号)。

（十八）音像制品

（十九）电子出版物

（二十）二甲醚

归纳

适用13%低税率货物的项目共有20项，如表3-5所示。

表3-5 适用13%低税率货物的项目

货　物	13%低税率范围	不属于13%低税率范围
农业初级产品——植物类	含高粱、谷子、面粉、米、玉米面、玉米渣等；也含切面、饺子皮、馄饨皮、面皮、米粉等粮食复制品	以粮食为原料加工的速冻食品、方便面、副食品和各种熟食品及淀粉玉米浆、玉米皮、玉米纤维（又称喷浆玉米皮）和玉米蛋白粉
	含各种蔬菜、菌类植物和少数可作副食的木科植物；也含经晾晒、冷藏、冷冻、包装、脱水等工序加工的蔬菜、腌菜、咸菜、酱菜和盐渍蔬菜等	各种蔬菜罐头
	含各种毛茶	精制茶、边销茶及掺兑各种药物的茶和茶饮料
	含可供食用的果实，如水果、果干（如荔枝干、桂圆干、葡萄干等）、干果、果仁、果用瓜（如甜瓜、西瓜、哈密瓜等），以及胡椒、花椒、大料、咖啡豆等；也含经冷冻、冷藏、包装等工序加工的园艺植物	各种水果罐头，果脯，蜜饯，炒制的果仁、坚果，碾磨后的园艺植物（如胡椒粉、花椒粉等）
	含用作中药原药的各种植物的根、茎、皮、叶、花、果实等，以及利用上述药用植物加工制成的片、丝、块、段等中药饮片	中成药
	含原木、原竹、天然树脂和其他林业产品，以及盐水竹笋	锯材、竹笋罐头
农业初级产品——动物类	含人工放养和人工捕捞的鱼、虾、蟹、鳖、贝类、棘皮类、软体类、腔肠类、海兽类动物；也含干制的鱼、虾、蟹、贝类、棘皮类、软体类、腔肠类，如干鱼、干虾、干虾仁、干贝等，以及未加工成工艺品的贝壳、珍珠	熟制的水产品和各类水产品的罐头
	含各种兽类、禽类和爬行类动物及其肉产品；也含各种兽类、禽类和爬行类动物的肉类生制品，如腊肉、腌肉、熏肉等	各种肉类罐头、肉类熟制品
	含各种禽类动物和爬行类动物的卵，包括鲜蛋、冷藏蛋，以及经加工的咸蛋、松花蛋、腌制的蛋等	各种蛋类的罐头
	鲜奶（含按照食品安全国家标准生产的巴氏杀菌乳和灭菌乳）	用鲜奶加工的各种奶制品，如酸奶、奶酪、奶油等；按照食品安全国家标准生产的调制乳

续表

货　物	13%低税率范围	不属于13%低税率范围
食用植物油	芝麻油、花生油、豆油、菜籽油、米糠油、葵花子油、棉籽油、玉米胚油、茶油、胡麻油以及以上述油为原料的混合油;棕榈油、核桃油、橄榄油、花椒油	皂脚;肉桂油、桉油、香茅油;环氧大豆油、氢化植物油
自来水	自来水公司及工矿企业经抽取、过滤、沉淀、消毒等工序加工后,通过供水系统向用户供应的水	农业灌溉用水、引水工程输送的水
居民用煤炭制品	煤球、煤饼、蜂窝煤和引火炭	工业煤炭
饲料	用于动物饲养的产品或其加工品,包括单一大宗饲料、混合饲料、配合饲料、复合预混料、浓缩饲料骨粉、鱼粉按"饲料"征税	直接用于动物饲养的粮食、饲料添加剂
农药	含农药原药和农药制剂,如杀虫剂、杀菌剂、除草剂、植物生长调节剂、植物性农药、微生物农药、卫生用药、其他农药原药、制剂等	用于人类日常生活的各种类型包装的日用卫生用药(如卫生杀虫剂、驱虫剂、驱蚊剂、蚊香、清毒剂等)
农机	拖拉机;土壤耕整机械;农田基本建设机械;种植机械;植物保护和管理机械;收获机械;场上作业机械;排灌机械;对农副产品进行初加工,加工后的产品仍属农副产品的机械;人力车(不包括三轮运货车)、畜力车和拖拉机挂车;畜牧业机械;渔业机械;林业机械;小农具;密集型烤房设备、频振式杀虫灯、自动虫情测报灯;粘虫板;农用水泵,农用柴油机;卷帘机	以农副产品为原料加工工业产品的机械;农用汽车;机动渔船;森林砍伐机械、集材机械;农机零部件
食用盐	食用盐产品的范围必须符合国家颁布的相关产品标准	食用盐以外的其他盐(2009年起)

五、征收率

由于小规模纳税人会计核算不健全,无法准确核算进项税额和销项税额,在增值税征收管理中,采用简便方式,按照其销售额与规定的征收率计算缴纳增值税,不准许抵扣进项税,也不允许自行开具增值税专用发票。按照现行增值税有关规定,对于一般纳税人生产销售的特定货物,确定征收率,按照简易办法征收增值税,并视不同情况,采取不同的征收管理办法。

(一) 小规模纳税人征收率的规定

(1) 小规模纳税人增值税征收率为3%,征收率的调整,由国务院决定。

(2) 小规模纳税人(除其他个人,下同)销售自己使用过的固定资产,减按2%的征收率征收增值税。

(3) 小规模纳税人销售自己使用过的除固定资产以外的物品,应按3%的征收率征收增值税(财税〔2009〕9号)。

特别提示

小规模纳税人征收率适用的两种情况如下：

1. 法定征收率3%

小规模纳税人销售货物和提供应税劳务一般适用于3%的征收率。

计税公式：

销售额＝含税销售额÷(1＋3%)

应纳税额＝销售额×3%

(1) 小规模纳税人销售自己使用过的除固定资产以外的物品，应按3%的征收率征收增值税。

(2) 应开具普通发票，可由税务机关代开增值税专用发票。

2. 减按2%的征收率征收

适用于：

(1) 小规模纳税人(除其他个人，下同)销售自己使用过的固定资产。

(2) 小规模纳税人销售旧货。

所称旧货，是指进入二次流通的具有部分使用价值的货物(含旧汽车、旧摩托车和旧游艇)，但不包括自己使用过的物品。

计税公式：

销售额＝含税销售额÷(1＋3%)

应纳税额＝销售额×2%

归纳

小规模纳税人征收率适用情况如表3-6所示。

表3-6　小规模纳税人征收率适用情况

小规模纳税人销售的标的物		适用的征收率
自己使用过的	固定资产(动产)	减按2%
	物品	3%
自己未使用过的	固定资产(动产)	
	旧货	减按2%

(二) 一般纳税人按照简易办法征收增值税的征收率规定(财税〔2014〕57号)

1. 按照简易办法依照3%的征收率减按2%征收

适用情况：

(1) 一般纳税人销售自己使用过的按规定不得抵扣且未抵扣进项税额的固定资产。

(2) 一般纳税人销售旧货。

计税公式：

$$销售额 = 含税销售额 \div (1+3\%)$$
$$应纳税额 = 销售额 \times 2\%$$

特别提示

应开具普通发票,不得开具增值税专用发票。

纳税人销售自己使用过的固定资产,适用简易办法依照3%征收率减按2%征收增值税政策的,可以放弃减税,按照简易办法依照3%征收率缴纳增值税,并可由主管税务机关代开增值税专用发票。

特别提示

一般纳税人税率或征收率适用情况如表3-7所示。

表3-7 一般纳税人税率或征收率适用情况

<table>
<tr><th colspan="3">一般纳税人销售的标的物</th><th>税率或征收率</th></tr>
<tr><td rowspan="3">自己使用过的</td><td rowspan="2">固定资产(动产)</td><td>不允许抵扣进项税的</td><td>依照3%的征收率减按2%征收</td></tr>
<tr><td>允许抵扣进项税的</td><td rowspan="3">法定税率</td></tr>
<tr><td colspan="2">旧物</td></tr>
<tr><td rowspan="2">自己未使用过的</td><td colspan="2">有形动产</td></tr>
<tr><td colspan="2">旧货</td><td>依照3%的征收率减按2%征收</td></tr>
</table>

2. 暂按简易办法依照3%的征收率征收(财税〔2014〕57号)

一般纳税人销售货物属于下列情形之一的,暂按简易办法依照3%的征收率计算缴纳增值税:

(1) 寄售商店代销寄售物品(包括居民个人寄售的物品在内)。

(2) 典当业销售死当物品。

计税公式:

$$销售额 = 含税销售额 \div (1+3\%)$$
$$应纳税额 = 销售额 \times 3\%$$

特别提示

可自行开具增值税专用发票。

3. 可选择按照简易办法依照3%的征收率征收(财税〔2014〕57号)

(1) 一般纳税人销售自产的下列货物,可选择按照简易办法依照3%的征收率计算缴纳增值税:

① 县级及县级以下小型水力发电单位生产的电力。小型水力发电单位,是指各类投

资主体建设的装机容量为5万千瓦以下(含5万千瓦)的小型水力发电单位。

② 建筑用和生产建筑材料所用的砂、土、石料。

③ 以自己采掘的砂、土、石料或其他矿物连续生产的砖、瓦、石灰(不含黏土实心砖、瓦)。

④ 用微生物、微生物代谢产物、动物毒素、人或动物的血液或组织制成的生物制品。

⑤ 自来水。

⑥ 商品混凝土(仅限于以水泥为原料生产的水泥混凝土)。

⑦ 属于增值税一般纳税人的单采血浆站销售非临床用人体血液,可以按照简易办法依照的3%的征收率计算应纳税额,但不得对外开具增值税专用发票;也可以按照销项税额抵扣进项税额的办法依照增值税适用税率计算应纳税额。

计税公式:

$$销售额 = 含税销售额 \div (1 + 3\%)$$
$$应纳税额 = 销售额 \times 3\%$$

⑧ 自2015年9月1日起至2016年6月30日,对增值税一般纳税人销售的库存化肥(含出口的库存化肥),允许选择按照简易计税方法依照3%征收率征收增值税。纳税人应当单独核算库存化肥的销售额,未单独核算的,不得适用简易计税方法。库存化肥,是指纳税人在2015年8月31日前生产或购进的尚未销售的化肥(财税〔2015〕97号)。

(2) 增值税一般纳税人的药品经营企业销售生物制品,可选择简易办法按照生物制品销售额和3%的征收率计算缴纳增值税(国家税务总局2012年第20号公告)。

计税公式:

$$销售额 = 含税销售额 \div (1 + 3\%)$$
$$应纳税额 = 销售额 \times 3\%$$

特别提示

(1) 可自行开具增值税专用发票。

(2) 一般纳税人选择简易办法计算缴纳增值税后,36个月内不得变更。

第五节　增值税的减税、免税

一、法定免税项目

(1) 农业生产者销售的自产农产品。

① 农业,是指种植业、养殖业、林业、牧业、水产业。

② 农产品,是指农业初级产品。具体范围由财政部、国家税务总局确定。

③ 农民个人按照竹器企业提供的样品规格,自产或购买竹、芒、藤、木条等,再通过手工简单编制成竹制或竹芒藤柳混合坯具的,属于自产农业初级产品,免征销售环节增值税(国税函〔2005〕56号)。

④ 自2010年12月1日起，制种企业在下列生产经营模式下生产销售种子，属于自产产品，免征增值税：

第一，制种企业利用自有土地或承租土地，雇用农户或雇工进行种子繁育，再经烘干、脱粒、风筛等深加工后销售种子。

第二，制种企业提供亲本种子委托农户繁育并从农户手中收回，再经烘干、脱粒、风筛等深加工后销售种子(国家税务总局公告2010年第17号)。

⑤ 自2013年4月1日起，纳税人采取“公司＋农户”经营模式从事畜禽饲养，纳税人回收再销售畜禽，属于农业生产者销售自产农产品，免征增值税(国家税务总局公告2013年第8号)。

(2) 避孕药品和用具。

(3) 古旧图书。

(4) 直接用于科学研究、科学试验和教学的进口仪器、设备。

(5) 外国政府、国际组织无偿援助的进口物资和设备。

(6) 由残疾人的组织直接进口供残疾人专用的物品。

(7) 销售的自己使用过的物品。自己使用过的物品是指其他个人(自然人)使用过的物品。

除前款规定，增值税的免税、减税项目由国务院规定。任何地区、部门均不得规定免税、减税项目[(1)～(7)来自国务院令第538号]。

二、粮食和食用植物油

(1) 对承担粮食收储任务的国有粮食购销企业销售的粮食免征增值税。

对销售食用植物油业务，除政府储备食用植物油的销售继续免征增值税，一律照章征收增值税(财税字〔1999〕198号)。

(2) 享受免税优惠的国有粮食购销企业可继续使用增值税专用发票(国税明电〔1999〕10号)。

(3) 凡享受免征增值税的国有粮食购销企业，均按增值税一般纳税人认定，并进行纳税申报、日常检查及有关增值税专用发票的各项管理(国税函〔1999〕560号)。

(4) 自2002年6月1日起，对中国储备粮管理总公司及各分公司所属的政府储备食用植物油承储企业，按照国家指令计划销售的政府储备食用植物油，可比照国家税务总局《关于国有粮食购销企业开具粮食销售发票有关问题的通知》(国税明电〔1999〕10号)及国家税务总局《关于加强国有粮食购销企业增值税管理有关问题的通知》(国税函〔1999〕560号)的有关规定执行，允许其开具增值税专用发票并纳入增值税防伪税控系统管理(国税函〔2002〕531号)。

特别提示

(1) 自2012年1月1日起，对从事蔬菜批发、零售的纳税人销售蔬菜免征蔬菜流通环节增值税。

(2) 自 2012 年 10 月 1 日起，对从事农产品批发、零售的纳税人销售的部分鲜活肉蛋产品免征增值税。

三、农业生产资料

（一）饲料

免征增值税饲料产品的范围包括单一大宗饲料、混合饲料、配合饲料、复合预混料、浓缩饲料（不含宠物饲料）（财税〔2001〕121 号）。

（二）其他农业生产资料

下列货物免征增值税：

(1) 农膜。

(2) 生产销售的氮肥、磷肥以及以免税化肥为主要原料的复混肥（自 2015 年 9 月 1 日起，生产销售化肥免征增值税优惠政策停止执行）（财税〔2015〕90 号）。

自 2008 年 1 月 1 日起，对纳税人生产销售的磷酸二铵产品免征增值税（财税〔2007〕171 号）。

(3) 自 2013 年 1 月 1 日起，对纳税人生产销售的硝基复合肥免征增值税（国家税务总局公告 2012 年第 52 号）。

(4) 批发和零售的种子、种苗、化肥、农药、农机（自 2015 年 9 月 1 日起，批发和零售化肥免征增值税优惠政策停止执行）（财税〔2015〕90 号）。

(5) 生产销售、批发、零售有机肥（含有机肥料、有机-无机复混肥料、生物有机肥）。

(6) 自 2007 年 2 月 1 日起，硝酸铵不再享受化肥产品免征增值税政策。

(7) 自 2007 年 7 月 1 日起，纳税人生产销售和批发、零售滴灌带和滴灌管产品免征增值税[(4)～(7)来自财税〔2007〕83 号]。

四、军队军工系统与公安司法部门

军队军工系统与公安司法部门的具体规定如表 3-8 所示。

表 3-8　军队军工系统与公安司法部门征收增值税的具体规定

项　目	具体规定
军队系统	对系统内生产供军内使用的器材、装备以及调拨给国家安全系统、公安系统的警服免税； 对外供应应税货物照章征税
军工系统	列入生产计划并按军品作价给军队、武警、军工厂的货物免税 系统外其他工业企业生产武器、弹药、雷达、电台等军品，在总装企业就总装成品免征增值税 军队、军工系统进口专用设备免征进口环节增值税 对系统外的销售照章征税
公安部门	系统内销售列明代号的侦察保卫器材产品的免税；对系统外的销售照章征税
司法部门	劳改场生产警服销售给公安、司法及国家安全系统的，免征增值税；销售给其他单位的，照章征税

五、资源综合利用产品和劳务增值税政策(财税〔2015〕78号)

自2015年7月1日起,资源综合利用和劳务执行以下政策:

(1) 纳税人销售自产的资源综合利用产品和提供资源综合利用劳务(以下称销售综合利用产品和劳务)的,可享受增值税即征即退政策。具体综合利用的资源名称、综合利用的产品和劳务名称、技术标准和相关条件、退税比例等按照《资源综合利用产品和劳务增值税优惠目录》(以下简称《目录》,参见财税〔2015〕78号文件附件)的相关规定执行。

(2) 纳税人从事《目录》所列的资源综合利用项目,其申请享受增值税即征即退政策时,应同时符合下列条件:

① 属于增值税一般纳税人。

② 销售综合利用产品和劳务,不属于国家发展和改革委员会《产业结构调整指导目录》中的禁止类、限制类项目。

③ 销售综合利用产品和劳务,不属于环境保护部《环境保护综合名录》中的"高污染、高环境风险"产品或者重污染工艺。

④ 综合利用的资源,属于环境保护部《国家危险废物名录》列明的危险废物的,应当取得省级及省级以上环境保护部门颁发的《危险废物经营许可证》,且许可经营范围包括该危险废物的利用。

⑤ 纳税信用等级不属于税务机关评定的C级或D级。

纳税人在办理退税事宜时,应向主管税务机关提供其符合上述条件以及《目录》规定的技术标准和相关条件的书面声明材料,未提供书面声明材料或者出具虚假材料的,税务机关不得给予退税。

(3) 已享受增值税即征即退政策的纳税人,自不符合上述第(2)项规定条件以及《目录》规定的技术标准和相关条件的次月起,不再享受增值税即征即退政策。

(4) 已享受增值税即征即退政策的纳税人,因违反税收、环境保护的法律法规受到处罚(警告或单次1万元以下罚款除外)的,自处罚决定下达的次月起36个月内,不得享受增值税即征即退政策。

(5) 纳税人应当单独核算适用增值税即征即退政策的综合利用产品和劳务的销售额和应纳税额。未单独核算的,不得享受增值税即征即退政策。

(6) 各省、自治区、直辖市、计划单列市税务机关应于每年2月底之前在其网站上,将本地区上一年度所有享受该规定的增值税即征即退政策的纳税人,按下列项目予以公示:纳税人名称、纳税人识别号,综合利用的资源名称、数量,综合利用产品和劳务名称。

六、医疗卫生

(一) 医疗卫生机构(财税〔2000〕42号)

(1) 关于非营利医疗机构的税收政策。

① 对非营利医疗机构按照国家法规的价格取得的医疗服务收入,免征各项税收。

② 对非营利医疗机构自产自用的制剂,免征增值税。

③ 非营利医疗机构的药房分离为独立的药品零售企业,应按法规征收各项税收。

(2) 关于营利性医疗机构的税收政策。

① 对营利性医疗机构取得的收入，按法规征收各项税收，自其取得执业登记之日起3年内，对其自产自用的制剂免征增值税。

② 对营利性医疗机构的药房分离为独立的药品零售企业，应按法规征收各项税收。

(3) 对疾病控制机构和妇幼保健机构等卫生机构按照国家法规的价格取得的卫生服务收入(含疫苗接种和调拨、销售收入)，免征各项税收。不按照国家法规的价格取得的卫生服务收入不得享受这项政策(财税〔2000〕42号)。

(二) 血站

自1999年11月1日起，对血站供应给医疗机构的临床用血免征增值税(财税字〔1999〕264号)。

(三) 供应非临床用血

属于增值税一般纳税人的单采血浆站销售非临床用人体血液，可以按照简易办法依照3%的征收率计算应纳税额(国家税务总局公告2014年第36号)，但不得对外开具增值税专用发票；也可以按照销项税额抵扣进项税额的办法，依照增值税适用税率计算应纳税额(国税函〔2009〕456号)。

七、修理修配

(一) 飞机修理

自2000年1月1日起，对飞机维修劳务增值税实际税负超过6%的部分实行即征即退的政策(财税〔2000〕102号)。

(二) 铁路货车修理

自2001年1月1日起，对铁路系统内部为本系统修理货车的业务免征增值税(财税〔2001〕54号)。

八、煤层气、页岩气抽采

自2013年7月1日起，油气田企业从事煤层气、页岩气生产，以及为生产煤层气、页岩气提供生产性劳务，按照《油气田企业增值税管理办法》(财税〔2009〕8号)缴纳增值税(国家税务总局公告2013年第27号)。

九、软件产品

(1) 增值税政策。增值税一般纳税人销售其自行开发生产的软件产品，按17%税率征收增值税后，对其增值税实际税负超过3%的部分实行即征即退政策。

增值税一般纳税人将进口软件产品进行本地化改造后对外销售，其销售的软件产品可享受上述增值税即征即退政策。

本地化改造是指对进口软件产品进行重新设计、改进、转换等，单纯对进口软件产品进行汉字化处理不包括在内。

(2) 软件产品增值税即征即退税额的计算。软件产品增值税即征即退税额的计算方法如下：

即征即退税额＝当期软件产品增值税应纳税额－当期软件产品销售额×3%

当期软件产品增值税应纳税额＝当期软件产品销项税额－当期软件产品可抵扣进项税额

当期软件产品销项税额＝当期软件产品销售额×17%

当期嵌入式软件产品销售额＝当期嵌入式软件产品与计算机硬件、机器设备销售额合计－当期计算机硬件、机器设备销售额

计算机硬件、机器设备销售额按照下列顺序确定：

① 按纳税人最近同期同类货物的平均销售价格计算确定。

② 按其他纳税人最近同期同类货物的平均销售价格计算确定。

③ 按计算机硬件、机器设备组成计税价格计算确定。

计算机硬件、机器设备组成计税价格＝计算机硬件、机器设备成本×(1＋10%)

按照上述办法计算，即征即退税额大于零时，税务机关应按规定，及时办理退税手续。

(3) 对增值税一般纳税人随同计算机硬件、机器设备一并销售嵌入式软件产品，如果适用按照组成计税价格计算确定计算机硬件、机器设备销售额的，应当分别核算嵌入式软件产品与计算机硬件、机器设备部分的成本。凡未分别核算或者核算不清的，不得享受上述规定的增值税政策(财税〔2011〕100号)。

十、供热企业

对供热企业向居民个人(以下简称居民)供热而取得的采暖费收入继续免征增值税。向居民供热而取得的采暖费收入，包括供热企业直接向居民收取的、通过其他单位向居民收取的和由单位代居民缴纳的采暖费。

免征增值税的采暖费收入，应当按照《增值税暂行条例》第十六条的规定单独核算。通过热力产品经营企业向居民供热的热力产品生产企业，应当根据热力产品经营企业实际从居民取得的采暖费收入占该经营企业采暖费总收入的比例确定免税收入比例(财税〔2011〕118号)。

特别提示

向居民供热而取得的采暖费收入免征增值税，向企业供暖则不属于免税范围。

十一、增值税纳税人放弃免税权的处理

纳税人销售货物或者提供应税劳务适用免税规定的，可以放弃免税，依照《增值税暂行条例》的规定缴纳增值税。纳税人应以书面形式提出放弃免税声明，报主管税务机关备案。纳税人一旦放弃免税权，其全部增值税应税货物或劳务均应按照规定征税，不能有选择地针对某些项目、对象进行放弃，纳税人自税务机关受理其放弃免税权声明的次月起36个月内不得再申请免税。纳税人在免税期内购进用于免税项目的货物所取得的增值税扣税凭证一律不得抵扣(财税〔2007〕127号、财政部令第65号)。

十二、促进节能服务产业发展的增值税政策

节能服务公司实施符合条件的合同能源管理项目，将项目中的增值税应税货物转让给用能企业，暂免征收增值税(财税〔2010〕110 号)。

十三、促进残疾人就业税收优惠政策

对安置残疾人的单位，实行由税务机关按单位实际安置残疾人的人数，限额即征即退增值税的办法。

(一) 认定部门

申请享受《财政部、国家税务总局关于促进残疾人就业税收优惠政策的通知》(财税〔2007〕92 号)规定的增值税税收优惠政策的符合福利企业条件的用人单位，安置残疾人超过 25%(含 25%)，且残疾职工人数不少于 10 人的，在向税务机关申请减免税前，应当先向当地县级以上地方人民政府民政部门提出福利企业的认定申请。

盲人按摩机构、工疗机构等集中安置残疾人的用人单位，在向税务机关申请享受财税〔2007〕92 号文件规定的税收优惠政策前，应当先向当地县级残疾人联合会提出认定申请。

申请享受财税〔2007〕92 号文件规定的税收优惠政策的其他单位，可直接向税务机关提出申请。

(二) 退税结转

主管国税机关应按月退还增值税，本月已缴纳增值税额不足退还的，可在本年度(指纳税年度，下同)内以前月份已缴增值税扣除已退增值税的余额中退还，仍不足退还的可结转本年度内以后月份退还。

安置残疾人单位既符合促进残疾人就业增值税优惠政策条件，又符合其他增值税优惠政策条件的，可同时享受多项增值税优惠政策，但年度申请退还增值税总额不得超过本年度内应纳增值税总额(国家税务总局公告 2011 年第 61 号)。

(三) 退税限度

实际安置的每位残疾人每年可退还的增值税或减征的营业税的具体限额，由县级以上税务机关根据单位所在区县(含县级市、旗，下同)适用的经省(含自治区、直辖市、计划单列市，下同)级人民政府批准的最低工资标准的 6 倍数额确定，但最高不得超过每人每年 3.5 万元。

(四) 可退税业务收入的限定

仅适用于生产销售货物或提供加工、修理修配劳务取得的收入占增值税业务和营业税业务收入之和达到 50%的单位，但不适用于生产销售消费税应税货物和直接销售外购货物(包括商品批发和零售)以及销售委托外单位加工的货物取得收入的单位。

单位应当分别核算上述享受税收优惠政策和不得享受税收优惠政策业务的销售收入或营业收入，不能分别核算的，不得享受上述优惠政策(国税发〔2007〕67 号)。

十四、起征点

增值税起征点的适用范围限于个人(个体工商户及其他个人)。2011年11月1日后起征点的规定如表3-9所示(财政部令第65号)。

表3-9 增值税起征点

销售货物的	月销售额5 000～20 000元
销售应税劳务的	月销售额5 000～20 000元
按次纳税的	销售额300～500元

特别提示1

增值税起征点不适用于认定为一般纳税人的个体工商户。

特别提示2

为进一步扶持小微企业发展,经国务院批准,自2013年8月1日起,对增值税小规模纳税人中月销售额不超过2万元的企业或非企业性单位,暂免征收增值税(财税〔2013〕52号)。

特别提示3

经国务院批准,自2014年10月1日起至2015年12月31日,对月销售额2万元(含本数,下同)至3万元(按季纳税9万元)的增值税小规模纳税人,免征增值税(财税〔2014〕71号、国家税务总局公告2014年第57号)。

增值税小规模纳税人,月销售额不超过3万元(含3万元)的,免征增值税。其中,以1个季度为纳税期限的增值税小规模纳税人,季度销售额不超过9万元的,免征增值税(国家税务总局公告2014年第57号)。

十五、蔬菜鲜活肉蛋产品、流通环节增值税优惠政策

自2012年1月1日起,对从事蔬菜批发、零售的纳税人销售的蔬菜免征增值税(财税〔2011〕137号)。

自2012年10月1日起,对从事农产品批发、零售的纳税人销售的部分鲜活肉蛋产品免征增值税(财税〔2012〕75号)。

十六、纳税人既享受增值税即征即退、先征后退政策又享受免抵退税政策

纳税人既有增值税即征即退、先征后退项目,又有出口等其他增值税应税项目的,增值税即征即退和先征后退项目不参与出口项目免抵退税计算。纳税人应分别核算增值税即征即退、先征后退项目和出口等其他增值税应税项目,分别申请享受增值税即征即退、

先征后退和免抵退税政策。

用于增值税即征即退或者先征后退项目的进项税额无法划分的，按照下列公式计算(国家税务总局公告2011年第69号)：

无法划分进项税额中用于增值税即征即退或者先征后退项目的部分＝当月无法划分的全部进项税额×当月增值税即征即退或者先征后退项目销售额÷当月全部销售额、营业额合计

第六节　销项税额与进项税额

增值税一般纳税人当期应纳增值税税额的大小主要取决于当期销项税额和当期进项税额两个因素。

一、销项税额

(一) 销项税额的概念及计算

销项税额是纳税人销售货物或者提供应税劳务，按照销售额和税法规定的税率计算并向购买方收取的增值税额。

销项税额＝销售额×税率

(二) 销项税额的确定

1. 销售额的一般规定(国务院令第538号)

销售额为纳税人销售货物或者应税劳务向购买方收取的全部价款和价外费用，但是不包括收取的销项税额。具体来说，应税销售额包括以下内容：

(1) 销售货物或提供应税劳务取自于购买方的全部价款。

(2) 向购买方收取的各种价外费用。具体包括手续费、补贴、基金、集资费、返还利润、奖励费、违约金、延期付款利息、滞纳金、赔偿金、包装费、包装物租金、储备费、优质费、运输装卸费、代收款项、代垫款项及其他各种性质的价外收费。但上述价外费用不包括：

① 受托加工应征消费税的货物，而由受托方向委托方代收代缴的消费税。

② 同时符合以下两个条件的代垫运费：承运部门的运费发票开具给购买方，并且由纳税人将该发票转交给购买方的。具体示例如图3-1所示。

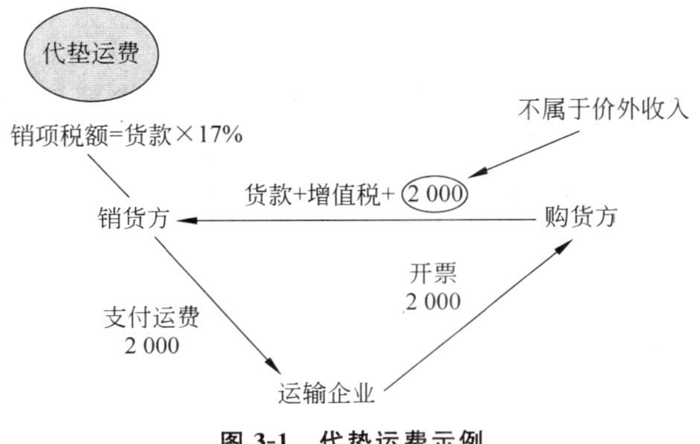

图3-1　代垫运费示例

③ 同时符合以下条件代为收取的政府性基金或者行政事业性收费：由国务院或者财政部批准设立的政府性基金，由国务院或者省级人民政府及其财政、价格主管部门批准设立的行政事业性收费；收取时开具省级以上财政部门印制的财政票据；所收款项全额上缴财政。

④ 在销售货物的同时代办保险等面向购买方收取的保险费，以及向购买方收取的代购买方缴纳的车辆购置税、车辆牌照费。

特别提示

对增值税一般纳税人(包括纳税人自己或其他部门)向购买方收取的价外费用和逾期包装物押金，应视为含税收入，在征税时换算成不含税收入并入销售额计征增值税(国税发〔1996〕155号)。

(3) 消费税税金。由于消费税属于价内税，因此，凡征收消费税的货物在计征增值税税额时，其应税销售额应包括消费税税金。

2. 含税销售额的确定

(1) 混合销售的销售额为货物销售额和非应税劳务营业额合计。其中非应税劳务的营业额应视为含税销售收入。

(2) 价款和价税合并收取的销售额。

不含税销售额＝含税销售额÷(1＋税率或征收率)

归纳

需要作含税与不含税换算的情况归纳如下。

(1) 商业企业零售价。

(2) 普通发票上注明的销售额(一般纳税人和小规模纳税人都有这种情况)。

(3) 价税合并收取的金额。

(4) 价外费用一般为含税收入。

(5) 包装物押金一般为含税收入。

(6) 建筑安装合同上的货物金额(主要涉及销售自产货物并提供建筑业劳务的合同)。

3. 视同销售行为销售额的确定(财政部、国家税务总局令第50号)

纳税人视同销售行为而无销售额以及销售货物或提供应税劳务的价格明显偏低且无正当理由的，主管税务机关有权按照下列顺序核定其计税销售额：

(1) 按纳税人最近时期同类货物的平均销售价格确定。

(2) 按其他纳税人最近时期同类货物的平均销售价格确定。

(3) 在用以上两种方法均不能确定其销售额的情况下，可按组成计税价格确定销售额。

组成计税价格＝成本×(1＋成本利润率)÷(1－消费税税率)

式中，成本分为两种情况：属于销售自产货物的为实际生产成本；属于销售外购货物的为实际采购成本。成本利润率为10%，但属于应从价定率征收消费税的货物，其组成计税价格公式中的成本利润率为《消费税若干具体问题的规定》中规定的成本利润率。

特别提示

一是折扣销售有别于销售折扣，销售折扣不得从销售额中减除；二是折扣销售与销售折让是不同的，销售折让可以开具红字专用发票从销售额中减除。

二、进项税额

纳税人购进货物或者接受应税劳务，所支付或者负担的增值税额为进项税额。

（一）准予从销项税额中抵扣的进项税额

下列进项税额准予从销项税额中抵扣（国务院令第538号）：

（1）从销售方取得的增值税专用发票上注明的增值税额。

（2）从海关取得的海关进口增值税专用缴款书上注明的增值税额。

（3）购进农产品，除取得增值税专用发票或者海关进口增值税专用缴款书，按照农产品收购发票或者销售发票上注明的农产品买价和13%的扣除率计算进项税额。进项税额的计算公式为

进项税额＝买价×扣除率

买价包括纳税人购进农产品在农产品收购发票或者销售发票上注明的价款和按规定缴纳的烟叶税（财政部、国家税务总局令第50号）。烟叶收购单位收购烟叶时按照国家有关规定以现金形式直接补贴烟农的生产投入补贴，属于农产品买价，为“价款”的一部分。烟叶收购单位，应将价外补贴与烟叶收购价格在同一张农产品收购发票或者销售发票上分别注明，否则，价外补贴不得计算增值税进项税额进行抵扣（财税〔2011〕21号）。

农产品中收购烟叶的进项税额抵扣公式为

烟叶收购金额＝烟叶收购价款×（1＋10%）

烟叶税应纳税额＝烟叶收购金额×税率（20%）

准予抵扣的进项税额＝（烟叶收购金额＋烟叶税应纳税额）×扣除率（13%）

特别提示

从简化计算的角度考虑，准予抵扣的进项税额＝烟叶收购价款×1.1×1.2×13%。

（4）运输费用进项税额的确定和抵扣。运输费用计算抵扣进项税额的规定执行至2013年12月31日。自2014年1月1日起，铁路运输“营改增”，运输费用计算抵扣进项税的政策废止，改为凭票抵扣进项税。

（5）接受境外单位或者个人提供的应税服务，从税务机关或者境内代理人取得的解缴税款的中华人民共和国税收缴款凭证上注明的增值税额（财税〔2013〕106号）。

（6）原增值税一般纳税人自用的应征消费税的摩托车、汽车、游艇，其进项税额准予

从销项税额中抵扣(财税〔2013〕106号)。

(7) 增值税一般纳税人在资产重组过程中,将全部资产、负债和劳动力一并转让给其他增值税一般纳税人,并按程序办理注销税务登记的,其在办理注销登记前尚未抵扣的进项税额可结转至新纳税人处继续抵扣(国家税务总局公告2012年第55号)。

(二) 不得从销项税额中抵扣的进项税额

(1) 纳税人购进货物或应税劳务,取得的增值税扣税凭证不符合法律、行政法规或国务院税务主管部门有关规定的,其进项税额不得从销项税额中抵扣。下列项目的进项税额不得从销项税额中抵扣(财税〔2016〕36号):

① 用于简易计税方法计税项目、免征增值税项目、集体福利或者个人消费的购进货物、加工修理修配劳务、服务、无形资产和不动产。

② 非正常损失的购进货物,以及相关的加工修理修配劳务和交通运输服务。

③ 非正常损失的在产品、产成品所耗用的购进货物(不包括固定资产)、加工修理修配劳务和交通运输服务。

④ 非正常损失的不动产,以及该不动产所耗用的购进货物、设计服务和建筑服务。

⑤ 非正常损失的不动产在建工程所耗用的购进货物、设计服务和建筑服务。

纳税人新建、改建、扩建、修缮、装饰不动产,均属于不动产在建工程。

⑥ 购进的旅客运输服务、贷款服务、餐饮服务、居民日常服务和娱乐服务。

⑦ 财政部和国家税务总局规定的其他情形。

特别提示

小规模纳税人销售货物或者应税劳务,实行按照销售额和征收率计算应纳税额的简易办法,并不得抵扣进项税额。

(2) 有下列情形之一者,按照销售额依据增值税税率计算应纳税额,不得抵扣进项税额,也不得使用增值税专用发票(财政部、国家税务总局令第50号):

① 一般纳税人会计核算不健全,或者不能够提供准确税务资料的。

② 除另有规定外,纳税人销售额超过小规模纳税人标准,未申请办理增值税一般纳税人认定手续的。

③ 确定文化出版单位用于广告业务的购进货物的进项税额,应以广告版面占整个出版物版面的比例为划分标准,凡文化出版单位能准确提供广告所占版面比例的,应按此项比例划分不得抵扣的进项税额(国税发〔2000〕188号)。

(3) 进项税额转出(财政部、国家税务总局令第50号)。已抵扣进项税额的购进货物或者其他应税项目,发生不得抵扣进项税额情形的(免税项目除外),应当将该项购进货物或者应税劳务的进项税额从当期的进项税额中扣减;无法确定该项进项税额的,按当期实际成本计算应扣减的进项税额。

三、固定资产处理的相关规定与政策衔接

(1) 一般纳税人销售自己使用过的固定资产的增值税政策。自2014年7月1日起,

增值税一般纳税人销售自己使用过的固定资产，属于以下两种情形的，可按简易办法依3%的征收率减按2%征收增值税，同时不得开具增值税专用发票(国家税务总局公告2012年第1号、国家税务总局公告2014年第36号)。

① 纳税人购进或者自制固定资产时为小规模纳税人，认定为一般纳税人后销售该固定资产。

② 增值税一般纳税人发生按简易办法征收增值税应税行为的，销售额按照规定不得抵扣且未抵扣进项税额的固定资产。

销售额＝含税销售额÷(1＋3%)

应纳税额＝销售额×2%

特别提示

一般纳税人销售自己使用过的除固定资产以外的物品，应当按照适用税率征收增值税(财税〔2009〕9号)。

(2) 自2009年1月1日起，纳税人销售自己使用过的固定资产，应区分不同情形征收增值税(财税〔2008〕170号、财税〔2014〕57号)：

① 销售自己使用过的2009年1月1日以后购进或者自制的固定资产，按照适用税率征收增值税。

② 2008年12月31日以前未纳入扩大增值税抵扣范围试点的纳税人，销售自己使用过的2008年12月31日以前购进或者自制的固定资产，在2014年7月1日前按照的4%征收率减半征收增值税(财税〔2008〕170号)，自2014年7月1日起按照3%征收率减按2%征收增值税(财税〔2014〕57号)。

上述使用过的固定资产，是指纳税人根据财务会计制度已经计提折旧的固定资产。此部分内容总结如表3-10所示。

表3-10 一般纳税人销售使用过的固定资产计税方法

销售使用过的固定资产	税务处理	计税公式
销售2008年12月31日前购进或自制的固定资产(不得抵扣进项税额)	按简易办法：依3%的征收率减按2%征收增值税(自2014年7月1日起)	增值税＝售价÷(1＋3%)×2%
销售2009年1月1日后购进或自制的固定资产	按正常销售货物适用税率征收增值税 【特别提示】该固定资产的进项税额在购进当期已抵扣	增值税＝售价÷(1＋17%)×17%

(3) 纳税人已抵扣进项税额的固定资产用于不得从销项税额中抵扣进项税额项目的，应在当月按下列公式计算不得抵扣的进项税额(财税〔2008〕170号)：

不得抵扣的进项税额＝固定资产净值×适用税率

上述固定资产净值，是指纳税人按照财务会计制度计提折旧后计算的固定资产净值。

(4) 纳税人发生固定资产视同销售行为，对使用过的固定资产无法确定销售额的，以固定资产净值为销售额(财税〔2008〕170号)。

(5) 关于二手车经营业务有关增值税问题(国家税务总局公告2012年第23号)。经批准允许从事二手车经销业务的纳税人按照《机动车登记规定》的有关规定,收购二手车时将其办理过户登记到自己名下,销售时再将该二手车过户登记到买家名下的行为,属于《增值税暂行条例》规定的销售货物的行为,应按照现行规定征收增值税。

除上述行为,纳税人受托代理销售二手车,凡同时具备以下条件的,不征收增值税;不同时具备以下条件的,视同销售征收增值税。

① 受托方不向委托方预付货款。

② 委托方将《二手车销售统一发票》直接开具给购买方。

③ 受托方按购买方实际支付的价款和增值税额(如系代理进口销售货物则为海关代征的增值税额)与委托方结算货款,并另外收取手续费。

第七节 应纳税额的计算

一、一般纳税人应纳税额的计算

在确定了销项税额和进项税额后,就可以得出实际应纳税额,基本计算公式为

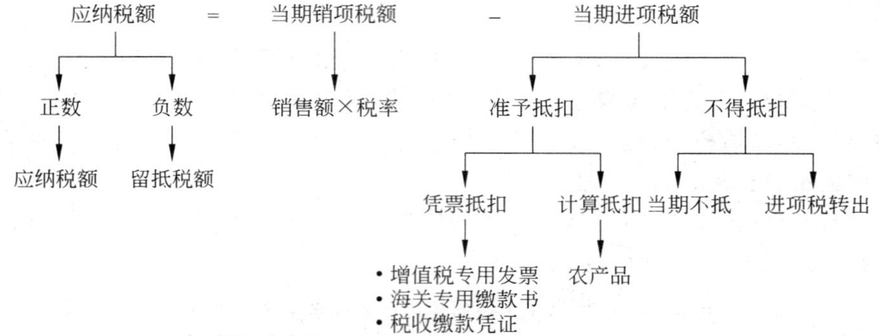

(一) 计算应纳税额的时间界定

(1) 根据《增值税暂行条例》(国务院令538号)第十九条的规定,增值税纳税义务的发生时间为:

① 销售货物或者应税劳务,为收讫销售款项或者取得索取销售款项凭据的当天;先开具发票的,为开具发票的当天。

② 进口货物,为报关进口的当天。

(2) 进项税额抵扣时限的确定(国税函〔2009〕617号)。

① 增值税一般纳税人取得2010年1月1日以后开具的增值税专用发票、公路内河货物运输业统一发票和机动车销售统一发票的,应在开具之日起180日内到税务机关办理认证,并在认证通过的次月申报期内,向主管税务机关申报抵扣进项税额。未在规定期限内到税务机关办理认证、申报抵扣或者申请稽核比对的,不得作为合法的增值税扣税凭证,不得计算进项税额抵扣。

② 实行海关进口增值税专用缴款书(以下简称“海关缴款书”)“先比对后抵扣”管理办法的增值税一般纳税人取得2010年1月1日以后开具的海关缴款书的,应在开具之日起180日内向主管税务机关报送《海关完税凭证抵扣清单》(包括纸质资料和电子数据)申请稽核比对。未实行海关缴款书“先比对后抵扣”管理办法的增值税一般纳税人取得2010年1月1日以后开具的海关缴款书的,应在开具之日起180日后的第一个纳税申报期结束以前,向主管税务机关申报抵扣进项税额。

③ 扣税凭证丢失后进项税额的抵扣(表3-11)。

表3-11　扣税凭证丢失后进项税额的抵扣

一般纳税人丢失的扣税凭证	抵扣所需办理的手续
已开具的增值税专用发票的发票联和抵扣联	(1) 丢失前已认证相符的,购买方凭销售方记账联复印件及销售方主管税务机关已报税证明,经购买方主管税务机关审核同意后,作为抵扣凭证 (2) 丢失前未认证的,先由购买方凭销售方记账联复印件进行认证,认证相符的,再由购买方凭销售方记账联复印件及销售方主管税务机关已报税证明,经购买方主管税务机关审核同意后,作为抵扣凭证
已开具的增值税专用发票的抵扣联	丢失前已认证相符的,用发票联复印件留存备查;丢失前未认证的,用发票联认证,用发票联复印件留存备查
已开具的增值税专用发票的发票联	抵扣联作为记账凭证,抵扣联复印件留存备查
海关缴款书	在规定期限内,凭报关地海关出具的相关已完税证明,向主管税务机关提出抵扣申请;主管税务机关受理申请后,应当进行审核,并将纳税人提供的海关缴款书电子数据纳入稽核系统比对,稽核比对无误后,可予以抵扣进项税额

(二) 扣减当期销项税额的规定

纳税人适用一般计税方法计税的,因销售折让、中止或者退回而退还给购买方的增值税额,应当从当期的销项税额中扣减;因销售折让、中止或者退回而收回的增值税额,应当从当期的进项税额中扣减。

(三) 扣减当期进项税额的规定

已抵扣进项税额的购进货物(不含固定资产)、劳务、服务,发生不得抵扣情形(简易计税方法计税项目、免征增值税项目除外)的,应当将该进项税额从当期进项税额中扣减;无法确定该进项税额的,按照当期实际成本计算应扣减的进项税额(财税〔2016〕36号)。

(四) 进项税额不足抵扣的税务处理(国务院令第538号)

当期销项税额小于当期进项税额不足抵扣时,其不足部分可以结转下期继续抵扣。

(五) 一般纳税人注销时存货及留抵税额处理问题(财税〔2005〕165号)

一般纳税人注销或被取消辅导期一般纳税人资格,转为小规模纳税人时,其存货不作进项税额转出处理,其留抵税额也不予以退税。

(六)纳税人既欠缴增值税又有增值税留抵税额问题的税务处理

纳税人因销项税额小于进项税额而产生期末留抵税额的,应以期末留抵税额抵减增值税欠税(国税发〔2004〕112号)。抵减欠缴税款时,应按欠税发生时间逐笔抵扣,先发生的先抵。抵缴的欠税包含呆账税金及欠税滞纳金。确定实际抵减金额时,按填开《通知书》的日期作为截止期,计算欠缴税款的应缴未缴滞纳金金额,应缴未缴滞纳金余额加欠税余额为欠缴总额。若欠缴总额大于期末留抵税额,实际抵减金额应等于期末留抵税额,并按配比方法计算抵减的欠税和滞纳金;若欠缴总额小于期末留抵税额,实际抵减金额应等于欠缴总额(国税函〔2004〕1197号)。

(七)关于增值税税控系统专用设备和技术维护费用抵减增值税税额的有关政策(财税〔2012〕15号)

(1)增值税纳税人2011年12月1日(含,下同)以后初次购买增值税税控系统专用设备(包括分开票机)支付的费用以及缴纳的技术维护费,可在增值税应纳税额中全额抵减。具体如表3-12和表3-13所示。

表3-12　纳税人购买税控系统专用设备抵税规则

纳税人购买或支付		抵税规则
购买税控系统专用设备	初次购买	可凭购买增值税税控系统专用设备取得的增值税专用发票,在增值税应纳税额中全额抵减(抵减额为价税合计额),不足抵减的可结转下期继续抵减,即用价税合计数抵减增值税额
	非初次购买	费用由其自行负担,不得在增值税应纳税额中抵减,即只能凭专用发票抵税但不能抵价
支付技术服务费	2011年12月1日后缴纳的	可凭技术维护服务单位开具的技术维护费发票,在增值税应纳税额中全额抵减,不足抵减的可结转下期继续抵减

表3-13　增值税税控系统范围

增值税税控系统	专用设备
增值税防伪税控系统	金税卡、IC卡、读卡器或金税盘和报税盘
货物运输业增值税专用发票税控系统	税控盘和报税盘
机动车销售统一发票税控系统	税控盘和传输盘

特别提示1

注意区分增值税防伪税控系统的专用设备与通用设备。电脑、打印机、扫描仪等属于通用设备,不属于防伪税控系统的专用设备,只能抵税,不能抵价。

特别提示2

国家税务总局分别自2016年3月1日和5月1起对纳税信用A级和B级增值税一

般纳税人取消增值税发票认证(国家税务总局公告2016年第7号、第23号)。

(2) 增值税一般纳税人支付的两项费用在增值税应纳税额中全额抵减的,其增值税专用发票不作为增值税抵扣凭证,其进项税额不得从销项税额中抵扣。

(八) 农产品增值税进项税额核定方法(试点)(财税〔2012〕38号)

自2012年7月1日起,以购进农产品为原料生产销售液体乳及乳制品、酒及酒精、植物油的增值税一般纳税人,纳入农产品增值税进项税额核定扣除试点范围,其购进农产品无论是否用于生产上述产品,增值税进项税额均按照《农产品增值税进项税额核定扣除试点实施办法》的规定抵扣。

(1) 试点纳税人以购进农产品为原料生产货物的,农产品增值税进项税额可按照以下方法核定:

① 投入产出法:参照国家标准、行业标准(包括行业公认标准和行业平均耗用值)确定销售单位数量货物耗用外购农产品的数量(以下称农产品单耗数量)。

当期允许抵扣农产品增值税进项税额=当期农产品耗用数量×农产品平均购买单价×扣除率÷(1+扣除率)

当期农产品耗用数量=当期销售货物数量(不含采购除农产品以外的半成品生产的货物数量)×农产品单耗数量

即

当期农产品进项税额=当期销售货物数量×农产品单耗数量×农产品平均购买单价×扣除率÷(1+扣除率)

平均购买单价是指购买农产品期末平均买价,不包括买价之外单独支付的运费和入库前的整理费用。期末平均买价计算公式为

期末平均买价=(期初库存农产品价格×期初平均买价+当期购进农产品数量×当期买价)÷(期初库存农产品数量+当期购进农产品数量)

如果期初没有库存农产品,当期也未购进农产品的,农产品"期末平均买价"以该农产品上期期末平均买价计算;上期期末仍无农产品买价的依此类推(国家税务总局公告2012年第35号公告)。

② 成本法:依据试点纳税人年度会计核算资料,计算确定耗用农产品的外购金额占生产成本的比例(以下称农产品耗用率)。

当期允许抵扣农产品增值税进项税额=当期主营业务成本×农产品耗用率×扣除率÷(1+扣除率)

农产品耗用率=上年投入生产的农产品外购金额÷上年生产成本

上述"主营业务成本""生产成本"中不包括其未耗用农产品的产品的成本(国家税务总局公告2012年第35号公告)。

农产品外购金额(含税)不包括不构成货物实体的农产品(包括包装物、辅助材料、燃料、低值易耗品等)和在购进农产品之外单独支付的运费、入库前的整理费用。

③ 参照法:新办的试点纳税人或者试点纳税人新增产品的,试点纳税人可参照所属行业或者生产结构相近的其他试点纳税人确定农产品单耗数量或者农产品耗用率。

(2) 试点纳税人购进农产品直接销售的，农产品增值税进项税额按照以下方法核定扣除：

当期允许抵扣农产品增值税进项税额＝当期销售农产品数量÷(1－损耗率)×农产品平均购买单价×13％÷(1＋13％)

损耗率＝损耗数量÷购进数量

(3) 试点纳税人购进农产品用于生产经营且不构成货物实体的(包括包装物、辅助材料、燃料、低值易耗品等)，增值税进项税额按照以下方法核定扣除：

当期允许抵扣农产品增值税进项税额＝当期耗用农产品数量×农产品平均购买单价×13％÷(1＋13％)

农产品单耗数量、农产品耗用率和损耗率统称为农产品增值税进项税额扣除标准(以下称扣除标准)。

试点纳税人销售货物，应合并计算当期允许抵扣农产品增值税进项税额。

试点纳税人购进农产品取得的农产品增值税专用发票和海关进口增值税专用缴款书，按照注明的金额及增值税额一并计入成本科目；自行开具的农产品收购发票和取得的农产品销售发票，按照注明的买价直接计入成本。

上述扣除率为销售货物的适用税率。

试点纳税人应自2012年7月1日起，将期初库存农产品以及库存半成品、产成品耗用的农产品增值税进项税额作转出处理。

试点纳税人应当按照规定准确计算当期允许抵扣农产品增值税进项税额，并从相关科目转入"应交税金——应交增值税(进项税额)"科目。未能准确计算的，由主管税务机关核定。

试点纳税人购进的农产品价格明显偏高或偏低，且不具有合理商业目的的，由主管税务机关核定。

试点纳税人在计算农产品增值税进项税额时，应按照下列顺序确定适用的扣除标准：①财政部和国家税务总局不定期公布的全国统一的扣除标准；②省级税务机关和同级财政机关根据本地区实际情况，报经财政部和国家税务总局备案后公布的适用于本地区的扣除标准；③省级税务机关依据试点纳税人申请，按照规定的核定程序审定的仅适用于该试点纳税人的扣除标准。

(九) 关于纳税人资产重组增值税留底税额的处理(国家税务总局公告2012年第55号)

增值税一般纳税人在资产重组过程中，将全部资产、负债和劳动力一并转让给其他增值税一般纳税人，并按程序办理注销税务登记的，其在办理注销登记前尚未抵扣的进项税额可结转至新纳税人处继续抵扣。

特别提示

留抵税额，实际上是纳税人对国家的债权。企业进行资产重组，其所有的资产、负债和人员全部由重组后新企业承接，作为该企业债权之一的增值税留抵税款，理应也由重组后新企业继续享有。为保护纳税人权益，该公告明确，在上述资产重组行为中，纳税人的增值税留抵税款可以结转至重组后新企业继续抵扣。

二、小规模纳税人应纳税额的计算

（一）应纳税额的计算公式（国务院令第538号）

小规模纳税人销售货物或者应税劳务，实行按照销售额和征收率计算应纳税额的简易办法，并不得抵扣进项税额。应纳税额计算公式为

应纳税额＝销售额×征收率

由于小规模纳税人销售货物自行开具的发票是普通发票，发票上列示的是含税销售额，因此，在计税时要将其换算成不含税销售额。换算公式为

不含税销售额＝含税销售额÷(1＋征收率)

（二）小规模纳税人购进税控收款机的进项税额抵扣（财税〔2004〕167号）

增值税小规模纳税人或营业税纳税人购置税控收款机，经主管税务机关审核批准后，可凭购进税控收款机取得的增值税专用发票，按照发票上注明的增值税税额，抵免当期应纳增值税或营业税税额，或者按照购进税控收款机取得的普通发票上注明的价款，依下列公式计算可抵免税额：

可抵免的税额＝价款÷(1＋17%)×17%

当期应纳税额不足抵免的，未抵免部分可在下期继续抵免。

三、进口货物应纳税额的计算（国务院令第538号）

（一）进口货物征税的纳税人

进口货物的纳税人是进口货物的收货人或办理报关手续的单位和个人。对代理进口货物，以海关开具的完税凭证上的纳税人为增值税纳税人（国税函发〔1995〕288号）。

（二）进口货物的征税范围

申报进入中华人民共和国海关境内的货物，均应缴纳增值税。

（三）进口货物适用税率

进口货物增值税税率与增值税一般纳税人在国内销售同类货物的税率相同。

（四）进口货物应纳税额的计算

纳税人进口货物，按照组成计税价格和规定的税率计算应纳税额。组成计税价格和应纳税额计算公式为

组成计税价格＝关税完税价格＋关税＋消费税

应纳税额＝组成计税价格×税率

特别提示

(1)在进口环节计算的应纳增值税不能抵扣任何境外税款。

(2) 进口货物的增值税税率为17%和13%,不适用征收率。

(3) 在货物进口环节海关代征的增值税,会构成一般纳税人货物销售环节的进项税(图3-2)。

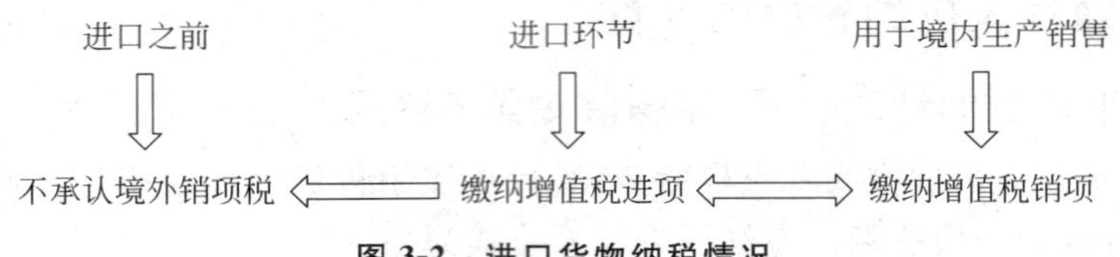

图3-2 进口货物纳税情况

第八节 特定企业(或交易行为)的增值税政策

一、成品油零售加油站增值税规定

(一) 一般纳税人的认定

对从事成品油销售的加油站,一律按增值税一般纳税人征税(国税函〔2001〕882号)。加油站是指经经贸委批准从事成品油零售业务,并已办理工商、税务登记,有固定经营场所,使用加油机自动计量销售成品油的单位和个体经营者(国家税务总局令第2号)。

(二) 应税销售额的确定(国家税务总局令第2号)

(1) 加油站应税销售额包括当月成品油应税销售额和其他应税货物及劳务的销售额。其中成品油应税销售额的计算公式为

成品油应税销售额=(当月全部成品油销售数量-允许扣除的成品油数量)×油品单价

(2) 加油站通过加油机加注成品油属于以下情形的,允许在当月成品油销售数量中扣除:

① 经主管税务机关确定的加油站自有车辆自用油。

② 外单位购买的、利用加油站的油库存放的代储油。加油站发生代储油业务时,应凭委托代储协议及委托方购油发票复印件向主管税务机关申报备案。

③ 加油站本身倒库油。加油站发生成品油倒库业务时,须提前向主管税务机关报告说明,由主管税务机关派专人实地审核监控。

④ 加油站检测用油(回罐油)。

(3) 加油站无论以何种结算方式[如收取现金、支票、汇票、加油凭证(簿)、加油卡等]收取售油款,均应征收增值税。加油站销售成品油必须按不同品种分别核算,准确计算应税销售额。加油站以收取加油凭证(簿)、加油卡的方式销售成品油,不得向用户开具增值税专用发票。

(4) 发售加油卡、加油凭证销售成品油的纳税人(以下称预售单位)在售卖加油卡、加油凭证时,应按预收账款方法作相关账务处理,不征收增值税。

预售单位在发售加油卡或加油凭证时可开具普通发票,如购油单位要求开具增值税专用发票,待用户凭卡或加油凭证加油后,根据加油卡或加油凭证回笼记录,向购油单位

开具增值税专用发票。接受加油卡或加油凭证销售成品油的单位与预售单位结算油款时,接受加油卡或加油凭证销售成品油的单位根据实际结算的油款向预售单位开具增值税专用发票。

(三) 征收方式(国家税务总局令第2号)

采取统一配送成品油方式设立的非独立核算的加油站,在同一县市的,由总机构汇总缴纳增值税。在同一省内跨县市经营的,是否汇总缴纳增值税,由省级税务机关确定。跨省经营的,是否汇总缴纳增值税,由国家税务总局确定。

对统一核算,且经税务机关批准汇总缴纳增值税的成品油销售单位跨县市调配成品油的,不征收增值税。

二、电力产品征收增值税的具体规定

(一) 电力产品增值税的基本规定(国家税务总局令第10号)

生产、销售电力产品的单位和个人为电力产品增值税纳税人,并按规定缴纳增值税。

电力产品增值税的计税销售额为纳税人销售电力产品向购买方收取的全部价款和价外费用,但不包括收取的销项税额。价外费用是指纳税人销售电力产品在目录电价或上网电价之外向购买方收取的各种性质的费用。

供电企业收取的电费保证金,凡逾期(超过合同约定时间)未退还的,一律并入价外费用缴纳增值税。

电力公司向发电企业收取的过网费,应当征收增值税,不征收营业税(国税函〔2004〕607号)。

(二) 电力产品增值税的征收办法(国家税务总局令第10号)

(1) 发电企业(电厂、电站、机组,下同)生产销售的电力产品,按照以下规定计算缴纳增值税:

① 独立核算的发电企业生产销售电力产品,按照现行增值税有关规定向其机构所在地主管税务机关申报纳税;具有一般纳税人资格或具备一般纳税人核算条件的非独立核算的发电企业生产销售电力产品,按照增值税一般纳税人的计算方法计算增值税,并向其机构所在地主管税务机关申报纳税。

② 不具有一般纳税人资格且不具有一般纳税人核算条件的非独立核算的发电企业生产销售的电力产品,由发电企业按上网电量,依核定的定额税率计算发电环节的预缴增值税,且不得抵扣进项税额,向发电企业所在地主管税务机关申报纳税。计算公式为

$$预征税额=上网电量\times 核定的定额税率$$

(2) 供电企业销售电力产品,实行在供电环节预征、由独立核算的供电企业统一结算的办法缴纳增值税,具体办法如下:

① 独立核算的供电企业所属的区县级供电企业,凡能够核算销售额的,依核定的预征率计算供电环节的增值税,不得抵扣进项税额,向其所在地主管税务机关申报纳税;不能核算销售额的,由上一级供电企业预缴供电环节的增值税。计算公式为

$$预征税额=销售额\times 核定的预征率$$

② 供电企业随同电力产品销售取得的各种价外费用一律在预征环节依照电力产品适用的增值税税率征收增值税，不得抵扣进项税额。

(3) 实行预缴方式缴纳增值税的发、供电企业按照隶属关系由独立核算的发、供电企业结算缴纳增值税，具体办法为：

① 独立核算的发、供电企业月末依据其全部销售额和进项税额，计算当期增值税应纳税额，并根据发电环节或供电环节预缴增值税税额，计算应补(退)税额，向其所在地主管税务机关申报纳税。计算公式为

应纳税额＝销项税额－进项税额

应补(退)税额＝应纳税额－发(供)电环节预缴增值税额

② 独立核算的发、供电企业当期销项税额小于进项税额不足抵扣，或应纳税额小于发、供电环节预缴增值税税额形成多交增值税时，其不足抵扣部分和多交增值税额可结转下期抵扣或抵减下期应纳税额。

(4) 对其他企事业单位销售的电力产品，按现行增值税有关规定缴纳增值税。

(5) 实行预缴方式缴纳增值税的发、供电企业，销售电力产品取得的未并入上级独立核算发、供电企业统一核算的销售收入，应单独核算并按增值税的有关规定就地申报缴纳增值税。上述内容总结如表3-14所示。

表3-14 电力产品征收增值税的具体规定

<table>
<tr><th colspan="2" rowspan="2">纳税人情况</th><th colspan="2">征税方法</th></tr>
<tr><th>地点</th><th>具体方法</th></tr>
<tr><td rowspan="3">发电企业</td><td>独立核算</td><td rowspan="2">机构所在地</td><td rowspan="2">增值税一般纳税人的计算方法</td></tr>
<tr><td>非独立核算，但具有一般纳税人资格或核算条件的</td></tr>
<tr><td>非独立核算，不具有一般纳税人资格或核算条件的</td><td>发电企业所在地</td><td>(1) 预缴且不得抵扣进项税：预征税额＝上网电量×核定的定额税率
(2) 月末按照隶属关系由独立核算的发电企业结算缴纳增值税(上级结算)：应纳税额＝销项税额－进项税额，应补(退)税额＝应纳税额－发(供)电环节预缴增值税额</td></tr>
<tr><td>供电企业</td><td>在供电环节预征、由独立核算供电企业统一结算</td><td>供电企业所在地</td><td>(1) 预缴且不得抵扣进项税：预征税额＝销售额×核定的预征率
(2) 月末按照隶属关系由独立核算的供电企业结算缴纳增值税：应纳税额＝销项税额－进项税额，应补(退)税额＝应纳税额－供电环节预缴增值税额</td></tr>
</table>

(三) 发、供电企业销售电力产品的纳税义务发生时间(国家税务总局令第10号)

(1) 发电企业和其他企事业单位销售电力产品的纳税义务发生时间为电力上网并开

具确认单据的当天。

(2) 供电企业采取直接收取电费结算方式的，销售对象属于企事业单位，为开具发票的当天；属于居民个人，为开具电费缴纳凭证的当天。

(3) 供电企业采取预收电费结算方式的，为发行电量的当天。

(4) 发、供电企业将电力产品用于非应税项目、集体福利、个人消费，为发出电量的当天。

(5) 发、供电企业之间互供电力，为双方核对计数量，开具抄表确认单据的当天。

(6) 发、供电企业销售电力产品以外其他货物，其纳税义务发生时间按《增值税暂行条例》及其实施细则的有关规定执行。

三、其他行业增值税政策

核电行业增值税请参见财税〔2008〕38 号；黄金交易、铂金交易、货物期货与钻石交易增值税请参见国税发明电〔2002〕47 号、财税〔2003〕86 号、国税发〔2005〕178 号、国税发〔2006〕131 号以及财税〔2015〕35 号；利用石脑油和燃料油生产乙烯芳烃类产品的有关增值税政策请参见财税〔2014〕17 号。

第九节　申报与缴纳

一、增值税纳税义务发生时间

(一) 基本规定

《增值税暂行条例》明确规定增值税纳税义务发生时间有以下两个方面：销售货物或者应税劳务，为收讫销售款或者取得索取销售款凭据的当天；先开具发票的，为开具发票的当天。进口货物，为报关进口的当天。增值税扣缴义务发生时间为纳税人增值税纳税义务发生的当天(国务院令第 538 号)。

(二) 具体规定(财政部、国家税务总局令第 50 号)

(1) 采取直接收款方式销售货物，不论货物是否发出，均为收到销售额或取得索取销售额的凭据的当天；先开具发票的，为开具发票的当天(国家税务总局公告 2011 年第 40 号)。

(2) 采取托收承付和委托银行收款方式销售货物，为发出货物并办妥托收手续的当天。

(3) 采取赊销和分期收款方式销售货物，为书面合同约定的收款日期的当天。无书面合同的或者书面合同没有约定收款日期的，为货物发出的当天。

(4) 采取预收货款方式销售货物，为货物发出的当天。但生产销售、生产工期超过 12 个月的大型机械设备、船舶、飞机等货物，为收到预收款或者书面合同约定的收款日期的当天。

(5) 委托其他纳税人代销货物，为收到代销单位销售的代销清单或者收到全部或者部分货款的当天；未收到代销清单及货款的，其纳税义务发生时间为发出代销货物满

180天的当天。

(6) 销售应税劳务,为提供劳务同时收讫销售款或取得索取销售款的凭据的当天。

(7) 纳税人发生视同销售货物行为,为货物移送的当天。

二、纳税期限(国务院令第538号)

增值税的纳税期限规定为1日、3日、5日、10日、15日、1个月或者1季度,以1季度为纳税期限仅适用于小规模纳税人。纳税人的具体纳税期限,由主管税务机关根据纳税人应纳税额的大小分别核定;不能按照固定期限纳税的,可以按次纳税。

纳税人以1个月或者1个季度为纳税期的,自期满之日起15日内申报纳税;以1日、3日、5日、10日或者15日为一期纳税的,自期满之日起5日内预缴税款,于次月1日起15日内申报纳税并结清上月应纳税款。

纳税人进口货物,应当自海关填发海关进口增值税专用缴款书之日起15日内缴纳税款。

三、纳税地点(国务院令第538号)

增值税纳税地点如表3-15所示。

表3-15 增值税纳税地点

固定业户	在机构所在地纳税
	总机构和分支机构不在同一县(市)的,应当分别向各自所在地主管税务机关申报纳税;经批准,可由总机构汇总向总机构所在地申报纳税
	到外县(市)销售货物的,应向其机构所在地主管税务机关申请开具外出经营活动税收管理证明,向机构所在地申报纳税 未开具证明的,应当向销售地或者劳务发生地的主管税务机关申报纳税 未向销售地或者劳务发生地的主管税务机关申报纳税的,由其机构所在地的主管税务机关补征税款
非固定业户	在销售地或劳务发生地纳税,未在销售地或劳务发生地纳税的,应由其机构所在地或居住地的主管税务机关补征税款
进口货物	向报关地海关申报纳税
扣缴义务人	向机构所在地或居住地主管税务机关申报缴纳其扣缴的税款

第十节 增值税专用发票的使用和管理

专用发票是增值税一般纳税人销售货物或者提供应税劳务开具的发票,是购买方支付增值税额并可按照增值税有关规定据以抵扣增值税进项税额的凭证。

一、专用发票的构成和限额管理

增值税专用发票由基本联次或基本联次附加其他联次构成,基本联次为三联:发票联、抵扣联和记账联。

增值税专用发票实行最高开票限额管理，增值税专用发票最高开票限额由一般纳税人申请，须填报《增值税专用发票最高开票限额申请单》，区县税务机关审批，并根据需要进行实地查验，实地查验和方法由各省国税机关确定（国家税务总局公告2013年第39号）。

二、专用发票的开具

（一）专用发票的开具范围

一般纳税人销售货物或者提供应税劳务，应向购买方开具专用发票。

一般纳税人有下列销售情形之一的，不得开具专用发票：

(1) 商业企业一般纳税人零售的烟、酒、食品、服装、鞋帽（不包括劳保专用部分）、化妆品等消费品不得开具专用发票（国税发〔2006〕156号）。

(2) 销售免税货物或提供免征增值税的应税服务不得开具专用发票，法律、法规及国家税务总局另有规定的除外（国税发〔2006〕156号）。

(3) 销售自己使用过的下列不得抵扣且未抵扣进项税额的固定资产（国务院令第538号）：

① 用于非增值税应税项目、免征增值税项目、集体福利或者个人消费的购进固定资产。

② 非正常损失的购进固定资产。

③ 纳税人2013年8月1日前购入自用的应征消费税的摩托车、汽车、游艇（财税〔2013〕37号）。

④ 国务院财政、税务主管部门规定的纳税人自用消费品。

(4) 销售旧货（国税函〔2009〕90号）。

(5) 向消费者个人销售货物或者应税服务（国务院令第538号）。

(6) 钻石出口（国税发〔2006〕131号）。

(7) 债转股企业将实物资产投入到新公司时不得开具增值税专用发票（国税函〔2003〕1394号）。

（二）红字专用发票开具

增值税一般纳税人开具增值税专用发票后，发生销售退回、开票有误等情形但不符合作废条件，或者因销货部分退回及发生销售折让应按规定开具红字专用发票。纳税人销售货物并向购买方开具增值税专用发票后，由于购货方在一定时期内累计购买货物达到一定数量，或者由于市场价格下降等原因，销货方给予购货方相应的价格优惠或补偿等折扣、折让行为，销货方也可按规定开具红字增值税专用发票。在升级版中已实现纳税人通过网络或办税大厅将拟开具红字专用发票数据采集录入系统，系统自动进行数据逻辑校验，通过校验后生成开具红字专用发票信息表编号，纳税人即可开具红字专用发票，将不再需要税务机关审核后出具通知单的程序。销货方将专用发票交给购买方，应由收到发票的购买方申请，填写红字发票申请表并上传税务机关。税务机关为小规模纳税人代开专用发票需要开具红字专用发票的，按照一般纳税人开具红字专用发票的方法处理（国家税务总局公告2015年第19号)。

(三) 专用发票数据采集

防伪税控报税子系统和防伪税控认证子系统采集的专用发票存根联数据和抵扣联数据是增值税计算机稽核系统发票比对的唯一数据来源。税务机关应要求纳税人抄税、报税和专用发票的认证来采集专用发票数据。

经认证,有下列情形之一的,不得作为增值税进项税额的抵扣凭证,税务机关退还原件,购买方可要求销售方重新开具专用发票(国税函〔2006〕969号):

(1) 无法认证,是指专用发票所列密文或者明文不能辨认,无法产生认证结果。

(2) 纳税人识别号认证不符,是指专用发票所列购买方纳税人识别号有误。

(3) 专用发票代码、号码认证不符,是指专用发票所列密文解译后与明文的代码或者号码不一致。

经认证,有下列情形之一的,暂不得作为增值税进项税额的抵扣凭证,税务机构扣留原件,查明原因,分别情况进行处理(国税函〔2006〕969号):

(1) 重复认证,是指已经认证相符的同一张专用发票再次认证。

(2) 密文有误,是指专用发票所列密文无法解译。

(3) 认证不符,是指纳税人识别号有误,或者专用发票所列密文解译后与明文不一致,不包括纳税人识别号认证不符,专用发票代码、号码认证不符。

(4) 失控专用发票,是指认证时的专用发票已被登记为失控专用发票。

(四) 税务机关代开专用发票

代开专用发票是指已办理税务登记的小规模纳税人(包括个体工商户)以及国家税务总局确定的其他可予代开增值税专用发票的纳税人,在发生增值税应税行为,需要开具专用发票时,主管税务机关为其开具专用发票。除了税务机关,其他单位和个人不得代开专用发票。

第十一节　出口货物劳务增值税和消费税退(免)税

出口货物劳务退(免)税是指在国际贸易业务中,对报关出口的货物退还在国内各生产环节和流转环节按税法规定已缴纳的增值税和消费税,或免征应缴纳的增值税和消费税,是鼓励出口货物劳务公平竞争的一种税收措施。

一、适用增值税退(免)税政策的出口货物劳务(财税〔2012〕39号)

(一) 出口企业出口货物

出口企业,是指依法办理工商登记,税务登记、对外贸易经营者备案登记,自营或委托出口货物的单位或个体工商户,以及依法办理工商登记、税务登记但未办理对外贸易经营者备案登记,委托出口货物的生产企业。

出口货物,是指向海关报关后实际离境并销售给境外单位或者个人的货物,分为自营出口货物和委托出口货物两大类。

（二）出口企业或其他单位视同出口货物

(1) 出口企业对外援助、对外承包、境外投资的出口货物。

(2) 出口企业经海关报关进入国家批准的出口加工区、保税物流园区、保税港区、综合保税区、珠澳跨境工业区（珠海园区）、中哈霍尔果斯国际边境合作中心（中方配套区域）、保税物流中心（B型）等特殊区域并销售给特殊区域内单位或境外单位、个人的货物。

(3) 免税品经营企业销售的货物（国家规定不允许经营和限制出口的货物、卷烟和超出免税品经营企业经营范围的货物除外）。

(4) 出口企业或其他单位销售给用于国际金融组织或外国政府贷款国际招标建设项目的中标机电产品。上述中标机电产品，包括外国企业中标再分包给出口企业或其他单位的机电产品。

(5) 生产企业向海上石油天然气开采企业销售的自产的海洋工程结构物。

(6) 出口企业或其他单位销售给国际运输企业用于国际运输工具上的货物。上述规定暂仅适用于外轮供应公司、远洋运输供应公司销售给外轮、远洋国轮的货物；以及自2011年1月1日起，国内航空供应公司生产销售给国内和国外航空公司国际航班的航空食品。

(7) 出口企业或其他单位销售给特殊区域内生产企业生产耗用且不向海关报关而输入特殊区域的水（包括蒸汽）、电力、燃气。

(8) 对融资租赁出口货物试行退税政策。对融资租赁企业、金融租赁公司及其设立的项目子公司，以融资租赁方式租赁给境外承租人且租赁期限在5年（含）以上，并向海关报关后实际离境的货物，试行增值税、消费税出口退税政策（财税〔2014〕62号）。

融资租赁出口货物的范围，包括飞机、飞机发动机、铁道机车、铁道客车车厢、船舶及其他货物。

除另有规定外，视同出口货物适用出口货物的各项规定。

（三）出口企业对外提供加工修理修配劳务

对外提供加工修理修配劳务，指对进境复出口货物或从事国际运输的运输工具进行的加工修理修配。

二、增值税退（免）税办法

（一）免抵退税办法

1. 免抵退税的含义

生产企业出口自产货物和视同自产货物及对外提供加工修理修配劳务，以及《财政部、国家税务总局关于出口货物劳务增值税和消费税政策的通知》（财税〔2012〕39号）附件5列名生产企业出口非自产货物，免征增值税，相应的进项税额抵减应纳增值税额（不包括适用增值税即征即退、先征后退政策的应纳增值税额），未抵减完的部分予以退还。具体如图3-3所示。

2. 视同自产货物的具体范围（财税〔2012〕39号）

(1) 持续经营以来从未发生骗取出口退税、虚开增值税专用发票或农产品收购发票、

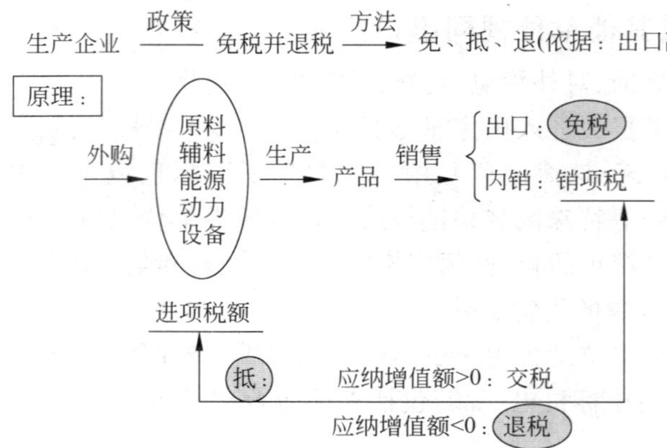

图 3-3 免抵退税

接受虚开增值税专用发票(善意取得虚开增值税专用发票除外)行为且同时符合下列条件的生产企业出口的外购货物,可视同自产货物适用增值税退(免)税政策:①已取得增值税一般纳税人资格;②已持续经营2年及2年以上;③纳税信用等级A级;④上一年度销售额5亿元以上;⑤外购出口的货物与本企业自产货物同类型或具有相关性。

(2) 持续经营以来从未发生骗取出口退税、虚开增值税专用发票或农产品收购发票、接受虚开增值税专用发票(善意取得虚开增值税专用发票除外)行为但不能同时符合上述第(1)条规定的条件的生产企业,出口的外购货物符合下列条件之一的,可视同自产货物申报适用增值税退(免)税政策:①用于对外承包工程项目下的货物;②用于境外投资的货物;③用于对外援助的货物;④生产自产货物的外购设备和原材料(农产品除外);⑤用于本企业中标项目下的机电产品。

(二) 免退税办法

不具有生产能力的出口企业或其他单位出口货物劳务,免征增值税,相应的进项税额予以退还。

三、增值税出口退税率(财税〔2012〕39号)

(1) 退税率的一般规定。除财政部和国家税务总局根据国务院决定而明确的增值税出口退税率外,出口货物退税率为其适用税率。

(2) 退税率的特殊规定。

① 外贸企业购进按简易办法征税的出口货物、从小规模纳税人购进的出口货物,其退税率分别为简易办法实际执行的征收率、小规模纳税人征收率。上述出口货物取得增值税专用发票的,退税率按照增值税专用发票上的税率和出口货物退税率孰低的原则确定。

② 出口企业委托加工修理修配货物,其加工修理修配费用的退税率,为出口货物的退税率。

③ 中标机电产品、出口企业向海关报关进入特殊区域销售给特殊区域内生产企业生

产耗用的列名原材料、输入特殊区域的水电气，其退税率为适用税率。如果国家调整列名原材料的退税率，列名原材料应当自调整之日起按调整后的退税率执行。

④ 海洋工程结构物退税率的适用。具体范围根据财税〔2012〕39 号文件附件 3 确定。

(3) 适用不同退税率的货物劳务，应分开报关、核算并申报退(免)税，未分开报关、核算或划分不清的，从低适用退税率。

四、增值税退(免)税的计税依据(财税〔2012〕39 号)

出口货物劳务的增值税退(免)税的计税依据，按出口货物劳务的出口发票(外销发票)、其他普通发票或购进出口货物劳务的增值税专用发票、海关进口增值税专用缴款书确定。

(1) 生产企业出口货物劳务(进料加工复出口货物除外)增值税退(免)税的计税依据，为出口货物劳务的实际离岸价(FOB)。

(2) 生产企业进料加工复出口货物增值税退(免)税的计税依据，按出口货物的离岸价扣除出口货物耗用的保税进口料件的金额后的余额确定(国家税务总局公告 2013 年第 12 号)。

(3) 生产企业国内购进无进项税额且不计提进项税额的免税原材料加工后出口的货物的计税依据，按出口货物的离岸价扣除出口货物所含的国内购进免税原材料的金额后确定。

(4) 外贸企业出口货物(委托加工修理修配货物除外)增值税退(免)税的计税依据，为购进出口货物的增值税专用发票注明的金额或海关进口增值税专用缴款书注明的完税价格。

(5) 外贸企业出口委托加工修理修配货物增值税退(免)税的计税依据，为加工修理修配费用增值税专用发票注明的金额。外贸企业应将加工修理修配使用的原材料(进料加工海关保税进口料件除外)作价销售给受托加工修理修配的生产企业，受托加工修理修配的生产企业应将原材料成本并入加工修理修配费用开具发票。

(6) 出口进项税额未计算抵扣的使用过的设备增值税退(免)税的计税依据，按下列公式确定：

退(免)税计税依据＝增值税专用发票上的金额或海关进口增值税专用缴款书注明的完税价格×已使用过的设备固定资产净值÷已使用过的设备原值

(7) 免税品经营企业销售的货物增值税退(免)税的计税依据，为购进货物的增值税专用发票注明的金额或海关进口增值税专用缴款书注明的完税价格。

(8) 中标机电产品增值税退(免)税的计税依据，生产企业为销售机电产品的普通发票注明的金额，外贸企业为购进货物的增值税专用发票注明的金额或海关进口增值税专用缴款书注明的完税价格。

(9) 生产企业向海上石油天然气开采企业销售的自产的海洋工程结构物增值税退(免)税的计税依据，为销售海洋工程结构物的普通发票注明的金额。

(10) 输入特殊区域的水电气增值税退(免)税的计税依据，为作为购买方的特殊区域内生产企业购进水(包括蒸汽)、电力、燃气的增值税专用发票注明的金额。

五、增值税免抵退税和免退税的计算(财税〔2012〕39号)

生产企业出口货物劳务增值税免抵退税,依下列公式计算:

(1) 当期应纳税额的计算。

当期应纳税额=当期销项税额-(当期进项税额-当期不得免征和抵扣税额)

当期不得免征和抵扣税额=当期出口货物离岸价×外汇人民币折合率×(出口货物适用税率-出口货物退税率)-当期不得免征和抵扣税额抵减额

当期不得免征和抵扣税额抵减额=当期免税购进原材料价格×(出口货物适用税率-出口货物退税率)

(2) 当期免抵退税额的计算。

当期免抵退税额=当期出口货物离岸价×外汇人民币折合率×出口货物退税率-当期免抵退税额抵减额

当期免抵退税额抵减额=当期免税购进原材料价格×出口货物退税率

(3) 当期应退税额和免抵税额的计算。

① 当期期末留抵税额≤当期免抵退税额,则:

当期应退税额=当期期末留抵税额

当期免抵税额=当期免抵退税额-当期应退税额

② 当期期末留抵税额>当期免抵退税额,则:

当期应退税额=当期免抵退税额

当期免抵税额=0

当期期末留抵税额为当期增值税纳税申报表中"期末留抵税额"。

归纳

"免、抵、退"步骤总结:

(1) 剔税:不得免抵税额(进项税转出)=出口价×(征税率%-退税率%)。

(2) 抵税:应纳税额=内销销项税额-[进项税额-(1)]-上期未抵扣税额=<0。

(3) 尺度:免抵退税额(最高限额)=出口价×退税率%。

(4) 比较:应退税额=|(2)|与(3)中较小者。

(5) 倒挤:免抵税额=免抵退税额(最高限额)-应退税额。

特别提示

自2013年7月1日起,进料加工生产企业免抵退税的进料计算方法由"购进法"改为"实耗法"(国家税务总局公告2013年第12号)。

六、适用增值税免税政策的出口货物劳务(财税〔2012〕39号)

适用增值税免税政策的出口货物劳务具体如下:

(1) 出口企业或其他单位出口规定的货物。

① 增值税小规模纳税人出口的货物。

② 避孕药品和用具,古旧图书。

③ 软件产品。

④ 含黄金、铂金成分的货物,钻石及其饰品。

⑤ 国家计划内出口的卷烟。

⑥ 已使用过的设备。

⑦ 非出口企业委托出口的货物。

⑧ 非列名生产企业出口的非视同自产货物。

⑨ 农业生产者自产农产品。

⑩ 油画、花生果仁、黑大豆等财政部和国家税务总局规定的出口免税的货物。

⑪ 外贸企业取得普通发票、废旧物资收购凭证、农产品收购发票、政府非税收入票据的货物。

⑫ 来料加工复出口货物。

⑬ 特殊区域内的企业出口的特殊区域内的货物。

⑭ 以人民币现金作为结算方式的边境地区出口企业从所在省(自治区)的边境口岸出口到接壤国家的一般贸易和边境小额贸易出口货物。

⑮ 以旅游购物贸易方式报关出口的货物。

(2) 出口企业或其他单位视同出口的下列货物劳务。

① 自 2011 年 1 月 1 日起,国家批准设立的免税店销售的免税货物[包括进口免税货物和已实现退(免)税的货物]。

② 特殊区域内的企业为境外的单位或个人提供加工修理修配劳务。

③ 同一特殊区域、不同特殊区域内的企业之间销售特殊区域内的货物。

(3) 进项税额的处理计算。

① 适用增值税免税政策的出口货物劳务,其进项税额不得抵扣和退税,应当转入成本。

② 出口卷烟,依下列公式计算:

不得抵扣的进项税额=出口卷烟含消费税金额÷(出口卷烟含消费税金额+内销卷烟销售额)×当期全部进项税额

③ 除出口卷烟,适用增值税免税政策的其他出口货物劳务的计算,按照增值税免税政策的统一规定执行。其中,如果涉及销售额,除来料加工复出口货物为其加工费收入,其他均为出口离岸价或销售额。

七、出口应税消费品退(免)税(财税〔2012〕39 号)

(一) 适用范围

① 出口企业出口或视同出口适用增值税退(免)税的货物,免征消费税,如果属于购进出口的货物,退还前一环节对其已征的消费税。

② 出口企业出口或视同出口适用增值税免税政策的货物,免征消费税,但不退还其

以前环节已征的消费税，且不允许在内销应税消费品应纳消费税款中抵扣。

③ 出口企业出口或视同出口适用增值税征税政策的货物，应按规定缴纳消费税，不退还其以前环节已征的消费税，且不允许在内销应税消费品应纳消费税款中抵扣。

生产企业和外贸企业出口纳税对比如表3-16所示。

表3-16 生产企业和外贸企业出口纳税对比

企业类型	项目	增 值 税	消费税
生产企业	出口	又免又退(适用免抵退税办法)	免税不退税
	内销	缴纳增值税(内销销项税额－进项税额)，计算免抵退税办法时“抵”已计算(不单独计算)	缴纳消费税
外贸企业	出口	又免又退(适用免退税办法)	又免又退
	内销	缴纳增值税(销项税额－进项税额)	不缴纳消费税

(二) 消费税退税的计税依据

属于从价定率计征消费税的，为已征且未在内销应税消费品应纳税额中抵扣的购进出口货物金额；属于从量定额计征消费税的，为已征且未在内销应税消费品应纳税额中抵扣的购进出口货物数量；属于复合计征消费税的，按从价定率和从量定额的计税依据分别确定。

(三) 消费税退税的计算

消费税应退税额＝从价定率计征消费税的退税计税依据×比例税率＋从量定额计征消费税的退税计税依据×定额税率

【习题及解答】

【例3-1 计算题】 (2012年注税)甲食品有限公司(以下简称“甲公司”，增值税一般纳税人)2011年12月发生下列经营业务：

(1) 从某农业生产者处收购花生，开具的收购凭证上注明收购价格为50 000元，货物验收入库；支付某运输企业运费400元，取得合法的货运发票。

(2) 销售副食品给某商场，开具增值税专用发票上注明价款65 000元，并以本公司自备车辆送货上门，另开具普通发票收取运费共585元。

(3) 销售熟食制品给某连锁超市，不含税价款25 000元，委托某货运公司运送货物，代垫运费500元，取得该货运公司开具的货运发票并将其转交给该超市。

(4) 销售副食品给乙公司，开具增值税专用发票上注明价款400 000元。委托某运输企业运送，甲公司支付运费3 000元，根据事先约定，乙公司负担其中900元，运输企业将运费发票开具给甲公司，甲公司另开普通发票向乙公司收取该运费。

(5) 从某设备制造公司购进检测设备一台，取得的增值税专用发票上注明价款300 000元；另支付运费600元，已取得合法的货运发票。

(6) 购进自用货运卡车一辆，支付不含税价180 000元，取得机动车销售统一发票；另支付运费 1 000 元,已取得合法的货运发票。

(7) 上月购进的免税农产品(已抵扣进项税)因保管不善发生霉烂变质,账面成本价 3 000 元(含应分摊的运费 100 元)。

相关发票当月均已通过主管税务机关认证并在本月抵扣。根据上述资料,回答下列问题:

1. 甲公司当月支付运费可抵扣的增值税进项税额为(　　)元。

A. 280　　B. 287　　C. 322　　D. 350

【答案】D

2. 甲公司当月收取相关运费应计算的增值税销项税额为(　　)元。

A. 85.00　　B. 130.77　　C. 215.77　　D. 252.45

【答案】C

3. 甲公司当月应转出进项税额(　　)元。

A. 390.00　　B. 440.33　　C. 440.86　　D. 510.00

【答案】C

4. 甲公司当月应纳增值税额(　　)元。

A. −4 493.37　　B. −4 642.14　　C. 26 176.63　　D. 77 218.63

【答案】A

【解析】业务 1:收购花生可以抵扣的进项税为 50 000×13%=6 500(元),支付运费可以抵扣的进项税为 400×7%=28(元)。

业务 2:收取运费应计算的销项税为 585÷1.17×17%=85(元),该业务应收取的销项税为 85+65 000×17%=11 135(元)。

业务 3:甲公司代垫运费,承运部门的运费发票开给购买方,并且将发票转交给购买方,不需要缴纳增值税。该业务的销项税额为 25 000×17%=4 250(元)。

业务 4:甲公司支付运费,取得运费发票可以抵扣进项税,可以抵扣的进项税为 3 000×7%=210(元),向乙公司收取运费;应作为价外费用计算销项税,销项税为 900÷1.17×17%=130.77(元);业务 4 销项税额合计为 400 000×17%+130.77=68 130.77(元)。

业务 5:支付运费可以抵扣的进项税为 600×7%=42(元),该业务可以抵扣的进项税额为 300 000×17%+42=51 042(元)。

业务 6:支付运费可以抵扣的进项税为 1 000×7%=70(元),该业务可以抵扣的进项税额为 180 000×17%+70=30 670(元)。

业务 7:应转出的进项税额为 100÷(1−7%)×7%+(3 000−100)÷(1−13%)×13%=440.86(元)。

当月支付运费可以抵扣的增值税进项税额为 28+210+42+70=350(元)。

当月收取运费应计算的增值税销项税额为 85+130.77=215.77(元)。

当月可以抵扣的进项税合计为 6 500+28+210+51 042+30 670−440.86=88 009.14(元)。

当月的销项税额合计为 11 135+4 250+68 130.77=83 515.77(元)。

当月应纳增值税为 83 515.77−88 009.14=−4 493.37(元)。

【例 3-2 计算题】 某自营出口生产企业是增值税一般纳税人，出口货物的征税税率为17%，退税率为13%。2012年3月购进原材料一批，取得的增值税专用发票注明的价款200万元，外购货物准予抵扣进项税款34万元，货已入库。上期期末留抵税额3万元。当月内销货物销售额100万元，销项税额17万元。本月出口货物销售折合人民币200万元。计算该企业本期免抵退税额，应退税额，免抵税额。

【答案及解析】 当期免抵退税不得免征和抵扣税额＝200×(17%－13%)＝8(万元)，应纳增值税额＝100×17%－(34－8)－3＝－12(万元)，出口货物免抵退税额＝200×13%＝26(万元)；

当期应退税额＝12(万元)；

当期免抵税额＝26－12＝14(万元)。

第四章 营业税改征增值税

第一节 营业税改征增值税概述

经国务院批准，自 2016 年 5 月 1 日起，在全国范围内全面推开营业税改征增值税（以下称营改增）试点，在原营改增的基础上，将建筑业、房地产业、金融业、生活服务业等全部营业税纳税人，纳入试点范围，由缴纳营业税改为缴纳增值税。自此，营业税将完全被增值税取代，中国进入完全的增值税时代，所有营改增的纳税人主要适用于《关于全面推开营业税改征增值税试点的通知》（财税〔2016〕36 号）。

第二节 纳税人和扣缴义务人

一、纳税人

（一）纳税人的一般规定

在中华人民共和国境内（以下称境内）销售服务、无形资产或者不动产（以下称应税行为）的单位和个人，为增值税纳税人，应当按照本办法缴纳增值税，不缴纳营业税。

单位以承包、承租、挂靠方式经营的，承包人、承租人、挂靠人（以下统称承包人）以发包人、出租人、被挂靠人（以下统称发包人）名义对外经营并由发包人承担相关法律责任的，以该发包人为纳税人。否则，以承包人为纳税人。

（二）提供应税服务的界定

基本行为界定——有偿性、营业性。销售服务、无形资产或者不动产，是指有偿提供服务、有偿转让无形资产或者不动产，但属于下列非经营活动的情形除外：

（1）行政单位收取的同时满足以下条件的政府性基金或者行政事业性收费。

① 由国务院或者财政部批准设立的政府性基金，由国务院或者省级人民政府及其财政、价格主管部门批准设立的行政事业性收费；

② 收取时开具省级以上（含省级）财政部门监（印）制的财政票据；

③ 所收款项全额上缴财政。

（2）单位或者个体工商户聘用的员工为本单位或者雇主提供取得工资的服务。

（3）单位或者个体工商户为聘用的员工提供服务。

（4）财政部和国家税务总局规定的其他情形。

（三）境内销售服务、无形资产或者不动产的界定

在境内销售服务、无形资产或者不动产，是指：

（1）服务（租赁不动产除外）或者无形资产（自然资源使用权除外）的销售方或者购

买方在境内。

(2) 所销售或者租赁的不动产在境内。

(3) 所销售自然资源使用权的自然资源在境内。

(4) 财政部和国家税务总局规定的其他情形。

下列情形不属于在境内销售服务或者无形资产:

(1) 境外单位或者个人向境内单位或者个人销售完全在境外发生的服务。

(2) 境外单位或者个人向境内单位或者个人销售完全在境外使用的无形资产。

(3) 境外单位或者个人向境内单位或者个人出租完全在境外使用的有形动产。

(4) 财政部和国家税务总局规定的其他情形。

(四) 视同销售服务、无形资产或者不动产

下列情形视同销售服务、无形资产或者不动产:

(1) 单位或者个体工商户向其他单位或者个人无偿提供服务,但用于公益事业或者以社会公众为对象的除外。

(2) 单位或者个人向其他单位或者个人无偿转让无形资产或者不动产,但用于公益事业或者以社会公众为对象的除外。

(3) 财政部和国家税务总局规定的其他情形。

特别提示

上述规定打破了应税服务的"有偿"规定,但依然坚持"营业性"的要求。

二、提供应税服务的"营改增"试点纳税人的分类与认定

(一) 认定标准一般规定

(1) 纳税人分为一般纳税人和小规模纳税人。

应税行为的年应征增值税销售额(以下称应税销售额)超过财政部和国家税务总局规定标准(500万元)的纳税人为一般纳税人,未超过规定标准的纳税人为小规模纳税人。

年应税销售额超过规定标准的其他个人不属于一般纳税人。年应税销售额超过规定标准但不经常发生应税行为的单位和个体工商户可选择按照小规模纳税人纳税。

(2) 年应税销售额未超过规定标准的纳税人,会计核算健全,能够提供准确税务资料的,可以向主管税务机关办理一般纳税人资格登记,成为一般纳税人。

会计核算健全,是指能够按照国家统一的会计制度规定设置账簿,根据合法、有效凭证核算。

符合一般纳税人条件的纳税人应当向主管税务机关办理一般纳税人资格登记。具体登记办法由国家税务总局制定。

除国家税务总局另有规定外,一经登记为一般纳税人后,不得转为小规模纳税人。

(二) 例外规定

应税服务年销售额超过规定标准的其他个人不属于一般纳税人;不经常提供应税服

务的非企业性单位、企业和个体工商户可选择按照小规模纳税人纳税(财税〔2013〕37号)。

应税销售额未超过规定标准的纳税人,会计核算健全,能够提供准确税务资料的,可以向主管税务机关办理一般纳税人资格登记,成为一般纳税人。

会计核算健全,是指能够按照国家统一的会计制度规定设置账簿,根据合法、有效凭证核算。

符合一般纳税人条件的纳税人应当向主管税务机关办理一般纳税人资格登记。具体登记办法由国家税务总局制定。

航空公司总机构及其分支机构,一律由机构所在地主管税务机关认定为增值税一般纳税人(国家税务总局公告2013年第68号)。

(三)特殊规定(国家税务总局公告2013年第75号)

兼有销售货物、提供加工修理修配劳务以及应税服务的纳税人,应税货物及劳务销售额与应税服务销售额分别计算,分别适用增值税一般纳税人资格认定标准。

(四)纳税辅导期纳税人(国家税务总局公告2013年第75号)

试点纳税人取得一般纳税人资格后,发生增值税偷税、骗取退税和虚开增值税扣税凭证等行为的,主管税务机关可以对其实行不少于6个月的纳税辅导期管理。

除另有规定外,一经认定为一般纳税人后,不得转为小规模纳税人。

除另有规定外,增值税一般纳税人资格认定具体程序,按照《增值税一般纳税人资格认定管理办法》(国家税务总局令第22号)相关规定执行。

三、扣缴义务人

中华人民共和国境外(以下称境外)单位或者个人在境内发生应税行为,在境内未设有经营机构的,以购买方为增值税扣缴义务人。财政部和国家税务总局另有规定的除外。

四、合并纳税(财税〔2013〕106号)

两个或者两个以上的纳税人,经财政部和国家税务总局批准可以视为一个纳税人合并纳税。具体办法由财政部和国家税务总局另行制定。

第三节 应税服务

一、交通运输服务

交通运输服务,是指利用运输工具将货物或者旅客送达目的地,使其空间位置得到转移的业务活动。包括陆路运输服务、水路运输服务、航空运输服务和管道运输服务。

(一)陆路运输服务

陆路运输服务,是指通过陆路(地上或者地下)运送货物或者旅客的运输业务活动,包括铁路运输服务和其他陆路运输服务。

(1) 铁路运输服务，是指通过铁路运送货物或者旅客的运输业务活动。

(2) 其他陆路运输服务，是指铁路运输以外的陆路运输业务活动。包括公路运输、缆车运输、索道运输、地铁运输、城市轻轨运输等。

出租车公司向使用本公司自有出租车的出租车司机收取的管理费用，按照陆路运输服务缴纳增值税。

（二）水路运输服务

水路运输服务，是指通过江、河、湖、川等天然、人工水道或者海洋航道运送货物或者旅客的运输业务活动。

水路运输的程租、期租业务，属于水路运输服务。

程租业务，是指运输企业为租船人完成某一特定航次的运输任务并收取租赁费的业务。

期租业务，是指运输企业将配备有操作人员的船舶承租给他人使用一定期限，承租期内听候承租方调遣，不论是否经营，均按天向承租方收取租赁费，发生的固定费用均由船东负担的业务。

（三）航空运输服务

航空运输服务，是指通过空中航线运送货物或者旅客的运输业务活动。

航空运输的湿租业务，属于航空运输服务。

湿租业务，是指航空运输企业将配备有机组人员的飞机承租给他人使用一定期限，承租期内听候承租方调遣，不论是否经营，均按一定标准向承租方收取租赁费，发生的固定费用均由承租方承担的业务。

航天运输服务，按照航空运输服务缴纳增值税。

航天运输服务，是指利用火箭等载体将卫星、空间探测器等空间飞行器发射到空间轨道的业务活动。

（四）管道运输服务

管道运输服务，是指通过管道设施输送气体、液体、固体物质的运输业务活动。

无运输工具承运业务，按照交通运输服务缴纳增值税。

无运输工具承运业务，是指经营者以承运人身份与托运人签订运输服务合同，收取运费并承担承运人责任，然后委托实际承运人完成运输服务的经营活动。

二、电信业

电信服务，是指利用有线、无线的电磁系统或者光电系统等各种通信网络资源，提供语音通话服务，传送、发射、接收或者应用图像、短信等电子数据和信息的业务活动。包括基础电信服务和增值电信服务。

（一）基础电信服务

基础电信服务，是指利用固网、移动网、卫星、互联网，提供语音通话服务的业务活动，以及出租或者出售带宽、波长等网络元素的业务活动。

（二）增值电信服务

增值电信服务，是指利用固网、移动网、卫星、互联网、有线电视网络，提供短信和彩信服务、电子数据和信息的传输及应用服务、互联网接入服务等业务活动。

卫星电视信号落地转接服务，按照增值电信服务缴纳增值税。

三、邮政业

邮政服务，是指中国邮政集团公司及其所属邮政企业提供邮件寄递、邮政汇兑和机要通信等邮政基本服务的业务活动。包括邮政普遍服务、邮政特殊服务和其他邮政服务。

特别提示

中国邮政速递物流股份有限公司及其子公司（含各级分支机构），不属于上述所称的中国邮政集团公司及其所属邮政企业（财税〔2013〕121号）。

（一）邮政普遍服务

邮政普遍服务，是指函件、包裹等邮件寄递，以及邮票发行、报刊发行和邮政汇兑等业务活动。

函件，是指信函、印刷品、邮资封片卡、无名址函件和邮政小包等。

包裹，是指按照封装上的名址递送给特定个人或者单位的独立封装的物品，其重量不超过五十千克，任何一边的尺寸不超过一百五十厘米，长、宽、高合计不超过三百厘米。

（二）邮政特殊服务

邮政特殊服务，是指义务兵平常信函、机要通信、盲人读物和革命烈士遗物的寄递等业务活动。

（三）其他邮政服务

其他邮政服务，是指邮册等邮品销售、邮政代理等业务活动。

四、建筑服务

建筑服务，是指各类建筑物、构筑物及其附属设施的建造、修缮、装饰，线路、管道、设备、设施等的安装以及其他工程作业的业务活动。包括工程服务、安装服务、修缮服务、装饰服务和其他建筑服务。

（一）工程服务

工程服务，是指新建、改建各种建筑物、构筑物的工程作业，包括与建筑物相连的各种设备或者支柱、操作平台的安装或者装设工程作业，以及各种窑炉和金属结构工程作业。

（二）安装服务

安装服务，是指生产设备、动力设备、起重设备、运输设备、传动设备、医疗实验设备以及其他各种设备、设施的装配、安置工程作业，包括与被安装设备相连的工作台、梯子、栏杆的装设工程作业，以及被安装设备的绝缘、防腐、保温、油漆等工程作业。

固定电话、有线电视、宽带、水、电、燃气、暖气等经营者向用户收取的安装费、初装费、开户费、扩容费以及类似收费，按照安装服务缴纳增值税。

(三) 修缮服务

修缮服务，是指对建筑物、构筑物进行修补、加固、养护、改善，使之恢复原来的使用价值或者延长其使用期限的工程作业。

(四) 装饰服务

装饰服务，是指对建筑物、构筑物进行修饰装修，使之美观或者具有特定用途的工程作业。

五、金融服务

金融服务，是指经营金融保险的业务活动。包括贷款服务、直接收费金融服务、保险服务和金融商品转让。

(一) 贷款服务

贷款，是指将资金贷与他人使用而取得利息收入的业务活动。

各种占用、拆借资金取得的收入，包括金融商品持有期间(含到期)利息(保本收益、报酬、资金占用费、补偿金等)收入、信用卡透支利息收入、买入返售金融商品利息收入、融资融券收取的利息收入，以及融资性售后回租、押汇、罚息、票据贴现、转贷等业务取得的利息及利息性质的收入，按照贷款服务缴纳增值税。

融资性售后回租，是指承租方以融资为目的，将资产出售给从事融资性售后回租业务的企业后，从事融资性售后回租业务的企业将该资产出租给承租方的业务活动。

以货币资金投资收取的固定利润或者保底利润，按照贷款服务缴纳增值税。

(二) 直接收费金融服务

直接收费金融服务，是指为货币资金融通及其他金融业务提供相关服务并且收取费用的业务活动。包括提供货币兑换、账户管理、电子银行、信用卡、信用证、财务担保、资产管理、信托管理、基金管理、金融交易场所(平台)管理、资金结算、资金清算、金融支付等服务。

(三) 保险服务

保险服务，是指投保人根据合同约定，向保险人支付保险费，保险人对于合同约定的可能发生的事故因其发生所造成的财产损失承担赔偿保险金责任，或者当被保险人死亡、伤残、疾病或者达到合同约定的年龄、期限等条件时承担给付保险金责任的商业保险行为。包括人身保险服务和财产保险服务。

人身保险服务，是指以人的寿命和身体为保险标的的保险业务活动。

财产保险服务，是指以财产及其有关利益为保险标的的保险业务活动。

(四) 金融商品转让

金融商品转让，是指转让外汇、有价证券、非货物期货和其他金融商品所有权的业务活动。

其他金融商品转让包括基金、信托、理财产品等各类资产管理产品和各种金融衍生品的转让。

六、现代服务

现代服务，是指围绕制造业、文化产业、现代物流产业等提供技术性、知识性服务的业务活动。包括研发和技术服务、信息技术服务、文化创意服务、物流辅助服务、租赁服务、鉴证咨询服务、广播影视服务、商务辅助服务和其他现代服务。

（一）研发和技术服务

研发和技术服务，包括研发服务、合同能源管理服务、工程勘察勘探服务、专业技术服务。

(1) 研发服务，也称技术开发服务，是指就新技术、新产品、新工艺或者新材料及其系统进行研究与试验开发的业务活动。

(2) 合同能源管理服务，是指节能服务公司与用能单位以契约形式约定节能目标，节能服务公司提供必要的服务，用能单位以节能效果支付节能服务公司投入及其合理报酬的业务活动。

(3) 工程勘察勘探服务，是指在采矿、工程施工前后，对地形、地质构造、地下资源蕴藏情况进行实地调查的业务活动。

(4) 专业技术服务，是指气象服务、地震服务、海洋服务、测绘服务、城市规划、环境与生态监测服务等专项技术服务。

（二）信息技术服务

信息技术服务，是指利用计算机、通信网络等技术对信息进行生产、收集、处理、加工、存储、运输、检索和利用，并提供信息服务的业务活动。包括软件服务、电路设计及测试服务、信息系统服务、业务流程管理服务和信息系统增值服务。

(1) 软件服务，是指提供软件开发服务、软件维护服务、软件测试服务的业务活动。

(2) 电路设计及测试服务，是指提供集成电路和电子电路产品设计、测试及相关技术支持服务的业务活动。

(3) 信息系统服务，是指提供信息系统集成、网络管理、网站内容维护、桌面管理与维护、信息系统应用、基础信息技术管理平台整合、信息技术基础设施管理、数据中心、托管中心、信息安全服务、在线杀毒、虚拟主机等业务活动。包括网站对非自有的网络游戏提供的网络运营服务。

(4) 业务流程管理服务，是指依托信息技术提供的人力资源管理、财务经济管理、审计管理、税务管理、物流信息管理、经营信息管理和呼叫中心等服务的活动。

(5) 信息系统增值服务，是指利用信息系统资源为用户附加提供的信息技术服务。包括数据处理、分析和整合、数据库管理、数据备份、数据存储、容灾服务、电子商务平台等。

（三）文化创意服务

文化创意服务，包括设计服务、知识产权服务、广告服务和会议展览服务。

(1) 设计服务,是指把计划、规划、设想通过文字、语言、图画、声音、视觉等形式传递出来的业务活动。包括工业设计、内部管理设计、业务运作设计、供应链设计、造型设计、服装设计、环境设计、平面设计、包装设计、动漫设计、网游设计、展示设计、网站设计、机械设计、工程设计、广告设计、创意策划、文印晒图等。

(2) 知识产权服务,是指处理知识产权事务的业务活动。包括对专利、商标、著作权、软件、集成电路布图设计的登记、鉴定、评估、认证、检索服务。

(3) 广告服务,是指利用图书、报纸、杂志、广播、电视、电影、幻灯、路牌、招贴、橱窗、霓虹灯、灯箱、互联网等各种形式为客户的商品、经营服务项目、文体节目或者通告、声明等委托事项进行宣传和提供相关服务的业务活动。包括广告代理和广告的发布、播映、宣传、展示等。

(4) 会议展览服务,是指为商品流通、促销、展示、经贸洽谈、民间交流、企业沟通、国际往来等举办或者组织安排的各类展览和会议的业务活动。

(四) 物流辅助服务

物流辅助服务,包括航空服务、港口码头服务、货运客运场站服务、打捞救助服务、装卸搬运服务、仓储服务和收派服务。

(1) 航空服务,包括航空地面服务和通用航空服务。

航空地面服务,是指航空公司、飞机场、民航管理局、航站等向在境内航行或者在境内机场停留的境内外飞机或者其他飞行器提供的导航等劳务性地面服务的业务活动。包括旅客安全检查服务、停机坪管理服务、机场候机厅管理服务、飞机清洗消毒服务、空中飞行管理服务、飞机起降服务、飞行通讯服务、地面信号服务、飞机安全服务、飞机跑道管理服务、空中交通管理服务等。

通用航空服务,是指为专业工作提供飞行服务的业务活动,包括航空摄影、航空培训、航空测量、航空勘探、航空护林、航空吊挂播撒、航空降雨、航空气象探测、航空海洋监测、航空科学实验等。

(2) 港口码头服务,是指港务船舶调度服务、船舶通讯服务、航道管理服务、航道疏浚服务、灯塔管理服务、航标管理服务、船舶引航服务、理货服务、系解缆服务、停泊和移泊服务、海上船舶溢油清除服务、水上交通管理服务、船只专业清洗消毒检测服务和防止船只漏油服务等为船只提供服务的业务活动。

港口设施经营人收取的港口设施保安费按照港口码头服务缴纳增值税。

(3) 货运客运场站服务,是指货运客运场站提供货物配载服务、运输组织服务、中转换乘服务、车辆调度服务、票务服务、货物打包整理、铁路线路使用服务、加挂铁路客车服务、铁路行包专列发送服务、铁路到达和中转服务、铁路车辆编解服务、车辆挂运服务、铁路接触网服务、铁路机车牵引服务等业务活动。

(4) 打捞救助服务,是指提供船舶人员救助、船舶财产救助、水上救助和沉船沉物打捞服务的业务活动。

(5) 装卸搬运服务,是指使用装卸搬运工具或者人力、畜力将货物在运输工具之间、装卸现场之间或者运输工具与装卸现场之间进行装卸和搬运的业务活动。

(6) 仓储服务,是指利用仓库、货场或者其他场所代客贮放、保管货物的业务活动。

(7) 收派服务，是指接受寄件人委托，在承诺的时限内完成函件和包裹的收件、分拣、派送服务的业务活动。

收件服务，是指从寄件人收取函件和包裹，并运送到服务提供方同城的集散中心的业务活动。

分拣服务，是指服务提供方在其集散中心对函件和包裹进行归类、分发的业务活动。

派送服务，是指服务提供方从其集散中心将函件和包裹送达同城的收件人的业务活动。

（五）租赁服务

租赁服务，包括融资租赁服务和经营租赁服务。

(1) 融资租赁服务，是指具有融资性质和所有权转移特点的租赁活动。即出租人根据承租人所要求的规格、型号、性能等条件购入有形动产或者不动产租赁给承租人，合同期内租赁物所有权属于出租人，承租人只拥有使用权，合同期满付清租金后，承租人有权按照残值购入租赁物，以拥有其所有权。不论出租人是否将租赁物销售给承租人，均属于融资租赁。

按照标的物的不同，融资租赁服务可分为有形动产融资租赁服务和不动产融资租赁服务。

融资性售后回租不按照本税目缴纳增值税。

(2) 经营租赁服务，是指在约定时间内将有形动产或者不动产转让他人使用且租赁物所有权不变更的业务活动。

按照标的物的不同，经营租赁服务可分为有形动产经营租赁服务和不动产经营租赁服务。

将建筑物、构筑物等不动产或者飞机、车辆等有形动产的广告位出租给其他单位或者个人用于发布广告，按照经营租赁服务缴纳增值税。

车辆停放服务、道路通行服务(包括过路费、过桥费、过闸费等)等按照不动产经营租赁服务缴纳增值税。

水路运输的光租业务、航空运输的干租业务，属于经营租赁。

光租业务，是指运输企业将船舶在约定的时间内出租给他人使用，不配备操作人员，不承担运输过程中发生的各项费用，只收取固定租赁费的业务活动。

干租业务，是指航空运输企业将飞机在约定的时间内出租给他人使用，不配备机组人员，不承担运输过程中发生的各项费用，只收取固定租赁费的业务活动。

（六）鉴证咨询服务

鉴证咨询服务，包括认证服务、鉴证服务和咨询服务。

(1) 认证服务，是指具有专业资质的单位利用检测、检验、计量等技术，证明产品、服务、管理体系符合相关技术规范、相关技术规范的强制性要求或者标准的业务活动。

(2) 鉴证服务，是指具有专业资质的单位受托对相关事项进行鉴证，发表具有证明力的意见的业务活动。包括会计鉴证、税务鉴证、法律鉴证、职业技能鉴定、工程造价鉴证、工程监理、资产评估、环境评估、房地产土地评估、建筑图纸审核、医疗事故鉴定等。

(3) 咨询服务,是指提供信息、建议、策划、顾问等服务的活动。包括金融、软件、技术、财务、税收、法律、内部管理、业务运作、流程管理、健康等方面的咨询。

翻译服务和市场调查服务按照咨询服务缴纳增值税。

(七) 广播影视服务

广播影视服务,包括广播影视节目(作品)的制作服务、发行服务和播映(含放映,下同)服务。

(1) 广播影视节目(作品)制作服务,是指进行专题(特别节目)、专栏、综艺、体育、动画片、广播剧、电视剧、电影等广播影视节目和作品制作的服务。具体包括与广播影视节目和作品相关的策划、采编、拍摄、录音、音视频文字图片素材制作、场景布置、后期的剪辑、翻译(编译)、字幕制作、片头、片尾、片花制作、特效制作、影片修复、编目和确权等业务活动。

(2) 广播影视节目(作品)发行服务,是指以分账、买断、委托等方式,向影院、电台、电视台、网站等单位和个人发行广播影视节目(作品)以及转让体育赛事等活动的报道及播映权的业务活动。

(3) 广播影视节目(作品)播映服务,是指在影院、剧院、录像厅及其他场所播映广播影视节目(作品),以及通过电台、电视台、卫星通信、互联网、有线电视等无线或者有线装置播映广播影视节目(作品)的业务活动。

(八) 商务辅助服务

商务辅助服务,包括企业管理服务、经纪代理服务、人力资源服务、安全保护服务。

(1) 企业管理服务,是指提供总部管理、投资与资产管理、市场管理、物业管理、日常综合管理等服务的业务活动。

(2) 经纪代理服务,是指各类经纪、中介、代理服务。包括金融代理、知识产权代理、货物运输代理、代理报关、法律代理、房地产中介、职业中介、婚姻中介、代理记账、拍卖等。

货物运输代理服务,是指接受货物收货人、发货人、船舶所有人、船舶承租人或者船舶经营人的委托,以委托人的名义,为委托人办理货物运输、装卸、仓储和船舶进出港口、引航、靠泊等相关手续的业务活动。

代理报关服务,是指接受进出口货物的收、发货人委托,代为办理报关手续的业务活动。

(3) 人力资源服务,是指提供公共就业、劳务派遣、人才委托招聘、劳动力外包等服务的业务活动。

(4) 安全保护服务,是指提供保护人身安全和财产安全,维护社会治安等的业务活动。包括场所住宅保安、特种保安、安全系统监控以及其他安保服务。

(九) 其他现代服务

其他现代服务,是指除研发和技术服务、信息技术服务、文化创意服务、物流辅助服务、租赁服务、鉴证咨询服务、广播影视服务和商务辅助服务以外的现代服务。

七、生活服务

生活服务，是指为满足城乡居民日常生活需求提供的各类服务活动。包括文化体育服务、教育医疗服务、旅游娱乐服务、餐饮住宿服务、居民日常服务和其他生活服务。

（一）文化体育服务

文化体育服务，包括文化服务和体育服务。

(1) 文化服务，是指为满足社会公众文化生活需求提供的各种服务。包括：文艺创作、文艺表演、文化比赛，图书馆的图书和资料借阅，档案馆的档案管理，文物及非物质遗产保护，组织举办宗教活动、科技活动、文化活动，提供游览场所。

(2) 体育服务，是指组织举办体育比赛、体育表演、体育活动，以及提供体育训练、体育指导、体育管理的业务活动。

（二）教育医疗服务

教育医疗服务，包括教育服务和医疗服务。

(1) 教育服务，是指提供学历教育服务、非学历教育服务、教育辅助服务的业务活动。

学历教育服务，是指根据教育行政管理部门确定或者认可的招生和教学计划组织教学，并颁发相应学历证书的业务活动。包括初等教育、初级中等教育、高级中等教育、高等教育等。

非学历教育服务，包括学前教育、各类培训、演讲、讲座、报告会等。

教育辅助服务，包括教育测评、考试、招生等服务。

(2) 医疗服务，是指提供医学检查、诊断、治疗、康复、预防、保健、接生、计划生育、防疫服务等方面的服务，以及与这些服务有关的提供药品、医用材料器具、救护车、病房住宿和伙食的业务。

（三）旅游娱乐服务

旅游娱乐服务，包括旅游服务和娱乐服务。

(1) 旅游服务，是指根据旅游者的要求，组织安排交通、游览、住宿、餐饮、购物、文娱、商务等服务的业务活动。

(2) 娱乐服务，是指为娱乐活动同时提供场所和服务的业务。具体包括：歌厅、舞厅、夜总会、酒吧、台球、高尔夫球、保龄球、游艺（包括射击、狩猎、跑马、游戏机、蹦极、卡丁车、热气球、动力伞、射箭、飞镖）。

（四）餐饮住宿服务

餐饮住宿服务，包括餐饮服务和住宿服务。

(1) 餐饮服务，是指通过同时提供饮食和饮食场所的方式为消费者提供饮食消费服务的业务活动。

(2) 住宿服务，是指提供住宿场所及配套服务等的活动。包括宾馆、旅馆、旅社、度假村和其他经营性住宿场所提供的住宿服务。

（五）居民日常服务

居民日常服务，是指主要为满足居民个人及其家庭日常生活需求提供的服务，包括市容市政管理、家政、婚庆、养老、殡葬、照料和护理、救助救济、美容美发、按摩、桑拿、氧吧、足疗、沐浴、洗染、摄影扩印等服务。

(六) 其他生活服务

其他生活服务，是指除文化体育服务、教育医疗服务、旅游娱乐服务、餐饮住宿服务和居民日常服务之外的生活服务。

八、销售无形资产

销售无形资产，是指转让无形资产所有权或者使用权的业务活动。无形资产，是指不具实物形态，但能带来经济利益的资产，包括技术、商标、著作权、商誉、自然资源使用权和其他权益性无形资产。

技术，包括专利技术和非专利技术。

自然资源使用权，包括土地使用权、海域使用权、探矿权、采矿权、取水权和其他自然资源使用权。

其他权益性无形资产，包括基础设施资产经营权、公共事业特许权、配额、经营权(包括特许经营权、连锁经营权、其他经营权)、经销权、分销权、代理权、会员权、席位权、网络游戏虚拟道具、域名、名称权、肖像权、冠名权、转会费等。

九、销售不动产

销售不动产，是指转让不动产所有权的业务活动。不动产，是指不能移动或者移动后会引起性质、形状改变的财产，包括建筑物、构筑物等。

建筑物，包括住宅、商业营业用房、办公楼等可供居住、工作或者进行其他活动的建造物。

构筑物，包括道路、桥梁、隧道、水坝等建造物。

转让建筑物有限产权或者永久使用权的，转让在建的建筑物或者构筑物所有权的，以及在转让建筑物或者构筑物时一并转让其所占土地的使用权的，按照销售不动产缴纳增值税。

第四节 税率和征收率

一、增值税税率

(1) 纳税人发生应税行为，除本条第(2)项、第(3)项、第(4)项规定外，税率为6%。

(2) 提供交通运输、邮政、基础电信、建筑、不动产租赁服务，销售不动产，转让土地使用权，税率为11%。

(3) 提供有形动产租赁服务，税率为17%。

(4) 境内单位和个人发生的跨境应税行为，税率为零。具体范围由财政部和国家税务总局另行规定。

二、增值税征收率

增值税征收率为3%，财政部和国家税务总局另有规定的除外。

三、代扣代缴增值税适用税率的确定

境内的购买方为境外单位和个人扣缴增值税的，按照适用税率扣缴增值税。

第五节　应纳税额计算

增值税的计税办法，包括一般计税方法和简易计税方法。

一般纳税人提供应税服务适用一般计税方法征税。

一般纳税人提供财政部和国家税务总局规定的应税服务，可以选择适用简易计税方法计税，但一经选择，36个月不得变更。

小规模纳税人提供应税服务适用简易计税方法计税。

境外单位或者个人在境内提供应税服务，在境内未设有经营机构的，扣缴义务人按照下列公式计算应扣缴税额：

应扣缴税额＝接受方支付的价款÷(1＋税率)×税率

一、一般计税方法

一般计税方法的应纳税额，是指当期销项税额抵扣当期进项税额后的余额。应纳税额计算公式：

应纳税额＝当期销项税额－当期进项税额

当期销项税额小于当期进项税额不足抵扣时，其不足部分可以结转下期继续抵扣。

（一）销项税额

销项税额，是指纳税人发生应税行为按照销售额和增值税税率计算并收取的增值税额。销项税额计算公式：

销项税额＝销售额×税率

1. 销售额的一般规定

销售额，是指纳税人发生应税行为取得的全部价款和价外费用，财政部和国家税务总局另有规定的除外。

价外费用，是指价外收取的各种性质的收费，但不包括以下项目：

(1) 代为收取并符合本办法第十条规定的政府性基金或者行政事业性收费。

(2) 以委托方名义开具发票代委托方收取的款项。

销售额以人民币计算。

纳税人按照人民币以外的货币结算销售额的，应当折合成人民币计算，折合率可以选择销售额发生的当天或者当月1日的人民币汇率中间价。纳税人应当在事先确定采用何种折合率，确定后12个月内不得变更。

2. 销售额的特殊规定

(1) 纳税人兼营销售货物、劳务、服务、无形资产或者不动产，适用不同税率或者征收率的，应当分别核算适用不同税率或者征收率的销售额；未分别核算的，从高适用税率。

(2) 一项销售行为如果既涉及服务又涉及货物，为混合销售。从事货物的生产、批发或者零售的单位和个体工商户的混合销售行为，按照销售货物缴纳增值税；其他单位和个体工商户的混合销售行为，按照销售服务缴纳增值税。

本条所称从事货物的生产、批发或者零售的单位和个体工商户，包括以从事货物的生产、批发或者零售为主，并兼营销售服务的单位和个体工商户在内。

纳税人兼营免税、减税项目的，应当分别核算免税、减税项目的销售额；未分别核算的，不得免税、减税。

纳税人适用一般计税方法计税的，因销售折让、中止或者退回而退还给购买方的增值税额，应当从当期的销项税额中扣减；因销售折让、中止或者退回而收回的增值税额，应当从当期的进项税额中扣减。

纳税人发生应税行为，开具增值税专用发票后，发生开票有误或者销售折让、中止、退回等情形的，应当按照国家税务总局的规定开具红字增值税专用发票；未按照规定开具红字增值税专用发票的，不得按照本办法第三十二条和第三十六条的规定扣减销项税额或者销售额。

纳税人发生应税行为，将价款和折扣额在同一张发票上分别注明的，以折扣后的价款为销售额；未在同一张发票上分别注明的，以价款为销售额，不得扣减折扣额。

纳税人发生应税行为价格明显偏低或者偏高且不具有合理商业目的的，或者发生本办法第十四条所列行为而无销售额的，主管税务机关有权按照下列顺序确定销售额：

① 按照纳税人最近时期销售同类服务、无形资产或者不动产的平均价格确定。

② 按照其他纳税人最近时期销售同类服务、无形资产或者不动产的平均价格确定。

③ 按照组成计税价格确定。组成计税价格的公式为

$$组成计税价格=成本\times(1+成本利润率)$$

成本利润率由国家税务总局确定。

不具有合理商业目的，是指以谋取税收利益为主要目的，通过人为安排，减少、免除、推迟缴纳增值税税款，或者增加退还增值税税款。

3. 合并定价

一般计税方法的销售额不包括销项税额，纳税人采用销售额和销项税额合并定价方法的，按照下列公式计算销售额：

$$销售额=含税销售额\div(1+税率)$$

4. 其他情形

有下列情形之一者，应当按照销售额和增值税税率计算应纳税额，不得抵扣进项税额，也不得使用增值税专用发票：

(1) 一般纳税人会计核算不健全，或者不能够提供准确税务资料的。

(2) 应当办理一般纳税人资格登记而未办理的。

（二）进项税额

进项税额，是指纳税人购进货物、加工修理修配劳务、服务、无形资产或者不动产，支付或者负担的增值税额。

1. 准予从销项税额中抵扣的进项税额

（1）从销售方取得的增值税专用发票（含税控机动车销售统一发票，下同）上注明的增值税额。

（2）从海关取得的海关进口增值税专用缴款书上注明的增值税额。

（3）购进农产品，除取得增值税专用发票或者海关进口增值税专用缴款书外，按照农产品收购发票或者销售发票上注明的农产品买价和13%的扣除率计算的进项税额。计算公式为

$$进项税额=买价\times扣除率$$

买价，是指纳税人购进农产品在农产品收购发票或者销售发票上注明的价款和按照规定缴纳的烟叶税。

购进农产品，按照《农产品增值税进项税额核定扣除试点实施办法》抵扣进项税额的除外。

（4）从境外单位或者个人购进服务、无形资产或者不动产，自税务机关或者扣缴义务人取得的解缴税款的完税凭证上注明的增值税额。

纳税人取得的增值税扣税凭证不符合法律、行政法规或者国家税务总局有关规定的，其进项税额不得从销项税额中抵扣。

增值税扣税凭证，是指增值税专用发票、海关进口增值税专用缴款书、农产品收购发票、农产品销售发票和完税凭证。

纳税人凭完税凭证抵扣进项税额的，应当具备书面合同、付款证明和境外单位的对账单或者发票。资料不全的，其进项税额不得从销项税额中抵扣。

2. 不得从销项税额中抵扣的进项税额

（1）用于简易计税方法计税项目、免征增值税项目、集体福利或者个人消费的购进货物、加工修理修配劳务、服务、无形资产和不动产。其中涉及的固定资产、无形资产、不动产，仅指专用于上述项目的固定资产、无形资产（不包括其他权益性无形资产）、不动产。

纳税人的交际应酬消费属于个人消费。

（2）非正常损失的购进货物，以及相关的加工修理修配劳务和交通运输服务。

（3）非正常损失的在产品、产成品所耗用的购进货物（不包括固定资产）、加工修理修配劳务和交通运输服务。

（4）非正常损失的不动产，以及该不动产所耗用的购进货物、设计服务和建筑服务。

（5）非正常损失的不动产在建工程所耗用的购进货物、设计服务和建筑服务。

纳税人新建、改建、扩建、修缮、装饰不动产，均属于不动产在建工程。

（6）购进的旅客运输服务、贷款服务、餐饮服务、居民日常服务和娱乐服务。

（7）财政部和国家税务总局规定的其他情形。

本条第（4）项、第（5）项所称货物，是指构成不动产实体的材料和设备，包括建筑装饰材料和给排水、采暖、卫生、通风、照明、通信、煤气、消防、中央空调、电梯、电气、智能化楼

宇设备及配套设施。

(8) 适用一般计税方法的纳税人,兼营简易计税方法计税项目、免征增值税项目而无法划分不得抵扣的进项税额,按照下列公式计算不得抵扣的进项税额:

不得抵扣的进项税额＝当期无法划分的全部进项税额×(当期简易计税方法计税项目销售额＋免征增值税项目销售额)÷当期全部销售额

主管税务机关可以按照上述公式依据年度数据对不得抵扣的进项税额进行清算。

(三) 扣减发生期进项税额的规定

已抵扣进项税额的购进货物(不含固定资产)、劳务、服务,发生不得从销项税额中抵扣规定情形(简易计税方法计税项目、免征增值税项目除外)的,应当将该进项税额从当期进项税额中扣减;无法确定该进项税额的,按照当期实际成本计算应扣减的进项税额。

已抵扣进项税额的固定资产、无形资产或者不动产,发生不得从销项税额中抵扣情形的,按照下列公式计算不得抵扣的进项税额:

不得抵扣的进项税额＝固定资产、无形资产或者不动产净值×适用税率

固定资产、无形资产或者不动产净值,是指纳税人根据财务会计制度计提折旧或摊销后的余额。

纳税人适用一般计税方法计税的,因销售折让、中止或者退回而退还给购买方的增值税额,应当从当期的销项税额中扣减;因销售折让、中止或者退回而收回的增值税额,应当从当期的进项税额中扣减。

二、简易计税方法

简易计税方法的应纳税额,是指按照销售额和增值税征收率计算的增值税额,不得抵扣进项税额。应纳税额计算公式:

应纳税额＝销售额×征收率

简易计税方法的销售额不包括其应纳税额,纳税人采用销售额和应纳税额合并定价方法的,按照下列公式计算销售额:

销售额＝含税销售额÷(1＋征收率)

纳税人适用简易计税方法计税的,因销售折让、中止或者退回而退还给购买方的销售额,应当从当期销售额中扣减。扣减当期销售额后仍有余额造成多缴的税款,可以从以后的应纳税额中扣减。

三、计税方法的特殊规定

一般纳税人发生下列应税行为可以选择适用简易计税方法计税:

(1) 公共交通运输服务。

公共交通运输服务,包括轮客渡、公交客运、地铁、城市轻轨、出租车、长途客运、班车。班车,是指按固定路线、固定时间运营并在固定站点停靠的运送旅客的陆路运输服务。

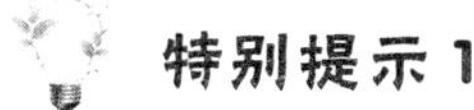

特别提示1

试点纳税人中的一般纳税人提供的铁路旅客运输服务，不得选择按照简易计税方法计算缴纳增值税(财税〔2013〕121号)。

特别提示2

这里的班车具有对外经营的特征，不等同于单位内部的通勤班车。

(2) 经认定的动漫企业为开发动漫产品提供的动漫脚本编撰、形象设计、背景设计、动画设计、分镜、动画制作、摄制、描线、上色、画面合成、配音、配乐、音效合成、剪辑、字幕制作、压缩转码(面向网络动漫、手机动漫格式适配)服务，以及在境内转让动漫版权(包括动漫品牌、形象或者内容的授权及再授权)。

动漫企业和自主开发、生产动漫产品的认定标准和认定程序，按照《文化部 财政部 国家税务总局关于印发〈动漫企业认定管理办法(试行)〉的通知》(文市发〔2008〕51号)的规定执行。

(3) 电影放映服务、仓储服务、装卸搬运服务、收派服务和文化体育服务。

(4) 以纳入营改增试点之日前取得的有形动产为标的物提供的经营租赁服务。

(5) 在纳入营改增试点之日前签订的尚未执行完毕的有形动产租赁合同。

第六节　特殊经营行为和行业的税务处理

一、兼营

试点纳税人销售货物、加工修理修配劳务、服务、无形资产或者不动产适用不同税率或者征收率的，应当分别核算适用不同税率或者征收率的销售额，未分别核算销售额的，按照以下方法适用税率或者征收率：

(1) 兼有不同税率的销售货物、加工修理修配劳务、服务、无形资产或者不动产，从高适用税率。

(2) 兼有不同征收率的销售货物、加工修理修配劳务、服务、无形资产或者不动产，从高适用征收率。

(3) 兼有不同税率和征收率的销售货物、加工修理修配劳务、服务、无形资产或者不动产，从高适用税率。

二、油气田企业

油气田企业发生应税行为，适用《营业税改征增值税试点实施办法》规定的增值税税率，不再适用《财政部 国家税务总局关于印发〈油气田企业增值税管理办法〉的通知》(财税〔2009〕8号)规定的增值税税率。

三、电信业

试点纳税人销售电信服务时，附带赠送用户识别卡、电信终端等货物或者电信服务的，应将其取得的全部价款和价外费用进行分别核算，按各自适用的税率计算缴纳增值税。

四、航空运输企业(国家税务总局公告2013年第68号)

为了规范营业税改征增值税试点期间航空运输企业增值税征收管理，国家税务总局对航空运输企业试点期间增值税的处理作了如下规定。

(一)总机构汇总缴纳增值税

经财政部和国家税务总局批准，按照《总机构试点纳税人增值税计算缴纳暂行办法》计算缴纳增值税的航空运输企业，应当汇总机构及其分支机构发生《应税服务范围注释》所列业务的增值税应纳税额，抵减分支机构发生《应税服务范围注释》所列业务已缴纳的增值税和营业税后，向其机构所在地主管税务机关申报纳税。

(二)总机构汇总的应征增值税销售额

总机构汇总的应征增值税销售额由以下两部分组成：

(1)总机构及其试点地区分支机构发生《应税服务范围注释》所列业务的应征增值税销售额。

(2)非试点地区分支机构发生《应税服务范围注释》所列业务的销售额。计算公式为

销售额＝应税服务的营业额÷(1＋增值税适用税率)

应税服务的营业额，是指非试点地区分支机构发生《应税服务范围注释》所列业务的营业额。增值税适用税率，是指《营业税改征增值税试点实施办法》规定的增值税适用税率。

总机构应按照增值税现行规定核算汇总的应征增值税销售额。

航空运输企业的应征增值税销售额不包括代收的机场建设费和代售其他航空运输企业客票而代收转付的价款。

航空运输企业已售票但未提供航空运输服务取得的逾期票证收入，按照航空运输服务征收增值税(财税〔2013〕121号)。

(三)总机构汇总的销项税额

总机构汇总的销项税额，按照应征增值税销售额和《营业税改征增值税试点实施办法》规定的增值税适用税率计算。

(四)总机构汇总的进项税额

总机构汇总的进项税额是指总机构及其分支机构因发生《应税服务范围注释》所列业务而购进货物或者接受加工修理修配劳务和应税服务，支付或者负担的增值税税额。总机构和分支机构用于发生《应税服务范围注释》所列业务之外的进项税额不得汇总。

非试点地区分支机构发生《应税服务范围注释》所列业务而购进货物或者接受加工修理修配劳务和应税服务，应当索取增值税扣税凭证。

总机构及其分支机构取得的增值税扣税凭证，应当按照有关规定到主管国税机关办理认证或者申请稽核对比。

总机构汇总的进项税额，应当在季度终了后的第一个申报期内申报抵扣。

（五）分支机构应缴纳的增值税

试点地区分支机构发生《应税服务范围注释》所列业务，按照应征增值税销售额和预征率计算缴纳增值税，按月向主管税务机关申报纳税，不得抵扣进项税额。计算公式为

应缴纳的增值税＝应征增值税销售额×预征率

试点地区分支机构销售货物和提供加工修理修配劳务，按照《增值税暂行条例》及相关规定申报缴纳增值税。

（六）不征收增值税的航空运输服务

(1) 航空运输业提供的旅客利用里程积分兑换的航空运输服务，不征收增值税。

(2) 航空运输企业根据国家指令无偿提供的航空运输服务属于《营业税改征增值税试点实施办法》规定的以公益活动为目的的服务，不征收增值税。

总机构当期应纳税额＝当期汇总销项税额－当期汇总进项税额

总机构当期应补(退)税额＝总机构当期应纳税额－当期试点地区分支机构已缴纳的增值税税额－当期非试点地区分支机构已缴纳的营业税税额

五、建筑服务

(1) 一般纳税人以清包工方式提供的建筑服务，可以选择适用简易计税方法计税。

以清包工方式提供建筑服务，是指施工方不采购建筑工程所需的材料或只采购辅助材料，并收取人工费、管理费或者其他费用的建筑服务。

(2) 一般纳税人为甲供工程提供的建筑服务，可以选择适用简易计税方法计税。

甲供工程，是指全部或部分设备、材料、动力由工程发包方自行采购的建筑工程。

(3) 一般纳税人为建筑工程老项目提供的建筑服务，可以选择适用简易计税方法计税。

(4) 一般纳税人跨县(市)提供建筑服务，适用一般计税方法计税的，应以取得的全部价款和价外费用为销售额计算应纳税额。纳税人应以取得的全部价款和价外费用扣除支付的分包款后的余额，按照2%的预征率在建筑服务发生地预缴税款后，向机构所在地主管税务机关进行纳税申报。

(5) 一般纳税人跨县(市)提供建筑服务，选择适用简易计税方法计税的，应以取得的全部价款和价外费用扣除支付的分包款后的余额为销售额，按照3%的征收率计算应纳税额。纳税人应按照上述计税方法在建筑服务发生地预缴税款后，向机构所在地主管税务机关进行纳税申报。

(6) 试点纳税人中的小规模纳税人(以下简称小规模纳税人)跨县(市)提供建筑服务，应以取得的全部价款和价外费用扣除支付的分包款后的余额为销售额，按照3%的征收率计算应纳税额。纳税人应按照上述计税方法在建筑服务发生地预缴税款后，向机构所在地主管税务机关进行纳税申报。

六、转让不动产(转让有权属的不动产)(国家税务总局公告2016年第14号)

(1) 一般纳税人转让其取得的不动产,按照以下规定缴纳增值税:

① 一般纳税人转让其2016年4月30日前取得(不含自建)的不动产,可以选择适用简易计税方法计税,以取得的全部价款和价外费用扣除不动产购置原价或者取得不动产时的作价后的余额为销售额,按照5%的征收率计算应纳税额。纳税人应按照上述计税方法向不动产所在地主管地税机关预缴税款,向机构所在地主管国税机关申报纳税。

② 一般纳税人转让其2016年4月30日前自建的不动产,可以选择适用简易计税方法计税,以取得的全部价款和价外费用为销售额,按照5%的征收率计算应纳税额。纳税人应按照上述计税方法向不动产所在地主管地税机关预缴税款,向机构所在地主管国税机关申报纳税。

③ 一般纳税人转让其2016年4月30日前取得(不含自建)的不动产,选择适用一般计税方法计税的,以取得的全部价款和价外费用为销售额计算应纳税额。纳税人应以取得的全部价款和价外费用扣除不动产购置原价或者取得不动产时的作价后的余额,按照5%的预征率向不动产所在地主管地税机关预缴税款,向机构所在地主管国税机关申报纳税。

④ 一般纳税人转让其2016年4月30日前自建的不动产,选择适用一般计税方法计税的,以取得的全部价款和价外费用为销售额计算应纳税额。纳税人应以取得的全部价款和价外费用,按照5%的预征率向不动产所在地主管地税机关预缴税款,向机构所在地主管国税机关申报纳税。

⑤ 一般纳税人转让其2016年5月1日后取得(不含自建)的不动产,适用一般计税方法,以取得的全部价款和价外费用为销售额计算应纳税额。纳税人应以取得的全部价款和价外费用扣除不动产购置原价或者取得不动产时的作价后的余额,按照5%的预征率向不动产所在地主管地税机关预缴税款,向机构所在地主管国税机关申报纳税。

⑥ 一般纳税人转让其2016年5月1日后自建的不动产,适用一般计税方法,以取得的全部价款和价外费用为销售额计算应纳税额。纳税人应以取得的全部价款和价外费用,按照5%的预征率向不动产所在地主管地税机关预缴税款,向机构所在地主管国税机关申报纳税。

(2) 小规模纳税人转让其取得的不动产,除个人转让其购买的住房外,按照以下规定缴纳增值税:

① 小规模纳税人转让其取得(不含自建)的不动产,以取得的全部价款和价外费用扣除不动产购置原价或者取得不动产时的作价后的余额为销售额,按照5%的征收率计算应纳税额。

② 小规模纳税人转让其自建的不动产,以取得的全部价款和价外费用为销售额,按照5%的征收率计算应纳税额。

除其他个人之外的小规模纳税人,应按照本条规定的计税方法向不动产所在地主管地税机关预缴税款，向机构所在地主管国税机关申报纳税；其他个人按照本条规定的计税方法向不动产所在地主管地税机关申报纳税。

（3）个人转让其购买的住房，按照以下规定缴纳增值税：

① 个人转让其购买的住房，按照有关规定全额缴纳增值税的，以取得的全部价款和价外费用为销售额，按照5%的征收率计算应纳税额。

② 个人转让其购买的住房，按照有关规定差额缴纳增值税的，以取得的全部价款和价外费用扣除购买住房价款后的余额为销售额，按照5%的征收率计算应纳税额。

个体工商户应按照本条规定的计税方法向住房所在地主管地税机关预缴税款，向机构所在地主管国税机关申报纳税；其他个人应按照本条规定的计税方法向住房所在地主管地税机关申报纳税。

（4）其他个人以外的纳税人转让其取得的不动产，区分以下情形计算应向不动产所在地主管地税机关预缴的税款：

① 以转让不动产取得的全部价款和价外费用作为预缴税款计算依据的，计算公式为

$$\text{应预缴税款}=\text{全部价款和价外费用}\div(1+5\%)\times 5\%$$

② 以转让不动产取得的全部价款和价外费用扣除不动产购置原价或者取得不动产时的作价后的余额作为预缴税款计算依据的，计算公式为

$$\text{应预缴税款}=(\text{全部价款和价外费用}-\text{不动产购置原价或者取得不动产时的作价})\div(1+5\%)\times 5\%$$

（5）其他个人转让其取得的不动产，按照上述第（4）项规定的计算方法计算应纳税额并向不动产所在地主管地税机关申报纳税。

（6）纳税人按规定从取得的全部价款和价外费用中扣除不动产购置原价或者取得不动产时的作价的，应当取得符合法律、行政法规和国家税务总局规定的合法有效凭证。否则，不得扣除。

（7）纳税人转让其取得的不动产，向不动产所在地主管地税机关预缴的增值税税款，可以在当期增值税应纳税额中抵减，抵减不完的，结转下期继续抵减。

纳税人以预缴税款抵减应纳税额，应以完税凭证作为合法有效凭证。

（8）小规模纳税人转让其取得的不动产，不能自行开具增值税发票的，可向不动产所在地主管地税机关申请代开。

（9）纳税人向其他个人转让其取得的不动产，不得开具或申请代开增值税专用发票。

（10）纳税人转让不动产，按照本办法规定应向不动产所在地主管地税机关预缴税款而自应当预缴之月起超过6个月没有预缴税款的，由机构所在地主管国税机关按照《中华人民共和国税收征收管理法》及相关规定进行处理。

纳税人转让不动产，未按照本办法规定缴纳税款的，由主管税务机关按照《中华人民共和国税收征收管理法》及相关规定进行处理。

七、房地产开发企业销售房地产项目(一手不动产)(国家税务总局公告2016年第18号)

(1) 房地产开发企业中的一般纳税人(以下简称一般纳税人),销售自行开发的房地产老项目,可以选择适用简易计税方法按照5%的征收率计税。

(2) 房地产开发企业中的小规模纳税人(以下简称小规模纳税人),销售自行开发的房地产项目,按照5%的征收率计税。

(3) 一般纳税人采取预收款方式销售所开发的房地产项目,在收到预收款时按照3%的预征率预缴增值税。

(4) 一般纳税人销售房地产老项目,以及一般纳税人出租其2016年4月30日前取得的不动产,适用一般计税方法计税的,应以取得的全部价款和价外费用,按照3%的预征率在不动产所在地预缴税款后,向机构所在地主管税务机关进行纳税申报。

(5) 一般纳税人销售其在2016年4月30日前自建的不动产,适用一般计税方法计税的,应以取得的全部价款和价外费用为销售额计算应纳税额。纳税人应以取得的全部价款和价外费用,按照5%的预征率在不动产所在地预缴税款后,向机构所在地主管税务机关进行纳税申报。

(6) 房地产开发企业中的一般纳税人销售自行开发的房地产项目,适用一般计税方法计税,按照取得的全部价款和价外费用,扣除当期销售房地产项目对应的土地价款后的余额计算销售额。销售额的计算公式如下:

销售额=(全部价款和价外费用-当期允许扣除的土地价款)÷(1+11%)

当期允许扣除的土地价款按照以下公式计算:

当期允许扣除的土地价款=(当期销售房地产项目建筑面积÷房地产项目可供销售建筑面积)×支付的土地价款

一般纳税人销售自行开发的房地产老项目,可以选择适用简易计税方法按照5%的征收率计税。一经选择简易计税方法计税的,36个月内不得变更为一般计税方法计税。

应纳税额=含税销售额÷(1+5%)×5%

选择简易计税办法不得扣除土地价款,不得扣除进项税额。

八、不动产经营租赁服务

(1) 一般纳税人出租其2016年4月30日前取得的不动产,可以选择适用简易计税方法,按照5%的征收率计算应纳税额。纳税人出租其2016年4月30日前取得的与机构所在地不在同一县(市)的不动产,应按照上述计税方法在不动产所在地预缴税款后,向机构所在地主管税务机关进行纳税申报。

(2) 公路经营企业中的一般纳税人收取试点前开工的高速公路的车辆通行费,可以选择适用简易计税方法,减按3%的征收率计算应纳税额。

试点前开工的高速公路,是指相关施工许可证明上注明的合同开工日期在2016年4月30日前的高速公路。

(3) 一般纳税人出租其2016年5月1日后取得的、与机构所在地不在同一县(市)的不动产，应按照3%的预征率在不动产所在地预缴税款后，向机构所在地主管税务机关进行纳税申报。

(4) 小规模纳税人出租其取得的不动产(不含个人出租住房)，应按照5%的征收率计算应纳税额。纳税人出租与机构所在地不在同一县(市)的不动产，应按照上述计税方法在不动产所在地预缴税款后，向机构所在地主管税务机关进行纳税申报。

(5) 其他个人出租其取得的不动产(不含住房)，应按照5%的征收率计算应纳税额。

(6) 个人出租住房，应按照5%的征收率减按1.5%计算应纳税额。

九、不动产融资租赁服务(国家税务总局公告2016年第16号)

(1) 一般纳税人出租不动产，按照以下规定缴纳增值税：

① 一般纳税人出租其2016年4月30日前取得的不动产，可以选择适用简易计税方法，按照5%的征收率计算应纳税额。

不动产所在地与机构所在地不在同一县(市、区)的，纳税人应按照上述计税方法向不动产所在地主管国税机关预缴税款，向机构所在地主管国税机关申报纳税。

不动产所在地与机构所在地在同一县(市、区)的，纳税人向机构所在地主管国税机关申报纳税。

② 一般纳税人出租其2016年5月1日后取得的不动产，适用一般计税方法计税。

不动产所在地与机构所在地不在同一县(市、区)的，纳税人应按照3%的预征率向不动产所在地主管国税机关预缴税款，向机构所在地主管国税机关申报纳税。

不动产所在地与机构所在地在同一县(市、区)的，纳税人应向机构所在地主管国税机关申报纳税。

一般纳税人出租其2016年4月30日前取得的不动产适用一般计税方法计税的，按照上述规定执行。

(2) 小规模纳税人出租不动产，按照以下规定缴纳增值税：

① 单位和个体工商户出租不动产(不含个体工商户出租住房)，按照5%的征收率计算应纳税额。个体工商户出租住房，按照5%的征收率减按1.5%计算应纳税额。

不动产所在地与机构所在地不在同一县(市、区)的，纳税人应按照上述计税方法向不动产所在地主管国税机关预缴税款，向机构所在地主管国税机关申报纳税。

不动产所在地与机构所在地在同一县(市、区)的，纳税人应向机构所在地主管国税机关申报纳税。

② 其他个人出租不动产(不含住房)，按照5%的征收率计算应纳税额，向不动产所在地主管地税机关申报纳税。其他个人出租住房，按照5%的征收率减按1.5%计算应纳税额，向不动产所在地主管地税机关申报纳税。

十、文化企业发展税收政策(财税〔2014〕85号)

(1) 新闻出版广电行政主管部门(包括中央、省、地市及县级)按照各自职能权限批准从事电影制片、发行、放映的电影集团公司(含成员企业)、电影制片厂及其他电影企业取得的销售电影拷贝(含数字拷贝)收入、转让电影版权(包括转让和许可使用)收入、电影发行收入以及在农村取得的电影放映收入免征增值税。一般纳税人提供的城市电影放映服务,可以按现行政策规定,选择按照简易计税办法计算缴纳增值税。

(2) 2014年1月1日至2016年12月31日,对广播电视运营服务企业收取的有线数字电视基本收视维护费和农村有线电视基本收视费,免征增值税。

十一、生活服务业(财税〔2016〕36号)

(1) 经纪代理服务,以取得的全部价款和价外费用,扣除向委托方收取并代为支付的政府性基金或者行政事业性收费后的余额为销售额。向委托方收取的政府性基金或者行政事业性收费,不得开具增值税专用发票。

(2) 试点纳税人提供旅游服务,可以选择以取得的全部价款和价外费用,扣除向旅游服务购买方收取并支付给其他单位或者个人的住宿费、餐饮费、交通费、签证费、门票费和支付给其他接团旅游企业的旅游费用后的余额为销售额。

选择上述办法计算销售额的试点纳税人,向旅游服务购买方收取并支付的上述费用,不得开具增值税专用发票,可以开具普通发票。

试点纳税人按照上述规定从全部价款和价外费用中扣除的价款,应当取得符合法律、行政法规和国家税务总局规定的有效凭证。否则,不得扣除。

十二、金融业(财税〔2016〕46号)

(1) 金融机构开展下列业务取得的利息收入,属于《营业税改征增值税试点过渡政策的规定》(财税〔2016〕36号,以下简称《过渡政策的规定》)第一条第(二十三)项所称的金融同业往来利息收入:

① 质押式买入返售金融商品。

质押式买入返售金融商品,是指交易双方进行的以债券等金融商品为权利质押的一种短期资金融通业务。

② 持有政策性金融债券。

政策性金融债券,是指开发性、政策性金融机构发行的债券。

(2)《过渡政策的规定》第一条第(二十一)项中,享受免征增值税的一年期及以上返还本利的人身保险包括其他年金保险,其他年金保险是指养老年金以外的年金保险。

(3) 农村信用社、村镇银行、农村资金互助社、由银行业机构全资发起设立的贷款公司、法人机构在县(县级市、区、旗)及县以下地区的农村合作银行和农村商业银行提供金融服务收入,可以选择适用简易计税方法按照3%的征收率计算缴纳增值税。

(4) 对中国农业银行纳入"三农金融事业部"改革试点的各省、自治区、直辖市、计划单列市分行下辖的县域支行和新疆生产建设兵团分行下辖的县域支行(也称县事业部),提供农户贷款、农村企业和农村各类组织贷款(具体贷款业务清单见附件)取得的利息收入,可以选择适用简易计税方法按照3%的征收率计算缴纳增值税。

十三、纳税人跨县（市、区）提供建筑服务增值税征收管理暂行办法（国家税务总局公告2016年第16号）

（1）纳税人跨县（市、区）提供建筑服务，按照以下规定预缴税款：

① 一般纳税人跨县（市、区）提供建筑服务，适用一般计税方法计税的，以取得的全部价款和价外费用扣除支付的分包款后的余额，按照2%的预征率计算应预缴税款。

② 一般纳税人跨县（市、区）提供建筑服务，选择适用简易计税方法计税的，以取得的全部价款和价外费用扣除支付的分包款后的余额，按照3%的征收率计算应预缴税款。

③ 小规模纳税人跨县（市、区）提供建筑服务，以取得的全部价款和价外费用扣除支付的分包款后的余额，按照3%的征收率计算应预缴税款。

（2）纳税人跨县（市、区）提供建筑服务，按照以下公式计算应预缴税款：

① 适用一般计税方法计税的，应预缴税款=（全部价款和价外费用－支付的分包款）÷（1+11%）×2%。

② 适用简易计税方法计税的，应预缴税款=（全部价款和价外费用－支付的分包款）÷（1+3%）×3%。

纳税人取得的全部价款和价外费用扣除支付的分包款后的余额为负数的，可结转下次预缴税款时继续扣除。

纳税人应按照工程项目分别计算应预缴税款，分别预缴。

第七节　营业税改征增值税试点前后相关业务的衔接

一、纳税人身份的认定的衔接（国家税务总局公告2013年第75号）

（1）原增值税一般纳税人兼有应税服务，按照《营业税改征增值税试点实施办法》及其他相关规定应当申请认定一般纳税人的，不需要重新办理一般纳税人认定手续。

（2）除上述规定的情形，“营改增”试点实施前应税服务年销售额超过500万元（含本数）的试点纳税人，应向国税主管税务机关申请办理增值税一般纳税人资格认定手续。

（3）试点实施前应税服务年销售额未超过500万元的试点纳税人，如符合相关规定条件，也可以向主管税务机关申请增值税一般纳税人资格认定。

（4）试点实施后，符合条件的试点纳税人应按照相关规定，办理增值税一般纳税人资格认定。按照“营改增”有关规定，在确定销售额时可以差额扣除的试点纳税人，其应税服务年销售额按未扣除之前的销售额计算。

（5）试点纳税人兼有销售货物、提供加工修理修配劳务以及应税服务的，应税货物及劳务销售额与应税服务销售额分别计算，分别适用增值税一般纳税人资格认定标准。

（6）试点纳税人取得增值税一般纳税人资格后，发生增值税偷税、骗取出口退税和虚开增值税扣税凭证等行为的，主管税务机关可以对其实行不少于6个月的纳税辅导期管理。

二、试点实施前发生的业务(财税〔2016〕36号)

(1) 试点纳税人发生应税行为,按照国家有关营业税政策规定差额征收营业税的,因取得的全部价款和价外费用不足以抵减允许扣除项目金额,截至纳入营改增试点之日前尚未扣除的部分,不得在计算试点纳税人增值税应税销售额时抵减,应当向原主管地税机关申请退还营业税。

(2) 试点纳税人发生应税行为,在纳入营改增试点之日前已缴纳营业税,营改增试点后因发生退款减除营业额的,应当向原主管地税机关申请退还已缴纳的营业税。

(3) 试点纳税人纳入营改增试点之日前发生的应税行为,因税收检查等原因需要补缴税款的,应按照营业税政策规定补缴营业税。

三、原增值税纳税人的有关政策(财税〔2016〕36号)

原增值税纳税人是指按照《增值税暂行条例》缴纳增值税的纳税人。原增值税纳税人在营业税改征增值税试点后,有关业务按下列规定执行。

(一) 进项税额

(1) 原增值税一般纳税人购进服务、无形资产或者不动产,取得的增值税专用发票上注明的增值税额为进项税额,准予从销项税额中抵扣。

2016年5月1日后取得并在会计制度上按固定资产核算的不动产或者2016年5月1日后取得的不动产在建工程,其进项税额应自取得之日起分2年从销项税额中抵扣,第一年抵扣比例为60%,第二年抵扣比例为40%。

融资租入的不动产以及在施工现场修建的临时建筑物、构筑物,其进项税额不适用上述分2年抵扣的规定。

(2) 原增值税一般纳税人自用的应征消费税的摩托车、汽车、游艇,其进项税额准予从销项税额中抵扣。

(3) 原增值税一般纳税人从境外单位或者个人购进服务、无形资产或者不动产,按照规定应当扣缴增值税的,准予从销项税额中抵扣的进项税额为自税务机关或者扣缴义务人取得的解缴税款的完税凭证上注明的增值税额。

纳税人凭完税凭证抵扣进项税额的,应当具备书面合同、付款证明和境外单位的对账单或者发票。资料不全的,其进项税额不得从销项税额中抵扣。

(4) 原增值税一般纳税人购进货物或者接受加工修理修配劳务,用于《销售服务、无形资产或者不动产注释》所列项目的,不属于《增值税暂行条例》第十条所称的用于非增值税应税项目,其进项税额准予从销项税额中抵扣。

(5) 原增值税一般纳税人购进服务、无形资产或者不动产,下列项目的进项税额不得从销项税额中抵扣:

① 用于简易计税方法计税项目、免征增值税项目、集体福利或者个人消费。其中涉及的无形资产、不动产,仅指专用于上述项目的无形资产(不包括其他权益性无形资产)、不动产。

纳税人的交际应酬消费属于个人消费。

② 非正常损失的购进货物，以及相关的加工修理修配劳务和交通运输服务。

③ 非正常损失的在产品、产成品所耗用的购进货物（不包括固定资产）、加工修理修配劳务和交通运输服务。

④ 非正常损失的不动产，以及该不动产所耗用的购进货物、设计服务和建筑服务。

⑤ 非正常损失的不动产在建工程所耗用的购进货物、设计服务和建筑服务。

纳税人新建、改建、扩建、修缮、装饰不动产，均属于不动产在建工程。

⑥ 购进的旅客运输服务、贷款服务、餐饮服务、居民日常服务和娱乐服务。

⑦ 财政部和国家税务总局规定的其他情形。

上述第(4)点、第(5)点所称货物，是指构成不动产实体的材料和设备，包括建筑装饰材料和给排水、采暖、卫生、通风、照明、通信、煤气、消防、中央空调、电梯、电气、智能化楼宇设备及配套设施。

纳税人接受贷款服务向贷款方支付的与该笔贷款直接相关的投融资顾问费、手续费、咨询费等费用，其进项税额不得从销项税额中抵扣。

(6) 已抵扣进项税额的购进服务，发生上述第 5 点规定情形（简易计税方法计税项目、免征增值税项目除外）的，应当将该进项税额从当期进项税额中扣减；无法确定该进项税额的，按照当期实际成本计算应扣减的进项税额。

(7) 已抵扣进项税额的无形资产或者不动产，发生上述第 5 点规定情形的，按照下列公式计算不得抵扣的进项税额：

不得抵扣的进项税额＝无形资产或者不动产净值×适用税率

(8) 按照《增值税暂行条例》第十条和上述第 5 点不得抵扣且未抵扣进项税额的固定资产、无形资产、不动产，发生用途改变，用于允许抵扣进项税额的应税项目，可在用途改变的次月按照下列公式，依据合法有效的增值税扣税凭证，计算可以抵扣的进项税额：

可以抵扣的进项税额＝固定资产、无形资产、不动产净值÷(1＋适用税率)×适用税率

上述可以抵扣的进项税额应取得合法有效的增值税扣税凭证。

（二）增值税期末留抵税额

原增值税一般纳税人兼有销售服务、无形资产或者不动产的，截至纳入营改增试点之日前的增值税期末留抵税额，不得从销售服务、无形资产或者不动产的销项税额中抵扣。

（三）混合销售

（见第三章相关内容）

第八节 税收减免

一、增值税起征点

个人提供应税服务的销售额未达到增值税起征点的，免征增值税；达到起征点的，全额计算缴纳增值税。

增值税起征点不适用于认定为一般纳税人的个体工商户。

增值税起征点幅度如下：

(1) 按期纳税的，为月应税销售额5 000～20 000元(含本数)。

(2) 按次纳税的，为每次(日)销售额300～500元(含本数)。

起征点的调整由财政部和国家税务总局规定。省、自治区、直辖市财政厅(局)和国家税务局应当在规定的幅度内，根据实际情况确定本地区适用的起征点，并报财政部和国家税务总局备案。

对增值税小规模纳税人中月销售额未达到2万元的企业或非企业性单位，免征增值税。2017年12月31日前，对月销售额2万元(含本数)至3万元的增值税小规模纳税人，免征增值税。

二、增值税零税率和免税政策

(1) 中华人民共和国境内(以下称境内)的单位和个人销售的下列服务和无形资产，适用增值税零税率。

① 国际运输服务。

国际运输服务，是指：

a. 在境内载运旅客或者货物出境。

b. 在境外载运旅客或者货物入境。

c. 在境外载运旅客或者货物。

② 航天运输服务。

③ 向境外单位提供的完全在境外消费的下列服务：

a. 研发服务。

b. 合同能源管理服务。

c. 设计服务。

d. 广播影视节目(作品)的制作和发行服务。

e. 软件服务。

f. 电路设计及测试服务。

g. 信息系统服务。

h. 业务流程管理服务。

i. 离岸服务外包业务。

离岸服务外包业务，包括信息技术外包服务(ITO)、技术性业务流程外包服务(BPO)、技术性知识流程外包服务(KPO)，其所涉及的具体业务活动，按照《销售服务、无形资产、不动产注释》相对应的业务活动执行。

j. 转让技术。

④ 财政部和国家税务总局规定的其他服务。

(2) 境内的单位和个人销售的下列服务和无形资产免征增值税，但财政部和国家税务总局规定适用增值税零税率的除外：

① 下列服务：

a. 工程项目在境外的建筑服务。

b. 工程项目在境外的工程监理服务。

c. 工程、矿产资源在境外的工程勘察勘探服务。

d. 会议展览地点在境外的会议展览服务。

e. 存储地点在境外的仓储服务。

f. 标的物在境外使用的有形动产租赁服务。

g. 在境外提供的广播影视节目(作品)的播映服务。

h. 在境外提供的文化体育服务、教育医疗服务、旅游服务。

② 为出口货物提供的邮政服务、收派服务、保险服务。

为出口货物提供的保险服务,包括出口货物保险和出口信用保险。

③ 向境外单位提供的完全在境外消费的下列服务和无形资产:

a. 电信服务。

b. 知识产权服务。

c. 物流辅助服务(仓储服务、收派服务除外)。

d. 鉴证咨询服务。

e. 专业技术服务。

f. 商务辅助服务。

g. 广告投放地在境外的广告服务。

h. 无形资产。

④ 以无运输工具承运方式提供的国际运输服务。

⑤ 为境外单位之间的货币资金融通及其他金融业务提供的直接收费金融服务,且该服务与境内的货物、无形资产和不动产无关。

⑥ 财政部和国家税务总局规定的其他服务。

(3) 按照国家有关规定应取得相关资质的国际运输服务项目,纳税人取得相关资质的,适用增值税零税率政策,未取得的,适用增值税免税政策。

境内的单位或个人提供程租服务,如果租赁的交通工具用于国际运输服务和港澳台运输服务,由出租方按规定申请适用增值税零税率。

境内的单位和个人向境内单位或个人提供期租、湿租服务,如果承租方利用租赁的交通工具向其他单位或个人提供国际运输服务和港澳台运输服务,由承租方适用增值税零税率。境内的单位或个人向境外单位或个人提供期租、湿租服务,由出租方适用增值税零税率。

境内单位和个人以无运输工具承运方式提供的国际运输服务,由境内实际承运人适用增值税零税率;无运输工具承运业务的经营者适用增值税免税政策。

(4) 境内的单位和个人提供适用增值税零税率的服务或者无形资产,如果属于适用简易计税方法的,实行免征增值税办法。如果属于适用增值税一般计税方法的,生产企业实行免抵退税办法,外贸企业外购服务或者无形资产出口实行免退税办法,外贸企业直接将服务或自行研发的无形资产出口,视同生产企业连同其出口货物统一实行免抵退税办法。

服务和无形资产的退税率为其按照《试点实施办法》第十五条第(一)至(三)项规定适

用的增值税税率。实行退(免)税办法的服务和无形资产,如果主管税务机关认定出口价格偏高的,有权按照核定的出口价格计算退(免)税,核定的出口价格低于外贸企业购进价格的,低于部分对应的进项税额不予退税,转入成本。

(5) 境内的单位和个人销售适用增值税零税率的服务或无形资产的,可以放弃适用增值税零税率,选择免税或按规定缴纳增值税。放弃适用增值税零税率后,36个月内不得再申请适用增值税零税率。

(6) 境内的单位和个人销售适用增值税零税率的服务或无形资产,按月向主管退税的税务机关申报办理增值税退(免)税手续。具体管理办法由国家税务总局商财政部另行制定。

(7) 本规定所称完全在境外消费,是指:

① 服务的实际接受方在境外,且与境内的货物和不动产无关。

② 无形资产完全在境外使用,且与境内的货物和不动产无关。

③ 财政部和国家税务总局规定的其他情形。

(8) 境内单位和个人发生的与香港、澳门、台湾有关的应税行为,除本文另有规定外,参照上述规定执行。

(9) 2016年4月30日前签订的合同,符合《财政部 国家税务总局关于将铁路运输和邮政业纳入营业税改征增值税试点的通知》(财税〔2013〕106号)附件4和《财政部 国家税务总局关于影视等出口服务适用增值税零税率政策的通知》(财税〔2015〕118号)规定的零税率或者免税政策条件的,在合同到期前可以继续享受零税率或者免税政策。

三、营业税改征增值税试点过渡性优惠政策

(一) 项目免征增值税

下列项目免征增值税:

(1) 托儿所、幼儿园提供的保育和教育服务。

超过规定收费标准的收费,以开办实验班、特色班和兴趣班等为由另外收取的费用以及与幼儿入园挂钩的赞助费、支教费等超过规定范围的收入,不属于免征增值税的收入。

(2) 养老机构提供的养老服务。

(3) 残疾人福利机构提供的育养服务。

(4) 婚姻介绍服务。

(5) 殡葬服务。

(6) 残疾人员本人为社会提供的服务。

(7) 医疗机构提供的医疗服务。

本项所称的医疗服务,是指医疗机构按照不高于地(市)级以上价格主管部门会同同级卫生主管部门及其他相关部门制定的医疗服务指导价格(包括政府指导价和按照规定由供需双方协商确定的价格等)为就医者提供《全国医疗服务价格项目规范》所列的各项服务,以及医疗机构向社会提供卫生防疫、卫生检疫的服务。

(8) 从事学历教育的学校提供的教育服务。

(9) 学生勤工俭学提供的服务。

(10) 农业机耕、排灌、病虫害防治、植物保护、农牧保险以及相关技术培训业务，家禽、牲畜、水生动物的配种和疾病防治。

(11) 纪念馆、博物馆、文化馆、文物保护单位管理机构、美术馆、展览馆、书画院、图书馆在自己的场所提供文化体育服务取得的第一道门票收入。

(12) 寺院、宫观、清真寺和教堂举办文化、宗教活动的门票收入。

(13) 行政单位之外的其他单位收取的符合《试点实施办法》第十条规定条件的政府性基金和行政事业性收费。

(14) 个人转让著作权。

(15) 个人销售自建自用住房。

(16) 2018 年 12 月 31 日前，公共租赁住房经营管理单位出租公共租赁住房。

(17) 台湾航运公司、航空公司从事海峡两岸海上直航、空中直航业务在大陆取得的运输收入。

(18) 纳税人提供的直接或者间接国际货物运输代理服务。

(19) 以下利息收入。

① 2016 年 12 月 31 日前，金融机构农户小额贷款。

小额贷款，是指单笔且该农户贷款余额总额在 10 万元(含本数)以下的贷款。

② 国家助学贷款。

③ 国债、地方政府债。

④ 人民银行对金融机构的贷款。

⑤ 住房公积金管理中心用住房公积金在指定的委托银行发放的个人住房贷款。

⑥ 外汇管理部门在从事国家外汇储备经营过程中，委托金融机构发放的外汇贷款。

⑦ 统借统还业务中，企业集团或企业集团中的核心企业以及集团所属财务公司按不高于支付给金融机构的借款利率水平或者支付的债券票面利率水平，向企业集团或者集团内下属单位收取的利息。

统借方向资金使用单位收取的利息，高于支付给金融机构借款利率水平或者支付的债券票面利率水平的，应全额缴纳增值税。

(20) 被撤销金融机构以货物、不动产、无形资产、有价证券、票据等财产清偿债务。

(21) 保险公司开办的一年期以上人身保险产品取得的保费收入。

(22) 下列金融商品转让收入。

① 合格境外投资者(QFII)委托境内公司在我国从事证券买卖业务。

② 香港市场投资者(包括单位和个人)通过沪港通买卖上海证券交易所上市 A 股。

③ 对香港市场投资者(包括单位和个人)通过基金互认买卖内地基金份额。

④ 证券投资基金(封闭式证券投资基金，开放式证券投资基金)管理人运用基金买卖股票、债券。

⑤ 个人从事金融商品转让业务。

(23) 金融同业往来利息收入。

① 金融机构与人民银行所发生的资金往来业务。包括人民银行对一般金融机构贷款，以及人民银行对商业银行的再贴现等。

② 银行联行往来业务。同一银行系统内部不同行、处之间所发生的资金账务往来业务。

③ 金融机构间的资金往来业务。是指经人民银行批准,进入全国银行间同业拆借市场的金融机构之间通过全国统一的同业拆借网络进行的短期(一年以下含一年)无担保资金融通行为。

④ 金融机构之间开展的转贴现业务。

(24) 同时符合下列条件的担保机构从事中小企业信用担保或者再担保业务取得的收入(不含信用评级、咨询、培训等收入)3年内免征增值税:

① 已取得监管部门颁发的融资性担保机构经营许可证,依法登记注册为企(事)业法人,实收资本超过2 000万元。

② 平均年担保费率不超过银行同期贷款基准利率的50%。平均年担保费率=本期担保费收入/(期初担保余额+本期增加担保金额)×100%。

③ 连续合规经营2年以上,资金主要用于担保业务,具备健全的内部管理制度和为中小企业提供担保的能力,经营业绩突出,对受保项目具有完善的事前评估、事中监控、事后追偿与处置机制。

④ 为中小企业提供的累计担保贷款额占其两年累计担保业务总额的80%以上,单笔800万元以下的累计担保贷款额占其累计担保业务总额的50%以上。

⑤ 对单个受保企业提供的担保余额不超过担保机构实收资本总额的10%,且平均单笔担保责任金额最多不超过3 000万元人民币。

⑥ 担保责任余额不低于其净资产的3倍,且代偿率不超过2%。

担保机构免征增值税政策采取备案管理方式。符合条件的担保机构应到所在地县(市)主管税务机关和同级中小企业管理部门履行规定的备案手续,自完成备案手续之日起,享受3年免征增值税政策。3年免税期满后,符合条件的担保机构可按规定程序办理备案手续后继续享受该项政策。

具体备案管理办法按照《国家税务总局关于中小企业信用担保机构免征营业税审批事项取消后有关管理问题的公告》(国家税务总局公告2015年第69号)规定执行,其中税务机关的备案管理部门统一调整为县(市)级国家税务局。

(25) 国家商品储备管理单位及其直属企业承担商品储备任务,从中央或者地方财政取得的利息补贴收入和价差补贴收入。

(26) 纳税人提供技术转让、技术开发和与之相关的技术咨询、技术服务。

(27) 同时符合下列条件的合同能源管理服务:

① 节能服务公司实施合同能源管理项目相关技术,应当符合国家质量监督检验检疫总局和国家标准化管理委员会发布的《合同能源管理技术通则》(GB/T 24915—2010)规定的技术要求。

② 节能服务公司与用能企业签订节能效益分享型合同,其合同格式和内容,符合《中华人民共和国合同法》和《合同能源管理技术通则》(GB/T 24915—2010)等规定。

(28) 2017年12月31日前,科普单位的门票收入,以及县级及以上党政部门和科协开展科普活动的门票收入。

(29) 政府举办的从事学历教育的高等、中等和初等学校(不含下属单位),举办进修班、培训班取得的全部归该学校所有的收入。

(30) 政府举办的职业学校设立的主要为在校学生提供实习场所、并由学校出资自办、由学校负责经营管理、经营收入归学校所有的企业,从事《销售服务、无形资产或者不动产注释》中"现代服务"(不含融资租赁服务、广告服务和其他现代服务)、"生活服务"(不含文化体育服务、其他生活服务和桑拿、氧吧)业务活动取得的收入。

(31) 家政服务企业由员工制家政服务员提供家政服务取得的收入。

(32) 福利彩票、体育彩票的发行收入。

(33) 军队空余房产租赁收入。

(34) 为了配合国家住房制度改革,企业、行政事业单位按房改成本价、标准价出售住房取得的收入。

(35) 将土地使用权转让给农业生产者用于农业生产。

(36) 涉及家庭财产分割的个人无偿转让不动产、土地使用权。

(37) 土地所有者出让土地使用权和土地使用者将土地使用权归还给土地所有者。

(38) 县级以上地方人民政府或自然资源行政主管部门出让、转让或收回自然资源使用权(不含土地使用权)。

(39) 随军家属就业。

(40) 军队转业干部就业。

(二) 服务免征增值税

下列跨境应税服务免征增值税(国家税务总局公告 2014 年第 49 号):

(1) 工程、矿产资源在境外的工程勘察勘探服务。

(2) 会议展览地点在境外的会议展览服务。

(3) 存储地点在境外的仓储服务。

(4) 标的物在境外使用的有形动产租赁服务。

(5) 为出口货物提供的邮政业服务和收派服务。

(6) 在境外提供的广播影视节目(作品)发行、播映服务。

(7) 以水路运输方式提供国际运输服务但未取得《国际船舶运输经营许可证》的;以公路运输方式提供国际运输服务但未取得《道路运输经营许可证》或者《国际汽车运输行车许可证》,或者《道路运输企业经营许可证》的经营范围未包括"国际运输"的;以航空运输方式提供国际运输服务但未取得《公共航空运输企业经营许可证》,或者其经营范围未包括"国际航空客货邮运输业务"的;以航空运输方式提供国际运输服务但未持有《通用航空经营许可证》,或者其经营范围未包括"公务飞行"的。

(8) 以公路运输方式提供至香港、澳门的交通运输服务,但未取得《道路运输经营许可证》,或者未具有持《道路运输证》的直通港澳运输车辆的;以水路运输方式提供至台湾的交通运输服务,但未取得《台湾海峡两岸间水路运输许可证》,或者未具有持《台湾海峡两岸间船舶营运证》的船舶的;以水路运输方式提供至香港、澳门的交通运输服务,但未具有获得港澳线路运营许可的船舶的;以航空运输方式提供往返香港、澳门、台湾的交通运输服务或者在香港、澳门、台湾提供交通运输服务,但未取得《公共航空运输企业经营许可证》,或者其经营范围未包括"国际、国内(含港澳)航空客货邮运输业务"的;以航空运输方式提供往返香港、澳门、台湾的交通运输服务或者在香港、澳门、台湾提供交通运输服务,但未持有《通用航空经营许可证》,或者其经营范围未包括"公务飞行"的。

(9) 使用简易计税方法,或声明放弃适用零税率选择免税的下列应税服务:

① 国际运输服务。

② 往返香港、澳门、台湾的交通运输服务以及在香港、澳门、台湾提供的交通运输服务。

③ 航天运输服务。

④ 向境外单位提供的研发服务和设计服务,对境内不动产提供的设计服务除外。

(10) 向境外单位提供的下列应税服务:

① 电信业服务、技术转让服务、技术咨询服务、合同能源管理服务、软件服务、电路设计及测试服务、信息系统服务、业务流程管理服务、商标著作权转让服务、知识产权服务、物流辅助服务(仓储服务、收派服务除外)、认证服务、鉴证服务、咨询服务、广播影视节目(作品)制作服务、程租服务。

② 广告投放地在境外的广告服务。

(三) 增值税即征即退

下列项目实行增值税即征即退:

(1) 一般纳税人提供管道运输服务,对其增值税实际税负超过3%的部分实行增值税即征即退政策。

(2) 经人民银行、银监会或者商务部批准从事融资租赁业务的试点纳税人中的一般纳税人,提供有形动产融资租赁服务和有形动产融资性售后回租服务,对其增值税实际税负超过3%的部分实行增值税即征即退政策。商务部授权的省级商务主管部门和国家经济技术开发区批准的从事融资租赁业务和融资性售后回租业务的试点纳税人中的一般纳税人,2016年5月1日后实收资本达到1.7亿元的,从达到标准的当月起按照上述规定执行;2016年5月1日后实收资本未达到1.7亿元但注册资本达到1.7亿元的,在2016年7月31日前仍可按照上述规定执行,2016年8月1日后开展的有形动产融资租赁业务和有形动产融资性售后回租业务不得按照上述规定执行。

(3) 本规定所称增值税实际税负,是指纳税人当期提供应税服务实际缴纳的增值税额占纳税人当期提供应税服务取得的全部价款和价外费用的比例。

(四) 扣减增值税规定

1. 退役士兵创业就业

(1) 对自主就业退役士兵从事个体经营的,在3年内按每户每年8 000元为限额依次扣减其当年实际应缴纳的增值税、城市维护建设税、教育费附加、地方教育附加和个人所得税。限额标准最高可上浮20%,各省、自治区、直辖市人民政府可根据本地区实际情况在此幅度内确定具体限额标准,并报财政部和国家税务总局备案。

纳税人年度应缴纳税款小于上述扣减限额的,以其实际缴纳的税款为限;大于上述扣减限额的,应以上述扣减限额为限。纳税人的实际经营期不足1年的,应当以实际月份换算其减免税限额。换算公式为：减免税限额＝年度减免税限额÷12×实际经营月数。

纳税人在享受税收优惠政策的当月，持《中国人民解放军义务兵退出现役证》或《中国人民解放军士官退出现役证》以及税务机关要求的相关材料向主管税务机关备案。

(2) 对商贸企业、服务型企业、劳动就业服务企业中的加工型企业和街道社区具有加工性质的小型企业实体，在新增加的岗位中，当年新招用自主就业退役士兵，与其签订1年以上期限劳动合同并依法缴纳社会保险费的，在3年内按实际招用人数予以定额依次扣减增值税、城市维护建设税、教育费附加、地方教育附加和企业所得税优惠。定额标准为每人每年4 000元，最高可上浮50%，各省、自治区、直辖市人民政府可根据本地区实际情况在此幅度内确定具体定额标准，并报财政部和国家税务总局备案。

纳税人按企业招用人数和签订的劳动合同时间核定企业减免税总额，在核定减免税总额内每月依次扣减增值税、城市维护建设税、教育费附加和地方教育附加。纳税人实际应缴纳的增值税、城市维护建设税、教育费附加和地方教育附加小于核定减免税总额的，以实际应缴纳的增值税、城市维护建设税、教育费附加和地方教育附加为限；实际应缴纳的增值税、城市维护建设税、教育费附加和地方教育附加大于核定减免税总额的，以核定减免税总额为限。

纳税年度终了后，如果企业实际减免的增值税、城市维护建设税、教育费附加和地方教育附加小于核定的减免税总额，企业在企业所得税汇算清缴时扣减企业所得税。当年扣减不足的，不再结转以后年度扣减。

计算公式为

$$企业减免税总额 = \sum 每名自主就业退役士兵本年度在本企业工作月份 \div 12 \times 定额标准$$

2. 重点群体创业就业

(1) 对持《就业创业证》(注明“自主创业税收政策”或“毕业年度内自主创业税收政策”)或2015年1月27日前取得的《就业失业登记证》(注明“自主创业税收政策”或附着《高校毕业生自主创业证》)的人员从事个体经营的，在3年内按每户每年8 000元为限额依次扣减其当年实际应缴纳的增值税、城市维护建设税、教育费附加、地方教育附加和个人所得税。限额标准最高可上浮20%，各省、自治区、直辖市人民政府可根据本地区实际情况在此幅度内确定具体限额标准，并报财政部和国家税务总局备案。

纳税人年度应缴纳税款小于上述扣减限额的，以其实际缴纳的税款为限；大于上述扣减限额的，应以上述扣减限额为限。

(2) 对商贸企业、服务型企业、劳动就业服务企业中的加工型企业和街道社区具有加工性质的小型企业实体，在新增加的岗位中，当年新招用的在人力资源社会保障部门公共就业服务机构登记失业半年以上且持《就业创业证》或2015年1月27日前取得的《就业失业登记证》(注明“企业吸纳税收政策”)人员，与其签订1年以上期限劳动合同并依法缴纳社会保险费的，在3年内按实际招用人数予以定额依次扣减增值税、城市维护建设税、教育费附加、地方教育附加和企业所得税优惠。定额标准为每人每年4 000元，最高可上浮30%，由各省、自治区、直辖市人民政府可根据本地区实际情况在此幅度内确定具体定额标准，并报财政部和国家税务总局备案。

按上述标准计算的税收扣减额应在企业当年实际应缴纳的增值税、城市维护建设税、教育费附加、地方教育附加和企业所得税税额中扣减，当年扣减不足的，不得结转下年使用。

(3) 上述税收优惠政策的执行期限为2016年5月1日至2016年12月31日，纳税人在2016年12月31日未享受满3年的，可继续享受至3年期满为止。

按照《财政部　国家税务总局　人力资源社会保障部关于继续实施支持和促进重点群体创业就业有关税收政策的通知》(财税〔2014〕39号)规定享受营业税优惠政策的纳税人，自2016年5月1日起按照上述规定享受增值税优惠政策，在2016年12月31日未享受满3年的，可继续享受至3年期满为止。

《财政部　国家税务总局关于将铁路运输和邮政业纳入营业税改征增值税试点的通知》(财税〔2013〕106号)附件3第一条第(十三)项失业人员就业增值税优惠政策，自2014年1月1日起停止执行。在2013年12月31日未享受满3年的，可继续享受至3年期满为止。

(五) 其他减免规定

(1) 金融企业发放贷款后，自结息日起90天内发生的应收未收利息按现行规定缴纳增值税，自结息日起90天后发生的应收未收利息暂不缴纳增值税，待实际收到利息时按规定缴纳增值税。

(2) 个人将购买不足2年的住房对外销售的，按照5%的征收率全额缴纳增值税；个人将购买2年以上(含2年)的住房对外销售的，免征增值税。上述政策适用于北京市、上海市、广州市和深圳市之外的地区。

个人将购买不足2年的住房对外销售的，按照5%的征收率全额缴纳增值税；个人将购买2年以上(含2年)的非普通住房对外销售的，以销售收入减去购买住房价款后的差额按照5%的征收率缴纳增值税；个人将购买2年以上(含2年)的普通住房对外销售的，免征增值税。上述政策仅适用于北京市、上海市、广州市和深圳市。

办理免税的具体程序、购买房屋的时间、开具发票、非购买形式取得住房行为及其他相关税收管理规定，按照《国务院办公厅转发建设部等部门关于做好稳定住房价格工作意见的通知》(国办发〔2005〕26号)、《国家税务总局 财政部 建设部关于加强房地产税收管理的通知》(国税发〔2005〕89号)和《国家税务总局关于房地产税收政策执行中几个具体问题的通知》(国税发〔2005〕172号)的有关规定执行。

(3) 上述增值税优惠政策除已规定期限的项目和上一条政策外，其他均在营改增试点期间执行。如果试点纳税人在纳入营改增试点之日前已经按照有关政策规定享受了营业税税收优惠，在剩余税收优惠政策期限内，按照本规定享受有关增值税优惠。

(六) 不征收增值税项目

(1) 根据国家指令无偿提供的铁路运输服务、航空运输服务，属于《试点实施办法》第十四条规定的用于公益事业的服务。

(2) 存款利息。

(3) 被保险人获得的保险赔付。

(4) 房地产主管部门或者其指定机构、公积金管理中心、开发企业以及物业管理单位代收的住宅专项维修资金。

(5) 在资产重组过程中,通过合并、分立、出售、置换等方式,将全部或者部分实物资产以及与其相关联的债权、负债和劳动力一并转让给其他单位和个人,其中涉及的不动产、土地使用权转让行为。

第九节　征收管理

一、增值税纳税义务发生时间

(1) 纳税人发生应税行为并收讫销售款项或者取得索取销售款项凭据的当天;先开具发票的,为开具发票的当天。

收讫销售款项,是指纳税人销售服务、无形资产、不动产过程中或者完成后收到款项。

取得索取销售款项凭据的当天,是指书面合同确定的付款日期;未签订书面合同或者书面合同未确定付款日期的,为服务、无形资产转让完成的当天或者不动产权属变更的当天。

(2) 纳税人提供建筑服务、租赁服务采取预收款方式的,其纳税义务发生时间为收到预收款的当天。

(3) 纳税人从事金融商品转让的,为金融商品所有权转移的当天。

(4) 纳税人发生本办法第十四条规定情形的,其纳税义务发生时间为服务、无形资产转让完成的当天或者不动产权属变更的当天。

(5) 增值税扣缴义务发生时间为纳税人增值税纳税义务发生的当天。

二、纳税期限

增值税的纳税期限分别为1日、3日、5日、10日、15日、1个月或者1个季度。纳税人的具体纳税期限,由主管税务机关根据纳税人应纳税额的大小分别核定。以1个季度为纳税期限的规定适用于小规模纳税人、银行、财务公司、信托投资公司、信用社,以及财政部和国家税务总局规定的其他纳税人。不能按照固定期限纳税的,可以按次纳税。

纳税人以1个月或者1个季度为1个纳税期的,自期满之日起15日内申报纳税;以1日、3日、5日、10日或者15日为1个纳税期的,自期满之日起5日内预缴税款,于次月1日起15日内申报纳税并结清上月应纳税款。

扣缴义务人解缴税款的期限,按照前两款规定执行。

三、增值税纳税地点

(1) 固定业户应当向其机构所在地或者居住地主管税务机关申报纳税。总机构和分支机构不在同一县(市)的,应当分别向各自所在地的主管税务机关申报纳税;经财政部和国家税务总局或者其授权的财政和税务机关批准,可以由总机构汇总向总机构所在地的主管税务机关申报纳税。

(2) 非固定业户应当向应税行为发生地主管税务机关申报纳税;未申报纳税的,由其机构所在地或者居住地主管税务机关补征税款。

(3) 其他个人提供建筑服务,销售或者租赁不动产,转让自然资源使用权,应向建筑服务发生地、不动产所在地、自然资源所在地主管税务机关申报纳税。

(4) 扣缴义务人应当向其机构所在地或者居住地的主管税务机关申报缴纳其扣缴的税款。

四、征收机关

(1) 营业税改征的增值税,由国家税务局负责征收。纳税人销售取得的不动产和其他个人出租不动产的增值税,国家税务局暂委托地方税务局代为征收。

(2) 纳税人发生适用零税率的应税行为,应当按期向主管税务机关申报办理退(免)税,具体办法由财政部和国家税务总局制定。

(3) 根据《中华人民共和国税收征收管理法》《财政部 国家税务总局关于全面推开营业税改征增值税试点的通知》(财税〔2016〕36号)和《国家税务总局关于加强国家税务局、地方税务局互相委托代征税收的通知》(税总发〔2015〕155号)等有关规定,税务总局决定,营业税改征增值税后由地税机关继续受理纳税人销售其取得的不动产和其他个人出租不动产的申报缴税和代开增值税发票业务,以方便纳税人办税。(国家税务总局公告2016年第19号)

【习题及解答】

【例4-1　综合题】 梅岭房地产公司(位于长沙市芙蓉区),2016年5月发生下列业务:

(1) 本月出售位于开福区锦绣商城3 000平方米,预收款1.5亿元(专票,5%),总可售建筑面积9 000平方米,该地块土地出让金1亿元;

(2) 本月支付开福区锦绣商城的装修款,金额2 000万元(专票,3%);

(3) 本月收到泰安地块(房地产项目)设计费增值税专用发票120万元,建筑业增值税专用发票5 000万元(3%),购买房地产电梯、消防设备等增值税专用发票2 000万元(17%);开发商的土地价888万元(专票,11%)

(4) 本月,总裁决定再盖一栋办公楼,支付设计费200万元(专票,6%),购买混凝土地水泥等辅料1 000万元(专票,3%),工程监理费80万元(专票,6%),环评费30万元(专票,6%),施工费2 000万元(11%,专票);

(5) 锦绣商城签订合同最终确定的销售收入为2.1亿元。

以上价格均为含税价,有关可抵扣项目均取得了合法抵扣凭证。

请模拟锦绣商城按简易计税方法和一般计税方法,其他项目均为一般计税方法,梅岭房地产当月预交税款及应纳税款分别是多少?

【答案及解析】

1. 简易计税法

(1) 先确定能否采用。锦绣商城于 5 月 1 日销售，肯定为 5 月 1 日之前建造，所以可选简易计税。有关进项不能抵扣且应与其他进项分开 。

(2) 收到预收预征增值税＝15 000÷1.05×3％＝428.57(万元)。

(3) 确定收入应缴增值税＝21 000 ÷1.05×5％＝1 000(万元)。

(4) 其他一般计税项：泰安地块进项税＝120÷1.06×6％＋5 000÷1.03×3％＋2 000÷1.17×17％＋888÷1.11×11％＝531(万元)；建办公楼应分期抵扣的进项税＝200÷1.06×6％＋1 000÷1.03×3％＋2 000÷1.11×11％＝238.65(万元)。

(5) 当期可抵扣的进项＝(80＋30)÷1.06×6％＋238.65×60％＝149.41(万元)。

(6) 待抵扣的进项税＝238.65×40％＝95.46(万元)。

(7) 当期应纳增值税＝－108.98(万元)(借方)。

2. 一般计税法

(1) 先确定能否采用一般计税办法。锦绣商城于 5 月 1 日销售，肯定为 5 月 1 日之前建造，可选简易计税；当然也可选一般计税 。有关进项可以抵扣且不应与其他进项分开，土地购置款可以抵扣。

(2) 锦绣商城收到预收预征增值税＝15 000÷1.11×3％＝405.41(万元)。

(3) 锦绣商城收入增值税的销项税＝(21 000－ 10 000×3 000÷9 000)÷1.11×11％＝1 750(万元)。

(4) 锦绣商城确定的进项＝2 000÷1.03×3％＝58.25。其他项目相关计算同前。

(5) 当期应纳增值税为 605.9 万元。

第五章 消 费 税

第一节　消费税概述

一、消费税的概念

根据《消费税暂行条例》(国务院令第 539 号，自 2009 年 1 月 1 日起施行)的规定，消费税是对我国境内从事生产、委托加工和进口应税消费品的单位和个人，就其销售额或销售数量，在特定环节征收的一种税。简单地说，消费税就是对特定的消费品和消费行为征收的一种税。

二、消费税的特点

一般来说，消费税的征税对象主要是与居民消费相关的最终消费品和消费行为。与其他税种比较，消费税具有以下几个特点：

(1) 征税项目具有选择性。

(2) 征税环节具有单一性。

(3) 征收方法具有多样性。

(4) 税收调节具有特殊性。

(5) 税收负担税具有转嫁性。

三、消费税的征税原则

(一) 征税范围确定的原则

在种类繁多的消费品中，列入消费税征税范围的消费品大体可归为五类：

(1) 一些过度消费会对人身健康、社会秩序、生态环境等方面造成危害的特殊消费品，如烟、酒、鞭炮、焰火等。

(2) 非生活必需品，如化妆品、贵重首饰、珠宝玉石等。

(3) 高能耗及高档消费品，如摩托车、小汽车等。

(4) 不可再生和替代的稀缺资源消费品，如汽油、柴油等油品。

(5) 税基宽广、消费普遍、征税后不影响居民基本生活并具有一定财政意义的消费品。

(二) 税率设计的原则

消费税税率设计的主要原则是：

(1) 体现国家产业政策和消费政策。

(2) 正确引导消费方向，有效抑制超前消费倾向，调节供求关系。

(3) 适应消费者的货币支付能力和心理承受能力。

第二节 纳 税 人

消费税的纳税人包括在中华人民共和国境内生产、委托加工和进口应税消费品的单位和个人,以及国务院确定的销售应税消费品的其他单位和个人(国务院令第 539 号)。

所称在中华人民共和国境内,是指生产、委托加工和进口属于应当缴纳消费税的消费品的起运地或者所在地在境内。

消费税的纳税人具体包括以下五类,如表 5-1 所示。

表 5-1 消费税纳税人种类

消费税的纳税人		备 注
生产(含视为生产)应税消费品的单位和个人	自产销售	纳税人于销售自产应税消费品时纳税
	自产自用	纳税人自产的应税消费品,用于连续生产应税消费品的,不纳税;用于其他方面的,于移送使用时纳税
进口应税消费品的单位和个人		进口报关单位或个人、邮寄物品的收件人为消费税的纳税人,进口消费税由海关代征
委托加工应税消费品的单位和个人		委托加工的应税消费品,除受托方为个人,由受托方在向委托方交货时代收代缴税款
零售金银首饰、钻石、钻石饰品、铂金首饰的单位和个人		生产、进口和批发金银首饰、钻石、钻石饰品、铂金首饰时不征收消费税,纳税人在零售时纳税
从事卷烟批发业务的单位和个人		纳税人(卷烟批发商)销售给纳税人以外的单位和个人的卷烟于销售时纳税,纳税人之间销售的卷烟不缴纳消费税

特别提示

视为生产行为——工业企业以外的单位和个人的下列行为视为应税消费品的生产行为,按规定征收消费税(国家税务总局公告 2012 年第 47 号):

(1) 将外购的消费税非应税产品以消费税应税产品对外销售的。

(2) 将外购的消费税低税率应税产品以高税率应税产品对外销售的。

第三节 税目与税率

消费税的征收范围为:在中华人民共和国境内生产、委托加工和进口的应税消费品(国务院令第 539 号)。

一、税目

现行的消费税税目共有 15 个,具体征收范围如下:

(一) 烟

烟是指以烟叶为原料加工生产的特殊消费品,主要包括卷烟、雪茄烟和烟丝。

(二) 酒(财税〔2014〕93号)

酒包括白酒、黄酒、啤酒和其他酒。葡萄酒属于其他酒。用甜菜酿制的白酒,比照薯类白酒征税。

无醇啤酒比照啤酒征税。对啤酒源、菠萝啤酒应按啤酒征收消费税。"果啤"属于啤酒,应征消费税(国税函〔2005〕333号)。对饮食业、商业、娱乐业举办的啤酒屋(啤酒坊)利用啤酒生产设备生产的啤酒,应当征收消费税。

(三) 化妆品

本税目征收范围包括各类美容、修饰类化妆品,高档护肤类化妆品和成套化妆品。

舞台、戏剧、影视演员化妆用的上收油、卸妆油、油彩,不属于本税目的征收范围。

高档护肤类化妆品征收范围另行制定。

(四) 贵重首饰及珠宝玉石

本税目征收范围包括各种金银珠宝首饰和经采掘、打磨、加工的各种珠宝玉石,如图5-1所示。

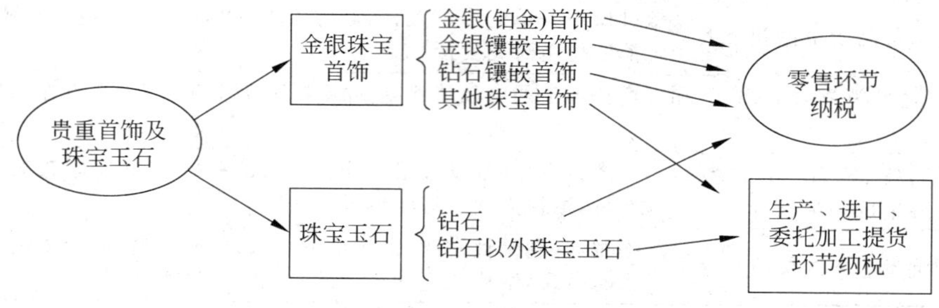

图5-1 贵重首饰及珠宝玉石辨析

(五) 鞭炮、焰火

本税目征收范围包括各种鞭炮、焰火。

体育上用的发令纸、鞭炮引线,不按本税目征收。

(六) 成品油

本税目包括汽油、柴油、石脑油、溶剂油、航空煤油、润滑油、燃料油7个子目。

(七) 摩托车

摩托车的征税范围包括轻便摩托车和摩托车。取消气缸容量250毫升(不含)以下的小排量摩托车的消费税(财税〔2014〕93号)。

(八) 小汽车

本税目的征税范围包括乘用车和中轻型商用客车,含9座内乘用车、10~23座内中轻型商用客车(按额定载客区间值下限确定)。

电动汽车以及沙滩车、雪地车、卡丁车、高尔夫车等均不属于本税目征税范围,不征收消费税。

（九）高尔夫球及球具

本税目的征税范围包括高尔夫球、高尔夫球杆、高尔夫球包（袋）、高尔夫球杆的杆头、杆身和握把。

（十）高档手表

本税目的征税范围包括不含增值税的售价每只在10 000元（含）以上的手表。

（十一）游艇

本税目征收范围包括艇身长度大于8米（含）小于90米（含），内置发动机，可以在水上移动，一般为私人或团体购置，主要用于水上运动和休闲娱乐等非营利活动的各类机动艇。

（十二）木制一次性筷子

本税目征收范围包括各种规格的木制一次性筷子。未经打磨、倒角的木制一次性筷子属于本税目征税范围。

（十三）实木地板

本税目征收范围包括各类规格的实木地板、实木指接地板、实木复合地板及用于装饰墙壁、天棚的侧端面为榫、槽的实木装饰板，以及未经涂饰的素板。

（十四）电池（财税〔2015〕16号）

自2015年2月1日起，将电池列入消费税征收范围，在生产、委托加工和进口环节征收。电池的征收范围包括原电池、蓄电池、燃料电池、太阳能电池和其他电池。对无汞原电池、金属氢化物镍蓄电池（又称氢镍蓄电池或镍氢蓄电池）、锂原电池、锂离子蓄电池、太阳能电池、燃料电池和全钒液流电池免征消费税。自2016年1月1日起，对铅蓄电池按4%的税率征收消费税。

（十五）涂料（财税〔2015〕16号）

涂料是指涂于物体表面能形成具有保护、装饰或特殊性能的固态涂膜的一类液体或固体材料的总称。自2015年2月1日起，对涂料征收消费税，对施工状态下挥发性有机物（volatile organic compounds，VOC）含量低于420克/升（含）的涂料免征消费税。

二、税率（国务院令第539号）

消费税的税率，有两种形式：一种是比例税率；另一种是定额税率，即单位税额。

一般情况下，对一种消费品只选择一种税率形式。但为了更有效地保全消费税税基，对一些应税消费品如卷烟、白酒，则采用了定额税率和比例税率双重征收形式。消费税税目税率（税额）如表5-2所示。

表5-2　消费税税目税率（税额）

税　　目	计税单位	税率（税额）
一、烟		
1. 卷烟		

续表

税目	计税单位	税率(税额)
(1) 每标准条(200支)调拨价在70元以上(含70元)的	标准箱(5万支)	56%;150元
(2) 每标准条(200支)调拨价在70元以下的	标准箱(5万支)	36%;150元
2. 雪茄烟		36%
3. 烟丝		30%
4. 卷烟批发环节		11%;0.005元/支
二、酒		
1. 白酒	斤或者500毫升	20%;0.5元
2. 黄酒	吨	240元
3. 啤酒		
(1) 每吨出厂价格(包含包装物及包装物押金)在3 000元(含3 000元,不含增值税)以上的	吨	250元
(2) 每吨出厂价格在3 000元以下的	吨	220元
4. 其他酒		10%
三、化妆品		30%
四、贵重首饰和珠宝玉石		
1. 金、银、铂金首饰和钻石、钻石饰品		5%
2. 其他贵重首饰和珠宝玉石		10%
五、鞭炮、焰火		15%
六、成品油(财税〔2015〕11号、国家税务总局公告2014年第65号)		
1. 汽油	升	1.52元
2. 柴油	升	1.2元
3. 生物柴油	升	0.8元
4. 石脑油	升	1.52元
5. 溶剂油	升	1.52元
6. 润滑油	升	1.52元
7. 燃料油	升	1.2元
8. 航空煤油	升	1.2元
9. 灯用煤油、其他煤油	升	0.8元
七、摩托车		
1. 气缸容量(排气量,下同)在250毫升的		3%
2. 气缸容量在250毫升(不含)以上的		10%

续表

税　　目	计税单位	税率(税额)
八、小汽车		
1. 乘用车		
(1) 气缸容量(排气量,下同)在1.0升(含)以下的		1%
(2) 气缸容量在1.0升至1.5升(含)的		3%
(3) 气缸容量在1.5升至2.0升(含)的		5%
(4) 气缸容量在2.0升至2.5升(含)的		9%
(5) 气缸容量在2.5升至3.0升(含)的		12%
(6) 气缸容量在3.0升至4.0升(含)的		25%
(7) 气缸容量在4.0升以上的		40%
2. 中轻型商用客车		5%
九、高尔夫球及球具		10%
十、高档手表		20%
十一、游艇		10%
十二、木制一次性筷子		5%
十三、实木地板		5%
十四、电池		4%
十五、涂料		4%

存在下列情况时,应按适用税率中最高税率征税:

(1) 纳税人兼营不同税率的应税消费品,即生产销售两种税率以上的应税消费品时,应当分别核算不同税率应税消费品的销售额或销售数量,未分别核算的,按最高税率征税。

(2) 纳税人将应税消费品与非应税消费品以及适用税率不同的应税消费品组成成套消费品销售的,应根据组合产品的销售金额按应税消费品中适用最高税率的消费品税率征税。

三、适用税率的特殊规定(国务院令第539号)

(一) 卷烟的适用税率

2009年5月1日以后的卷烟税目税率状况如表5-3所示。

表 5-3 卷烟税目税率

税目		税率
烟		
1. 卷烟		
生产	(1) 甲类卷烟——调拨价70元(不含增值税,含70元)/条以上	56%加0.003元/支
	(2) 乙类卷烟——调拨价70元(不含增值税)/条以下	36%加0.003元/支
商业批发		11%;0.005元/支
2. 雪茄烟		36%
3. 烟丝		30%

只有卷烟在商业批发环节缴纳消费税,雪茄烟、烟丝以及其他应税消费品在商业批发环节只缴纳增值税,不缴纳消费税。

消费税条例将在生产、进口、委托加工环节的卷烟分为甲类和乙类。注意甲类卷烟、乙类卷烟税目及复合税率的换算和运用,具体如表5-4所示。

表 5-4 甲类、乙类卷烟税目及复合税率

分类	比例税率	定额税率		
		每支	每标准条(200支)	每标准箱(5万支)
甲类卷烟	56%	0.003元	0.6元	150元
乙类卷烟	36%	0.003元	0.6元	150元

(二) 酒的适用税率

粮食白酒和薯类白酒同时采用比例税率和定额税率。粮食白酒和薯类白酒的比例税率为20%,但是定额税率要把握粮食白酒和薯类白酒的税率时,要会运用500克、公斤、吨等不同计量标准的换算,具体如表5-5所示。

表 5-5 白酒税率换算

计量单位	500克或500毫升	1公斤(1 000克)	1吨(1 000公斤)
单位税额	0.5元	1元	1 000元

糠麸白酒、其他原料白酒属于其他酒,适用10%的比例税率。但是如果糠麸白酒、其他白酒与粮食白酒或薯类白酒混合生产白酒,则从高适用税率。具体如图5-2所示。

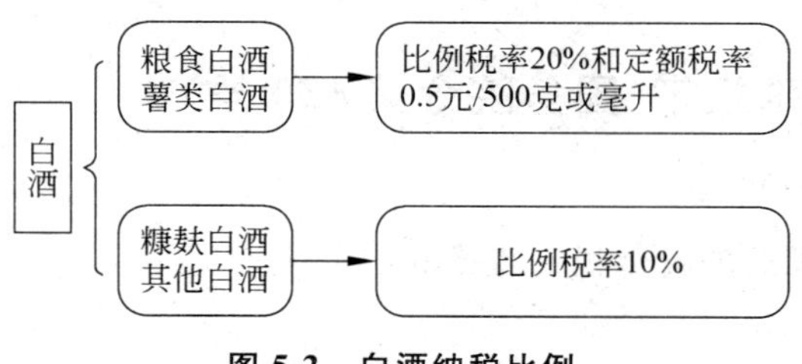

图 5-2 白酒纳税比例

啤酒分为甲类和乙类，分别适用 250 元/吨和 220 元/吨的税率。按照出厂价格（含包装物押金）划分档次。

啤酒的包装物押金不包括供重复使用的塑料周转箱的押金。饮食业、娱乐业自制啤酒适用 250 元/吨的税率。

（三）贵重首饰及珠宝玉石的适用税率

贵重首饰及珠宝玉石税率及纳税环节的规定如表 5-6 所示。

表 5-6　贵重首饰及珠宝玉石税率及纳税环节

分类及规定	税率	纳 税 环 节
金、银和金基、银基合金首饰，以及金、银和金基、银基合金的镶嵌首饰、钻石及钻石饰品、铂金首饰	5%	零售环节
与金、银和金基、银基、钻、铂金首饰无关的其他首饰	10%	生产、进口、委托加工提货环节

第四节　计 税 依 据

一、实行从量定额的计税依据（财政部、国家税务总局令第 51 号）

从量定额通常以每单位应税消费品的重量、容积或数量为计税依据，并按每单位应税消费品规定固定税额。

（一）从量定额销售数量的确定

（1）销售应税消费品的，为应税消费品的销售数量。

（2）自产自用应税消费品的，为应税消费品的移送使用数量。

（3）委托加工应税消费品的，为纳税人收回的应税消费品数量。

（4）进口应税消费品的，为海关核定的应税消费品进口征税数量。

（二）从量定额的换算标准

为了规范不同产品的计量单位，《消费税暂行条例实施细则》中具体规定了吨与升两个计量单位的换算标准。具体如表 5-7 所示。

表 5-7　消费税定额征收吨与升计量单位换算

黄酒	1 吨＝962 升	石脑油	1 吨＝1 385 升
啤酒	1 吨＝988 升	溶剂油	1 吨＝1 282 升
汽油	1 吨＝1 388 升	润滑油	1 吨＝1 126 升
柴油	1 吨＝1 176 升	燃料油	1 吨＝1 015 升
航空煤油	1 吨＝1 246 升		

二、实行从价定率的计税依据（财政部、国家税务总局令第 51 号）

实行从价定率办法征税的应税消费品，计税依据为应税消费品的销售额。

(一) 应税消费行为的确定

纳税人的销售行为分为销售和视同销售两类。下列情况均应作销售或视同销售，确定销售额(也包括销售数量)，并按规定缴纳消费税：

(1) 有偿转让应税消费品所有权的行为。即以从受让方取得货币、货物、劳务或其他经济利益为条件转让应税消费品所有权的行为。具体包括：纳税人用应税消费品换取生产资料和消费资料；用应税消费品支付代扣手续费或销售回扣；在销售数量之外另付给购货方或中间人应税消费品作为奖励和报酬。

(2) 纳税人自产自用的应税消费品用于其他方面的。纳税人用于生产非应税消费品和在建工程、管理部门、非生产机构、提供劳务以及用于馈赠、赞助、广告、样品、职工福利、奖励等，均视同对外销售。

(3) 委托加工应税消费品。委托加工是指由委托方提供原料和主要材料，受托方只收取加工费和代垫部分辅助材料成的生产方式。对于由受托方提供原材料生产的应税消费品，或者受托方先将原材料卖给委托方，然后再接受加工的应税消费品，以及由受托方以委托方名义购进原材料生产的应税消费品，不论纳税人在财务上是否作销售处理，都不得作为委托加工应税消费品，而应作为受托方销售自制应税消费品对待。对于委托加工收回的应税消费品直接出售的，可不计算销售额，不再征收消费税。

(二) 销售额的确定

1. 销售额的基本内容

销售额是纳税人销售应税消费品向购买方收取的全部价款和价外费用，包括消费税但不包括增值税。

但下列项目不包括在内：

(1) 同时符合以下条件的代垫运输费用：承运部门的运输费用发票开具给购买方的；纳税人将该项发票转交给购买方的。

(2) 同时符合以下条件代为收取的政府性基金或者行政事业性收费：由国务院或者财政部批准设立的政府性基金，由国务院或者省级人民政府及其财政、价格主管部门批准设立的行政事业性收费；收取时开具省级以上财政部门印制的财政票据；所收款项全额上缴财政。

白酒生产企业向商业销售单位收取的“品牌使用费”是随着应税白酒的销售而向购货方收取的，属于应税白酒销售价款的组成部分，因此，不论企业采取何种方式以何种名义收取价款，均应并入白酒的销售额中缴纳消费税。

纳税人以人民币以外的货币结算销售额的，应当折合成人民币计算，折合率可以选择结算的当天或者当月1日的国家外汇牌价，纳税人应在事先确定采取何种折合率，确定后一年内不得变更。

2. 包装物的计税问题

包装物的计税规则如表5-8所示。

表 5-8 包装物的计税规则

计税方式	包装物状态
直接并入销售额计税	(1) 应税消费品连同包装物销售的,无论包装物是否单独计价,也不论在会计上如何核算,均应并入应税消费品的销售额中征收消费税 (2) 包装物的租金 (3) 对酒类(除啤酒、黄酒外)产品生产企业销售酒类产品而收取的包装物押金,无论押金是否返还及在会计上如何核算,均应并入酒类产品销售额中征收消费税
逾期并入销售额计税	对收取押金(酒类产品以外)的包装物,未到期押金不计税,但对逾期未收回的包装物不再退还的和已收取12个月以上押金的,应并入应税消费品的销售额,按照应税消费品的适用税率征收消费税。啤酒的包装物押金不包括供重复使用的塑料周转箱的押金(财税〔2006〕20号)

三、计税依据的若干特殊规定

计税价格的核定是确定计税依据的重要环节。卷烟、白酒和小汽车的计税价格由国家税务总局核定,其他应税消费品的计税价格由各省、自治区、直辖市国家税务局核定。进口的应税消费品的计税价格由海关核定。

(一) 卷烟最低计税价格的核定(国家税务总局令第26号)

自2012年1月1日起,卷烟消费税最低计税价格核定范围为卷烟生产企业在生产环节销售的所有牌号、规格卷烟。

计税价格由国家税务总局按照卷烟批发环节销售价格扣除卷烟批发环节批发毛利核定并发布。计税价格的核定公式为

某牌号、规格卷烟计税价格=批发环节销售价格×(1−适用批发毛利率)

(二) 白酒最低计税价格核定管理办法(国税函〔2009〕380号)

设白酒生产企业销售价格为A,白酒销售企业销售价格为B。

如果A<70%B,则A为不正常价格,需要核定最低计税价格。

如果A≥70%B,则A和B差价小,A为正常价格,不需要核定最低计税价格。

1. 适用状况

(1) 白酒生产企业销售给销售单位的白酒,生产企业消费税计税价格低于销售单位对外销售价格(不含增值税)70%以下的,税务机关应核定消费税最低计税价格。

(2) 白酒生产企业销售给销售单位的白酒,生产企业消费税计税价格高于销售单位对外销售价格70%(含70%)以上的,税务机关暂不核定消费税最低计税价格。

2. 基本程序

白酒消费税最低计税价格由白酒生产企业自行申报,税务机关核定。

已核定最低计税价格的白酒,销售单位对外销售价格持续上涨或下降时间达到3个月以上、累计上涨或下降幅度在20%(含)以上的白酒,税务机关重新核定最低计税价格。

特别提示

自2015年6月1日起,纳税人将委托加工收回的白酒销售给销售单位,消费税计税价格低于销售单位对外销售价格(不含增值税)70%以下,需要核定消费税最低计税价格(国家税务总局公告2015年第37号)。

(三) 自设非独立核算门市部计税的规定(国税发〔1993〕156号)

纳税人通过非独立核算门市部销售的自产应税消费品,应按门市部对外销售额或者销售数量征收消费税。

(四) 同类最高销售价格作为计税依据的规定(国税发〔1993〕156号)

纳税人自产的应税消费品用于换取生产资料和消费资料、投资入股和抵偿债务等方面,应当按纳税人同类应税消费品的最高销售价格作为计税依据。

特别提示

消费税与增值税同是对货物征收,但两者与价格的关系是不同的。增值税是价外税,计算增值税的价格不应包括增值税金额;消费税是价内税,计算消费税的价格是包括消费税金额的。通常情况下,从价定率和复合计税中从价部分用于计算消费税的销售额,与计算增值税销项税的销售额是一致的,但有以下两点微小差异:

(1) 酒类产品包装物押金。由于啤酒和黄酒在计征消费税时采用的是定额税率,押金是否计入销售额不会影响到啤酒、黄酒税额的计算,但押金计入销售额会影响啤酒适用税率档次的选择。

(2) 纳税人用于换取生产资料和消费资料、投资入股和抵偿债务等方面的自产的应税消费品,应当以纳税人同类应税消费品的最高销售价格作为计税依据计算消费税。而增值税没有最高销售价格的规定,只有平均销售价格的规定。

(五) 计税价格的核定权限

(1) 卷烟、白酒和小汽车的计税价格由国家税务总局核定,送财政部备案。

(2) 其他征税消费品的计税价格由省、自治区和直辖市国家税务局核定。

(3) 进口的应税消费品的计税价格由海关核定。

(六) 关于当期投入生产的原材料可抵扣的已纳消费税大于当期应纳消费税的不足抵扣部分的处理

采用按当期应纳消费税的数额申报抵扣,不足抵扣部分结转下一期申报抵扣的方式处理(财税〔2006〕125号)。

第五节 应纳税额的一般计算

按照《消费税暂行条例》,消费税应纳税额的计算分为从价定率、从量定额和复合计税三种,具体计算方法如下。

一、从价定率计算方法

在从价定率计算方法下，应纳税额的计算取决于应税消费品的销售额和适用税率两个因素。其基本计算公式为

应纳税额＝应税消费品的销售额×比例税率

二、从量定额计算方法

在从量定额计算方法下，应纳税额的计算取决于消费品的应税数量和单位税额两个因素。其基本计算公式为

应纳税额＝应税消费品的销售数量×定额税率

三、复合计税计算方法

在现行消费税的征税范围中，只有卷烟、白酒采用复合计税计算方法。其基本计算公式为

应纳税额＝销售数量×定额税率＋销售额×比例税率

消费税税率及计算公式如表5-9所示。

表5-9 消费税税率及计算公式

税率及计税形式	适用项目	计算公式
定额税率（从量计征）	啤酒、黄酒、成品油	应纳税额＝销售数量（交货数量、进口数量）×单位税额
比例税率和定额税率并用（复合计税）	卷烟、白酒	应纳税额＝销售数量（交货数量、进口数量）×定额税率＋销售额（同类应税消费品价格、组成计税价格）×比例税率
比例税率（从价计征）	除上述项目以外的其他项目	应纳税额＝销售额（同类应税消费品价格、组成计税价格）×税率

归纳

不同应税行为下增值税和消费税的比较如表5-10所示。

表5-10 不同应税行为下增值税和消费税的比较

行为	增值税	消费税
将自产应税消费品用于连续生产应税消费品，如自产香水精用于连续加工化妆品	不计	不计
将自产应税消费品用于连续生产非应税消费品，如自产香水精用于连续生产护手霜	不计	计收入征税
将自产应税消费品用于馈赠、赞助、集资、广告、样品、职工福利、奖励、在建不动产等	计收入征税	计收入征税
将自产应税消费品用于以物易物、投资入股、抵偿债务	按同类平均售价计收入征税	按同类最高售价计收入征税

第六节 自产自用应税消费品应纳税额的计算

在纳税人生产销售应税消费品中,有一种特殊的形式,即自产自用形式。自产自用通常指的是纳税人在生产应税消费品后,不是直接用于对外销售,而是用于连续生产应税消费品,或用于其他方面。

一、用于连续生产应税消费品的(国务院令第539号)

纳税人自产自用的应税消费品,用于连续生产应税消费品的,不纳税。

二、用于其他方面的(国务院令第539号)

纳税人自产自用的应税消费品,不是用于连续生产应税消费品,而是用于其他方面的,于移送使用时纳税。

三、组成计税价格(国务院令第539号)

纳税人自产自用的应税消费品,凡用于其他方面的,应当纳税。具体分为以下两种情况。

(一)有同类消费品的销售价格的

按照纳税人生产的同类消费品的销售价格计算纳税。

(二)没有同类消费品的销售价格的

按照规定,如果纳税人自产自用的应税消费品,在计算征收时,没有同类消费品的销售价格的,应按组成计税价格计算纳税。

(1)实行从价定率办法计算纳税的组成计税价格的计算公式为

组成计税价格=(成本+利润)÷(1-消费税比例税率)
=[成本×(1+成本利润率)]÷(1-消费税比例税率)

应纳税额=组成计税价格×适用税率

(2)实行复合计税办法计算纳税的组成计税价格的计算公式为

组成计税价格=(成本+利润+自产自用数量×定额税率)÷(1-比例税率)
=[成本×(1+成本利润率)+自产自用数量×定额税率]÷(1-比例税率)

式中,成本是指应税消费品的生产成本;利润是指根据应税消费品的全国平均成本利润率计算的利润,应税消费品的全国平均成本利润率由国家税务总局确定。

四、外购应税消费品已纳税款的扣除

(一)扣除范围(国税发〔1993〕156号、财税〔2006〕33号)

(1)外购已税烟丝生产的卷烟。

(2)外购已税化妆品生产的化妆品。

(3) 外购已税珠宝玉石生产的贵重首饰及珠宝玉石。

(4) 外购已税鞭炮、焰火生产的鞭炮、焰火。

(5) 以外购已税石脑油、燃料油为原料生产的应税消费品。

(6) 以外购已税润滑油为原料生产的润滑油。

(7) 以外购或委托加工收回的已税汽油、柴油为原料连续生产甲醇汽油、生物柴油(财税〔2008〕168 号)。

(8) 以外购已税杆头、杆身和握把为原料生产的高尔夫球杆。

(9) 以外购已税木制一次性筷子为原料生产的木制一次性筷子。

(10) 以外购已税实木地板为原料生产的实木地板。

(11) 自 2014 年 1 月 1 日起,以外购或委托加工收回的已税汽油、柴油为原料连续生产汽油、柴油(财税〔2014〕15 号)。

需要指出的是,纳税人用外购的已税珠宝玉石生产的改在零售环节征收消费税的金银首饰(镶嵌首饰)、钻石及钻石饰品,在计税时,一律不得扣除外购珠宝玉石的已纳税款。

(二) 抵扣税款的计算方法(国税发〔2006〕49 号)

(1) 外购应税消费品连续生产应税消费品实行从价定率办法计算应纳税额的,当期准予扣除的外购应税消费品已纳消费税税款的计算公式为

当期准予扣除的外购应税消费品已纳税款=当期准予扣除的外购应税消费品买价×外购应税消费品的适用税率

当期准予扣除的外购应税消费品买价=期初库存的外购应税消费品的买价+当期购进的应税消费品的买价-期末库存的外购应税消费品的买价

外购应税消费品的买价是指外购应税消费品增值税专用发票上注明的销售额(不包括增值税税额)。

(2) 实行从量定额办法计算应纳税额的:

当期准予扣除的外购应税消费品已纳税款=当期准予扣除外购应税消费品数量×外购应税消费品单位税额×30%

当期准予扣除的外购应税消费品数量=期初库存外购应税消费品数量+当期购进外购应税消费品数量-期末库存外购应税消费品数量

外购应税消费品数量为规定的发票(含销货清单)上注明的应税消费品的销售数量。

纳税人取得的进口应税消费品已纳税款为《海关进口消费税专用缴款书》上注明的进口环节消费税,可按上述计算方法抵扣。

第七节　委托加工应税消费品应纳税额的计算

委托加工应税消费品是生产应税消费品的另一种形式,也需要纳入消费税的计征范围。但其应纳税额的计算具有一定的特殊性,需要专门掌握。

一、委托加工应税消费品的确定(财政部、国家税务总局令第51号)

委托加工的应税消费品,是指委托方提供原料和主要材料,受托方只收取加工费和代垫部分辅助材料加工的应税消费品。

二、代收代缴税款(财政部、国家税务总局令第51号)

受托方是法定的代收代缴义务人,由受托方在向委托方交货时代收代缴消费税。如果受托方没有按有关规定代收代缴消费税,或没有履行代收代缴义务,就要按照《税收征收管理法》的有关规定,承担补税或罚款的有关责任。

纳税人委托个体经营者加工的应税消费品,于委托方收回后在委托方所在地缴纳消费税。

在税收征管中,如果发现委托方委托加工的应税消费品,受托方没有代收代缴税款,委托方要补缴税款,受托方不再补税。对委托方补征税款的计税依据是:如果收回的应税消费品已直接销售,按销售额计税补征;如果收回的应税消费品尚未销售或用于连续生产等,按组成计税价格计税补征。

委托加工的应税消费品,受托方在交货时已代收代缴消费税,委托方收回后直接销售的,不再征收消费税。

自2012年9月1日起,委托方以高于受托方的计税价格出售的,不属于直接出售,需按照规定申报缴纳消费税,在计税时准予扣除受托方已代收代缴的消费税(财法〔2012〕8号)。

三、委托加工应税消费品组成计税价格

根据《消费税暂行条例》的规定,委托加工的应税消费品,按照受托方的同类消费品的销售价格计算纳税;没有同类消费品销售价格的,按照组成计税价格计算纳税。

(1) 有同类消费品销售价格的,其应纳税额的计算公式为

应纳税额=同类消费品销售单价×委托加工数量×适用税率

(2) 没有同类消费品销售价格的,按组成计税价格计税,计算公式为

组成计税价格=(材料成本+加工费)÷(1-比例税率)

(3) 自2009年1月1日起,增加了实行复合计税办法计算纳税的组成计税价格计算公式:

组成计税价格=(材料成本+加工费+委托加工数量×定额税率)÷(1-比例税率)

应纳税额=组成计税价格×适用税率

式中,材料成本是指委托方所提供加工材料的实际成本。委托加工应税消费品的纳税人,必须在委托加工合同上如实注明(或以其他方式提供)材料成本,凡未提供材料成本的,受托方所在地主管税务机关有权核定其材料成本。加工费是指受托方加工应税消费品向委托方所收取的全部费用,包括代垫辅助材料的实际成本。

四、用委托加工收回的应税消费品连续生产应税消费品计算征收消费税问题

纳税人用委托加工收回的下列10种应税消费品连续生产应税消费品，在计征消费税时可以扣除委托加工收回应税消费品的已纳消费税税款（国税发〔1993〕156号、财税〔2006〕33号）：

(1) 以委托加工收回的已税烟丝为原料生产的卷烟。

(2) 以委托加工收回的已税化妆品为原料生产的化妆品。

(3) 以委托加工收回的已税珠宝玉石为原料生产的贵重首饰及珠宝玉石。

(4) 以委托加工收回的已税鞭炮、焰火为原料生产的鞭炮、焰火。

(5) 以委托加工收回的已税摩托车连续生产的摩托车。

(6) 以委托加工收回的已税石脑油为原料生产的应税消费品。

(7) 以委托加工收回的已税润滑油为原料生产的润滑油。

(8) 以委托加工收回的已税杆头、杆身和握把为原料生产的高尔夫球杆。

(9) 以委托加工收回的已税木制一次性筷子为原料生产的木制一次性筷子。

(10) 以委托加工收回的已税实木地板为原料生产的实木地板。

上述10种委托加工收回的应税消费品连续生产的应税消费品准予从应纳消费税税额中按当期生产领用数量计算扣除其已纳消费税税款（国税发〔2006〕49号）。计算公式如下：

当期准予扣除的委托加工应税消费品已纳税款
=期初库存的委托加工应税消费品已纳税款+当期收回的委托加工应税消费品已纳税款-期末库存的委托加工应税消费品已纳税款

值得注意的是，纳税人用委托加工收回的已税珠宝玉石生产的改在零售环节征收消费税的金银、钻石及钻石饰品，在计税时一律不得扣除委托加工收回的珠宝玉石已纳的消费税税款。

归纳

委托代销业务中双方业务对比如表5-11所示。

表5-11　委托代销业务中双方业务对比

	委　托　方	受　托　方
委托加工关系的条件	提供原料和主要材料	收取加工费和代垫部分辅料
加工及提货时涉及的税种	(1) 购进材料涉及增值税进项税 (2) 支付加工费涉及增值税进项税 (3) 委托加工消费品应缴消费税	(1) 买辅料涉及增值税进项税 (2) 收取加工费和代垫辅料费涉及增值税销项税

续表

	委托方	受托方
消费税纳税环节	(1) 提货时受托方代收代缴消费税(受托方为个人、个体户的除外) (2) 对于受托方没有代收代缴消费税(含受托方为个人、个体户的)的,收回后由委托方缴纳消费税	(1) 交货时委托方代收代缴消费税税款 (2) 没有履行代收代缴义务的,税务机关向委托方追缴税款,对受托方处应收未收税款50%以上3倍以下的罚款
代收代缴后消费税的相关处理	(1) 以不高于受托方的计税价格直接出售的,不再缴纳消费税(财法〔2012〕8号) (2) 以高于受托方的计税价格出售的,需按照规定申报缴纳消费税,在计税时准予扣除受托方已代收代缴的消费税(财法〔2012〕8号) (3) 连续加工应税消费品后销售的,在出厂环节缴纳消费税,同时可按生产领用量抵扣已纳消费税(只限于规定的情况)	及时解缴税款,否则按《税收征收管理法》(主席令第49号)规定惩处

第八节 进口应税消费品应纳税额的计算

一、进口应税消费品的基本规定

进口应税消费品的有关规定如下(国务院令第539号,财政部、国家税务总局令第51号)。

(一) 纳税人

进口或代理进口应税消费品的单位和个人,为进口应税消费品消费税的纳税人。

(二) 课税对象

进口应税消费品以进口商品总值为课税对象。进口商品总值具体包括到岸价格、关税和消费税三部分内容。

(三) 税率

执行《财政部、国家税务总局关于进口环节消费税有关问题的通知》(财关税〔2006〕22号)及《关于调整进口环节消费税政策的公告》(海关总署公告2014年第85号)的相关规定。

(四) 其他规定

(1) 进口的应税消费品,于报关进口时缴纳消费税。

(2) 进口的应税消费品的消费税由海关代征。

(3) 进口的应税消费品,由进口人或者其代理人向报关地海关申报纳税。

(4) 纳税人进口应税消费品,应当自海关填发海关进口消费税专用缴款书之日起

15 日内缴纳税款。

二、进口应税消费品组成计税价格的计算

（一）适用比例税率的进口应税消费品实行从价定率办法按组成计税价格计算应纳税额

组成计税价格＝（关税完税价格＋关税）÷（1－消费税比例税率）

应纳税额＝组成计税价格×消费税比例税率

式中，关税完税价格是指海关核定的关税计税价格。

（二）实行定额税率的进口应税消费品实行从量定额办法计算应纳税额

应纳税额＝应税消费品数量×消费税单位税额

式中，应税消费品数量是指海关核定的应税消费品进口征税数量。

（三）实行复合计税办法的进口应税消费品的应纳税额计算

组成计税价格＝（关税完税价格＋关税＋进口数量×消费税定额税率）÷（1－消费税比例税率）

应纳税额＝应税消费品数量×消费税单位税额＋组成计税价格×消费税比例税率

第九节　出口应税消费品消费税退（免）税

一、出口应税消费品退（免）消费税的政策

出口应税消费品退（免）消费税分为退（免）税政策和免税政策两类，与增值税出口退（免）税政策有极高的关联度，具体内容如表 5-12 所示。

表 5-12　出口政策下增值税、消费税的对比

增值税的出口政策	消费税的出口政策
退（免）税政策的货物	免征消费税，若属于购进出口的货物，退还前一环节对其已征的消费税
免税政策的货物	免征消费税，不退还以前环节的消费税，且不允许在内销消费品应纳税额中抵扣
征税政策的货物	按规定缴纳消费税，不退还以前环节的消费税，且不允许在内销消费品应纳税额中抵扣

二、消费税退税的计税依据

出口货物的消费税应退税额的计税依据，按购进出口货物的消费税专用缴款书和海关进口消费税专用缴款书确定。

属于从价定率计征消费税的，为已征且未在内销应税消费品应纳税额中抵扣的购进出口货物金额；属于从量定额计征消费税的，为已征且未在内销应税消费品应纳税额中抵扣的购进出口货物数量；属于复合计征消费税的，按从价定率和从量定额的计税依据分别确定。

三、消费税退税的计算

消费税应退税额＝从价定率计征消费税的退税计税依据×比例税率＋从量定额计征消费税的退税计税依据×定额税率

第十节　消费税征税环节的特殊规定

一、关于金银首饰征收消费税的若干规定

(一) 纳税人(财税字〔1994〕95号)

在中华人民共和国境内从事金银首饰零售业务的单位和个人，为金银首饰消费税的纳税人。委托加工(除另有规定外)、委托代销金银首饰的，受托方也是纳税人。

(二) 零售环节征收消费税的金银首饰范围

金、银和金基、银基合金首饰，以及金、银和金基、银基合金。从2003年5月1日起，铂金首饰消费税改为在零售环节征税。

自2002年1月1日起，钻石及钻石饰品消费税改为在零售环节征税(财税〔2001〕177号、财税〔2001〕190号、财税〔2013〕40号)。

在零售环节征收消费税的金银首饰的范围不包括镀金(银)、包金(银)首饰，以及镀金(银)、包金(银)的镶嵌首饰，凡采用包金、镀金工艺以外的其他工艺制成的含金、银首饰及镶嵌首饰，如锻压金、铸金、复合金首饰等，都应在零售环节征收消费税(国税函发〔1996〕727号)。

(三) 应税与非应税的划分

经营单位兼营生产、加工、批发、零售业务的，应分别核算销售额，未分别核算销售额或者划分不清的，一律视同在零售环节征收消费税。

(四) 税率

金银首饰的消费税税率为5%。

(五) 计税依据

(1) 纳税人销售金银首饰，其计税依据为不含增值税的销售额。

金银首饰的销售额＝含增值税的销售额÷(1＋增值税税率或征收率)

(2) 金银首饰连同包装物销售的，无论包装物是否单独计价，也无论会计上如何核算，均应并入金银首饰的销售额，计征消费税。

(3) 带料加工的金银首饰，应按受托方销售同类金银首饰的销售价格确定计税依据征收消费税。没有同类金银首饰销售价格的，按照组成计税价格计算纳税。组成计税价格的计算公式为

组成计税价格＝(材料成本＋加工费)÷(1－金银首饰消费税税率)

(4) 纳税人采用以旧换新(含翻新改制)方式销售的金银首饰，应按实际收取的不含增值税的全部价款确定计税依据征收消费税。

(5) 生产、批发、零售单位用于馈赠、赞助、集资、广告、样品、职工福利、奖励等方面的金银首饰，应按纳税人销售同类金银首饰的销售价格确定计税依据征收消费税；没有同类金银首饰销售价格的，按照组成计税价格计算纳税。组成计税价格的计算公式为

组成计税价格＝购进原价×(1＋利润率)÷(1－金银首饰消费税税率)

纳税人为生产企业时，公式中的购进原价为生产成本，公式中的利润率一律定为6%。

(6) 金银首饰消费税在改变纳税环节后，用已税珠宝玉石生产的镶嵌首饰，在计税时一律不得扣除已纳的消费税税款。

二、卷烟批发环节征收消费税的规定

自2009年5月1日起，在卷烟批发环节加征一道从价税(财税〔2009〕84号、财税〔2015〕60号)。

(1) 纳税人：在中华人民共和国境内从事卷烟批发业务的单位和个人。

(2) 征收范围：纳税人批发销售的所有牌号规格的卷烟。

(3) 计税依据：纳税人批发卷烟的销售额(不含增值税)。

(4) 纳税人应将卷烟销售额与其他商品销售额分开核算，未分开核算的，一并征收消费税。

(5) 适用税率：11%，并按0.005元/支加征从量税(自2015年5月10日起)。

(6) 纳税人兼营卷烟批发和零售业务的，应当分别核算批发和零售环节的销售额、销售数量；未分别核算批发和零售环节销售额、销售数量的，按照全部销售额、销售数量计征批发环节消费税。

(7) 纳税人销售给纳税人以外的单位和个人的卷烟于销售时纳税。纳税人之间销售的卷烟不缴纳消费税。

(8) 纳税义务发生时间：纳税人收讫销售款或者取得索取销售款凭据的当天。

(9) 纳税地点：卷烟批发企业的机构所在地，总机构与分支机构不在同一地区的，由总机构申报纳税。

(10) 卷烟消费税在生产和批发两个环节征收后，批发企业在计算纳税时不得扣除已含的生产环节的消费税税款。

第十一节　申报与缴纳

一、纳税义务发生时间(财政部、国家税务总局令第51号)

消费税纳税义务发生时间如下：

(1) 纳税人销售的应税消费品，其纳税义务发生时间为：

① 纳税人采取赊销和分期收款结算方式的，其纳税义务的发生时间，为书面合同约定的收款日期的当天，书面合同没有约定收款日期或者无书面合同的，为发出应税消费品的当天。

② 纳税人采取预收货款结算方式的,其纳税义务的发生时间,为发出应税消费品的当天。

③ 纳税人采取托收承付和委托银行收款结算方式的,其纳税义务的发生时间,为发出应税消费品并办妥托收手续的当天。

④ 纳税人采取其他结算方式的,其纳税义务的发生时间,为收讫销售款或者取得索取销售款凭据的当天。

(2) 纳税人自产自用的应税消费品,其纳税义务的发生时间,为移送使用的当天。

(3) 纳税人委托加工的应税消费品,其纳税义务的发生时间,为纳税人提货的当天。

(4) 纳税人进口的应税消费品,其纳税义务的发生时间,为报关进口的当天。

二、纳税地点(财政部、国家税务总局令第51号)

(1) 纳税人销售的应税消费品,以及自产自用的应税消费品,除国务院财政、税务主管部门另有规定外,应当向纳税人机构所在地或者居住地的主管税务机关申报纳税。

纳税人的总机构与分支机构不在同一县(市)的,应当分别向各自机构所在地的主管税务机关申报纳税;经财政部、国家税务总局或者授权的财政、税务机关批准,可以由总机构汇总向总机构所在地的主管税务机关申报纳税(财税〔2012〕42号)。

(2) 委托加工的应税消费品,除受托方为个人外,由受托方向其机构所在地或者居住地的主管税务机关解缴消费税税款。

(3) 委托个人加工的应税消费品,由委托方向其机构所在地或者居住地主管税务机关申报纳税。

(4) 进口的应税消费品,由进口人或者其代理人向报关地海关申报纳税。

特别提示

纳税人销售的应税消费品,如因质量等原因由购买者退回时,经所在地主管税务机关审核批准后,可退还已征收的消费税,但不能自行直接抵减应纳税款。

三、纳税环节

消费税的纳税环节分为以下几种情况(国务院令第539号):

(1) 生产环节。纳税人生产的应税消费品,由生产者于销售时纳税。委托加工的应税消费品,除受托方为个人外,由受托方在向委托方交货时代收代缴税款。

(2) 进口环节。进口的应税消费品,由进口报关者于报关进口时纳税。

(3) 零售环节。金银首饰消费税在零售环节征收(财税字〔1994〕95号)。

(4) 批发环节。自2009年5月1日起,除生产环节外,对卷烟批发环节加征一道从价税(财税〔2009〕84号)。

四、纳税期限(国务院令第539号)

消费税的纳税期限分别为1日、3日、5日、10日、15日、1个月或者1个季度。纳税人的具体纳税期限,由主管税务机关根据纳税人应纳税额的大小分别核定;不能按照固定期限纳税的，可以按次纳税。

纳税人以1个月或者1个季度为1个纳税期的，自期满之日起15日内申报纳税；以1日、3日、5日、10日或者15日为1个纳税期的，自期满之日起5日内预缴税款，于次月1日起15日内申报纳税并结清上月应纳税款。

纳税人进口应税消费品，应当自海关填发海关进口消费税专用缴款书之日起15日内缴纳税款。

五、报缴税款的方法（国税发〔2006〕49号）

（1）报缴税款的方法具体有自核自缴、自报核缴、核定税额缴纳。

（2）消费税抵扣所需资料。纳税人报缴税款时，如需办理消费税税款抵扣手续，除应按有关规定提供纳税申报所需资料外，还应当提供以下资料：

① 外购应税消费品连续生产应税消费品的，提供外购应税消费品增值税专用发票（抵扣联）原件和复印件。

如果外购应税消费品的增值税专用发票属于汇总填开的，除提供增值税专用发票（抵扣联）原件和复印件外，还应提供随同增值税专用发票取得的由销售方开具并加盖财务专用章或发票专用章的销货清单原件和复印件。

② 委托加工收回应税消费品连续生产应税消费品的，提供《代扣代收税款凭证》原件和复印件。

③ 进口应税消费品连续生产应税消费品的，提供《海关进口消费税专用缴款书》原件和复印件。

【习题及解答】

【例5-1 计算题】 某卷烟厂为增值税一般纳税人，主要生产甲类卷烟（不含增值税计税价150元/标准条，消费税税率56%，0.003/支），2014年8月发生如下业务：

（1）从乙企业购进烟丝（消费税税率30%），取得增值税专用发票，注明价款400万元、增值税68万元；从丙供销社（小规模纳税人）购进烟丝，取得税务机关代开的增值税专用发票，注明价款300万元；进口一批烟丝，关税完税价格350万元、组成计税价格550万元，进口消费税165万元，进口烟丝的增值税93.5万元。

（2）本月外购烟丝发生霉烂，成本20万元。

（3）月初库存外购烟丝买价30万元；月末库存外购烟丝买价50万元。

（4）本期销售甲类卷烟5万条。

计算本期应纳的消费税。

【答案及解析】

（1）当期准予扣除外购烟丝已纳税款＝（30＋400＋300＋550－50－20）×30%＝363（万元）。

（2）销售甲类卷烟应纳消费税＝5×150×56%＋5×20×10×0.003＝420.3（万元）。

（3）本期应纳的消费税＝420.3－363＝57.3（万元）。

第六章 关税

第一节 关税概述

一、关税的概念

关税是海关根据国家制定的有关法律，以进出关境货物、物品为征收对象而征收的一种商品税。

二、关税的特点

（1）征收的对象是进出境的货物和物品。关税只对有形的货品征收，对无形的货品不征收关税。货物和物品只有在进出境时，才能被征收关税。

（2）关税是单一环节的价外税。在征收关税时，是以实际成交价格为计税依据，关税不包括在内。

（3）有较强的涉外性。关税政策及措施往往和经济政策、外交政策紧密相关。税率的高低，直接影响到国际贸易的开展。

三、关税的分类

（1）按征收对象划分：进口税、出口税、过境税。

（2）按征收目的划分：财政关税、保护关税。

（3）按计征方式划分：从量关税、从价关税、混合关税、选择性关税、滑动关税。

（4）按税率制定划分：自主关税、协定关税。

（5）按差别待遇和特定的实施情况划分：进口附加税、差价税、特惠税、普遍优惠制税。

第二节 征税对象、纳税人和税率

一、征税对象（主席令第51号）

关税的征税对象是准许进出境的货物和物品。货物是指贸易性商品；物品是指入境旅客随身携带的行李物品、个人邮递物品、各种运输工具上的服务人员携带进口的自用物品、馈赠物品以及其他方式进境的个人物品。

特别提示

货物和物品在计征关税时有不同的计税规则。

二、纳税人(国务院令第 392 号)

进口货物的收货人、出口货物的发货人、进出境物品的所有人,都是关税的纳税人。进出境物品的所有人包括该物品的所有人和推定为所有人的人。一般情况下,对于携带进境的物品,推定其携带人为所有人;对分离运输的行李,推定相应的进出境旅客为所有人;对以邮递方式进境的物品,推定其收件人为所有人;以邮递或其他运输方式出境的物品,推定其寄件人或托运人为所有人。

三、税率的适用

(一) 进口关税税率

根据《进出口关税条例》,自 2004 年 1 月 1 日起,我国进口税则设有最惠国税率、协定税率、特惠税率、普通税率、关税配额税率等税率形式。

(二) 出口关税税率

我国出口税则为一栏税率,即出口税率。根据《2015 年关税实施方案》,我国以暂定税率的形式对煤炭、原油、化肥、铁合金等产品征收出口关税,对鲤鱼苗等商品实行出口税率。

(三) 税率的运用(国务院令第 392 号)

根据《进出口关税条例》,进出口货物应按照税则规定的归类原则归入合适的税号,并按照适用的税率征税,其中:

(1) 进出口货物,应当按照纳税人申报进口或者出口之日实施的税率征税。

(2) 进口货物到达前,经海关核准先行申报的,应当按照装载此货物的运输工具申报进境之日实施的税率征税。

(3) 进出口货物的补税和退税,适用该进出口货物原申报进口或出口之日所实施的税率,但表 6-1 所列的情况除外。

表 6-1 不同应税行为下关税税率

具体情况	适用税率
减免税货物转让或改变成不免税用途的	海关接受纳税人再次填写报关单申报办理纳税手续之日实施的税率
加工贸易进口保税料、件转为内销的	经批准的,为申报转内销之日的税率
	未经批准擅自转为内销的,为查获之日的税率
暂时进口货物转为正式进口的	申报正式进口之日实施的税率
分期支付租金的租赁进口货物分期付税时	海关接受纳税人再次填写报关单申报办理纳税手续之日实施的税率

续表

具体情况	适用税率
溢卸、误卸货物事后需补税的	其原运输工具申报进境之日实施的税率
	进口日期无法查明的,按确定补税当天实施的税率
税则归类改变、完税价格审定、其他工作差错而需补税的	原征税之日实施的税率
缓税进口以后缴税的	原进口之日实施的税率
走私补税的	查获之日实施的税率

第三节　原产地规定

一、原产地规则

原产地规则是确定进口货物唯一产地的规定,主要包括原产地标准和直接运输规定。各国的原产地规则不尽一致,现将国际上常用的一些规则介绍如下。

(一)原产地标准

原产地标准是衡量进口货物产于何地的尺度。对于只有一个国家可供审定的进口货物,可以采用"完全在一国生产"标准。对于有两个或两个以上国家参与生产的进口货物,则采用"实质性改变"标准。

(1) 完全在一国生产标准。

(2) 实质性改变标准。

① 改变税号法,即货物经某国生产后其税则归类发生了变化,改变了税号,就应以该国为货物的原产地。

② 列出加工程序表法。通过对有关产品的加工程序列表规定,产品在原产地生产时必须达到列表要求,才能视为该产地产品。

③ 从价百分比法,即产品在某国进行加工生产所增加的价值相当于或超过规定的百分比率时,即将该国视为货物的原产地。

(二)直接运输规定

直接运输规定是指原产国要将出口产品直接运到进口国,进口国才能对该国原产的货物给予相应的待遇。

二、我国原产地规定(海关总署令第181号)

我国原产地规定基本上采用了"全部产地生产标准""实质性加工标准"两种国际上通用的原产地标准。

(一)适用范围

关税税率适用范围如表6-2所示。

表 6-2　关税税率适用范围

适用范围	为实施最惠国待遇、反倾销和反补贴、保障措施、原产地标记管理、国别数量限制、关税配额等非优惠性贸易措施以及进行政府采购、贸易统计等活动对进出口货物原产地的确定
不适用范围	不适用实施优惠性贸易措施对进出口货物原产地的确定

（二）原产地认定

完全在一个国家（地区）获得的货物，以该国（地区）为原产地；两个或两个以上国家（地区）参与生产的货物，以最后完成实质性改变的国家（地区）为原产地。

实质性改变的确定标准以税则归类改变为基本标准；税则归类改变不能反映实质性改变的，以从价百分比、制造或者加工工序等为补充标准。通常情况下，四位数税号一级的税则归类已经改变，或加工增值部分所占新产品总值的比例超过 30%的可视为实质性改变。

第四节　关税完税价格和应纳税额的计算

一、关税完税价格

根据自 2014 年 2 月 1 日起施行的新的《海关审定进出口货物完税价格办法》（海关总署令第 213 号）的规定，进口货物的完税价格，由海关以该货物的成交价格为基础审查确定，并且应当包括货物运抵中华人民共和国境内输入地点起卸前的运输及其相关费用、保险费。

（一）进口货物的成交价格

进口货物的成交价格，是指卖方向中华人民共和国境内销售该货物时买方为进口该货物向卖方实付、应付的，并且按照规定调整后的价款总额，包括直接支付的价款和间接支付的价款。

（二）进口货物的完税价格确定的其他方法

海关进行估价时，首先要尽可能先使用实际成交价格，但并不是所有进口货物都有实际成交价格。例如，以寄售、租赁等方式出口到进口国的货物，在进口时就难以确定实际成交价格。进口货物的成交价格不符合规定的，或者成交价格不能确定的，依次以下列方法确定该货物的完税价格：

（1）相同货物成交价格估价方法，是指以与进口货物同时或者大约同时向我国境内销售的相同货物的成交价格为基础，确定进口货物的完税价格的估价方法。

（2）类似货物成交价格估价方法，是指以与进口货物同时或者大约同时向我国境内销售的类似货物的成交价格为基础，确定进口货物的完税价格的估价方法。

（3）倒扣价格估价方法，是指海关以进口货物、相同或者类似进口货物在境内的销售价格为基础，扣除境内发生的有关费用后，审查确定进口货物完税价格的估价方法。如果该货物、相同或者类似货物没有按照进口时的状态在境内销售，应纳税人要求，可以在符合规定的其他条件的情形下,使用经进一步加工后的货物的销售价格审查确定完税价格,但是应当同时扣除加工增值额。

(4) 计算价格估价方法,是以下列各项的总和为基础,审查确定进口货物完税价格的估价方法:生产该货物所使用的料件成本和加工费用;向境内销售同等级或者同种类货物通常的利润和一般费用(包括直接费用和间接费用);该货物运抵境内输入地点起卸前的运输及相关费用、保险费。

(5) 合理估价方法,是指当海关不能根据实际成交价格估价方法、相同货物成交价格估价方法、类似货物成交价格估价方法、倒扣价格估价方法和计算价格估价方法确定完税价格时,以客观资料为基础审查确定进口货物完税价格的估价方法。

以上方法应当依次使用,但纳税人向海关提供有关资料后,可以提出申请,颠倒第(3)项和第(4)项的适用次序。

二、成交价格的调整项目(海关总署令第213号)

(1) 未包括在进口货物的实付或者应付价格中的费用,应计入完税价格。以成交价格为基础审查确定进口货物的完税价格时,未包括在该货物实付、应付价格中的下列费用或者价值应当计入完税价格:

① 由买方负担的下列费用:除购货佣金以外的佣金和经纪费;与该货物视为一体的容器费用;包装材料费用和包装劳务费用。

② 与进口货物的生产和向我国境内销售有关的,由买方以免费或者低于成本的方式提供并可以按适当比例分摊的料件、工具、模具、消耗材料及类似货物的价款,以及在境外开发、设计等相关服务的费用。

③ 买方需向卖方或者有关方直接或者间接支付的特许权使用费。

④ 卖方直接或者间接从买方对该货物进口后销售、处置或者使用所得中获得的收益。

(2) 进口货物的价款中单独列明的相关税收、费用,不计入该货物的完税价格。

(3) 进口货物完税价格的计价方法。确定应当计入进口货物完税价格的货物价值时,应当按照下列方法计算有关费用:

① 由买方从与其无特殊关系的第三方购买的,应当计入的价值为购入价格。

② 由买方自行生产或者从有特殊关系的第三方获得的,应当计入的价值为生产成本。

③ 由买方租赁获得的,应当计入的价值为买方承担的租赁成本。

④ 生产进口货物过程中使用的工具、模具和类似货物的价值,应当包括其工程设计、技术研发、工艺及制图等费用。

如果货物在被提供给卖方前已经被买方使用过,应当计入的价值为根据国内会计原则对其进行折旧后的价值。

归纳

关税完税价格的构成如表6-3所示。

表6-3 关税完税价格的构成

完税价格的构成因素	不计入完税价格的因素
基本构成：货价＋至运抵口岸的运费＋保险费 综合考虑可能调整的项目： (1) 买方负担、支付的中介佣金、经纪费 (2) 买方负担的包装、与货物视为一体的容器的费用 (3) 买方付出的其他经济利益 (4) 与进口货物有关的且构成进口条件的特许权使用费	(1) 向自己的采购代理人支付的购货佣金和劳务费用 (2) 货物进口后发生的安装、运输等费用 (3) 进口关税和进口海关代征的国内税 (4) 为在境内复制进口货物而支付的复制权费用 (5) 境内外技术培训及境外考察费用

特别提示

与进口货物有关的特许权使用费符合下列条件之一的应当视为与进口货物有关，应计入完税价格：①用于支付专利权或者专有技术使用权；②用于支付商标权；③用于支付著作权；④用于支付分销权、销售权或者其他类似权利。

下列情形之一的特许权使用费不应计入完税价格：①与该货物无关；②特许权使用费的支付不构成该货物向我国境内销售的条件。

买方不支付特许权使用费则不能购得进口货物，或者买方不支付特许权使用费则该货物不能以合同议定的条件成交的，应当视为特许权使用费的支付构成进口货物向我国境内销售的条件(海关总署令第213号)。

三、特殊进口货物的完税价格(海关总署令第213号)

(一) 运往境外修理的货物

运往境外修理的机械器具、运输工具或者其他货物，出境时已向海关报明，并且在海关规定的期限内复运进境的，应当以境外修理费和料件费为基础审查确定完税价格。

(二) 运往境外加工的货物

运往境外加工的货物，出境时已向海关报明，并且在海关规定期限内复运进境的，应当以境外加工费和料件费以及该货物复运进境的运输及其相关费用、保险费为基础审查确定完税价格。

(三) 暂时进境货物

经海关批准的暂时进境货物，应当缴纳税款的，由海关按照规定审定完税价格。经海关批准留购的暂时进境货物，以海关审定的留购价格作为完税价格。

(四)租赁方式进口的货物

租赁方式进口的货物,按照下列方法审查确定完税价格:以租金方式对外支付的租赁货物,在租赁期间以审定的租金作为完税价格,利息应当予以计入;留购的租赁货物以审定的留购价格作为完税价格;纳税人申请一次性缴纳税款的,可以选择申请按照一般进口货物规定确定完税价格,或者按照审定的租金总额作为完税价格。

(五)予以补税的减免税货物

减税或者免税进口的货物补税时,应当以海关审定的该货物原进口时的价格,扣除折旧部分价值作为完税价格,其计算公式如下:

完税价格=海关审定的该货物原进口时的价格×
[1-补税时实际已进口的时间(月)÷
(监管年限×12)]

上述计算公式中,"补税时实际已进口的时间"按月计算,不足1个月但是超过15日的,按照1个月计算;不超过15日的,不予计算。

(六)不存在成交价格的进口货物

易货贸易、寄售、捐赠、赠送等不存在成交价格的进口货物,海关与纳税人进行价格磋商后,按照一般进口货物的方法审定完税价格。

(七)进口载有专供数据处理设备用软件的介质

具有下列情形之一的,应当以介质本身的价值或者成本为基础审定完税价格。

(1) 介质本身的价值或者成本与所载软件的价值分列。

(2) 介质本身的价值或者成本与所载软件的价值虽未分列,但是纳税人能够提供介质本身的价值或者成本的证明文件,或者能提供所载软件价值的证明文件。

含有美术、摄影、声音、图像、影视、游戏、电子出版物的介质不适用该规定。

(八)加工贸易进口料件及其制成品

加工贸易进口料件及其制成品完税价格如表6-4所示。

表6-4 加工贸易进口料件及其制成品完税价格

情　形	完税价格
进口时需征税的进料加工进口料件	该料件申报进口时的成交价格
进料加工进口料件或其制成品(包括残次品)申报内销	以料件的原进口成交价格为基础审查确定完税价格;料件的原进口成交价格不能确定的,以接受内销申报的同时或大约同时进口的、与料件相同或类似的货物的进口成交价格为基础审查确定完税价格
加工企业内销加工过程中产生的边角料或副产品	内销价格
深加工结转货物内销	结转货物的结转价格

续表

情形	完税价格
保税区内企业内销的保税加工进口料件或其制成品	以其内销价格为基础审查确定完税价格；保税区内企业内销的保税加工制成品中，如果含有从境内采购的料件，海关以制成品所含从境外购入料件的原进口成交价格为基础审查确定完税价格；依据前两款规定不能确定的，海关以接受内销申报的同时或者大约同时内销的相同或者类似的保税货物的内销价格为基础审查确定完税价格
除保税区以外的海关特殊监管区域内企业内销的保税加工料件或其制成品	以其内销价格为基础审查确定完税价格；不能确定的，海关以接受内销申报的同时或者大约同时内销的相同或者类似的保税货物的内销价格为基础审查确定完税价格；仍不能确定的，以生产该货物的成本、利润和一般费用计算所得的价格为基础审查确定完税价格

四、进口货物完税价格中的运输及其相关费用、保险费的计算（海关总署令第 213 号）

（一）进口货物的运费

进口货物的运输及其相关费用，应当按照由买方实际支付或者应当支付的费用计算。如果进口货物的运输及其相关费用无法确定的，海关应当按照该货物进口同期的正常运输成本审查确定。运输工具作为进口货物，利用自身动力进境的，海关在审查确定完税价格时，不再另行计入运输及其相关费用。

（二）进口货物的保险费

进口货物的保险费，应当按照实际支付的费用计算。如果进口货物的保险费无法确定或者未实际发生，海关应当按照“货价加运费”两者总额的 3‰计算保险费，其计算公式如下：

$$保险费=(货价+运费)\times 3‰$$

邮运进口的货物，应当以邮费作为运输及其相关费用、保险费。

归纳

不同进出口方式运费、保费构成如表 6-5 所示。

表 6-5　不同进出口方式运费、保费构成

进口运载或成交方式		运费(F)的确定	保险费(I)的确定
一般方式进口	海运进口	运抵境内的卸货口岸	
	陆运进口	运抵境内的第一口岸或目的地口岸	
	空运进口	运抵境内的第一口岸或目的地口岸	
	无法确定或未实际发生运保费	同期同行业运费率(额)	货价加运费总额的 3‰

续表

进口运载或成交方式		运费(F)的确定	保险费(I)的确定
其他方式进口	邮运进口	邮费	
	境外边境口岸成交的铁路、公路进口货物	货价的1%	
	自驾进口的运输工具	可不另行计入运费	
出口货物		最多算至离境口岸	

相关链接

运费、关税与增值税的关系如图6-1所示。

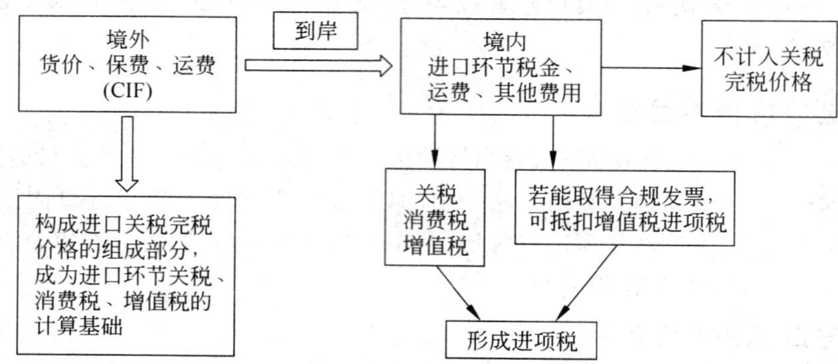

图6-1 运费、关税与增值税的关系

五、出口货物的完税价格(海关总署令第213号)

出口货物的完税价格由海关以该货物的成交价格为基础审查确定，并且应当包括货物运至境内输出地点装载前的运输及其相关费用、保险费。

(一) 以成交价格为基础的完税价格

出口货物的成交价格，是指该货物出口销售时，卖方为出口该货物应当向买方直接收取和间接收取的价款总额。

下列税收、费用不计入出口货物的完税价格：

(1) 出口关税。

(2) 在货物价款中单独列明的货物运至境内输出地点装载后的运输及其相关费用、保险费。

(二) 出口货物海关估定方法

出口货物的成交价格不能确定的，海关经了解有关情况，并且与纳税人进行价格磋商后，依次以下列价格审查确定该货物的完税价格：

(1) 同时或者大约同时向同一国家或者地区出口的相同货物的成交价格。

(2) 同时或者大约同时向同一国家或者地区出口的类似货物的成交价格。

(3) 根据境内生产相同或者类似货物的成本、利润和一般费用(包括直接费用和间接费用)、境内发生的运输及其相关费用、保险费计算所得的价格。

(4) 按照合理方法估定的价格。

六、应纳税额的计算

(1) 从价税应纳税额的计算。

关税税额＝应税进(出)口货物数量×单位完税价格×税率

进口货物的成交价格,因有不同的成交条件而有不同的价格形式,常用的价格条款有以下三种:

① 离岸价格(FOB),是指卖方在合同规定的装运港把货物装上买方指定的船上,并负责货物装上船为止的一切费用和风险。

② 离岸加运费价格(CFR),是指卖方负责将合同规定的货物装上买方指定运往目的港的船上,负责货物装上船为止的一切费用和风险,并支付运费。

③ 到岸价格(CIF),是指卖方负责将合同规定的货物装上买方指定运往目的港的船上,办理保险手续,并负责支付运费和保险费。

以 CIF 成交的进口货物,若申报价格符合规定的成交价格条件,则可直接计算出税款;以 FOB 和 CFR 成交的进口货物,应先折算成 CIF,再按程序计算税款。

特别提示

完税价格如图 6-2 所示。

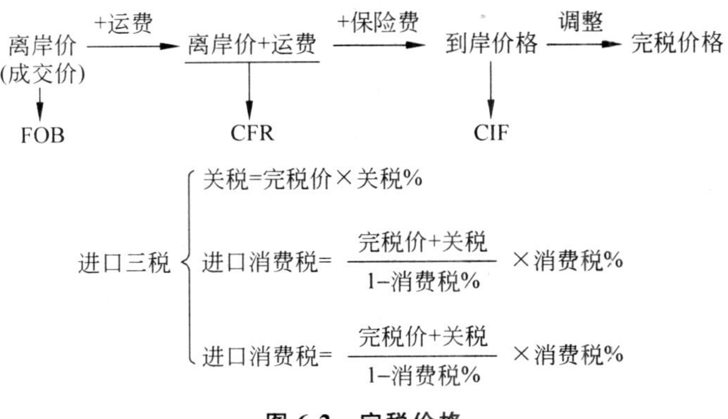

图 6-2　完税价格

(2) 从量税应纳税额的计算。

关税税额＝应税进(出)口货物数量×单位货物税额

(3) 复合税应纳税额的计算。我国目前实行的复合税都是先从量计征,再计征从价税。

关税税额＝应税进(出)口货物数量×单位货物税额＋应税进(出)口货物数量×单位完税价格×税率

(4) 滑准税应纳税额的计算。

关税税额＝应税进(出)口货物数量单位完税价格×滑准税税率

第五节 关税减免

一、法定减免税(国务院令第392号)

法定减免税是税法中明确列出的减税或免税。符合税法规定可予减免税的进出口货物,纳税人无须提出申请,海关可按规定直接予以减免税。

下列货物、物品予以减免关税。

(1) 关税税额在人民币50元以下的一票货物。

(2) 无商业价值的广告品和货样。

(3) 外国政府、国际组织无偿赠送的物资。

(4) 在海关放行前损失的货物。

(5) 进出境运输工具装载的途中必需的燃料、物料和饮食用品。

在海关放行前遭受损坏的货物,可以根据海关认定的受损程度减征关税。因品质或者规格原因,出口货物(进口货物)自出口之日(进口之日)起1年内原状复运出境(进境)的,不征收出口(进口)关税。

二、特定减免税

特定减免税也称政策性减免税。除法定减免税外,国家按照国际通行规则和我国实际情况,制定发布的有关进出口货物减免关税的政策,称为特定或政策性减免税。特定减免税货物一般有地区、企业和用途的限制,海关需要进行后续管理,也需要减免税统计。具体包括:①科教用品;②扶贫、慈善性捐赠物资;③残疾人专用物品;④加工贸易产品;⑤边境贸易进口物资;⑥保税区进出口货物;⑦出口加工区进出口货物;⑧进口设备。

三、临时减免税

临时减免税是指法定减免税和特定减免税以外的其他减免税,即由国务院对某个单位、某类商品、某个项目或某批进出口货物的特殊情况,给予特别照顾,一案一批,专文下达的减免税。一般有单位、品种、期限、金额或数量等限制,不能比照执行。

第六节 申报和缴纳

一、关税的申报(海关总署令第103号)

进口货物的收货人、受委托的报关企业应当自运输工具申报进境之日起14日内向海关申报。进口转关运输货物的收货人、受委托的报关企业应当自运输工具申报进境之日起14日内,向进境地海关办理转关运输手续,有关货物应当自运抵指运地之日起14日内向指运地海关申报。

出口货物发货人、受委托的报关企业应当在货物运抵海关监管区后、装货的 24 小时以前向海关申报。

超过规定时限未向海关申报的，海关按照《海关征收进口货物滞报金办法》征收滞报金。滞报金应当按日计征，以自运输工具申报进境之日起第 15 日为起征日，以海关接受申报之日为截止日，起征日和截止日均计入滞报期间。日征收金额为进口货物完税价格的千分之零点五，起征点为人民币 50 元。

二、关税的缴纳(国务院令第 392 号)

进口货物的纳税人应当从运输工具申报进境之日起 14 日以内，出口货物的纳税人除海关特准的外，应当在货物运抵海关监管区以后装货的 24 小时以前，向货物的进出境地海关申报。海关根据税则归类和完税价格计算应缴纳的关税和进口环节代征税，并填发税款缴款书。纳税人应当在海关填发税款缴款书之日起 15 日内，向指定银行缴纳税款。如关税缴纳期限的最后 1 日是周末或法定节假日，则关税缴纳期限顺延至周末或法定节假日过后的第 1 个工作日。为方便纳税人，经申请而且海关同意，进(出)口货物的纳税人可以在设有海关的指运地(启运地)办理海关申报、纳税手续。

关税纳税人因不可抗力或在国家税收政策调整的情况下，不能按期缴纳税款的，经海关总署批准，可以延期缴纳税款，但最长不得超过 6 个月。

三、关税的强制执行(主席令第 51 号、海关总署令第 184 号)

纳税人未在关税缴纳期限内缴纳税款，即构成关税滞纳。强制措施主要有两类：

(1) 征收关税滞纳金。滞纳金自关税缴纳期限届满之日起，至纳税人缴清关税之日止，按滞纳税款万分之五的比例按日征收，周末或法定节假日不予扣除。具体计算公式为

$$关税滞纳金金额=滞纳关税税额\times滞纳金征收比率\times滞纳天数$$

滞纳金的起征点为人民币 50 元。

(2) 强制征收。如纳税人自缴款期限届满之日起 3 个月仍未缴纳税款的，经海关关长批准，海关可以采取强制扣缴、变价抵缴等强制措施。强制扣缴即海关从纳税人在开户银行或其他金融机构的存款中直接扣缴税款。变价抵缴即海关将应税货物依法变卖，以变卖所得抵缴税款。

四、关税的退还(海关总署令第 124 号)

关税退还是指关税纳税人按海关核定的税额缴纳关税后，因某种原因的出现，海关将实际征收多于应当征收的税额(称为溢征关税)退还给纳税人的一种行政行为。根据《海关法》规定，海关多征的税款，海关发现后应当立即退还。

按规定有下列情形之一的，出口货物的纳税人可以自缴纳税款之日起 1 年内，书面声明理由，连同原纳税收据向海关申请退税并加算银行同期活期存款利息，逾期不予受理：

(1) 因海关误征多纳税款的。

(2) 海关核准免检进口的货物，在完税后发现有短缺情形的，经海关审查认可的。

(3) 已征出口关税的货物,因故未将其运出口,申报退关,经海关查验属实的。

对已征出口关税的出口货物和已征进口关税的进口货物,因货物品质或者规格原因(非其他原因)原状复运进境或出境的,经海关查验属实,也应退还已征关税。海关应当自受理退税申请之日起30日内,做出书面答复并通知退税申请人。纳税人应当自收到通知之日起3个月内办理有关退税手续。

五、关税补征、追征和滞纳金(海关总署令第124号)

关税补征、追征的处理如表6-6所示。

表6-6 关税补征、追征的处理

征收短征关税的行为	定　义	时效和处理
补征	纳税人违反海关规定造成短征关税	关税补征期为缴纳税款或货物放行之日起1年内
追征	非因纳税人违反海关规定造成短征关税	关税追征期为进出口货物应缴纳税款之日起3年内,并从缴纳税款或者货物放行之日起按日加收少征或者漏征税款万分之五的滞纳金

【习题及解答】

【例6-1 单选题】 (2013年注税)某科技公司2010年5月7日经批准进口一套特定免税设备用于研发项目,2012年10月27日经海关批准,该公司将设备出售,取得销售收入240万元,该设备进口时经海关审定的完税价格为320万元,已提折旧60万元。2012年10月该公司应补缴关税(　　)万元。(关税税率为10%,海关规定的监管年限为5年)

A. 16.00　　B. 16.53　　C. 24.00　　D. 26.00

【答案】A

【解析】该企业以进口使用该设备的期间为30个月,其中不足1个月但超过15日的,按照1个月计算;不超过15日的,不予计算。而监管年限为5年(即60个月),则该企业应补缴的关税=320×(1−30÷60)×10%=16(万元)。

【例6-2 多选题】 (2011年注会)下列各项中,应当计入进口货物关税完税价格的有(　　)。

A. 由买方负担的购货佣金

B. 由买方负担的境外包装材料费用

C. 由买方负担的境外包装劳务费用

D. 由买方负担的与进口货物视为一体的容器费用

【答案】BCD

【解析】由买方负担的除购货佣金以外的佣金和经纪费要计入关税完税价格,购货佣金也要计入。

第Ⅲ篇　所　得　税

第七章

企业所得税

现行企业所得税的基本规范，包括 2007 年 3 月 16 日第十届全国人民代表大会第五次全体会议通过的《企业所得税法》和 2007 年 11 月 28 日国务院第 197 次常务会议通过的《企业所得税法实施条例》以及国务院财政、税务部门发布的相关规定。

第一节　企业所得税概述

一、企业所得税的概念

企业所得税是对我国境内的企业和其他取得收入的组织的生产经营所得和其他所得征收的所得税。

二、企业所得税的特点

企业所得税的主要特点是：

(1) 通常以净所得为征税对象；

(2) 通常以经过计算得出的应纳税所得额为计税依据；

(3) 纳税人和实际负担人通常是一致的，因而可以直接调节纳税人的所得。

三、各国对企业所得税征税的一般性做法

企业所得税在国外也叫法人所得税或公司所得税，计税依据是以利润为基础的应纳税所得额，因此对法人所得税影响较大的几个因素是纳税人、税基、税率和税收优惠。下面，我们从前述几个税制要素分析各国征收企业所得税的一般性做法。

(1) 纳税人。各国政府只对具有独立法人资格的公司等法人组织征收公司所得税。

(2) 税基。各国企业所得税在确定税基上的差异主要表现在折旧、损失等税前扣除项目的税务处理上。

(3) 税率。一是比例税率；二是累进税率。

(4) 税收优惠。主要方法有：

① 税收抵免。主要有投资抵免和国外税收抵免两种形式。

② 税收豁免。分为豁免期和豁免税收项目。

③ 加速折旧。

第二节 纳税人、征税对象与税率

一、纳税人

在中华人民共和国境内，企业和其他取得收入的组织(统称企业)为企业所得税的纳税人。企业所得税的纳税人分为居民企业和非居民企业，这是基于不同企业承担的不同纳税义务所进行的分类。

(一) 居民企业

居民企业，是指依法在中国境内成立，或者依照外国(地区)法律成立但实际管理机构在中国境内的企业。其中，在中国境内成立的企业，包括依照中国法律、行政法规在中国境内成立的企业、事业单位、社会团体以及有生产、经营所得和其他取得收入的组织。依照外国(地区)法律成立的企业，包括依照外国(地区)法律成立的企业和其他取得收入的组织。实际管理机构，是指对企业的生产经营、人员、账务、财产等实施实质性全面管理和控制的机构。

(二) 非居民企业

非居民企业，是指依照外国(地区)法律成立且实际管理机构不在中国境内，但在中国境内设立机构、场所的，或者在中国境内未设立机构、场所，但有来自中国境内所得的企业。

上述所称机构、场所，是指在中国境内从事生产经营活动的机构、场所，包括：

(1) 管理机构、营业机构、办事机构；

(2) 工厂、农场、开采自然资源的场所；

(3) 提供劳务的场所；

(4) 从事建筑、安装、装配、修理、勘探等工程作业的场所；

(5) 其他从事生产经营活动的机构、场所。

非居民企业委托营业代理人在中国境内从事生产经营活动的，包括委托单位或者个人经常代其签订合同，或者储存、交付货物等，该营业代理人视为非居民企业在中国境内设立的机构、场所。上述内容总结如表7-1所示。

表7-1 企业所得税居民纳税人与非居民纳税人的认定标准

纳税人身份	构成条件	
	在中国境内成立(注册法人)	实际管理机构在中国境内
居民企业	√	×
	×	√
	√	√
非居民企业	×	×

特别提示1

个人独资企业和合伙企业(非法人)缴纳个人所得税，不是企业所得税的纳税人。

特别提示 2

个人独资企业和合伙企业，是指依据中国法律、行政法规的规定成立在中国境内的个人独资企业和合伙企业，不包括境外依据外国法律成立的个人独资企业和合伙企业。

二、征税对象

企业所得税的征税对象，是指企业的生产经营所得、其他所得和清算所得。

（一）居民企业的征税对象

居民企业应当就其来自中国境内、境外的所得作为征税对象。上述所得包括销售货物所得、提供劳务所得、转让财产所得、股息红利等权益性投资所得、利息所得、租金所得、特许权使用费所得、接受捐赠所得和其他所得。

（二）非居民企业的征税对象

非居民企业在中国境内设立机构、场所的，应当就其所设机构、场所取得的来自中国境内的所得，以及发生在中国境外但与其所设机构、场所有实际联系的所得，缴纳企业所得税。非居民企业在中国境内未设立机构、场所的，或者虽设立机构、场所但取得的所得与其所设机构、场所没有实际联系的，应当就其来自中国境内的所得缴纳企业所得税。

上述所称实际联系，是指非居民企业在中国境内设立的机构、场所拥有据以取得所得的股权、债权，以及拥有、管理、控制据以取得所得的财产等。

（三）所得来源的确定

依据《企业所得税法》及其实施条例的规定，来自中国境内、境外的所得，按照表 7-2 所示的原则确定。

表 7-2　企业所得税收入来源地确定

所得类型		所得来源的确定
销售货物所得		按照交易活动发生地确定
提供劳务所得		按照劳务发生地确定
转让财产所得	不动产	按照不动产所在地确定
	动产	按照转让动产的企业或者机构、场所所在地确定
	权益性投资资产	按照被投资企业所在地确定
股息、红利等权益性投资所得		按照分配所得的企业所在地确定
利息、租金、特许权使用费所得		按照负担、支付所得的企业或者机构、场所所在地，个人的住所地确定
其他所得		由国务院财政、税务主管部门确定

三、税率

企业所得税实行比例税率。比例税率简便易行，透明度高，不会因征税而改变企业间收入分配比例,有利于促进效率的提高。现行的规定如表7-3所示。

表7-3 企业所得税税率

种 类	税 率	适用范围
基本税率	25%	(1) 居民企业 (2) 在中国境内设有机构、场所且取得的所得与机构、场所有实际联系的非居民企业
优惠税率	20%	符合条件的小型微利企业
	15%	国家重点扶持的高新技术企业
预提所得税税率	20%(实际适用税率:10%)	在中国境内未设立机构、场所的,或者虽设立机构、场所但取得的所得与其所设机构、场所没有实际联系的非居民企业

第三节 应纳税所得额的计算

应纳税所得额是企业所得税的计税依据,计算方法分为直接法和间接法,两种计算公式分别为

直接法:应纳税所得额=收入总额-不征税收入-免税收入-各项扣除-允许弥补的以前年度亏损

间接法:应纳税所得额=会计利润总额±纳税调整项目金额

企业应纳税所得额的计算,以权责发生制为原则。应纳税所得额的正确计算,直接影响到国家财政收入和企业的税收负担,并且同成本、费用核算关系密切。因此,《企业所得税法》对应纳税所得额计算做了明确规定,主要内容包括收入总额、扣除范围和标准、资产的税务处理、弥补亏损等(主席令第63号)。

一、收入总额

企业的收入总额包括以货币形式和非货币形式从各种来源取得的收入。具体有销售货物收入,提供劳务收入,转让财产收入,股息、红利等权益性投资收益,利息收入,租金收入,特许权使用费收入,接受捐赠收入,其他收入。

企业取得收入的货币形式,包括现金、存款、应收账款、应收票据、准备持有至到期的债券投资以及债务的豁免等。企业取得收入的非货币形式,包括固定资产、生物资产、无形资产、股权投资、存货、不准备持有至到期的债券投资、劳务以及有关权益等。企业以非货币形式取得的收入,应当按照公允价值确定收入额。公允价值,是指按照市场价格确定的价值。

(一) 一般收入的确认

(1) 销售货物收入。它是指企业销售商品、产品、原材料、包装物、低值易耗品以及其他存货取得的收入。

(2) 提供劳务收入。它是指企业从事建筑安装、修理修配、交通运输、仓储租赁、金融保险、邮电通信、咨询经纪、文化体育、科学研究、技术服务、教育培训、餐饮住宿、中介代

理、卫生保健、社区服务、旅游、娱乐、加工以及其他劳务服务活动取得的收入。

特别提示

下列提供劳务满足收入确认条件的，应按规定确认收入(国税函〔2008〕875 号)：

(1) 安装费。应根据安装完工进度确认收入。安装工作是商品销售附带条件的，安装费在确认商品销售实现时确认收入。

(2) 宣传媒介的收费。应在相关的广告或商业行为出现于公众面前时确认收入。广告的制作费，应根据制作广告的完工进度确认收入。

(3) 软件费。为特定客户开发软件的收费，应根据开发的完工进度确认收入。

(4) 服务费。包含在商品售价内可区分的服务费，在提供服务的期间分期确认收入。

(5) 艺术表演、招待宴会和其他特殊活动的收费。在相关活动发生时确认收入。收费涉及几项活动的，预收的款项应合理分配给每项活动，分别确认收入。

(6) 会员费。申请入会或加入会员，只允许取得会籍，所有其他服务或商品都要另行收费的，在取得该会员费时确认收入。申请入会或加入会员后，会员在会员期内不再付费就可得到各种服务或商品，或者以低于非会员的价格销售商品或提供服务的，该会员费应在整个受益期内分期确认收入。

(7) 特许权费。属于提供设备和其他有形资产的特许权费，在交付资产或转移资产所有权时确认收入；属于提供初始及后续服务的特许权费，在提供服务时确认收入。

(8) 劳务费。长期为客户提供重复的劳务收取的劳务费，在相关劳务活动发生时确认收入。

(3) 转让财产收入。它是指企业转让固定资产、生物资产、无形资产、股权、债权等财产取得的收入。

企业转让股权收入，应于转让协议生效，且完成股权变更手续时，确认收入的实现。转让股权收入扣除为取得该股权所发生的成本后，为股权转让所得。企业在计算股权转让所得时，不得扣除被投资企业未分配利润等股东留存收益中按该项股权所可能分配的金额(国税函〔2010〕79 号)。

特别提示

对内地企业投资者通过沪港通投资香港联交所上市股票取得的转让差价所得，计入其收入总额，依法征收企业所得税。

对香港市场投资者(包括企业和个人)投资上交所上市 A 股取得的转让差价所得，暂免征收所得税(财税〔2014〕81 号)。

(4) 股息、红利等权益性投资收益。股息、红利等权益性投资收益，除国务院财政、税务主管部门另有规定外，按照被投资企业股东会或股东大会作出利润分配或转股决定的日期，确认收入的实现。

被投资企业将股权(票)溢价所形成的资本公积转为股本的，不作为投资方企业的股息、红利收入，投资方企业也不得增加该项长期投资的计税基础(国税函〔2010〕79 号)。

特别提示

相关最新政策：

关于沪港股票市场交易互联互通机制试点有关税收政策的通知(财税〔2014〕81号)

(1) 对内地企业投资者通过沪港通投资香港联交所上市股票取得的股息红利所得，计入其收入总额，依法计征企业所得税。其中，内地居民企业连续持有H股满12个月取得的股息红利所得，依法免征企业所得税。

(2) 香港联交所H股上市公司应向中国证券登记结算公司提出申请，由中国证券登记结算公司向H股上市公司提供内地企业投资者名册，H股上市公司对内地企业投资者不代扣股息红利所得税款，应纳税款由企业自行申报缴纳。

(3) 内地企业投资者自行申报缴纳企业所得税时，对香港联交所非H股上市公司已代扣代缴的股息红利所得税，可依法申请税收抵免。

(4) 对香港市场投资者投资上交所上市A股取得的股息红利所得，在香港中央结算有限公司(以下简称香港结算)不具备向中国结算提供投资者的身份及持股时间等明细数据的条件之前，暂不执行按持股时间实行差别化征税政策，由上市公司按照10%的税率代扣所得税，并向其主管税务机关办理扣缴申报。对于香港投资者中属于其他国家税收居民且其所在国与中国签订的税收协定规定股息红利所得税率低于10%的，企业或个人可以自行或委托代扣代缴义务人，向上市公司主管税务机关提出享受税收协定待遇的申请，主管税务机关审核后，应按已征税款和根据税收协定税率计算的应纳税款的差额予以退税。

以上办法自2014年11月17日起执行。

(5) 利息收入。按照合同约定的债务人应付利息的日期确认收入的实现。上述内容总结如表7-4所示。

表7-4　不同投资方式下的税务处理

<table>
<tr><th>投资类别</th><th colspan="3">投资方的税务处理</th><th>被投资方的税务处理</th></tr>
<tr><td>权益性投资</td><td colspan="3">投资回报为股息、红利收入
符合条件的居民企业之间的股息、红利等权益性收益免征企业所得税</td><td>支付的股息、红利不能作为费用在企业所得税税前扣除</td></tr>
<tr><td>债权性投资</td><td colspan="3">投资回报为利息收入，取得利息收入按规定缴纳企业所得税</td><td>支付的不超标利息可在企业所得税税前扣除</td></tr>
<tr><td rowspan="3">混合性投资(同时符合5个条件的前提下)</td><td colspan="3">对于被投资企业支付的利息，应于被投资企业应付利息的日期，根据合同或协议约定的利率，计算确认本期利息收入的实现并计入当期应纳税所得额</td><td>于应付利息的日期，确认本期利息支出，按规定进行所得税税前扣除</td></tr>
<tr><td rowspan="2">投资期满按协议价格赎回投资时</td><td>实际赎价高于投资成本时</td><td>差额确认为债务重组收益，并计入当期应纳税所得额</td><td>差额确认为债务重组损失，并准予在税前扣除</td></tr>
<tr><td>实际赎价低于投资成本时</td><td>差额确认为债务重组损失，并准予在税前扣除</td><td>差额确认为债务重组收益，并计入当期应纳税所得额</td></tr>
</table>

企业混合性投资业务企业所得税处理如表 7-5 所示(国家税务总局公告 2013 年第 41 号)。

表 7-5 混合性投资业务企业所得税处理

利息	投资企业:应于被投资企业应付利息的日期,确认收入的实现并计入当期应纳税所得额
	被投资企业:应于应付利息的日期,确认利息支出,并按规定进行税前扣除
赎回投资	投资双方应于赎回时将赎价与投资成本之间的差额确认为债务重组损益,分别计入当期应纳税所得额

(6) 租金收入。它是指企业提供固定资产、包装物或者其他有形资产的使用权取得的收入。租金收入,按照合同约定的承租人应付租金的日期确认收入的实现。

如果交易合同或协议中规定租赁期限跨年度,且租金提前一次性支付的,根据《企业所得税法实施条例》第九条规定的收入与费用配比原则,出租人可对上述已确认的收入,在租赁期内,分期均匀计入相关年度收入。出租方如为在我国境内设有机构场所且采取据实申报缴纳企业所得的非居民企业,也按该规定执行(国税函〔2010〕79 号)。

(7) 特许权使用费收入。它是指企业提供专利权、非专利技术、商标权、著作权以及其他特许权的使用权取得的收入。特许权使用费收入,按照合同约定的特许权使用人应付特许权使用费的日期确认收入的实现。

(8) 接受捐赠收入。它是指企业接受的来自其他企业、组织或者个人无偿给予的货币性资产、非货币性资产。接受捐赠收入,按照实际收到捐赠资产的日期确认收入的实现。

(9) 其他收入。它是指企业取得的除《企业所得税法》规定的上述收入外的其他收入,包括企业资产溢余收入、逾期未退包装物押金收入、确实无法偿付的应付款项、已作坏账损失处理后又收回的应收款项、债务重组收入(国税函〔2010〕79 号)、补贴收入、违约金收入、汇兑收益等。

(二) 特殊收入的确认(国税函〔2008〕875 号)

(1) 企业所得税特殊收入的确认条件如表 7-6 所示。

表 7-6 企业所得税特殊收入的确认条件

收入的范围和项目		收入的确认具体规定
特殊收入的确认	分期收款方式销售货物	按照合同约定的收款日期确认收入的实现
	采用售后回购方式销售商品	销售的商品按售价确认收入,回购的商品作为购进商品处理。有证据表明不符合销售收入确认条件的,如以销售商品方式进行抵押融资,收到的款项应确认为负债,回购价格大于原售价的,差额应在回购期间确认为利息费用(实质重于形式)
	销售商品以旧换新	销售商品应当按照销售商品收入确认条件确认收入,回收的商品作为购进商品处理
	商业折扣条件销售	应当按照扣除商业折扣后的金额确定销售商品收入金额

续表

收入的范围和项目		收入的确认具体规定
特殊收入的确认	现金折扣条件销售	应当按扣除现金折扣前的金额确定销售商品收入金额，现金折扣在实际发生时作为财务费用扣除
	折让方式销售	企业已经确认销售收入的售出商品发生销售折让和销售退回的，应当在发生当期冲减当期销售商品收入
	买一赠一等方式组合销售	企业以买一赠一等方式组合销售本企业商品的，不属于捐赠，应将总的销售金额按各项商品的公允价值的比例来分摊确认各项的销售收入

(2) 企业受托加工制造大型机械设备、船舶、飞机，以及从事建筑、安装、装配工程业务或者提供其他劳务等，持续时间超过12个月的，按照纳税年度内完工进度或者完成的工作量确认收入的实现。

(3) 采取产品分成方式取得收入的，按照企业分得产品的日期确认收入的实现，其收入额按照产品的公允价值确定。

(4) 企业发生非货币性资产交换，以及将货物、财产、劳务用于捐赠、偿债、赞助、集资、广告、样品、职工福利或者利润分配等用途的，应当视同销售货物、转让财产或者提供劳务，但国务院财政、税务主管部门另有规定的除外。

(三) 处置资产收入的确认(国税函〔2008〕828号)

(1) 自2008年1月1日起，企业处置资产的所得税处理问题，按表7-7规定执行。

表7-7 企业处置资产的所得税处理

分 类	具体处置资产行为	计 量
内部处置	(1) 用于生产、制造、加工产品 (2) 改变资产形状、结构或性能 (3) 改变资产用途(如自建商品房转为自用或经营) (4) 在总机构及分支机构之间转移 (5) 上述两种或两种以上情形的混合 (6) 其他不改变资产所有权属的用途	不视同销售确认收入，相关资产的计税基础延续计算
外部处置	(1) 用于市场推广或销售 (2) 用于交际应酬 (3) 用于职工奖励或福利 (4) 用于股息分配 (5) 用于对外捐赠 (6) 其他改变资产所有权属的用途	属于自制的资产，按同类资产同期对外售价确定销售收入；属于外购的资产，符合条件的(企业外购资产或服务不以销售为目的，用于替代职工福利费用支出，且购置后在一个纳税年度内处置)，可按购入时的价格确定销售收入

特别提示

关于处置资产不同税种的处理差异如表7-8所示。

表 7-8 关于处置资产不同税种的处理差异

项　　目	会计	增值税	所得税
统一核算，异地移送用于销售	×	√	×
非应税项目	×	√	×
职工奖励或福利	√	√	√
投资	√	√	√
分配	√	√	√
赠送	×	√	√

(2) 非货币性资产投资涉及的企业所得税(财税〔2014〕116 号、国家税务总局公告 2015 年第 33 号)。

(四) 相关收入实现的确认(国税函〔2008〕875 号)

除企业所得税法及实施条例另有规定外，企业销售收入的确认，必须遵循权责发生制原则和实质重于形式原则。

特别提示 1

企业接收政府和股东划入资产的所得税处理如下(国家税务总局公告 2014 年第 29 号)：

1. 企业接收政府划入资产的企业所得税处理

(1) 县级以上人民政府(包括政府有关部门，下同)将国有资产明确以股权投资方式投入企业，企业应作为国家资本金(包括资本公积)处理。该项资产如为非货币性资产，应按政府确定的接收价值确定计税基础。

(2) 县级以上人民政府将国有资产无偿划入企业，凡指定专门用途并按规定进行管理的，企业可作为不征税收入进行企业所得税处理。该项资产属于非货币性资产的，应按政府确定的接收价值计算不征税收入。

(3) 县级以上人民政府将国有资产无偿划入企业，属于上述(1)、(2)项以外情形的，应按政府确定的接收价值计入当期收入总额计算缴纳企业所得税。政府没有确定接收价值的，按资产的公允价值计算确定应税收入。

2. 企业接收股东划入资产的企业所得税处理

(1) 企业接收股东划入资产(包括股东赠予资产、上市公司在股权分置改革过程中接收原非流通股股东和新非流通股股东赠予的资产、股东放弃本企业的股权，下同)，凡合同、协议约定作为资本金(包括资本公积)且在会计上已做实际处理的，不计入企业的收入总额，企业应按公允价值确定该项资产的计税基础。

(2) 企业接收股东划入资产，凡作为收入处理的，应按公允价值计入收入总额，计算缴纳企业所得税，同时按公允价值确定该项资产的计税基础。

特别提示2

自2015年12月18日起，内地与香港基金互认涉及的有关税收政策(财税〔2015〕125号)：

1. 关于内地投资者通过基金互认买卖香港基金份额的所得税问题

(1) 对内地企业投资者通过基金互认买卖香港基金份额取得的转让差价所得，计入其收入总额，依法征收企业所得税。

(2) 对内地企业投资者通过基金互认从香港基金分配取得的收益，计入其收入总额，依法征收企业所得税。

2. 关于香港市场投资者通过基金互认买卖内地基金份额的所得税问题

(1) 对香港市场投资者(包括企业和个人)通过基金互认买卖内地基金份额取得的转让差价所得，暂免征收所得税。

(2) 对香港市场投资者(包括企业和个人)通过基金互认从内地基金分配取得的收益，由内地上市公司向该内地基金分配股息红利时，对香港市场投资者按照10%的税率代扣所得税；或发行债券的企业向该内地基金分配利息时，对香港市场投资者按照7%的税率代扣所得税，并由内地上市公司或发行债券的企业向其主管税务机关办理扣缴申报。该内地基金向投资者分配收益时，不再扣缴所得税。

二、不征税收入和免税收入

国家为了扶持和鼓励某些特定的项目，对企业取得的某些收入予以不征税或免税的特殊政策，促进经济的协调发展。

(一) 不征税收入

企业所得税不征税收入如表7-9所示(主席令第63号、国务院令第512号)。

表7-9 企业所得税不征税收入

财政拨款	各级政府对纳入预算管理的事业单位、社会团体等组织拨付的财政资金
依法收取并纳入财政管理的行政事业性收费、政府性基金	(1) 企业按照规定缴纳的符合审批权限的政府性基金和行政事业性收费，准予在计算应纳税所得额时扣除 (2) 企业收取的各种基金、收费，应计入企业当年收入总额 对企业依法收取并上缴财政的政府性基金和行政事业性收费，准予作为不征税收入，于上缴财政的当年在计算应纳税所得额时从收入总额中减除；未上缴财政的部分，不得从收入总额中减除(财税〔2008〕151号)
国务院规定的其他不征税收入	企业取得的，由国务院财政、税务主管部门规定专项用途并经国务院批准的财政性资金(财税〔2008〕151号) 财政性资金的范围不包括企业按规定取得的出口退税款

财政性资金，是指企业取得的来自政府及其有关部门的财政补助、补贴、贷款贴息，以及其他各类财政专项资金，包括直接减免的增值税和即征即退、先征后退、先征后返的各种税收，但不包括企业按规定取得的出口退税款；所称国家投资，是指国家以投资者身份

投入企业，并按有关规定相应增加企业实收资本（股本）的直接投资。相关处理如表 7-10 所示。

表 7-10　不同财政性资金处理

国家投资和资金使用后需要归还本金的	不计入企业当年收入总额		
其他财政性资金	计入收入总额	专项用途财政性资金（财税〔2009〕87 号、财税〔2011〕70 号）	不征税收入
		其他财政性资金	应该征税

特别提示 1

企业的不征税收入用于支出所形成的费用，不得在计算应纳税所得额时扣除；企业的不征税收入用于支出所形成的资产，其计算的折旧、摊销不得在计算应纳税所得额时扣除（财税〔2008〕151 号、财税〔2009〕87 号、财税〔2011〕70 号）。

特别提示 2

企业将符合规定条件的财政性资金作不征税收入处理后，在 5 年（60 个月）内未发生支出且未缴回财政部门或其他拨付资金的政府部门的部分，应计入取得该资金第 6 年的应税收入总额；计入应税收入总额的财政性资金发生的支出，允许在计算应纳税所得额时扣除（财税〔2011〕70 号）。

特别提示 3

纳入预算管理的事业单位、社会团体等组织按照核定的预算和经费报领关系收到的由财政部门或上级单位拨入的财政补助收入，准予作为不征税收入，在计算应纳税所得额时从收入总额中减除，但国务院和国务院财政、税务主管部门另有规定的除外（财税〔2008〕151 号）。

特别提示 4

企业取得的不征税收入，应按照《财政部、国家税务总局关于专项用途财政性资金企业所得税处理问题的通知》（财税〔2011〕70 号）的规定进行处理。凡未按照文件规定进行管理的，应作为企业应税收入计入应纳税所得额，依法缴纳企业所得税（国家税务总局公告 2012 年第 15 号）。

（二）免税收入（主席令第 63 号）

企业的下列收入为免税收入：

（1）国债利息收入。它是指企业持有国务院财政部门发行的国债取得的利息收入。

特别提示1

国债利息收入免税,国债转让收入不免税。

持有期间尚未兑付的国债利息收入,按以下公式计算确定:

国债利息收入=国债金额×(适用年利率÷365)×持有天数

国债相关收入确认时间如表7-11所示。

表7-11 国债相关收入确认时间

国债		收入确认时间
利息收入	投资持有	应在国债发行时约定应付利息的日期,确认利息收入的实现
	转让时	应在国债转让收入确认时确认利息收入的实现
转让收入	未到期转让	应在转让国债合同、协议生效的日期,或者国债移交时确认转让收入的实现
	到期兑付	应在国债发行时约定的应付利息的日期,确认国债转让收入的实现

(2) 符合条件的居民企业之间的股息、红利等权益性投资收益。它是指居民企业直接投资于其他居民企业取得的投资收益。

(3) 在中国境内设立机构、场所的非居民企业从居民企业取得与该机构、场所有实际联系的股息、红利等权益性投资收益。

居民企业和非居民企业取得的上述免税的权益性投资收益,不包括连续持有居民企业公开发行并上市流通的股票不足12个月取得的投资收益。

(4) 符合条件的非营利公益组织的收入。

(5) 非营利组织的下列收入为免税收入(财税〔2009〕122号):

① 接受其他单位或者个人捐赠的收入。

② 除财政拨款以外的其他政府补助收入,但不包括因政府购买服务取得的收入。

③ 按照省级以上民政、财政部门规定收取的会费。

④ 不征税收入和免税收入孳生的银行存款利息收入。

⑤ 财政部、国家税务总局规定的其他收入。

(6) 对企业和个人取得的2009年以后发行的地方政府债券利息所得,免征企业所得税和个人所得税。地方政府债券是指经国务院批准,以省、自治区、直辖市和计划单列市政府为发行和偿还主体的债券(财税〔2011〕76号、财税〔2013〕5号)。

特别提示2

保险保障基金收入(财税〔2016〕10号)。

对中国保险保障基金有限责任公司(以下简称保险保障基金公司)根据《保险保障基金管理办法》(以下简称《管理办法》)取得的下列收入,免征企业所得税:

(1) 境内保险公司依法缴纳的保险保障基金;

(2) 依法从撤销或破产保险公司清算财产中获得的受偿收入和向有关责任方追偿所

得，以及依法从保险公司风险处置中获得的财产转让所得；

(3) 捐赠所得；

(4) 银行存款利息收入；

(5) 购买政府债券、中央银行、中央企业和中央级金融机构发行债券的利息收入；

(6) 国务院批准的其他资金运用取得的收入。

三、扣除原则和项目

(一) 税前扣除项目的原则

企业申报的扣除项目和金额要真实、合法。除税收法规另有规定外，税前扣除一般应遵循以下原则：

(1) 权责发生制原则。它是指企业发生的费用应在发生的所属期扣除。

(2) 配比原则。它是指企业发生的费用应当与收入配比扣除。除特殊规定外，企业发生的费用不得提前或滞后申报扣除。

(3) 合理性原则。符合生产经营活动常规，应当计入当期损益或者有关资产成本的必要和正常的支出。

(二) 扣除项目的范围(主席令第 63 号、国务院令第 512 号)

《企业所得税法》规定，企业实际发生的与取得收入有关的、合理的支出，包括成本、费用、税金、损失和其他支出，准予在计算应纳税所得额时扣除。实际业务中，计算应纳税所得额还应注意三方面内容：

(1) 企业发生的支出应当区分收益性支出和资本性支出。收益性支出在发生当期直接扣除；资本性支出应当分期扣除或者计入有关资产成本，不得在发生当期直接扣除。

(2) 企业的不征税收入用于支出所形成的费用或者财产，不得扣除或者计算对应的折旧、摊销扣除。

(3) 除《企业所得税法》及其实施条例另有规定外，企业实际发生的成本、费用、税金、损失和其他支出，不得重复扣除。

① 成本是指企业在生产经营活动中发生的销售成本、销货成本、业务支出以及其他耗费。即销售商品、提供劳务、转让固定资产、无形资产(包括技术转让)的成本。

② 费用是指企业在生产经营活动中发生的销售费用、管理费用和财务费用，已经计入成本的有关费用除外。重点关注的问题如表 7-12 所示。

表 7-12 企业所得税费用扣除注意事项

费用项目	应重点关注的问题
销售费用	(1) 广告费和业务宣传费是否超支 (2) 销售佣金是否符合对象、方式、比例等规定 注：销售佣金中能直接认定的进口佣金调整商品进价成本
管理费用	(1) 招待费是否超支 (2) 保险费是否符合标准
财务费用	(1) 利息费用是否超过标准(金融机构同类同期) (2) 借款费用资本化与费用化的区分

③ 税金是指企业发生的除企业所得税和允许抵扣的增值税以外的各项税金及其附加。税金的处理具体如表7-13所示。

表7-13 企业所得税税金扣除

准予扣除的税金的方式		可扣除税金举例
在发生当期扣除	通过计入营业税金及附加在当期扣除	消费税、城市维护建设税、出口关税、资源税、土地增值税、教育费附加等
	通过计入管理费用在当期扣除	房产税、车船税、城镇土地使用税、印花税等
在发生当期计入相关资产的成本，在以后各期分摊扣除		车辆购置税、契税、耕地占用税等

特别提示

主要税金的缴纳与退还对应纳税所得额的影响如表7-14所示。

表7-14 主要税金的缴纳与退还对应纳税所得额的影响

税 种	缴税(计算缴纳)	退税(税金退还)
增值税	不影响应纳税所得额	出口退税不影响所得，不增加应税所得
消费税 城市维护建设税	减少应纳税所得额	取得没有国务院、财政部、国家税务总局指定专项用途的增值税、消费税、城市维护建设税、教育费附加的返还应增加应纳税所得额

④ 损失是指企业在生产经营活动中发生的固定资产和存货的盘亏、毁损、报废损失，转让财产损失，呆账损失，坏账损失，自然灾害等不可抗力因素造成的损失以及其他损失。

企业发生的损失，减除责任人赔偿和保险赔款后的余额，依照国务院财政、税务主管部门的规定扣除。

企业已经作为损失处理的资产，在以后纳税年度又全部收回或者部分收回时，应当计入当期收入。

⑤ 其他支出是指除成本、费用、税金、损失以外，企业在生产经营活动中发生的与生产经营活动有关的、合理的支出。

(三) 扣除项目及其标准

1. 工资、薪金支出(国税函〔2009〕3号)

企业发生的合理的工资、薪金支出，准予扣除。工资、薪金支出，是指企业每一纳税年度支付给在本企业任职或者受雇的员工的所有现金形式或者非现金形式的劳动报酬，包括基本工资、奖金、津贴、补贴、年终加薪、加班工资，以及与员工任职或者受雇有关的其他支出。

合理工资、薪金，是指企业按照股东大会、董事会、薪酬委员会或相关管理机构制定的工资、薪金制度规定实际发放给员工的工资、薪金。

特别提示 1

属于国有性质的企业，其工资、薪金不得超过政府有关部门给予的限定数额；超过部分不得计入企业工资、薪金总额，也不得在计算企业应纳税所得额时扣除。

特别提示 2

企业因雇用季节工、临时工、实习生、返聘离退休人员以及接受外部劳务派遣用工所实际发生的费用，应区分为工资、薪金支出和职工福利费支出，并按《企业所得税法》规定在企业所得税前扣除。其中属于工资、薪金支出的，准予计入企业工资、薪金总额的基数，作为计算其他各项相关费用扣除的依据（国家税务总局公告 2012 年第 15 号）。

特别提示 3

企业接受外部劳务派遣用工所实际发生的费用，应分两种情况按规定在税前扣除：按照协议（合同）约定直接支付给劳务派遣公司的费用，应作为劳务费支出；直接支付给员工个人的费用，应作为工资、薪金支出和职工福利费支出。其中属于工资、薪金支出的费用，准予计入企业工资、薪金总额的基数，作为计算其他各项相关费用扣除的依据（国家税务总局公告 2015 年第 34 号）。

特别提示 4

企业在年度汇算清缴结束前向员工实际支付的已预提汇缴年度工资、薪金，准予在汇缴年度按规定扣除（国家税务总局公告 2015 年第 34 号）。

特别提示 5

列入企业员工工资、薪金制度，固定与工资、薪金一起发放的福利性补贴，符合合理工资、薪金的，可作为企业发生的工资、薪金支出，按规定在税前扣除；不符合的，按国税函〔2009〕3 号规定计算限额在税前扣除（国家税务总局公告 2015 年第 34 号）。

2. 职工福利费、工会经费、职工教育经费（国税函〔2009〕3 号）

职工福利费、工会经费、职工教育经费扣除标准如表 7-15 所示。

表 7-15　职工福利费、工会经费、职工教育经费扣除标准

项　　目	准予扣除的限度	超过部分处理
职工福利费	不超过工资、薪金总额 14%	不得扣除
工会经费	不超过工资、薪金总额 2%	不得扣除
职工教育经费	不超过工资、薪金总额 2.5%	准予结转扣除

特别提示1

软件生产企业发生的职工教育经费中的职工培训费(不是全部的职工教育经费),应全额扣除;其余职工教育经费部分按法定比例扣除(财税〔2012〕27号、财税〔2009〕65号)。

特别提示2

自2015年1月1日起,高新技术企业(注册在中国境内、实行查账征收)发生的职工教育经费支出,不超过工资、薪金总额8%的部分,准予在计算企业所得税应纳税所得额时扣除;超过部分,准予在以后纳税年度结转扣除(财税〔2015〕63号)。

特别提示3

中关村、东湖、张江三个国家自主创新示范区和合芜蚌自主创新综合试验区四个地区的高新企业、经认定的技术先进型服务企业发生的职工教育经费支出,不超过工资、薪金总额8%的部分,准予在计算应纳税所得额时扣除;超过部分,准予在以后纳税年度结转(财税〔2013〕14号、财税〔2014〕59号)。

特别提示4

自2010年1月1日起,在委托税务机关代收工会经费的地区,企业拨缴的工会经费,也可凭合法、有效的工会经费代收凭据依法在税前扣除(国家税务总局公告2011年第30号)。

特别提示5

职工福利费具体包括以下内容:

(1) 尚未实行分离办社会职能的企业,其内设福利部门所发生的设备、设施和人员费用,包括职工食堂、职工浴室、理发室、医务所、托儿所、疗养院等集体福利部门的设备、设施及维修保养费用和福利部门工作人员的工资、薪金、社会保险费、住房公积金、劳务费等。

(2) 为职工卫生保健、生活、住房、交通等所发放的各项补贴和非货币性福利,包括企业向职工发放的因公外地就医费用、未实行医疗统筹企业职工医疗费用、职工供养直系亲属医疗补贴、供暖费补贴、职工防暑降温费、职工困难补贴、救济费、职工食堂经费补贴、职工交通补贴等。

(3) 按照其他规定发生的其他职工福利费,包括丧葬补助费、抚恤费、安家费、探亲假路费等(国税函〔2009〕3号)。

特别提示6

企业发生的职工福利费,应单独设置账册进行核算,没有单独设置的,税务机关责令企业在规定期限内改正。逾期仍未改正的，可对其进行核定。

特别提示 7

上述计算职工福利费、工会经费、职工教育经费的工资、薪金总额，是指企业按照《企业所得税法实施条例》规定实际发放的工资、薪金总和，不包括企业的职工福利费、职工教育经费、工会经费以及养老保险费、医疗保险费、失业保险费、工伤保险费、生育保险费等社会保险费和住房公积金。

3. 社会保险费(国务院令第 512 号)

(1) 企业依照国务院有关主管部门或者省级人民政府规定的范围和标准为职工缴纳的基本养老保险费、基本医疗保险费、失业保险费、工伤保险费、生育保险费等基本社会保险费和住房公积金，准予扣除。

(2) 企业为投资者或者职工支付的补充养老保险费、补充医疗保险费，分别在不超过职工工资总额 5%标准内的部分，在计算应纳税所得额时准予扣除；超过的部分，不予扣除(财税〔2009〕27 号)。企业依照国家有关规定为特殊工种职工支付的人身安全保险费和符合国务院财政、税务主管部门规定可以扣除的商业保险费，准予扣除。

(3) 企业参加财产保险，按照规定缴纳的保险费，准予扣除。企业为投资者或者职工支付的商业保险费，不得扣除。

4. 利息费用

企业在生产经营活动中发生的下列利息支出，准予扣除(国务院令第 512 号)：

(1) 非金融企业向金融企业借款的利息支出、金融企业的各项存款利息支出和同业拆借利息支出、企业经批准发行债券的利息支出。

(2) 非金融企业向非金融企业借款的利息支出，不超过按照金融企业同期同类贷款利率计算的数额的部分。

企业在按照合同要求首次支付利息并进行税前扣除时，应提供金融企业的同期同类贷款利率情况说明，以证明其利息支出的合理性。

在金融企业的同期同类贷款利率情况说明中，应包括在签订该借款合同时，本省任何一家金融企业提供的同期同类贷款利率情况。该金融企业应为经政府有关部门批准成立的可以从事贷款业务的企业，包括银行、财务公司、信托公司等金融机构。同期同类贷款利率是指在贷款期限、贷款金额、贷款担保以及企业信誉等条件基本相同的情况下，金融企业提供贷款的利率。它既可以是金融企业公布的同期同类平均利率，也可以是金融企业对某些企业提供的实际贷款利率(国家税务总局公告 2011 年第 34 号)。

(3) 关联企业利息费用的扣除(财税〔2008〕121 号)。企业从其关联方接受的债权性投资与权益性投资的比例超过规定标准而发生的利息支出，不得在计算应纳税所得额时扣除。

① 在计算应纳税所得额时，企业实际支付给关联方的利息支出，不超过以下规定比例和税法及其实施条例有关规定计算的部分，准予扣除；超过的部分，不得在发生当期和以后年度扣除。

企业实际支付给关联方的利息支出，除符合下面第②条规定外，其接受关联方债权性投资与其权益性投资比例为：金融企业 5∶1；其他企业 2∶1。

② 企业如果能够按照税法及其实施条例的有关规定提供相关资料，并证明相关交易活动符合独立交易原则的；或者该企业的实际税负不高于境内关联方的，其实际支付给境内关联方的利息支出，在计算应纳税所得额时准予扣除。

③ 企业同时从事金融业务和非金融业务，其实际支付给关联方的利息支出，应按照合理方法分开计算；没有按照合理方法分开计算的，一律按第①条规定有关其他企业的比例计算准予税前扣除的利息支出。

④ 企业自关联方取得的不符合规定的利息收入应按照有关规定缴纳企业所得税。

(4) 企业向自然人借款的利息支出在企业所得税税前的扣除(国税函〔2009〕777号)。

① 企业向股东或其他与企业有关联关系的自然人借款的利息支出，应根据《企业所得税法》第四十六条及《财政部、国家税务总局关于企业关联方利息支出税前扣除标准有关税收政策问题的通知》(财税〔2008〕121号)规定的条件，计算企业所得税扣除额。

② 企业向除第①条规定以外的内部职工或其他人员借款的利息支出，其借款情况同时符合以下条件的，其利息支出在不超过按照金融企业同期同类贷款利率计算的数额的部分，准予扣除：企业与个人之间的借贷是真实、合法、有效的，并且不具有非法集资目的或其他违反法律、法规的行为；企业与个人之间签订了借款合同。

(5) 关于企业由于投资者投资未到位而发生的利息支出扣除问题(国税函〔2009〕312号)。凡企业投资者在规定期限内未缴足其应缴资本额的，该企业对外借款所发生的利息，相当于投资者实缴资本额与在规定期限内应缴资本额的差额应计付的利息，不属于企业合理支出的，应由企业投资者负担，不得在计算企业应纳税所得额时扣除。

具体计算不得扣除的利息，应以企业一个年度内每一账面实收资本与借款余额保持不变的期间作为一个计算期，每一个计算期内不得扣除的借款利息按该期间借款利息发生额乘以该期间企业未缴足的注册资本占借款总额的比例计算，计算公式为

企业每一计算期不得扣除的借款利息＝该期间借款利息额×该期间未缴足注册资本额÷该期间借款额

企业一个年度内不得扣除的借款利息总额为该年度内每一个计算期内不得扣除的借款利息额之和。

5. 借款费用(国务院令第512号)

借款费用扣除办法如表7-16所示。

表7-16 借款费用扣除办法

资本化	企业为购置、建造固定资产、无形资产和经过12个月以上的建造才能达到预定可销售状态的存货发生借款的，在有关资产购置、建造期间发生的合理的借款费用，应予以资本化，作为资本性支出计入有关资产的成本
费用化	有关资产交付使用后发生的借款利息，可在发生当期扣除
	企业在生产经营活动中发生的合理的不需要资本化的借款费用，准予扣除

续表

企业通过发行债券、取得贷款、吸收保户储金等方式融资而发生的合理的费用支出，符合资本化条件的，应计入相关资产成本；不符合资本化条件的，应作为财务费用，准予在企业所得税前据实扣除（国家税务总局公告2012年第15号）

6. 汇兑损失（国务院令第512号）

企业在货币交易中，以及纳税年度终了时将人民币以外的货币性资产、负债按照期末即期人民币汇率中间价折算为人民币时产生的汇兑损失，除已经计入有关资产成本以及与向所有者进行利润分配相关的部分外，准予扣除。

7. 业务招待费

（1）企业发生的与生产经营活动有关的业务招待费支出，按照发生额的60%扣除，但最高不得超过当年销售（营业）收入的5‰。当年销售（营业）收入包括《企业所得税法实施条例》第二十五条规定的视同销售（营业）收入额（国务院令第512号）。

（2）对从事股权投资业务的企业（包括集团公司总部、创业投资企业等），其从被投资企业所分配的股息、红利以及股权转让收入，可以按规定的比例计算业务招待费扣除限额（国税函〔2010〕79号）。

（3）企业在筹建期间，发生的与筹办活动有关的业务招待费支出，可按实际发生额的60%计入企业筹办费，并按有关规定在税前扣除（国家税务总局公告2012年第15号）。

8. 广告费和业务宣传费

企业发生的符合条件的广告费和业务宣传费支出，除国务院财政、税务主管部门另有规定外，不超过当年销售（营业）收入15%的部分，准予扣除；超过部分，准予在以后纳税年度结转扣除。当年销售（营业）收入包括《企业所得税法实施条例》第二十五条规定的视同销售（营业）收入额（国务院令第512号）。

企业申报扣除的广告费支出应与赞助支出严格区分。企业申报扣除的广告费支出，必须符合下列条件：广告是通过工商部门批准的专门机构制作的；已实际支付费用，并已取得相应发票；通过一定的媒体传播。

自2008年1月1日起至2015年12月31日止，对部分行业广告费和业务宣传费税前扣除的特殊规定如下（财税〔2009〕72号、财税〔2012〕48号）：

（1）对化妆品制造与销售、医药制造和饮料制造（不含酒类制造，下同）企业发生的广告费和业务宣传费支出，不超过当年销售（营业）收入30%的部分，准予扣除；超过部分，准予在以后纳税年度结转扣除。

（2）对签订广告费和业务宣传费分摊协议（简称分摊协议）的关联企业，其中一方发生的不超过当年销售（营业）收入税前扣除限额比例内的广告费和业务宣传费支出可以在本企业扣除，也可以将其中的部分或全部按照分摊协议归集至另一方扣除。另一方在计算本企业广告费和业务宣传费支出企业所得税税前扣除限额时，可将按照上述办法归集至本企业的广告费和业务宣传费不计算在内。

（3）烟草企业的烟草广告费和业务宣传费支出，一律不得在计算应纳税所得额时扣除。

（4）企业在筹建期间，发生的广告费和业务宣传费，可按实际发生额计入企业筹办费，并按有关规定在税前扣除(国家税务总局公告2012年第15号)。

9. 环境保护专项资金(国务院令第512号)

企业依照法律、行政法规有关规定提取的用于环境保护、生态恢复等方面的专项资金，准予扣除。上述专项资金提取后改变用途的，不得扣除。

特别提示1

是提取数而不是发生数(可以提而不用)。

特别提示2

专项资金提取后改变用途的，不得扣除。

10. 租赁费(国务院令第512号)

企业根据生产经营活动的需要租入固定资产支付的租赁费，按照以下方法扣除：

(1) 以经营租赁方式租入固定资产发生的租赁费支出，按照租赁期限均匀扣除。经营租赁是指所有权不转移的租赁。

(2) 以融资租赁方式租入固定资产发生的租赁费支出，按照规定构成融资租入固定资产价值的部分，应当提取折旧费用，分期扣除。融资租赁是指在实质上转移与一项资产所有权有关的全部风险和报酬的一种租赁。

11. 劳动保护费(国务院令第512号)

企业发生的合理的劳动保护支出，准予扣除。

企业根据其工作性质和特点，由企业统一制作并要求员工工作时统一着装所发生的工作服饰费用，可以作为企业合理的支出给予税前扣除(国家税务总局公告2011年第34号)。

特别提示

不同来源的劳动保护用品与劳动保护费的涉税比较如表7-17所示。

表7-17 不同来源的劳动保护用品与劳动保护费的涉税比较

来源		增值税	所得税
劳动保护用品	外购货物	可以抵扣进项	列入成本费用扣除
	自产货物	不计销项	不属于企业所得税的应税收入
职工福利用品	外购货物	不得抵扣进项	在职工福利费限额内扣除
	自产货物	视同销售计销项	属于企业所得税的应税收入

12. 公益性捐赠支出(主席令第63号)

公益性捐赠，是指企业通过公益性社会团体或者县级(含县级)以上人民政府及其部门，用于《公益事业捐赠法》规定的公益事业的捐赠。企业发生的公益性捐赠支出，在年度利润总额12%以内的部分，准予在计算应纳税所得额时扣除。年度利润总额，是指企业依照国家统一会计制度的规定计算的年度会计利润。

特别提示

(1) 捐赠住房作为廉租住房的，视同公益性捐赠(2013年9月28日—2015年12月31日)(财税〔2014〕52号)。

(2) 汶川、玉树地震灾后重建，举办北京奥运和上海世博会特定事项的捐赠以及向舟曲灾区灾后的捐赠(2010年8月至2012年年底)可以据实全额扣除(财税〔2008〕104号、财税〔2003〕10号、财税〔2005〕180号、国税函〔2009〕202号、财税〔2010〕107号)。

(3) 对于通过公益性群众团体发生的公益性捐赠支出，主管税务机关应对照财政、税务、民政等部门联合发布的名单，接受捐赠的群众团体位于名单内，则企业或个人在名单所属年度发生的公益性捐赠支出可按规定进行税前扣除；接受捐赠的群众团体不在名单内，或虽在名单内但企业或个人发生的公益性捐赠支出不属于名单所属年度的，不得扣除(财税〔2009〕124号、财税〔2015〕141号)。

(4) 企事业单位、社会团体以及其他组织捐赠住房作为公共租赁住房，符合税收法律法规规定的，对其公益性捐赠支出在年度利润总额12%以内的部分，准予在计算应纳税所得额时扣除(2013年9月28日—2018年12月31日)(财税〔2014〕52号、财税〔2015〕139号)。

(5) 自2013年4月20日起，对企业、个人通过公益性社会团体、县级以上人民政府及其部门向芦山地震灾地区的捐赠，允许在当年企业所得税税前全额扣除，本规定执行至2015年12月31日止(财税〔2013〕58号)。

(6) 自2014年8月3日起至2016年12月31日止，对企业、个人通过公益性社会团体、县级以上人民政府及其部门向鲁甸地震受灾地区的捐赠，允许在当年企业所得税前和当年个人所得税前全额扣除(财税〔2015〕27号)。

13. 总机构分摊的费用(国务院令第512号)

非居民企业在中国境内设立的机构、场所，就其中国境外总机构发生的与该机构、场所生产经营有关的费用，能够提供总机构出具的费用汇集范围、定额、分配依据和方法等证明文件，并合理分摊的，准予扣除。

14. 资产损失

企业当期发生的固定资产和流动资产盘亏、毁损净损失，由其提供清查盘存资料经向主管税务机关备案后，准予扣除；企业因存货盘亏、毁损、报废、被盗等原因不得从增值税销项税额中抵扣的进项税额，可以与存货损失一起在计算应纳税所得额时扣除(财税〔2009〕57号)。

15. 其他项目

其他项目是指依照有关法律、行政法规和国家有关税法规定准予扣除的其他项目。例如，会员费、合理的会议费、差旅费、违约金、诉讼费用等。

16．手续费及佣金支出(财税〔2009〕29号)

(1) 企业发生与生产经营有关的手续费及佣金支出，不超过表7-18规定计算限额以内的部分，准予扣除；超过部分，不得扣除。

表7-18 不同企业手续费及佣金支出扣除标准

类 型	比 例
保险企业	财产保险企业：15% 人身保险企业：10%
其他企业	按与具有合法经营资格的中介服务机构或个人(不含交易双方及其雇员、代理人和代表人等)所签订服务协议或合同确认的收入金额的5%计算限额

特别提示

电信企业在发展客户、拓展业务等过程中(如委托销售电话入网卡、电话充值卡等)，需向经纪人、代办商支付手续费及佣金的，其实际发生的相关手续费及佣金支出，不超过企业当年收入总额5%的部分，准予在企业所得税前据实扣除(国家税务总局公告2012年第15号)。

上述所称电信企业的手续费及佣金支出，仅限于电信企业在发展客户、拓展业务等过程中因委托销售电话入网卡、电话充值卡所发生的手续费及佣金支出。

(2) 支付方式的要求如表7-19所示。

表7-19 手续费及佣金支付方式要求

情 形	支付方式的要求
向具有合法经营资格的中介服务机构支付的	必须转账支付
向个人支付的	可以以现金方式，但需要有合法的凭证

(3) 企业不得将手续费及佣金支出计入回扣、业务提成、返利、进场费等费用。

(4) 企业已计入固定资产、无形资产等相关资产的手续费及佣金支出，应当通过折旧、摊销等方式分期扣除，不得在发生当期直接扣除。

(5) 企业支付的手续费及佣金不得直接冲减服务协议或合同金额，应如实入账。

(6) 企业应当如实向当地主管税务机关提供当年手续费及佣金计算分配表和其他相关资料，并依法取得合法真实凭证。

(7) 从事代理服务、主营业务收入为手续费、佣金的企业(如证券、期货、保险代理等企业)，其为取得该类收入而实际发生的营业成本(包括手续费及佣金支出)，准予在企业所得税前据实扣除(国家税务总局公告2012年第15号)。

17．航空企业空勤训练费、核电厂操纵员培养费

航空企业实际发生的飞行员养成费、飞行训练费、乘务训练费、空中保卫员训练费等空勤训练费用，可以作为航空企业运输成本在税前扣除(国税2011年第34号)。

核力发电企业为培养核电厂操纵员发生的培养费用，可作为企业的发电成本在税前扣除。企业应将核电厂操纵员培养费与员工的职工教育经费严格区分，单独核算，员工实际发生的职工教育经费支出不得计入核电厂操纵员培养费直接扣除(国税 2014 年第 29 号)。

18. 投资企业撤回或减少投资(国税 2011 年第 34 号)

投资企业从被投资企业撤回或减少投资，其取得的资产中，相当于初始出资的部分，应确认为投资收回；相当于被投资企业累计未分配利润和累计盈余公积按减少实收资本比例计算的部分，应确认为股息所得；其余部分确认为投资资产转让所得。

被投资企业发生的经营亏损，由被投资企业按规定结转弥补；投资企业不得调整减低其投资成本，也不得将其确认为投资损失。

19. 保险公司缴纳的保险保障基金(财税〔2012〕45 号)

(1) 自 2011 年至 2015 年年底，保险公司按表 7-20 规定缴纳的保险保障基金，准予据实税前扣除。

表 7-20 保险保障基金扣除标准

业务类别		相关规定
非投资型财产保险		不得超过保费收入的 0.8%
投资型财产保险	有保证收益	不得超过业务收入的 0.08%
	无保证收益	不得超过业务收入的 0.05%
人寿保险业务	有保证收益	不得超过业务收入的 0.15%
	无保证收益	不得超过业务收入的 0.05%
短期健康保险		不得超过保费收入的 0.8%
长期健康保险		不得超过保费收入的 0.15%
非投资型意外伤害保险		不得超过保费收入的 0.8%
投资型意外伤害保险	有保证收益	不得超过业务收入的 0.08%
	无保证收益	不得超过业务收入的 0.05%

(2) 保险公司有下列情形之一的，其缴纳的保险保障基金不得在税前扣除：

① 财产保险公司的保险保障基金余额达到公司总资产 6%的。

② 人身保险公司的保险保障基金余额达到公司总资产 1%的。

(3) 保险公司按国务院财政部门的相关规定提取的未到期责任准备金、寿险责任准备金、长期健康险责任准备金、已发生已报案未决赔款准备金和已发生未报案未决赔款准备金，准予在税前扣除。

① 未到期责任准备金、寿险责任准备金、长期健康险责任准备金依据经中国保监会核准任职资格的精算师或出具专项审计报告的中介机构确定的金额提取。

② 已发生已报案未决赔款准备金，按最高不超过当期已经提出的保险赔款或者给付金额的 100%提取；已发生未报案未决赔款准备金按不超过当年实际赔款支出额的 8%提取。

保险企业因执行财政部企业会计规定计提的准备金与之前执行中国保险业监督管理委员会有关监管规定计提的准备金形成的差额，应计入保险企业应纳税所得额。凡上述准备金差额尚未进行税务处理的，可分10年均匀计入2015年及以后年度应纳税所得额；已进行税务处理的不再分期计入以后年度应纳税所得额(财税〔2015〕115号)。

(4) 保险公司实际发生的各种保险赔款、给付，应首先冲抵按规定提取的准备金，不足冲抵部分，准予在当年税前扣除。

20. 关于我国居民企业实行股权激励计划有关企业所得税处理问题(国家税务总局公告2012年第18号)

21. 关于以前年度发生应扣未扣支出的税务处理问题(国家税务总局公告2012年第15号)

根据《税收征收管理法》的有关规定，对企业发现以前年度实际发生的、按照税收规定应在企业所得税前扣除而未扣除或者少扣除的支出，企业做出专项申报及说明后，准予追补至该项目发生年度计算扣除，但追补确认期限不得超过5年。

企业由于上述原因多缴的企业所得税税款，可以在追补确认年度企业所得税应纳税款中抵扣，不足抵扣的，可以向以后年度递延抵扣或申请退税。

亏损企业追补确认以前年度未在企业所得税前扣除的支出，或盈利企业经过追补确认后出现亏损的，应首先调整该项支出所属年度的亏损额，然后再按照弥补亏损的原则计算以后年度多缴的企业所得税款，并按前款规定处理。

22. 金融企业提取的贷款损失准备金的企业所得税税前扣除(财税〔2015〕9号)

特别提示

金融企业涉农贷款和中小企业贷款损失准备金的企业所得税税前扣除政策(国家税务总局公告2015年第25号)

23. 企业参与政府统一组织的工矿棚户区改造、林区改造、垦区危房改造并同时符合条件的棚户区改造支出，准予在企业所得税前扣除(财税〔2013〕65号)

24. 关于税前扣除规定与企业实际会计处理之间的协调问题(国家税务总局公告2012年第15号文件)

根据《企业所得税法》第二十一条的规定，对企业依据财务会计制度规定，并实际在财务会计处理上已确认的支出，凡没有超过《企业所得税法》和有关税收法规规定的税前扣除范围和标准的，可按企业实际会计处理确认的支出，在企业所得税前扣除，计算其应纳税所得额。

四、不得扣除的项目

在计算应纳税所得额时，下列支出不得扣除(主席令第63号)：

(1) 向投资者支付的股息、红利等权益性投资收益款项。

(2) 企业所得税税款。

(3) 税收滞纳金。

(4) 罚金、罚款和被没收财物的损失。

(5) 超过规定标准的捐赠支出。

(6) 赞助支出，是指企业发生的与生产经营活动无关的各种非广告性质支出。

(7) 未经核定的准备金支出，是指不符合国务院财政、税务主管部门规定的各项资产减值准备、风险准备等准备金支出。

根据《企业所得税法实施条例》第五十五条的规定，除财政部和国家税务总局核准计提的准备金可以税前扣除，其他行业、企业计提的各项资产减值准备、风险准备等准备金均不得税前扣除。

2008 年 1 月 1 日前按照原企业所得税法规定计提的各类准备金，2008 年 1 月 1 日以后，未经财政部和国家税务总局核准的，企业以后年度实际发生的相应损失，应先冲减各项准备金余额(国税函〔2009〕202 号)。

(8) 企业之间支付的管理费、企业内营业机构之间支付的租金和特许权使用费，以及非银行企业内营业机构的盈利。

(9) 与取得收入无关的其他支出。

五、亏损弥补

企业某一纳税年度发生的亏损可以用下一年度的所得弥补，下一年度的所得不足以弥补的，可以逐年延续弥补，但最长不得超过 5 年。

特别提示

(1) 亏损不是企业财务报表中的亏损额，是税法调整后的金额。

(2) 5 年弥补期是从亏损年度的第一年度算起，连续 5 年内不论是盈利或亏损，都作为实际弥补年限计算。

(3) 连续发生年度亏损，必须从第一个亏损年度算起，先亏先补，后亏后补。企业在汇总计算缴纳企业所得税时，其境外营业机构的亏损不得抵减境内营业机构的盈利。

(1) 企业筹办期间不计算为亏损年度，企业自开始生产经营的年度，为开始计算企业损益的年度。企业从事生产经营之前进行筹办活动期间发生的筹办费用支出，不得计算为当期的亏损，企业可以在开始经营之日的当年一次性扣除，也可以按照《企业所得税法》(主席令第 63 号)有关长期待摊费用的处理规定处理，但一经选定，不得改变(国税函〔2009〕98 号、国税函〔2010〕79 号)。

(2) 税务机关对企业以前年度纳税情况进行检查时调增的应纳税所得额，凡企业以前年度发生亏损，且该亏损属于《企业所得税法》规定允许弥补的，应允许调增的应纳税所得额弥补该亏损。弥补该亏损后仍有余额的，按照《企业所得税法》规定计算缴纳企业所得税。对检查调增的应纳税所得额，应根据其情节，按照《税收征收管理法》有关规定进行处理或处罚(国家税务总局公告 2010 年第 20 号)。

第四节 资产的所得税处理

企业的各项资产，包括固定资产、生物资产、无形资产、长期待摊费用、投资资产、存货等，除盘盈固定资产外，以历史成本为计税基础。历史成本，是指企业取得该项资产时实际发生的支出。企业持有各项资产期间资产增值或者减值,除国务院财政、税务主管部门规定可以确认损益,不得调整该资产的计税基础。

一、固定资产的税务处理(国务院令第512号)

固定资产,是指企业为生产产品、提供劳务、出租或者经营管理而持有的、使用时间超过12个月的非货币性资产,包括房屋、建筑物、机器、机械、运输工具以及其他与生产经营活动有关的设备、器具、工具等。

(一)固定资产的计税基础

(1)外购的固定资产,以购买价款和支付的相关税费以及直接归属于使该资产达到预定用途发生的其他支出为计税基础。

(2)自行建造的固定资产,以竣工结算前发生的支出为计税基础。

(3)融资租入的固定资产,以租赁合同约定的付款总额和承租人在签订租赁合同过程中发生的相关费用为计税基础,租赁合同未约定付款总额的,以该资产的公允价值和承租人在签订租赁合同过程中发生的相关费用为计税基础。

(4)盘盈的固定资产,以同类固定资产的重置完全价值为计税基础。

(5)通过捐赠、投资、非货币性资产交换、债务重组等方式取得的固定资产,以该资产的公允价值和支付的相关税费为计税基础。

(6)改建的固定资产,除已足额提取折旧的固定资产和租入的固定资产以外的其他固定资产,以改建过程中发生的改建支出增加计税基础。

(二)固定资产折旧的范围

在计算应纳税所得额时,企业按照规定计算的固定资产折旧,准予扣除。下列固定资产不得计算折旧扣除:

(1)房屋、建筑物以外未投入使用的固定资产。

(2)以经营租赁方式租入的固定资产。

(3)以融资租赁方式租出的固定资产。

(4)已足额提取折旧仍继续使用的固定资产。

(5)与经营活动无关的固定资产。

(6)单独估价作为固定资产入账的土地。

(7)其他不得计算折旧扣除的固定资产。

(三)固定资产折旧的计提方法

(1)企业应当自固定资产投入使用月份的次月起计算折旧;停止使用的固定资产,应当自停止使用月份的次月起停止计算折旧。

(2)企业应当根据固定资产的性质和使用情况,合理确定固定资产的预计净残值。固定资产的预计净残值一经确定,不得变更。

(3)固定资产按照直线法计算的折旧,准予扣除。

(4)企业对房屋、建筑物固定资产在未足额提取折旧前进行改扩建的,如属于推倒重置的,该资产原值减除提取折旧后的净值,应并入重置后的固定资产计税成本,并在该固定资产投入使用后的次月起，按照税法规定的折旧年限，一并计提折旧；如属于提升功能、增加面积的，该固定资产的改扩建支出，并入该固定资产计税基础，并从改扩建完工投入使用后的次月起，重新按税法规定的该固定资产折旧年限计提折旧，如该改扩建后的固定资产尚可使用的年限低于税法规定的最低年限的，可以按尚可使用的年限计提折旧(国家税务总局公告 2011 年第 34 号)。

(5) 对生物药品制造业，专用设备制造业，铁路、船舶、航空航天和其他运输设备制造业，计算机、通信和其他电子设备制造业，仪器仪表制造业，信息传输、软件和信息技术服务业等行业企业(简称六大行业)，2014 年 1 月 1 日后购进的固定资产(包括自行建造)，允许按不低于企业所得税法规定折旧年限的 60%缩短折旧年限，或选择采取双倍余额递减法或年数总和法进行加速折旧(财税〔2014〕75 号、国家税务总局公告 2014 年第64 号)。

(6) 对轻工、纺织、机械、汽车等四个领域重点行业(以下简称四个领域重点行业)企业 2015 年 1 月 1 日后新购进的固定资产(包括自行建造，下同)，允许缩短折旧年限或采取加速折旧方法。

四个领域重点行业按照财税〔2015〕106 号附件"轻工、纺织、机械、汽车四个领域重点行业范围"确定。今后国家有关部门更新国民经济行业分类与代码，从其规定。

四个领域重点行业企业是指以上述行业业务为主营业务，其固定资产投入使用当年的主营业务收入占企业收入总额 50%(不含)以上的企业。所称收入总额，是指企业所得税法第六条规定的收入总额。

对四个领域重点行业小型微利企业 2015 年 1 月 1 日后新购进的研发和生产经营共用的仪器、设备，单位价值不超过 100 万元(含)的，允许在计算应纳税所得额时一次性全额扣除；单位价值超过 100 万元的，允许缩短折旧年限或采取加速折旧方法(国家税务总局公告 2015 年第 68 号、财税〔2015〕106 号)。

(7) 对所有行业 2014 年 1 月 1 日后购进并专门用于研发活动的仪器、设备，单位价值不超过 100 万元的，可以一次性在计算应纳税所得额时扣除；单位价值超过 100 万元的，允许按不低于企业所得税法规定折旧年限的 60%缩短折旧年限，或选择采取双倍余额递减法或年数总和法进行加速折旧(财税〔2014〕75 号、国家税务总局公告 2014 年第 64 号)。

(四) 固定资产折旧的计提年限

除国务院财政、税务主管部门另有规定外，固定资产计算折旧的最低年限如表 7-21 所示。

表 7-21　固定资产计算折旧的最低年限

固定资产类型	最低折旧年限
房屋、建筑物	20 年
飞机、火车、轮船、机器、机械和其他生产设备	10 年
与生产经营活动有关的器具、工具、家具等	5 年
飞机、火车、轮船以外的运输工具	4 年
电子设备	3 年

从事开采石油、天然气等矿产资源的企业,在开始商业性生产前发生的费用和有关固定资产的折耗、折旧方法,由国务院财政、税务主管部门另行规定。

(五) 固定资产折旧的企业所得税处理(国家税务总局公告2014年第29号)

(1) 企业固定资产会计折旧年限如果短于税法规定的最低折旧年限,其按会计折旧年限计提的折旧高于按税法规定的最低折旧年限计提的折旧部分,应调增当期应纳税所得额;企业固定资产会计折旧年限已期满且会计折旧已提足,但税法规定的最低折旧年限尚未到期且税收折旧尚未足额扣除,其未足额扣除的部分准予在剩余的税收折旧年限继续按规定扣除。

(2) 企业固定资产会计折旧年限如果长于税法规定的最低折旧年限,其折旧应按会计折旧年限计算扣除,税法另有规定除外。

(3) 企业按会计规定提取的固定资产减值准备,不得税前扣除,其折旧仍按税法确定的固定资产计税基础计算扣除。

(4) 企业按税法规定实行加速折旧的,其按加速折旧办法计算的折旧额可全额在税前扣除。

(5) 石油天然气开采企业在计提油气资产折耗(折旧)时,由于会计与税法规定计算方法不同导致的折耗(折旧)差异,应按税法规定进行纳税调整。

二、生物资产的税务处理(国务院令第512号)

生物资产,是指有生命的动物和植物,包括消耗性生物资产、生产性生物资产和公益性生物资产。

(一) 生产性生物资产的计税基础

(1) 外购的生产性生物资产,以购买价款和支付的相关税费为计税基础。

(2) 通过捐赠、投资、非货币性资产交换、债务重组等方式取得的生产性生物资产,以该资产的公允价值和支付的相关税费为计税基础。

生产性生物资产,是指企业为生产农产品、提供劳务或者出租等而持有的生物资产,包括经济林、薪炭林、产畜和役畜等。

(二) 生产性生物资产的折旧方法和折旧年限

生产性生物资产按照直线法计算的折旧,准予扣除。企业应当自生产性生物资产投入使用月份的次月起计算折旧;停止使用的生产性生物资产,应当自停止使用月份的次月起停止计算折旧。

企业应当根据生产性生物资产的性质和使用情况,合理确定生产性生物资产的预计净残值。生产性生物资产的预计净残值一经确定,不得变更。

生产性生物资产计算折旧的最低年限如下。

(1) 林木类生产性生物资产,为10年。

(2) 畜类生产性生物资产,为3年。

三、无形资产的税务处理(国务院令第512号)

无形资产，是指企业为生产产品、提供劳务、出租或者经营管理而持有的、没有实物形态的非货币性长期资产，包括专利权、商标权、著作权、土地使用权、非专利技术、商誉等。

(一) 无形资产的计税基础

(1) 外购的无形资产，以购买价款和支付的相关税费以及直接归属于使该资产达到预定用途发生的其他支出为计税基础。

(2) 自行开发的无形资产，以开发过程中该资产符合资本化条件后至达到预定用途前发生的支出为计税基础。

(3) 通过捐赠、投资、非货币性资产交换、债务重组等方式取得的无形资产，以该资产的公允价值和支付的相关税费为计税基础。

(二) 无形资产的摊销范围

在计算应纳税所得额时，企业按照规定计算的无形资产摊销费用，准予扣除。

下列无形资产不得计算摊销费用扣除：

(1) 自行开发的支出已在计算应纳税所得额时扣除的无形资产。

(2) 自创商誉。

(3) 与经营活动无关的无形资产。

(4) 其他不得计算摊销费用扣除的无形资产。

(三) 无形资产的摊销方法及年限

无形资产的摊销，按照直线法计算。无形资产的摊销年限不得低于10年。作为投资或者受让的无形资产，有关法律规定或者合同约定了使用年限的，可以按照规定或者约定的使用年限分期摊销。外购商誉的支出，在企业整体转让或者清算时，准予扣除。

企业外购的软件，凡符合固定资产或无形资产确认条件的，可以按照固定资产或无形资产进行核算，其折旧或摊销年限可以适当缩短，最短可为2年(含)(财税〔2012〕27号)。

四、长期待摊费用的税务处理(国务院令第512号)

长期待摊费用，是指企业发生的，应在1个年度以上或几个年度进行摊销的费用。在计算应纳税所得额时，企业发生的下列支出(表7-22)，作为长期待摊费用，按照规定摊销的，准予扣除：

表7-22　长期待摊费用税务处理

类别			税务处理
房屋、建筑物支出	日常维修支出		列入当期费用
	改建支出	已提足折旧的固定资产的改建支出	长期待摊费用，按照固定资产预计尚可使用年限分期摊销
		租入的固定资产的改建支出	长期待摊费用，按照合同约定的剩余租赁期限分期摊销
		其他改建支出	增加固定资产计税基础，适当延长折旧年限

续表

类别			税务处理
其他固定资产	大修理支出	同时符合下列条件的支出： (1) 修理支出达到取得固定资产时的计税基础50%以上 (2) 修理后固定资产的使用年限延长2年以上	长期待摊费用，按照固定资产尚可使用资产使用年限分期摊销
其他应当作为长期待摊费用的支出			自支出发生月份的次月起，分期摊销，摊销年限不得低于3年

五、存货的税务处理(国务院令第512号)

存货，是指企业持有以备出售的产品或者商品、处在生产过程中的在产品、在生产或者提供劳务过程中耗用的材料和物料等。

(一) 存货的计税基础

存货按照以下方法确定成本。

(1) 通过支付现金方式取得的存货，以购买价款和支付的相关税费为成本。

(2) 通过支付现金以外的方式取得的存货，以该存货的公允价值和支付的相关税费为成本。

(3) 生产性生物资产收获的农产品，以产出或者采收过程中发生的材料费、人工费和分摊的间接费用等必要支出为成本。

(二) 存货的成本计算方法

企业使用或者销售的存货的成本计算方法，可以在先进先出法、加权平均法、个别计价法中选用一种。计价方法一经选用，不得随意变更。

企业转让以上资产，在计算应纳税所得额时，资产的净值允许扣除。资产净值，是指有关资产、财产的计税基础减除已经按照规定扣除的折旧、折耗、摊销、准备金等后的余额。

除国务院财政、税务主管部门另有规定外，企业在重组过程中，应当在交易发生时确认有关资产的转让所得或者损失，相关资产应当按照交易价格重新确定计税基础。

六、投资资产的税务处理(国务院令第512号)

投资资产，是指企业对外进行权益性投资和债权性投资形成的资产。

(一) 投资资产的成本

投资资产按照以下方法确定成本。

(1) 通过支付现金方式取得的投资资产，以购买价款为成本。

(2) 通过支付现金以外的方式取得的投资资产，以该资产的公允价值和支付的相关税费为成本。

（二）投资资产成本的扣除方法

企业对外投资期间，投资资产的成本在计算应纳税所得额时不得扣除。企业在转让或者处置投资资产时，投资资产的成本，准予扣除。

（三）非货币性资产投资涉及的企业所得税处理（财税〔2014〕116 号、国家税务总局公告 2015 年第 33 号）

(1) 居民企业(以下简称企业)以非货币性资产对外投资确认的非货币性资产转让所得，可在不超过 5 年期限内，分期均匀计入相应年度的应纳税所得额，按规定计算缴纳企业所得税。

(2) 企业以非货币性资产对外投资，应对非货币性资产进行评估并按评估后的公允价值扣除计税基础后的余额，计算确认非货币性资产转让所得。

企业以非货币性资产对外投资，应于投资协议生效并办理股权登记手续时，确认非货币性资产转让收入的实现。

(3) 企业以非货币性资产对外投资而取得被投资企业的股权，应以非货币性资产的原计税成本为计税基础，加上每年确认的非货币性资产转让所得，逐年进行调整。

被投资企业取得非货币性资产的计税基础，应按非货币性资产的公允价值确定。

(4) 企业在对外投资 5 年内转让上述股权或投资收回的，应停止执行递延纳税政策，并就递延期内尚未确认的非货币性资产转让所得，在转让股权或投资收回当年的企业所得税年度汇算清缴时，一次性计算缴纳企业所得税；企业在计算股权转让所得时，可按本通知第三条第一款规定将股权的计税基础一次性调整到位。

企业在对外投资 5 年内注销的，应停止执行递延纳税政策，并就递延期内尚未确认的非货币性资产转让所得，在注销当年的企业所得税年度汇算清缴时，一次性计算缴纳企业所得税。

(5) 非货币性资产指除现金、银行存款、应收账款、应收票据以及准备持有至到期的债券投资等货币性资产以外的资产。所称非货币性资产投资，限于以非货币性资产出资设立新的居民企业，或者将非货币性资产注入现存的居民企业。

(6) 企业发生非货币性资产投资，符合特殊性税务处理条件的，也可选择按特殊性税务处理规定执行。

(7) 上述规定自 2014 年 1 月 1 日起执行，以前尚未处理的非货币性资产投资，符合上述规定的可按该规定执行。

特别提示

企业发生非货币性资产投资，符合《财政部 国家税务总局关于企业重组业务企业所得税处理若干问题的通知》(财税〔2009〕59 号)等文件规定的特殊性税务处理条件的，也可选择按特殊性税务处理规定执行。

关联企业之间发生的非货币性资产投资行为，投资协议生效后 12 个月内尚未完成股权变更登记手续的,于投资协议生效时,确认非货币性资产转让收入的实现(国家税务总局公告2015年第33号)。

七、企业政策性搬迁或处置收入有关所得税处理(国家税务总局公告2012年第40号、国家税务总局公告2013年第11号)

企业政策性搬迁,是指由于社会公共利益的需要,在政府主导下企业进行整体搬迁或部分搬迁。

企业就政策性搬迁过程中涉及的搬迁收入、搬迁支出、搬迁资产税务处理、搬迁所得等所得税征收管理事项,应单独进行税务管理和核算。不能单独进行税务管理和核算的,应视为企业自行搬迁或商业性搬迁等非政策性搬迁进行所得税处理,不得执行下述规定。

(1) 企业的搬迁收入,包括搬迁过程中从本企业以外(包括政府或其他单位)取得的搬迁补偿收入,以及本企业搬迁资产处置收入等。

企业由于搬迁处置存货而取得的收入,应按正常经营活动取得的收入进行所得税处理,不作为企业搬迁收入。

(2) 企业的搬迁支出,包括搬迁费用支出以及由于搬迁所发生的企业资产处置支出。

(3) 搬迁资产税务处理。

① 企业搬迁的资产,简单安装或不需要安装即可继续使用的,在该项资产重新投入使用后,就其净值按《企业所得税法》及其实施条例规定的该资产尚未折旧或摊销的年限,继续计提折旧或摊销。

② 企业搬迁的资产,需要进行大修理后才能重新使用的,应就该资产的净值,加上大修理过程所发生的支出,为该资产的计税成本。在该项资产重新投入使用后,按该资产尚可使用的年限,计提折旧或摊销。

③ 企业搬迁中被征用的土地,采取土地置换的,换入土地的计税成本按被征用土地的净值,以及该换入土地投入使用前所发生的各项费用支出,为该换入土地的计税成本,在该换入土地投入使用后,按《企业所得税法》及其实施条例规定的年限摊销。

④ 企业搬迁期间新购置的各类资产,应按《企业所得税法》及其实施条例等有关规定,计算确定资产的计税成本及折旧或摊销年限。

企业发生的购置资产支出,不得从搬迁收入中扣除。

(4) 企业在搬迁期间发生的搬迁收入和搬迁支出,可以暂不计入当期应纳税所得额,而在完成搬迁的年度,对搬迁收入和支出进行汇总清算。

(5) 企业的搬迁收入,扣除搬迁支出后的余额,为企业的搬迁所得。

企业应在搬迁完成年度,将搬迁所得计入当年度企业应纳税所得额计算纳税。

下列情形之一的,为搬迁完成年度,企业应进行搬迁清算,计算搬迁所得:

① 从搬迁开始,5年内(包括搬迁当年度)任何一年完成搬迁的。

② 从搬迁开始,搬迁时间满5年(包括搬迁当年度)的年度。

企业同时符合下列条件的,视为已经完成搬迁:

① 搬迁规划已基本完成。

② 当年生产经营收入占规划搬迁前年度生产经营收入50%以上。

(6) 企业搬迁收入扣除搬迁支出后为负数的，应为搬迁损失。搬迁损失可在下列方法中选择其一进行税务处理：

① 在搬迁完成年度，一次性作为损失进行扣除。

② 自搬迁完成年度起分 3 个年度，均匀在税前扣除。

上述方法由企业自行选择，但一经选定，不得改变。

(7) 企业以前年度发生尚未弥补的亏损的，凡企业由于搬迁停止生产经营无所得的，从搬迁年度次年起，至搬迁完成年度前一年度止，可作为停止生产经营活动年度，从法定亏损结转弥补年限中减除；企业边搬迁、边生产的，其亏损结转年度应连续计算。

(8) 企业政策性搬迁被征用的资产，采取资产置换的，其换入资产的计税成本按被征用资产的净值，加上换入资产所支付的税费（涉及补价，还应加上补价款）计算确定。

第五节　资产损失税前扣除的所得税处理

一、资产及资产损失的概念

准予在企业所得税税前扣除的资产损失，是指企业在实际处置、转让上述资产过程中发生的合理损失（简称实际资产损失），以及企业虽未实际处置、转让上述资产，但按规定条件计算确认的损失（简称法定资产损失）（国家税务总局公告 2011 年第 25 号）。

二、资产损失扣除政策

根据财税〔2009〕57 号文件，企业资产损失税前扣除政策如下。

(1) 企业清查出的现金短缺减除责任人赔偿后的余额，作为现金损失在计算应纳税所得额时扣除。

(2) 企业将货币性资金存入法定具有吸收存款职能的机构，因该机构依法破产、清算，或者政府责令停业、关闭等原因，确实不能收回的部分，作为存款损失在计算应纳税所得额时扣除。

(3) 企业除贷款类债权外的应收、预付账款符合下列条件之一的，减除可收回金额后确认的无法收回的应收、预付款项，可以作为坏账损失在计算应纳税所得额时扣除。

① 债务人依法宣告破产、关闭、解散、被撤销，或者被依法注销、吊销营业执照，其清算财产不足清偿的。

② 债务人死亡，或者依法被宣告失踪、死亡，其财产或者遗产不足清偿的。

③ 债务人逾期 3 年以上未清偿，且有确凿证据证明已无力清偿债务的。

④ 与债务人达成债务重组协议或法院批准破产重整计划后，无法追偿的。

⑤ 因自然灾害、战争等不可抗力导致无法收回的。

⑥ 国务院财政、税务主管部门规定的其他条件。

(4) 企业经采取所有可能的措施和实施必要的程序之后，符合下列条件之一的贷款类债权，可以作为贷款损失在计算应纳税所得额时扣除。

① 借款人和担保人依法宣告破产、关闭、解散、被撤销，并终止法人资格，或者已完全

停止经营活动,被依法注销、吊销营业执照,对借款人和担保人进行追偿后,未能收回的债权。

② 借款人死亡,或者依法被宣告失踪、死亡,依法对其财产或者遗产进行清偿,并对担保人进行追偿后,未能收回的债权。

③ 借款人遭受重大自然灾害或者意外事故,损失巨大且不能获得保险补偿,或者以保险赔偿后,确实无力偿还部分或者全部债务,对借款人财产进行清偿和对担保人进行追偿后,未能收回的债权。

④ 借款人触犯刑律,依法受到制裁,其财产不足归还所借债务,又无其他债务承担者,经追偿后确实无法收回的债权。

⑤ 由于借款人和担保人不能偿还到期债务,企业诉诸法律,经法院对借款人和担保人强制执行,借款人和担保人均无财产可执行,法院裁定执行程序终结或终止(中止)后,仍无法收回的债权。

⑥ 由于借款人和担保人不能偿还到期债务,企业诉诸法律后,经法院调解或经债权人会议通过,与借款人和担保人达成和解协议或重整协议,在借款人和担保人履行完还款义务后,无法追偿的剩余债权。

⑦ 由于上述①~⑥项原因借款人不能偿还到期债务,企业依法取得抵债资产,抵债金额小于贷款本息的差额,经追偿后仍无法收回的债权。

⑧ 开立信用证、办理承兑汇票、开具保函等发生垫款时,凡开证申请人和保证人由于上述①~⑦项原因,无法偿还垫款,金融企业经追偿后仍无法收回的垫款。

⑨ 银行卡持卡人和担保人由于上述①~⑦项原因,未能还清透支款项,金融企业经追偿后仍无法收回的透支款项。

⑩ 助学贷款逾期后,在金融企业确定的有效追索期限内,依法处置助学贷款抵押物(质押物),并向担保人追索连带责任后,仍无法收回的贷款。

⑪ 经国务院专案批准核销的贷款类债权。

⑫ 国务院财政、税务主管部门规定的其他条件。

(5) 企业的股权投资符合下列条件之一的,减除可收回金额后确认的无法收回的股权投资,可以作为股权投资损失在计算应纳税所得额时扣除。

① 被投资方依法宣告破产、关闭、解散、被撤销,或者被依法注销、吊销营业执照的。

② 被投资方财务状况严重恶化,累计发生巨额亏损,已连续停止经营3年以上,且无重新恢复经营改组计划的。

③ 对被投资方不具有控制权,投资期限届满或者投资期限已超过10年,且被投资单位因连续3年经营亏损导致资不抵债的。

④ 被投资方财务状况严重恶化,累计发生巨额亏损,已完成清算或清算期超过3年以上的。

⑤ 国务院财政、税务主管部门规定的其他条件。

(6) 对企业盘亏的固定资产或存货,以该固定资产的账面净值或存货的成本减除责任人赔偿后的余额,作为固定资产或存货盘亏损失在计算应纳税所得额时扣除。

(7) 对企业毁损、报废的固定资产或存货,以该固定资产的账面净值或存货的成本减除残值、保险赔款和责任人赔偿后的余额，作为固定资产或存货毁损、报废损失在计算应纳税所得额时扣除。

(8) 对企业被盗的固定资产或存货，以该固定资产的账面净值或存货的成本减除保险赔款和责任人赔偿后的余额，作为固定资产或存货被盗损失在计算应纳税所得额时扣除。

(9) 企业因存货盘亏、毁损、报废、被盗等原因不得从增值税销项税额中抵扣的进项税额，可以与存货损失一起在计算应纳税所得额时扣除。

(10) 企业在计算应纳税所得额时已经扣除的资产损失，在以后纳税年度全部或者部分收回时，其收回部分应当作为收入计入收回当期的应纳税所得额。

(11) 企业境内、境外营业机构发生的资产损失应分开核算，对境外营业机构由于发生资产损失而产生的亏损，不得在计算境内应纳税所得额时扣除。

(12) 企业对其扣除的各项资产损失，应当提供能够证明资产损失确属已实际发生的合法证据，包括具有法律效力的外部证据、具有法定资质的中介机构的经济鉴证证明、具有法定资质的专业机构的技术鉴定证明等。

特别提示

转制为企业的出版、发行单位，转制时可按规定对其库存积压待报废的出版物进行资产处置，对经确认的损失可以在净资产中予以扣除；对于出版、发行单位处置库存呆滞出版物形成的损失，允许据实在企业所得税前扣除(国办发〔2014〕15号)。

三、资产损失税前扣除管理

根据国家税务总局公告2011年第25号，企业资产损失税前扣除管理按以下规定执行。

(一) 申报管理

企业资产损失按其申报内容和要求的不同，分为清单申报和专项申报两种申报形式。

(1) 下列资产损失，应以清单申报的方式向税务机关申报扣除：

① 企业在正常经营管理活动中，按照公允价格销售、转让、变卖非货币资产的损失。

② 企业各项存货发生的正常损耗。

③ 企业固定资产达到或超过使用年限而正常报废清理的损失。

④ 企业生产性生物资产达到或超过使用年限而正常死亡发生的资产损失。

⑤ 企业按照市场公平交易原则，通过各种交易场所、市场等买卖债券、股票、期货、基金以及金融衍生产品等发生的损失。

上述以外的资产损失，应以专项申报的方式向税务机关申报扣除。

(2) 在中国境内跨地区经营的汇总纳税企业发生的资产损失。

① 总机构及其分支机构发生的资产损失，除应按专项申报和清单申报的有关规定，各自向当地主管税务机关申报外，各分支机构同时还应上报总机构。

② 总机构对各分支机构上报的资产损失，除税务机关另有规定，应以清单申报的形

式向当地主管税务机关进行申报(分支机构要双向申报)。

(3) 总机构将跨地区分支机构所属资产捆绑打包转让所发生资产损失,由总机构向当地主管税务机关进行专项申报。

特别提示1

2013年度及以后年度企业所得税纳税申报规定如下(国家税务总局公告2014年第3号):

(1) 商业零售企业存货因零星失窃、报废、废弃、过期、破损、腐败、鼠咬、顾客退换货等正常因素形成的损失,为存货正常损失,准予按会计科目进行归类、汇总,然后再将汇总数据以清单申报的形式进行企业所得税纳税申报,同时出具损失情况分析报告。

(2) 商业零售企业存货因风、火、雷、震等自然灾害,仓储、运输失事,重大案件等非正常因素形成的损失,为存货非正常损失,应当以专项申报的形式进行企业所得税纳税申报。

(3) 存货单笔(单项)损失超过500万元的,无论是何种因素导致的,均应以专项申报的方式进行企业所得税纳税申报。

特别提示2

2013年度及以后年度企业因国务院决定事项形成的资产损失,应以专项申报的方式向主管税务机关申报扣除。专项申报扣除的有关事项,按照国家税务总局公告2011年第25号规定执行(国家税务总局公告2014年第18号)。

(二) 资产损失确认证据

企业资产损失相关的证据包括具有法律效力的外部证据和特定事项的企业内部证据。

(1) 具有法律效力的外部证据,是指司法机关、行政机关、专业技术鉴定部门等依法出具的与本企业资产损失相关的具有法律效力的书面文件,主要包括:

① 司法机关的判决或者裁定;

② 公安机关的立案结案证明、回复;

③ 工商部门出具的注销、吊销及停业证明等。

(2) 特定事项的企业内部证据,主要包括:

① 有关会计核算资料和原始凭证;

② 资产盘点表;

③ 相关经济行为的业务合同;

④ 企业内部技术鉴定部门的鉴定文件或资料等。

第六节　企业重组的所得税处理

一、企业重组的概念

企业重组，是指企业在日常经营活动以外发生的法律结构或经济结构重大改变的交易，包括企业法律形式改变、债务重组、股权收购、资产收购、合并、分立等。按照重组类型，企业重组当事各方的定义请参见国家税务总局公告2015年第48号。

（1）股权支付。指企业重组中购买、换取资产的一方支付的对价中，以本企业或其控股企业的股权、股份作为支付的形式。

（2）非股权支付。指以本企业的现金、银行存款、应收账款、本企业或其控股企业股权和股份以外的有价证券、存货、固定资产等作为支付的形式。

自2008年1月1日起，企业发生上述重组事项的，按财税〔2009〕59号、财税〔2014〕109号文件以及国家税务总局公告2015年第48号的规定进行所得税处理。

二、企业重组的一般性税务处理方法

（1）企业由法人转变为个人独资企业、合伙企业等非法人组织，或将登记注册地转移至中华人民共和国境外（包括港澳台地区），应视同企业进行清算、分配，股东重新投资成立新企业。企业的全部资产以及股东投资的计税基础均应以公允价值为基础确定。

企业发生其他法律形式简单改变的，可直接变更税务登记，除另有规定外，有关企业所得税纳税事项（包括亏损结转、税收优惠等权益和义务）由变更后企业承继，但因住所发生变化而不符合税收优惠条件的除外。

（2）企业债务重组，相关交易应按以下规定处理。

① 以非货币资产清偿债务，应当分解为转让相关非货币性资产（视同销售）、按非货币性资产公允价值清偿债务两项业务，确认相关资产的所得或损失。

② 发生债权转股权的，应当分解为债务清偿和股权投资两项业务，确认有关债务清偿所得或损失。

③ 债务人应当按照支付的债务清偿额低于债务计税基础的差额，确认债务重组所得；债权人应当按照收到的债务清偿额低于债权计税基础的差额，确认债务重组损失。

④ 债务人的相关所得税纳税事项原则上保持不变。

（3）企业股权收购、资产收购重组交易的相关交易应按以下规定处理。

① 被收购方应确认股权、资产转让所得或损失。

② 收购方取得股权或资产的计税基础应以公允价值为基础确定。

③ 被收购企业的相关所得税事项原则上保持不变。

（4）企业合并，当事各方应按下列规定处理：

① 被合并企业及其股东都应按清算进行所得税处理。

② 被合并企业的亏损不得在合并企业结转弥补。

③ 合并企业应按公允价值确定接受被合并企业各项资产和负债的计税基础。

(5) 企业分立,当事各方应按下列规定处理:

① 被分立企业对分立出去的资产应按公允价值确认资产转让所得或损失。

② 被分立企业继续存在时,其股东取得的对价应视同被分立企业分配进行处理。

③ 被分立企业不再继续存在时,被分立企业及其股东都应按清算进行所得税处理。

④ 分立企业应按公允价值确认接受资产的计税基础。

⑤ 企业分立相关企业的亏损不得相互结转弥补。

三、企业重组的特殊性税务处理方法

(一) 适用特殊性税务处理的条件

(1) 具有合理的商业目的,且不以减少、免除或者推迟缴纳税款为主要目的。

(2) 被收购、合并或分立部分的资产或股权比例符合规定的比例。

(3) 企业重组后的连续12个月内不改变重组资产原来的实质性经营活动。

(4) 重组交易对价中涉及股权支付的金额符合规定比例。

(5) 企业重组中取得股权支付的原主要股东,在重组后连续12个月内,不得转让所取得的股权。

重组当事各方企业适用特殊性税务处理的,确定重组主导方及企业重组日的方法请参见国家税务总局公告2015年第48号。

(二) 特殊性税务处理的规定

(1) 可以选择采用特殊性税务处理的情形,如表7-23所示。

表7-23 特殊性税务处理认定标准

债务重组	债务重组确认的应纳税所得额占该企业当年应纳税所得额50%以上,可以在5个纳税年度的期间内,均匀计入各年度的应纳税所得额
债务重组	债转股的,对债务清偿和股权投资两项业务暂不确认有关债务清偿所得或损失,股权投资的计税基础以原债权的计税基础确定。
股权收购	收购企业购买的股权不低于被收购企业全部股权的50%,且收购企业在该股权收购发生时的股权支付金额不低于其交易支付总额的85%(财税〔2014〕109号)
资产收购	受让企业收购的资产不低于转让企业全部资产的50%,且受让企业在该资产收购发生时的股权支付金额不低于其交易支付总额的85%(财税〔2014〕109号)
企业合并	企业股东在该企业合并发生时取得的股权支付金额不低于其交易支付总额的85%,以及同一控制下且不需要支付对价的企业合并
企业分立	被分立企业所有股东按原持股比例取得分立企业的股权,分立企业和被分立企业均不改变原来的实质经营活动,且被分立企业股东在该企业分立发生时取得的股权支付金额不低于其交易支付总额的85%

(2) 特殊性税务处理的方式如表7-24所示。

表7-24 特殊性税务处理的方式

类 型	具体规定
股权支付部分	暂不确认有关资产的转让所得或损失,按原计税基础确认新资产或负债的计税基础

续表

类　型	具体规定
非股权支付部分	按公允价值确认资产的转让所得或损失，按公允价值确认资产或负债的计税基础
非股权支付对应的资产转让所得或损失＝(被转让资产的公允价值－被转让资产的计税基础)×(非股权支付金额÷被转让资产的公允价值)	

(3) 企业合并、分立过程中的亏损处理如表7-25所示。

表7-25　企业合并、分立过程中的亏损处理

类　型		税务处理
企业合并	一般性	被合并企业的亏损不得在合并企业结转弥补
	特殊性	可由合并企业弥补的被合并企业亏损的限额＝被合并企业净资产公允价值×截至合并业务发生当年年末国家发行的最长期限的国债利率
企业分立	一般性	企业分立相关企业的亏损不得相互结转弥补
	特殊性	被分立企业未超过法定弥补期限的亏损额可按分立资产占全部资产的比例进行分配，由分立企业继续弥补

(三) 其他相关规定

(1) 企业发生涉及中国境内与境外之间(包括港澳台地区)的股权和资产收购交易，除应符合特殊性税务处理条件外，还应同时符合下列条件，才可选择适用特殊性税务处理规定。

① 非居民企业向其100%直接控股的另一非居民企业转让其拥有的居民企业股权，没有因此造成以后该项股权转让所得预提税负担变化，且转让方非居民企业向主管税务机关书面承诺在3年(含3年)内不转让其拥有受让方非居民企业的股权。

② 非居民企业向与其具有100%直接控股关系的居民企业转让其拥有的另一居民企业股权。

③ 居民企业以其拥有的资产或股权向其100%直接控股的非居民企业进行投资。

④ 财政部、国家税务总局核准的其他情形。

(2) 合并、分立后的税收优惠延续问题如表7-26所示。

表7-26　合并、分立后的税收优惠延续问题

方　式	前　提	政　策	金额(亏损计为零)
吸收合并	存续企业性质及适用优惠的条件未发生改变	继续享受合并或分立前该企业剩余期限的优惠	存续企业合并前一年的应纳税所得额
存续分立			分立前一年的应纳税所得额×分立后存续企业资产÷分立前该企业全部资产

(3) 企业在重组发生前后连续12个月内分步对其资产、股权进行交易，应根据实质重于形式原则将上述交易作为一项重组交易进行处理。

(4) 同一重组业务的当事各方应采取一致税务处理原则，即统一按一般性或特殊性税务处理。由于当事方适用的会计准则不同导致重组业务完成年度的判定有差异时，各当事方应协商一致，确定同一个纳税年度作为重组业务完成年度。

(5) 当事方的其中一方在规定时间内发生生产经营业务、公司性质、资产或股权结构等情况变化，致使重组业务不再符合特殊性税务处理条件的，发生变化的当事方应在情况发生变化的30日内书面通知其他所有当事方。主导方在接到通知后30日内将有关变化通知其主管税务机关。

(四) 关于非居民企业股权转让适用特殊性税务处理有关规定(国家税务总局公告2013年第72号)

(五) 股权、资产划转(财税〔2014〕109号)

对100%直接控制的居民企业之间，以及受同一或相同多家居民企业100%直接控制的居民企业之间按账面净值划转股权或资产，凡具有合理商业目的、不以减少、免除或者推迟缴纳税款为主要目的，股权或资产划转后连续12个月内不改变被划转股权或资产原来实质性经营活动，且划出方企业和划入方企业均未在会计上确认损益的，可以选择按以下规定进行特殊性税务处理。

(1) 划出方企业和划入方企业均不确认所得。

(2) 划入方企业取得被划转股权或资产的计税基础，以被划转股权或资产的原账面净值确定。

(3) 划入方企业取得的被划转资产，应按其原账面净值计算折旧扣除。

第七节 房地产开发经营业务的所得税处理

一、房地产开发经营业务的概念

根据国税发〔2009〕31号文件，企业房地产开发经营业务是指包括土地的开发，建造、销售住宅、商业用房以及其他建筑物、附着物、配套设施等开发产品的一系列经营活动。

在中国境内从事房地产开发经营业务的企业，除土地开发外，其他开发产品符合下列条件之一的，应视为已经完工。

(1) 开发产品竣工证明材料已报房地产管理部门备案。

(2) 开发产品已开始投入使用。

(3) 开发产品已取得了初始产权证明。

二、收入的税务处理

(1) 开发产品销售收入的范围为在销售开发产品过程中取得的全部价款，包括现金、现金等价物及其他经济利益。企业代有关部门、单位和企业收取的各种基金、费用和附加等，凡纳入开发产品价内或由企业开具发票的，应按规定全部确认为销售收入；未纳入开发产品价内并由企业之外的其他收取部门、单位开具发票的，可作为代收代缴款项进行管理。

(2) 企业通过正式签订《房地产销售合同》或《房地产预售合同》所取得的收入，应确认为销售收入的实现。

收入的实现规则，具体按以下规定确认。

① 采取一次性全额收款方式销售开发产品的，应于实际收讫价款或取得索取价款凭据(权利)之日，确认收入实现。

② 采取分期收款方式销售开发产品的，应按销售合同或协议约定的价款和付款日确认收入的实现。付款方提前付款的，在实际付款日确认收入的实现。

③ 采取银行按揭方式销售开发产品的，应按销售合同或协议约定价款确定收入额，其首付款应于实际收到日确认收入的实现，余款于银行按揭贷款办理转账之日确认收入的实现。

④ 采取委托方式销售开发产品的，应按以下原则确认收入的实现。

第一，采取支付手续费方式委托销售开发产品的，应按销售合同或协议中约定的价款于收到代销单位代销清单之日确认收入的实现。

第二，采取视同买断方式委托销售开发产品的(表 7-27)。

表 7-27　视同买断方式委托销售开发产品的收入确认

视同买断	企业与购买方签订销售合同或协议	销售合同或协议中约定的价格和买断价格中的较高者
	企业、受托方、购买方三方共同签订销售合同或协议	
	受托方与购买方签订销售合同或协议	买断价格

第三，采取基价(保底价)并实行超基价双方分成方式委托销售开发产品的(表 7-28)。

表 7-28　采取基价并实行超基价双方分成方式委托销售开发产品的收入确认

基价(保底价)并实行超基价双方分成方式	企业与购买方签订销售合同或协议	销售合同或协议中约定的价格和基价中的较高者，企业按规定支付受托方的分成额，不得直接从销售收入中减除
	企业、受托方、购买方三方共同签订销售合同或协议	
	受托方与购买方直接签订销售合同或协议	按基价加上按规定取得的分成额

第四，采取包销方式委托销售开发产品的，包销期内可根据包销合同的有关约定，参照上述第一项至第三项规定确认收入的实现；包销期满后尚未出售的开发产品，企业应根据包销合同或协议约定的价款和付款方式确认收入的实现。

(3) 企业将开发产品用于捐赠、赞助、职工福利、奖励、对外投资、分配给股东或投资人、抵偿债务、换取其他企事业单位和个人的非货币性资产等行为，应视同销售，于开发产品所有权或使用权转移，或于实际取得利益权利时确认收入(或利润)的实现。确认收入(或利润)的方法和顺序为：

① 按本企业近期或本年度最近月份同类开发产品市场销售价格确定；

② 由主管税务机关参照当地同类开发产品市场公允价值确定；

③ 按开发产品的成本利润率确定。开发产品的成本利润率不得低于15%，具体比例由主管税务机关确定。

(4) 企业销售未完工开发产品的计税毛利率由各省、自治区、直辖市国家税务局、地方税务局按规定进行确定(表7-29)。

表7-29 企业销售未完工开发产品的计税毛利率

房屋性质	地理位置	计税毛利率标准
非经济适用房、限价房、危改房	省、自治区、直辖市和计划单列市政府所在市城区和郊区	不得低于15%
	地级市城区和郊区	不得低于10%
	其他地区	不得低于5%
经济适用房、限价房、危改房(不受区域限制)		不得低于3%

(5) 企业销售未完工开发产品取得的收入,应先按预计计税毛利率分季(或月)计算出预计毛利额,计入当期应纳税所得额。开发产品完工后,企业应及时结算其计税成本并计算此前销售收入的实际毛利额,同时将其实际毛利额与其对应的预计毛利额之间的差额,计入当年度企业本项目与其他项目合并计算的应纳税所得额。

在年度纳税申报时,企业须出具对该项开发产品实际毛利额与预计毛利额之间差异调整情况的报告以及税务机关需要的其他相关资料。

(6) 企业新建的开发产品在尚未完工或办理房地产初始登记、取得产权证前,与承租人签订租赁预约协议的,自开发产品交付承租人使用之日起,出租方取得的预租价款按租金确认收入的实现。

(7) 房地产开发企业建造、开发的开发产品,无论工程质量是否通过验收合格,或是否办理完工(竣工)备案手续,以及会计决算手续,当企业开始办理开发产品交付手续(包括入住手续)或已开始实际投入使用时,为开发产品开始投入使用,应视为开发产品已经完工。房地产开发企业应按规定及时结算开发产品计税成本,并计算企业当年度应纳税所得额(国税函〔2010〕201号)。

三、成本、费用扣除的税务处理

(1) 企业在进行成本、费用的核算与扣除时,必须按规定区分期间费用和开发产品计税成本、已销开发产品计税成本与未销开发产品计税成本。

(2) 企业发生的期间费用、已销开发产品计税成本、营业税金及附加、土地增值税准予当期按规定扣除。

四、计税成本的核算

(1) 计税成本是指企业在开发、建造开发产品(包括固定资产,下同)过程中所发生的按照税收规定进行核算与计量的应归入某项成本对象的各项费用。

(2) 成本对象是指为归集和分配开发产品开发、建造过程中的各项耗费而确定的费用承担项目。计税成本对象的确定原则如下。

① 可否销售原则。开发产品能够对外经营销售的,应作为独立的计税成本对象进行成本核算;不能对外经营销售的,可先作为过渡性成本对象进行归集,然后再将其相关成

本摊入能够对外经营销售的成本对象。

② 分类归集原则。对同一开发地点、竣工时间相近、产品结构类型没有明显差异的群体开发的项目,可作为一个成本对象进行核算。

③ 功能区分原则。开发项目某组成部分相对独立,且具有不同使用功能时,可以作为独立的成本对象进行核算。

④ 定价差异原则。开发产品因其产品类型或功能不同等而导致其预期售价存在较大差异的,应分别作为成本对象进行核算。

⑤ 成本差异原则。开发产品因建筑上存在明显差异可能导致其建造成本出现较大差异的,要分别作为成本对象进行核算。

⑥ 权益区分原则。开发项目属于受托代建的或多方合作开发的,应结合上述原则分别划分成本对象进行核算。

房地产开发企业应依据计税成本对象确定原则确定已完工开发产品的成本对象,并就确定原则、依据,共同成本分配原则、方法,以及开发项目基本情况、开发计划等出具专项报告,在开发产品完工当年企业所得税年度纳税申报时,随同《企业所得税年度纳税申报表》一并报送主管税务机关。房地产开发企业将已确定的成本对象报送主管税务机关后,不得随意调整或相互混淆。如确需调整成本对象的,应就调整的原因、依据和调整前后成本变化情况等出具专项报告,在调整当年企业所得税年度纳税申报时报送主管税务机关。房地产开发企业应建立健全成本对象管理制度,合理区分已完工成本对象、在建成本对象和未建成本对象,及时收集、整理、保存成本对象涉及的证据材料,以备税务机关检查(国家税务总局公告 2014 年第 35 号)。

(3) 开发产品计税成本支出的具体内容如下。

① 土地征用费及拆迁补偿费。指为取得土地开发使用权(或开发权)而发生的各项费用。主要包括土地买价或出让金、大市政配套费、契税、耕地占用税、土地使用费、土地闲置费、土地变更用途和超面积补交的地价及相关税费、拆迁补偿支出、安置及动迁支出、回迁房建造支出、农作物补偿费、危房补偿费等。

② 前期工程费。指项目开发前期发生的水文地质勘查、测绘、规划、设计、可行性研究、筹建、场地通平等前期费用。

③ 建筑安装工程费。指开发项目在开发过程中发生的各项建筑安装费用。主要包括开发项目建筑工程费和开发项目安装工程费等。

④ 基础设施建设费。指开发项目在开发过程中所发生的各项基础设施支出,主要包括开发项目内道路、供水、供电、供气、排污、排洪、通信、照明等社区管网工程费和环境卫生、园林绿化等园林环境工程费。

⑤ 公共配套设施费。指开发项目在开发过程中发生的,独立的、非营利性的,且产权属于全体业主的,或无偿赠与地方政府、政府公用事业单位的公共配套设施支出。

⑥ 开发间接费。指企业为直接组织和管理开发项目所发生的,且不能将其归属于特定成本对象的成本费用性支出,主要包括管理人员工资、职工福利费、折旧费、修理费、办公费、水电费、劳动保护费、工程管理费、周转房摊销以及项目营销设施建造费等。

五、特定事项的税务处理

(1) 企业以本企业为主体联合其他企业、单位、个人合作或合资开发房地产项目，且该项目未成立独立法人公司的，按下列规定进行处理。

① 凡开发合同或协议中约定向投资各方(即合作、合资方，下同)分配开发产品的，企业在首次分配开发产品时，如该项目已经结算计税成本，其应分配给投资方开发产品的计税成本与其投资额之间的差额计入当期应纳税所得额；如未结算计税成本，则将投资方的投资额视同销售收入进行相关的税务处理。

② 凡开发合同或协议中约定分配项目利润的，应按以下规定进行处理。

第一，企业应将该项目形成的营业利润额并入当期应纳税所得额统一申报缴纳企业所得税，不得在税前分配该项目的利润；同时，不能因接受投资方投资额而在成本中摊销或在税前扣除相关的利息支出。

第二，投资方取得该项目的营业利润应视同股息、红利进行相关的税务处理。

(2) 企业以换取开发产品为目的，将土地使用权投资其他企业房地产开发项目的，按以下规定进行处理。

企业应在首次取得开发产品时，将其分解为转让土地使用权和购入开发产品两项经济业务进行所得税处理，并按应从该项目取得的开发产品(包括首次取得的和以后应取得的)的市场公允价值计算确认土地使用权转让所得或损失。

第八节　应纳税额的计算

一、居民企业应纳税额的计算

居民企业应缴纳所得税额等于应纳税所得额乘以适用税率，基本计算公式为

应纳税额＝应纳税所得额×适用税率－减免税额－抵免税额

在实际过程中，应纳税所得额的计算一般有两种方法。

(1) 直接计算法：

应纳税所得额＝收入总额－不征税收入－免税收入－各项扣除金额－弥补的亏损

(2) 间接计算法：

应税所得＝会计利润±纳税调整项目金额

纳税调整有两种情况：一是会计规定范围和税法范围不一致；二是会计规定的标准和税法规定的标准不一致。

二、境外所得抵扣税额的计算

(一) 抵免税额的范围——直接抵免与间接抵免

企业取得的下列所得已在境外缴纳或负担的所得税税额，可以从其当期应纳税额中抵免，抵免限额为该项所得依法计算的应纳税额；超过抵免限额的部分，可以在以后5个年度内，用每年度抵免限额抵免当年应抵税额后的余额进行抵补。

(1) 居民企业来自中国境外的应税所得。

(2) 非居民企业在中国境内设立机构、场所,取得发生在中国境外但与该机构、场所有实际联系的应税所得。

(3) 居民企业从其直接或间接控制的外国企业分得的来自中国境外的股息、红利等权益性投资收益,外国企业在中国境外实际缴纳的所得税税额中属于该项所得负担的部分。

控制的认定标准如表 7-30 所示。

表 7-30　企业控制的认定标准

直接控制	居民企业直接持有外国企业 20%以上股份
间接控制	居民企业以间接持股方式持有外国企业 20%以上股份

(二) 计算抵免税额的顺序

(1) 确定境内应纳税所得额和分国(地区)别的境外应纳税所得额。

(2) 分国别(地区)确定已在境外缴纳的所得税税额。

(3) 分国别(地区)确定境外所得税的抵免限额。

(4) 将抵免限额与境外已纳税额比较,按较小一方抵免。

遵循"多不退、少要补","分国不分项"的原则。

(三) 抵免限额的计算

企业来自中国境外的所得,依我国税法规定计算的应纳税额,其抵免限额应当分国(地区)不分项计算。

抵免限额＝中国境内、境外所得依法计算的应纳税总额×
来自某国(地区)的应纳税所得额÷
中国境内、境外应纳税所得总额

该公式可以简化成:

抵免限额＝来自某国(地区)的(税前)应纳税所得额×我国法定税率

两个关键:一个是税率的确认;另一个是境外所得的确认。

中国境内、境外所得计算的应纳税总额的税率,除国务院财政、税务主管部门另有规定,应为 25%。

以与境内、境外全部生产经营活动有关的研发费用总额、总收入、销售收入总额、高新技术产品(服务)收入等指标申请并经认定的高新技术企业,其来自境外的所得可以享受高新技术企业所得税优惠政策,即对其来自境外所得可以按照 15%的优惠税率缴纳企业所得税,在计算境外抵免限额时,可按照 15%的优惠税率计算境内外应纳税总额。

公式中要用所得额(税前利润),若从国外分回的是税后利润,需换算为税前利润,换算方法为

所得额＝分回利润＋国外已纳税款＝分回利润÷(1－某外国所得税税率)

三、居民企业核定征收应纳税额的计算(国税发〔2008〕30号)

(一)核定征收企业所得税的范围

居民企业纳税人具有下列情形之一的,核定征收企业所得税。

(1) 依照法律、行政法规的规定可以不设置账簿的。

(2) 依照法律、行政法规的规定应当设置但未设置账簿的。

(3) 擅自销毁账簿或者拒不提供纳税资料的。

(4) 虽设置账簿,但账簿混乱或者成本资料、收入凭证、费用凭证残缺不全,难以查账的。

(5) 发生纳税义务,未按照规定的期限办理纳税申报,经税务机关责令限期申报,逾期仍不申报的。

(6) 申报的计税依据明显偏低,又无正当理由的。

(二)核定征收企业所得税的办法

核定征收企业所得税的办法如表7-31所示。

表7-31 核定征收企业所得税的办法

<table>
<tr><th colspan="3">核定税额</th></tr>
<tr><td rowspan="3">核定应税所得率</td><td>按应税收入核定</td><td>应税收入=收入总额-不征税收入-免税收入
应纳税所得额=应税收入×应税所得率</td></tr>
<tr><td>按成本费用支出额核定</td><td>应纳税所得额=成本费用支出额÷(1-应税所得率)×应税所得率</td></tr>
<tr><td colspan="2">应纳所得税额=应纳税所得额×适用税率</td></tr>
</table>

采用前面所列其中一种方法不足以正确核定应纳税所得额或应纳税额的,可以同时采用两种以上的方法核定。采用两种以上方法测算的应纳税额不一致时,可按测算的应纳税额从高核定。不同行业核定征收的适用税率如表7-32所示。

表7-32 不同行业核定征收的适用税率

行 业	应税所得率
农、林、牧、渔业	3%～10%
制造业	5%～15%
批发和零售贸易业	4%～15%
交通运输业	7%～15%
建筑业	8%～20%
饮食业	8%～25%
娱乐业	15%～30%
其他行业	10%～30%

特别提示

自2012年1月1日起，专门从事股权(股票)投资业务所得税的征收管理规定如下(国家税务总局公告2012年第27号)。

(1) 专门从事股权(股票)投资业务的企业，不得核定征收企业所得税。

(2) 依法按核定应税所得率方式核定征收企业所得税的企业，取得的转让股权(股票)收入等转让财产收入，应全额计入应税收入额，按照主营项目(业务)确定适用的应税所得率计算征税；若主营项目(业务)发生变化，应在当年汇算清缴时，按照变化后的主营项目(业务)重新确定适用的应税所得率计算征税。

企业以前年度尚未处理的上述事项，按照上述规定处理；已经处理的，不再调整。

四、非居民企业应纳税额的计算(国税发〔2009〕3号)

对于在中国境内未设立机构、场所的，或者虽设立机构、场所但取得的所得与其所设机构、场所没有实际联系的非居民企业的所得，按照表7-33所列方法计算应纳税所得额。

表7-33　非居民企业应纳税所得额确认

股息、红利等权益性投资收益和利息、租金、特许权使用费所得	以收入全额为应纳税所得额 "营改增"试点中的非居民企业，应以不含增值税的收入全额作为应纳税所得额
转让财产所得	以收入全额减除财产净值后的余额为应纳税所得额
其他所得	参照前两项规定的方法计算应纳税所得额

五、非居民企业所得税核定征收办法(国税发〔2010〕19号)

非居民企业因会计账簿不健全，资料残缺难以查账，或者其他原因不能准确计算并据实申报其应纳税所得额的，税务机关有权采取一定方法核定其应纳税所得额。

(一) 常用的核定方法

常用的核定方法如表7-34所示。

表7-34　非居民企业所得税核定征收常用办法

核定方法	适用状况及计算公式
按收入总额核定应纳税所得额	适用于能够正确核算收入或通过合理方法推定收入总额，但不能正确核算成本费用的非居民企业 应纳税所得额＝收入总额×经税务机关核定的利润率
按成本费用核定应纳税所得额	适用于能够正确核算成本费用，但不能正确核算收入总额的非居民企业 应纳税所得额＝成本费用总额÷(1－经税务机关核定的利润率)×经税务机关核定的利润率
按经费支出换算收入核定应纳税所得额(重要)	适用于能够正确核算经费支出总额，但不能正确核算收入总额和成本费用的非居民企业 应纳税所得额＝经费支出总额÷(1－经税务机关核定的利润率－营业税税率)×经税务机关核定的利润率

税务机关可按照以下标准确定非居民企业的利润率。

(1) 从事承包工程作业、设计和咨询劳务的,利润率为15%～30%。

(2) 从事管理服务的,利润率为30%～50%。

(3) 从事其他劳务或劳务以外经营活动的,利润率不低于15%。

税务机关有根据认为非居民企业的实际利润率明显高于上述标准的,可以按照比上述标准更高的利润率核定其应纳税所得额。

(二) 特殊情况下的核定方法

非居民企业与中国居民企业签订机器设备或货物销售合同,同时提供设备安装、装配、技术培训、指导、监督服务等劳务,其销售货物合同中未列明提供上述劳务服务收费金额,或者计价不合理的,主管税务机关可以根据实际情况,参照相同或相近业务的计价标准核定劳务收入。无参照标准的,以不低于销售货物合同总价款的10%为原则,确定非居民企业的劳务收入。

六、外国企业常驻代表机构税收管理(国税发〔2010〕18号)

外国企业常驻代表机构(以下简称"代表机构"),是指外国企业依照《外国企业常驻代表机构登记管理条例》规定,在中国境内设立的从事与该外国企业业务有关的非营利性活动的办事机构。代表机构不具有法人资格。

所有的代表机构应当按照有关法律、行政法规和国务院财政、税务主管部门的规定设置账簿,根据合法、有效凭证记账,进行核算,准确计算其应税收入和应纳税所得额。

同时,对账簿不健全,不能准确核算收入或成本费用,以及无法按照《外国企业常驻代表机构税收暂行办法》第六条规定据实申报的代表机构,税务机关有权采取以下两种方式核定其应纳税所得额。

(一) 按经费支出换算收入

适用于能够准确反映经费支出但不能准确反映收入或成本费用的代表机构。

(1) 计算公式。

收入额=本期经费支出额÷(1－核定利润率)

应纳企业所得税额=收入额×核定利润率×企业所得税税率

(2) 代表机构的经费支出额包括在中国境内、外支付给工作人员的工资、薪金、奖金、津贴、福利费、物品采购费(包括汽车、办公设备等固定资产)、通信费、差旅费、房租、设备租赁费、交通费、交际费、其他费用等。

经费支出的特殊情况如下。

① 购置固定资产所发生的支出,以及代表机构设立时或者搬迁等原因所发生的装修费支出,应在发生时一次性作为经费支出额换算收入计税。

② 利息收入不得冲抵经费支出额;发生的交际应酬费,以实际发生数额计入经费支出额。

③ 以货币形式用于我国境内的公益、救济性质的捐赠、滞纳金、罚款,以及为其总机构垫付的不属于其自身业务活动所发生的费用,不应作为代表机构的经费支出额。

④ 其他费用包括：为总机构从中国境内购买样品所支付的样品费和运输费用；国外样品运往中国发生的中国境内的仓储费用、报关费用；总机构人员来华访问聘用翻译的费用；总机构为中国某个项目投标由代表机构支付的购买标书的费用等。

（二）按收入总额核定应纳税所得额

适用于可以准确反映收入但不能准确反映成本费用的代表机构。计算公式为

应纳企业所得税额＝收入总额×核定利润率×企业所得税税率

代表机构的核定利润率不应低于15%。采取核定征收方式的代表机构，如能建立健全会计账簿，准确计算其应税收入和应纳税所得额，报主管税务机关备案，可调整为据实申报方式。

七、企业转让上市公司限售股有关所得税问题（国家税务总局公告2011年第39号）

（一）纳税义务人的范围界定问题

根据《企业所得税法》第一条及《企业所得税法实施条例》第三条的规定，转让限售股取得收入的企业（包括事业单位、社会团体、民办非企业单位等）为企业所得税的纳税人。

（二）企业转让代个人持有的限售股征税问题

因股权分置改革造成原由个人出资而由企业代持有的限售股，企业在转让时按以下规定处理：

(1) 企业转让上述限售股取得的收入，应作为企业应税收入计算纳税。

上述限售股转让收入扣除限售股原值和合理税费后的余额为该限售股转让所得。企业未能提供完整、真实的限售股原始凭证，不能准确计算该限售股原值的，主管税务机关一律按该限售股转让收入的15%，核定为该限售股原值和合理税费。

依照本条规定完成纳税义务后的限售股转让收入余额转付给实际所有人时不再纳税。

(2) 依法院判决、裁定等原因，通过证券登记结算公司，企业将其代持的个人限售股直接变更到实际所有人名下的，不视同转让限售股。

（三）企业在限售股解禁前转让限售股征税问题

企业在限售股解禁前将其持有的限售股转让给其他企业或个人（以下简称受让方），其企业所得税问题按以下规定处理。

(1) 企业应按减持在证券登记结算机构登记的限售股取得的全部收入，计入企业当年度应税收入计算纳税。

(2) 企业持有的限售股在解禁前已签订协议转让给受让方，但未变更股权登记、仍由企业持有的，企业实际减持该限售股取得的收入，依照第(1)项规定纳税后，其余额转付给受让方的，受让方不再纳税。

上述(一)～(三)规定自2011年7月1日起执行。规定生效后尚未处理的纳税事项，按照上述规定处理；已经处理的纳税事项，不再调整。

第九节 税收优惠

税收优惠是指国家运用税收政策在税收法律、行政法规中规定对某一部分特定企业和课税对象给予减轻或免除税收负担的一种措施。税法规定的企业所得税的税收优惠方式包括免税、减税、加计扣除、加速折旧、减计收入、税额抵免等(国务院令第512号)。

一、免征与减征优惠

企业的下列所得项目,可以免征、减征企业所得税;企业如果从事国家限制和禁止发展的项目,不得享受企业所得税优惠。

(一) 从事农、林、牧、渔业项目的所得

企业从事农、林、牧、渔业项目的所得,包括免征和减征两部分。

(1) 企业从事下列项目的所得,免征企业所得税:

① 蔬菜、谷物、薯类、油料、豆类、棉花、麻类、糖料、水果、坚果的种植;

② 农作物新品种的选育;

③ 中药材的种植;

④ 林木的培育和种植;

⑤ 牲畜、家禽的饲养;

⑥ 林产品的采集;

⑦ 灌溉、农产品初加工、兽医、农技推广、农机作业和维修等农、林、牧、渔服务业项目;

⑧ 远洋捕捞;

⑨ "公司+农户"经营模式从事农、林、牧、渔业项目生产的企业(国家税务总局公告2010年第2号)。

(2) 企业从事下列项目的所得,减半征收企业所得税:

① 花卉、茶以及其他饮料作物和香料作物的种植;

② 海水养殖、内陆养殖。

(3) 农、林、牧、渔业项目的所得税优惠政策和征收管理的有关事项(国家税务总局公告2011年第48号)如下。

① 企业从事上述规定的享受税收优惠的农、林、牧、渔业项目,除另有规定,参照《国民经济行业分类》(GB/T 4754—2002)的规定标准执行。企业从事农、林、牧、渔业项目,凡属于《产业结构调整指导目录(2011年版)》(国家发展和改革委员会令第9号)中限制和淘汰类的项目,不得享受上述规定的优惠政策。

② 企业从事农作物新品种选育的免税所得,是指企业对农作物进行品种和育种材料选育形成的成果,以及由这些成果形成的种子(苗)等繁殖材料的生产、初加工、销售一体化取得的所得。

③ 企业从事林木的培育和种植的免税所得,是指企业对树木、竹子的育种和育苗、抚育和管理以及规模造林活动取得的所得,包括企业通过拍卖或收购方式取得林木所有权

并经过一定的生长周期，对林木进行再培育取得的所得。

④ 企业从事下列项目所得的税务处理：猪、兔的饲养，按“牲畜、家禽的饲养”项目处理；饲养牲畜、家禽产生的分泌物、排泄物，按“牲畜、家禽的饲养”项目处理；观赏性作物的种植，按“花卉、茶及其他饮料作物和香料作物的种植”项目处理；“牲畜、家禽的饲养”以外的生物养殖项目，按“海水养殖、内陆养殖”项目处理。

⑤ 农产品初加工相关事项的税务处理如下：

企业根据委托合同，受托对符合《财政部、国家税务总局关于发布享受企业所得税优惠政策的农产品初加工范围（试行）的通知》（财税〔2008〕149 号）和《财政部、国家税务总局关于享受企业所得税优惠的农产品初加工有关范围的补充通知》（财税〔2011〕26 号）规定的农产品进行初加工服务，其所收取的加工费，可以按照农产品初加工的免税项目处理。

财税〔2008〕149 号文件规定的“油料植物初加工”工序包括“冷却、过滤”等；“糖料植物初加工”工序包括“过滤、吸附、解析、碳脱、浓缩、干燥”等，其适用时间按照财税〔2011〕26 号文件的规定执行。

企业从事适用企业所得税减半优惠的种植、养殖项目，并直接进行初加工且符合农产品初加工目录范围的，应合理划分不同项目的各项成本、费用支出，分别核算种植、养殖项目和初加工项目的所得，并各按适用的政策享受税收优惠。

企业对外购茶叶进行筛选、分装、包装后进行销售的所得，不享受农产品初加工的优惠政策。

⑥ 对取得农业部颁发的《远洋渔业企业资格证书》并在有效期内的远洋渔业企业，从事远洋捕捞业务取得的所得免征企业所得税。

⑦ 购入农产品进行再种植、养殖的税务处理如下。

企业将购入的农、林、牧、渔产品，在自有或租用的场地进行育肥、育秧等再种植、养殖，经过一定的生长周期，使其生物形态发生变化，且并非由于本环节对农产品进行加工而明显增加了产品的使用价值的，可视为农产品的种植、养殖项目，享受相应的税收优惠政策。

主管税务机关对企业进行农产品的再种植、养殖是否符合上述条件难以确定的，可要求企业提供县级以上农、林、牧、渔业政府主管部门的确认意见。

⑧ 企业同时从事适用不同企业所得税政策规定项目的，应分别核算，单独计算优惠项目的计税依据及优惠数额；分别核算不清的，可由主管税务机关按照比例分摊法或其他合理方法进行核定。

⑨ 企业委托其他企业或个人从事《企业所得税法实施条例》第八十六条规定的农、林、牧、渔业项目取得的所得，可享受相应的税收优惠政策。

企业受托从事《企业所得税法实施条例》第八十六条规定的农、林、牧、渔业项目取得的收入，比照委托方享受相应的税收优惠政策。

⑩ 企业购买农产品后直接进行销售的贸易活动产生的所得，不能享受农、林、牧、渔业项目的税收优惠政策。

(二) 从事国家重点扶持的公共基础设施项目投资经营的所得(财税〔2008〕46号、国税发〔2009〕80号、财税〔2014〕55号)

自项目取得第一笔生产经营收入所属纳税年度起,第1~3年免征企业所得税,第4~6年减半征收企业所得税。“三免三减半”优惠开始的年度是“取得第一笔生产经营收入所属纳税年度”而非“获利年度”和“成立年度”。

企业承包经营、承包建设和内部自建自用的上述项目,不得享受企业所得税的上述优惠政策。

对饮水工程运营管理单位从事《公共基础设施项目企业所得税优惠目录》规定的农村安全工程新建项目投资经营的所得,自项目取得第一笔生产经营收入所属纳税年度起,第一年至第三年免征企业所得税,第四年至第六年减半征收企业所得税。(财税〔2016〕19号)

(三) 从事符合条件的环境保护、节能节水项目的所得(财税〔2012〕10号)

环境保护、节能节水项目的所得,自项目取得第一笔生产经营收入所属纳税年度起,第1~3年免征企业所得税,第4~6年减半征收企业所得税。

以上规定享受减免税优惠的项目,在减免税期限内转让的,受让方自受让之日起,可以在剩余期限内享受规定的减免税优惠;减免税期限届满后转让的,受让方不得就该项目重复享受减免税优惠(国务院令第512号)。

(四) 符合条件的技术转让所得

在一个纳税年度内,居民企业技术转让所得不超过500万元的部分,免征企业所得税;超过500万元的部分,减半征收企业所得税。

(1) 是技术转让所得,不是技术转让收入。

技术转让所得=技术转让收入-技术转让成本-相关税费

技术转让收入应该满足国家税务总局公告2015年第82号文件的要求。

(2) 享受技术转让所得减免企业所得税优惠的企业,应单独计算技术转让所得,并合理分摊企业的期间费用;没有单独计算的,不得享受技术转让所得企业所得税优惠。

关于居民企业转让非独占许可使用权取得的技术转让所得相关政策(国家税务总局公告2015年第82号)。

(五) 权益性投资资产转让

自2014年11月17日起,对合格境外机构投资者(QFII)、人民币合格境外机构投资者(RQFII)取得来自中国境内的股票等权益性投资资产转让所得,暂免征收企业所得税。在2014年11月17日之前QFII和RQFII取得的上述所得应依法征收企业所得税。

上述规定适用于在中国境内未设立机构、场所,或者在中国境内虽设立机构、场所,但取得的上述所得与其所设机构、场所没有实际联系的QFII、RQFII(财税〔2014〕79号)。

(六) 文化事业单位转制

符合条件的经营性文化事业单位转制为企业,自转制注册之日起免征企业所得税(财税〔2014〕84号)。

（七）铁路建设债券取得的利息收入

对企业持有 2014 年和 2015 年发行的中国铁路建设债券取得的利息收入，减半征收企业所得税(财税〔2014〕2 号)。

对企业投资者持有 2016—2018 年中国铁路总公司发行的铁路债券取得的利息收入，减半征收企业所得税(财税〔2016〕30 号)。

铁路债券是指以中国铁路总公司为发行和偿还主体的债券，包括中国铁路建设债券、中期票据、短期融资券等债务融资工具。

（八）支持鲁甸地震灾后恢复重建有关税收政策(财税〔2015〕27 号)

对受灾严重地区损失严重的企业，免征 2014 年至 2016 年度的企业所得税。

自 2014 年 8 月 3 日起，对受灾地区企业通过公益性社会团体、县级以上人民政府及其部门取得的抗震救灾和灾后恢复重建款项和物资，以及税收法律、法规规定和国务院批准的减免税金及附加收入，免征企业所得税。

自 2014 年 1 月 1 日至 2018 年 12 月 31 日，对受灾地区农村信用社免征企业所得税。

（九）中国邮政储蓄银行专项债券利息收入优惠(财税〔2015〕150 号)

对邮储银行按照 2015 年国家专项债券发行计划定向购买国家开发银行、中国农业发展银行发行的专项债券取得的利息收入，减半征收企业所得税。

二、高新技术企业优惠

国家需要重点扶持的高新技术企业减按 15% 的税率征收企业所得税(主席令第 63 号)。高新技术企业是指在《国家重点支持的高新技术领域》内，持续进行研究开发与技术成果转化，形成企业核心自主知识产权，并以此为基础开展经营活动，在中国境内(不包括港、澳、台地区)注册的居民企业。高新技术企业需要同时满足下列条件(国科发火〔2016〕32 号)。

(1) 企业申请认定时须注册成立一年以上。

(2) 企业通过自主研发、受让、受赠、并购等方式，获得对其主要产品(服务)在技术上发挥核心支持作用的知识产权的所有权。

(3) 对企业主要产品(服务)发挥核心支持作用的技术属于《国家重点支持的高新技术领域》规定的范围。

(4) 企业从事研发和相关技术创新活动的科技人员占企业当年职工总数的比例不低于 10%。

(5) 企业近三个会计年度(实际经营期不满三年的按实际经营时间计算，下同)的研究开发费用总额占同期销售收入总额的比例符合如下要求。

① 最近一年销售收入小于 5 000 万元(含)的企业，比例不低于 5%。

② 最近一年销售收入在 5 000 万元至 2 亿元(含)的企业，比例不低于 4%。

③ 最近一年销售收入在 2 亿元以上的企业，比例不低于 3%。

其中，企业在中国境内发生的研究开发费用总额占全部研究开发费用总额的比例不低于 60%。

(6) 近一年高新技术产品(服务)收入占企业同期总收入的比例不低于60%。

(7) 企业创新能力评价应达到相应要求。

(8) 企业申请认定前一年内未发生重大安全、重大质量事故或严重环境违法行为。

高新技术企业应在资格期满前3个月内提出复审申请,在通过复审之前,在其高新技术企业资格有效期内,其当年企业所得税暂按15%的税率预缴。

高新技术企业境外所得适用税率及税收抵免问题如下所示:

以与境内、境外全部生产经营活动有关的研究开发费用总额、总收入、销售收入总额、高新技术产品(服务)收入等指标申请并经认定的高新技术企业,其来自境外的所得可以享受高新技术企业所得税优惠政策,即对其来自境外的所得可以按照15%的优惠税率缴纳企业所得税,在计算境外抵免限额时,可按照15%的优惠税率计算境内外应纳税总额(财税〔2011〕47号)。

特别提示

对从事文化产业支撑技术等领域的文化企业,按规定认定为高新技术企业的,减按15%的税率征收企业所得税;开发新技术、新产品、新工艺发生的研发费用,允许按照税收法律法规的规定,在计算应纳税所得额时加计扣除。文化产业支撑技术等领域的具体范围和认定工作由科技部、财政部、国家税务总局、中央宣传部等部门另行明确(财税〔2014〕85号)。

三、小型微利企业优惠(财税〔2015〕99号、国家税务总局公告2015年第61号)

小型微利企业资格认定的必备条件(国务院令第512号)如表7-35所示。

表7-35 小型微利企业资格认定的必备条件

必备条件	要　求
企业性质	是全部生产经营活动产生的所得均负有我国企业所得税纳税义务的企业(不能是非居民企业)
核算条件	无论采取查账征收还是核定征收方式,均可享受优惠政策
盈利水平	年度应纳税所得额不超过30万元(不是利润)
从业人数	工业:不超过100人 商业:不超过80人
资产总额	工业:不超过3 000万元 商业:不超过1 000万元

自2015年1月1日至2017年12月31日,对年应纳税所得额低于20万元(含20万元)的小型微利企业以及自2015年10月1日至2017年12月31日,对年应纳税所得额在20万元到30万元(含30万元)的小型微利企业,其所得均减按50%计入应纳税所得额,按20%的税率缴纳企业所得税。小型微利企业2015年第4季度预缴和2015年度汇

算清缴的新老政策衔接处理参考国家税务总局公告2015年第61号文件。

符合规定条件的小型微利企业，无论采取查账征收还是核定征收方式，均可享受小型微利企业所得税优惠政策。

小型微利企业所得税优惠政策，包括企业所得税减按20%税率征收，以及财税〔2015〕34号和99号文件规定的优惠政策。

符合规定条件的小型微利企业，在季度、月份预缴企业所得税时自行申报享受减半征税政策。在汇算清缴时，小型微利企业通过填报企业所得税年度纳税申报表中"资产总额、从业人数、所属行业、国家限制和禁止行业"等栏次履行备案手续。

特别提示

小型微利企业在预缴时享受了优惠政策，但年度汇算清缴时超过规定标准的，应按规定补缴税款（国家税务总局公告2015年第61号）。

四、加计扣除优惠

加计扣除优惠包括以下两项内容。

（一）研究开发费（财税〔2015〕119号、国家税务总局公告2015年第97号）

研究开发费是指企业为开发新技术、新产品、新工艺发生的研发费用，未形成无形资产计入当期损益的，在按照规定据实扣除的基础上，按照研究开发费的50%加计扣除；形成无形资产的，按照无形资产成本的150%摊销。除法律另有规定外，摊销年限不低于10年。

研究阶段的支出费用化，开发阶段的支出资本化。

自2016年1月1日起：

企业研发活动直接形成产品或作为组成部分形成的产品对外销售的，研发费用中对应的材料费用不得加计扣除。

企业取得作为不征税收入处理的财政性资金用于研发活动所形成的费用或无形资产，不得计算加计扣除或摊销。

企业委托外部机构或个人开展研发活动发生的费用，可按规定税前扣除；加计扣除时按照研发活动发生费用的80%作为加计扣除基数。委托个人研发的，应凭个人出具的发票等合法有效凭证在税前加计扣除。

企业委托境外研发所发生的费用不得加计扣除，其中受托研发的境外机构是指依照外国和特殊地区（含港澳台）法律成立的企业和其他取得收入的组织。受托研发的境外个人是指外籍（含港澳台）个人。

（二）企业安置残疾人员所支付的工资（国务院令第512号）

企业安置残疾人员所支付工资费用的加计扣除，是指企业安置残疾人员的，在按照支付给残疾职工工资据实扣除的基础上，按照支付给残疾职工工资的100%加计扣除。残疾人员的范围适用《残疾人保障法》的有关规定。享受加计扣除应同时具备的条件请参见财税〔2009〕70号文件。

五、创投企业优惠

创业投资企业从事国家需要重点扶持和鼓励的创业投资，可以按投资额的一定比例抵扣应纳税所得额(主席令第63号)。

创业投资企业优惠是指创业投资企业采取股权投资方式投资于未上市的中小高新技术企业2年以上的，可以按照其投资额的70%在股权持有满2年的当年抵扣该创业投资企业的应纳税所得额；当年不足抵扣的，可以在以后纳税年度结转抵扣(国务院令第512号)。

例如，甲创业投资企业于2008年1月1日向乙企业(未上市的中小高新技术企业)投资100万元，股权持有到2009年12月31日。甲创业投资企业2009年度可抵扣的应纳税所得额为70万元。

有限合伙制创业投资企业采取股权投资方式投资于未上市的中小高新技术企业满2年(24个月，下同)的，其法人合伙人可按照对未上市的中小高新技术企业投资额的70%抵扣该法人合伙人从该有限合伙制创业投资企业分得的应纳税所得额；当年不足抵扣的，可以在以后纳税年度结转抵扣(国家税务总局公告2015年第81号)。

六、加速折旧优惠

企业的固定资产由于技术进步等原因，确需加速折旧的，可以缩短折旧年限或者采取加速折旧的方法。

采取缩短折旧年限方法的，最低折旧年限不得低于《企业所得税法实施条例》第六十条规定的折旧年限(即税法规定的最低折旧年限)的60%；采取加速折旧方法的，可以采取双倍余额递减法或者年数总和法。

相关行业固定资产加速折旧最新政策文件有财税〔2014〕75号以及财税〔2015〕106号，具体内容已在本章第四节中阐述。

七、减计收入优惠

(1) 企业综合利用资源生产符合国家产业政策规定的产品所取得的收入，可以在计算应纳税所得额时减计收入。

综合利用资源是指企业以《资源综合利用企业所得税优惠目录》规定的资源作为主要原材料，生产国家非限制和禁止并符合国家和行业相关标准的产品取得的收入，减按90%计入收入总额。

上述所称原材料占生产产品材料的比例不得低于《资源综合利用企业所得税优惠目录》规定的标准。

(2) 农村金融减计收入。自2014年1月1日至2016年12月31日，对金融机构农户小额贷款利息收入，保险公司为种植业、养殖业提供保险业务的保费收入，在计算应纳税所得额时，按90%比例减计收入(财税〔2014〕102号)。

八、税额抵免优惠

税额抵免，是指企业购置并实际使用《环境保护专用设备企业所得税优惠目录》《节能节水专用设备企业所得税优惠目录》和《安全生产专用设备企业所得税优惠目录》规定的环境保护、节能节水、安全生产等专用设备的，该专用设备的投资额的10%可以从企业当年的应纳税额中抵免；当年不足抵免的，可以在以后5个纳税年度结转抵免。

享受上述企业所得税优惠的企业，应当实际购置并自身实际投入使用前款规定的专用设备；企业购置上述专用设备在5年内转让、出租的，应当停止享受企业所得税优惠，并补缴已经抵免的企业所得税税款。转让的受让方可以按照该专用设备投资额的10%抵免当年企业所得税应纳税额；当年纳税额不足抵免的，可以在以后5个纳税年度结转抵免。

企业同时从事适用不同企业所得税待遇的项目的，其优惠项目应当单独计算所得，并合理分摊企业的期间费用；没有单独计算的，不得享受企业所得税优惠。

自2009年1月1日起，增值税一般纳税人购进固定资产发生的进项税额可从其销项税额中抵扣增值税进项税额。如增值税进项税额允许抵扣，其专用设备投资额不再包括增值税进项税额；如增值税进项税额不允许抵扣，其专用设备投资额应为增值税专用发票上注明的价税合计金额。企业购进专用设备取得普通发票的，其专用设备投资额为普通发票上注明的金额。

九、民族自治地方的优惠

民族自治地方的自治机关对本民族自治地方的企业应缴纳的企业所得税中属于地方分享的部分，可以决定减征或者免征。自治州、自治县决定减征或者免征的，须报省、自治区、直辖市人民政府批准。

对民族自治地方内国家限制和禁止行业的企业，不得减征或者免征企业所得税。

十、非居民企业优惠

非居民企业减按10%的税率征收企业所得税。这里的非居民企业是指在中国境内未设立机构、场所，或者虽设立机构、场所但取得的所得与其所设机构、场所没有实际联系的企业。对该类非居民企业取得的下列所得的免征企业所得税。

（1）外国政府向中国政府提供贷款取得的利息所得。

（2）国际金融组织向中国政府和居民企业提供优惠贷款取得的利息所得。

（3）经国务院批准的其他所得。

十一、促进节能服务产业发展的优惠(财税〔2010〕110号)

对符合条件的节能服务公司实施合同能源管理项目，符合《企业所得税法》有关规定的，自项目取得第一笔生产经营收入所属纳税年度起，第1～3年免征企业所得税，第4～6年按照25%的法定税率减半征收企业所得税。

十二、其他有关行业的优惠(国税发〔2011〕4号、财税〔2012〕27号、国家税务总局公告2013年第43号)

(1) 软件生产企业实行即征即退政策所退还的增值税,用于研究开发软件产品和扩大再生产的,不作为应税收入,不予征收企业所得税。

(2) 经认定的新办软件生产企业自获利年度起,企业所得税"两免三减半"。

(3) 当年未享受免税优惠的国家规划布局内的重点软件生产企业,减按10%的税率征收企业所得税。

(4) 软件生产企业的职工培训费在税前据实扣除(无限制比例)。

(5) 企事业单位购进软件,符合无形资产或固定资产确认条件的,经主管税务机关核准,其摊销或折旧年限可适当缩短,最短可为2年。

(6) 集成电路设计企业可享受上述软件企业优惠政策。

(7) 集成电路生产企业的生产设备折旧年限可以适当缩短,最短可为3年(经主管税务机关核准)。

(8) 投资额超过80亿元人民币或集成电路线宽小于0.25微米的集成电路生产企业,减按15%的税率计征企业所得税;经营期15年以上的,从开始获利的年度起,企业所得税"五免五减半"。

(9) 生产线宽小于0.8微米(含)集成电路产品的生产企业,经认定后从获利年度起"两免三减半"。

(10) 关于鼓励证券投资基金发展的优惠政策如下(财税〔2008〕1号):

① 对证券投资基金从证券市场中取得的收入,包括买卖股票、债券的差价收入,股权的股息、红利收入,债券的利息收入及其他收入,暂不征收企业所得税。

② 对投资者从证券投资基金分配中取得的收入,暂不征收企业所得税。

③ 对证券投资基金管理人运用基金买卖股票、债券取得的差价收入,暂不征收企业所得税。

十三、西部地区的减免税

对设在西部地区以《西部地区鼓励类产业目录》中新增的鼓励类产业项目为主营业务,且其当年度主营业务收入占企业收入总额70%以上的企业,自2014年10月1日起,可减按15%税率缴纳企业所得税(国家税务总局公告2015年第14号)。

已按照《国家税务总局关于深入实施西部大开发战略有关企业所得税问题的公告》(国家税务总局公告2012年第12号)第三条规定享受企业所得税优惠政策的企业,其主营业务如不再属于《西部地区鼓励类产业目录》中国家鼓励类产业项目的,自2014年10月1日起,停止执行减按15%税率缴纳企业所得税。

第十节 源泉扣缴

源泉扣缴是指依照有关法律规定或者合同约定对非居民企业直接负有支付相关款项义务的单位或者个人,依据企业所得税法相关规定对其应缴纳的企业所得税进行扣缴管理的一种征收方法。

为规范和加强非居民企业所得税源泉扣缴管理，对非居民企业取得来源于中国境内的股息、红利等权益性投资收益和利息、租金、特许权使用费所得、转让财产所得以及其他所得应当缴纳的企业所得税，实行源泉扣缴。有关源泉扣缴的规定请参见国税发〔2009〕3号文件。

一、扣缴义务人

(1) 对非居民企业在中国境内未设立机构、场所，或者虽设立机构、场所但取得的所得与其所设机构、场所没有实际联系的，应缴纳的所得税，实行源泉扣缴，以支付人为扣缴义务人。税款由扣缴义务人在每次支付或者到期应支付时，从支付或者到期应支付的款项中扣缴。

(2) 对非居民企业在中国境内取得工程作业和劳务所得应缴纳的所得税，税务机关可以指定工程价款或者劳务费用的支付人作为扣缴义务人。

二、扣缴方法

(1) 扣缴义务人应当自合同签订之日起30日内，向其主管税务机关申报办理扣缴税款登记。

(2) 扣缴义务人在每次向非居民企业支付或者到期应支付应税所得时，应从支付或者到期应支付的款项中扣缴企业所得税。

(3) 扣缴义务人每次代扣的税款，应当自代扣之日起7日内缴入国库，并向所在地的税务机关报送扣缴企业所得税报告表。

三、税源管理

扣缴义务人与非居民企业首次签订与应税所得有关的业务合同或协议(以下简称合同)的，扣缴义务人应当自合同签订之日起30日内，向其主管税务机关申报办理扣缴税款登记。

四、征收管理

(1) 非居民企业拒绝代扣税款的，扣缴义务人应当暂停支付相当于非居民企业应纳税款的款项，并在1日内向其主管税务机关报告，并报送书面情况说明。

(2) 扣缴义务人未依法扣缴或者无法履行扣缴义务的，非居民企业应于扣缴义务人支付或者到期应支付之日起7日内，到所得发生地的主管税务机关申报缴纳企业所得税。

第十一节　特别纳税调整

一、特别纳税调整的概念

企业与其关联方之间的业务往来，不符合独立交易原则而减少企业或者其关联方应纳税收入或者所得额的，税务机关有权按照合理方法调整。

（一）关联方的含义

关联方，是指与企业有下列关联关系之一的企业、其他组织或者个人，具体包括：

(1) 在资金、经营、购销等方面存在直接或者间接的控制关系；

(2) 直接或者间接地同为第三者控制；

(3) 在利益上具有相关联的其他关系。

（二）关联交易的主要类型

(1) 有形资产的购销、转让和使用。

(2) 无形资产的转让和使用。

(3) 融通资金业务。

(4) 提供劳务。

（三）关联企业之间关联业务的税务处理（国税发〔2009〕2号）

1. 成本分摊

(1) 企业与其关联方共同开发、受让无形资产，或者共同提供、接受劳务发生的成本，在计算应纳税所得额时应当按照独立交易原则进行分摊。

(2) 企业与其关联方分摊成本时，应当按照成本与预期收益相配比的原则进行分摊，并在税务机关规定的期限内，按照税务机关的要求报送有关资料。

(3) 企业与其关联方分摊成本时违反上述规定的，其自行分摊的成本不得在计算应纳税所得额时扣除。

2. 预约定价安排

企业就其未来年度关联交易的定价原则和计算方法，向税务机关提出申请，与税务机关按照独立交易原则协商、确认后所达成的一致安排。

3. 关联申报

企业向税务机关报送年度企业所得税纳税申报表时，应当就其与关联方之间的业务往来，附送年度关联业务往来报告表。

税务机关在进行关联业务调查时，企业及其关联方，以及与关联业务调查有关的其他企业，应按规定提供相关资料。

4. 受控外国企业避税

由居民企业，或者由居民企业和中国居民控制的设立在实际税负低于12.5%的税率水平的国家(地区)的企业，并非由于合理的经营需要而对利润不作分配或者减少分配的，上述利润中应归属于该居民企业的部分，应当计入该居民企业的当期收入。

控制的含义如下。

(1) 居民企业或中国居民直接或者间接单一持有外国企业10%以上有表决权股份，且由其共同持有该外国企业50%以上股份。

(2) 居民企业，或居民企业和中国居民持股比例没有达到第(1)项规定的标准，但在股份、资金、经营、购销等方面对该外国企业构成实质控制。

特别提示

在境外所得抵免税额范围内,"居民企业从其直接或间接控制的外国企业分得的来自中国境外的股息、红利等权益性投资收益,外国企业在境外实际缴纳的所得税税额中属于该项所得负担的部分"中"控制"的含义(表 7-30)与此处不同。

5. 资本弱化

企业从其关联方接受的债权性投资与权益性投资的比例超过规定标准而发生的利息支出,不得在计算应纳税所得额时扣除。

企业间接从关联方获得的债权性投资,包括:

(1) 关联方通过无关联第三方提供的债权性投资。

(2) 无关联第三方提供的、由关联方担保且负有连带责任的债权性投资。

(3) 其他间接从关联方获得的具有负债实质的债权性投资。

6. 母子公司间提供服务支付费用

(1) 应遵循独立交易原则,作为企业正常的劳务费用进行税务处理,否则税务机关有权予以调整。

(2) 母公司以管理费形式向子公司提取费用,子公司因此支付给母公司的管理费,不得在税前扣除。

二、转让定价方法管理(国税发〔2009〕2 号)

合理的转让定价方法如表 7-36 所示。

表 7-36 合理的转让定价方法

合理的转让定价方法	方法定义	适用情况
可比非受控价格法	以非关联方之间进行的与关联交易相同或类似业务活动所收取的价格作为关联交易的公平成交价格	一般情况下,可以适用于所有类型的关联交易
再销售价格法	以关联方购进商品再销售给非关联方的价格减去可比非关联交易毛利后的金额作为关联方购进商品的公平成交价格	通常适用于再销售者未对商品进行改变外形、性能、结构或更换商标等实质性增值加工的简单加工或单纯购销业务
成本加成法	以关联交易发生的合理成本加上可比非关联交易毛利作为关联交易的公平成交价格	通常适用于有形资产的购销、转让和使用,劳务提供或资金融通的关联交易
交易净利润法	以可比非关联交易的利润率指标确定关联交易的净利润,利润率指标包括资产收益率、销售利润率、完全成本加成率、贝里比率等	通常适用于有形资产的购销、转让和使用,无形资产的转让和使用以及劳务提供等关联交易
利润分割法	根据企业与其关联方对关联交易合并利润的贡献计算各自应该分配的利润额,利润分割法分为一般利润分割法和剩余利润分割法	通常适用于各参与方关联交易高度整合且难以单独评估各方交易结果的情况

三、预约定价安排管理(国税发〔2009〕2号)

预约定价安排如表7-37所示。

表7-37 预约定价安排

要 点	主要规定
类型	预约定价安排包括单边、双边和多边3种类型
受理机关	预约定价安排应由设区的市、自治州以上的税务机关受理
适用企业	预约定价安排一般适用于同时满足以下条件的企业：①年度发生的关联交易金额在4 000万元以上；②依法履行关联申报义务；③按规定准备、保存和提供同期资料
适用期间	预约定价安排适用于自企业提交正式书面申请年度的次年起3～5个连续年度的关联交易
预约定价安排磋商	税务机关应自单边预约定价安排形成审核评估结论之日起30日内，与企业进行预约定价安排磋商，磋商达成一致的，层报国家税务总局审定

四、成本分摊协议管理(国家税务总局公告2015年第45号)

企业与其关联方签署成本分摊协议，共同开发、受让无形资产，或者共同提供、接受劳务发生的成本，可以按照独立交易原则与其关联方分摊共同发生的成本，达成成本分摊协议。

企业与其关联方签署成本分摊协议，有下列情形之一的，其自行分摊成本不得在税前扣除。

(1) 不具有合理商业目的和经济实质。

(2) 不符合独立交易原则。

(3) 没有遵循成本与收益配比原则。

(4) 未按有关规定备案或准备、保存和提供有关成本分摊协议的同期资料。

(5) 自签署成本分摊协议之日起经营期限少于20年。

自2015年7月16日起，企业应自与其关联方签订(变更)成本分摊协议之日起30日内，向主管税务机关报送成本分摊协议副本，并在年度企业所得税纳税申报时，附送《企业年度关联业务往来报告表》。

五、受控外国企业管理(国税发〔2009〕2号)

中国居民企业股东能够提供资料证明其控制的外国企业满足以下条件之一的，可免予将外国企业不作分配或减少分配的利润视同股息分配额，计入中国居民企业股东的当期所得。

(1) 设立在国家税务总局指定的非低税率国家(地区)。

(2) 主要取得积极经营活动所得。

(3) 年度利润总额低于500万元。

六、一般反避税管理(国税发〔2009〕2号)

(1) 企业实施其他不具有合理商业目的的安排而减少其应纳税收入或者所得额的,税务机关有权按照合理方法调整。不具有合理商业目的,是指以减少、免除或者推迟缴纳税款为主要目的。

(2) 一般反避税调查及调整须层报国家税务总局批准。

(3) 对存在以下避税安排的企业,启动反避税调查。

① 滥用税收优惠。

② 滥用税收协定。

③ 滥用公司组织形式。

④ 利用避税港避税。

⑤ 其他不具有合理商业目的的安排。

七、企业向境外关联方支付费用有关企业所得税问题(国家税务总局公告2015年第16号)

自2015年3月18日起,企业向境外关联方支付费用有关企业所得税问题,按照以下要求处理。

(1) 企业向境外关联方支付费用,应当符合独立交易原则,未按照独立交易原则向境外关联方支付的费用,税务机关可以进行调整。

(2) 企业向境外关联方支付费用,主管税务机关可以要求企业提供其与关联方签订的合同或者协议,以及证明交易真实发生并符合独立交易原则的相关资料备案。

(3) 企业向未履行功能、承担风险,无实质性经营活动的境外关联方支付的费用,在计算企业应纳税所得额时不得扣除。

(4) 企业因接受境外关联方提供劳务而支付费用,该劳务应当能够使企业获得直接或者间接经济利益。否则,在计算企业应纳税所得额时不得扣除。

(5) 企业使用境外关联方提供的无形资产需支付特许权使用费的,应当考虑关联各方对该无形资产价值创造的贡献程度,确定各自应当享有的经济利益。企业向仅拥有无形资产法律所有权而未对其价值创造作出贡献的关联方支付特许权使用费,不符合独立交易原则的,在计算企业应纳税所得额时不得扣除。

(6) 企业以融资上市为主要目的,在境外成立控股公司或者融资公司,因融资上市活动所产生的附带利益向境外关联方支付的特许权使用费,在计算企业应纳税所得额时不得扣除。

(7) 企业向境外关联方支付费用不符合独立交易原则的,税务机关可以在该业务发生的纳税年度起10年内,实施特别纳税调整。

第十二节 征收管理

一、纳税地点(主席令第63号)

(一) 居民企业的纳税地点

除税收法律、行政法规另有规定外,居民企业以企业登记注册地为纳税地点;但登记注册地在境外的,以实际管理机构所在地为纳税地点(一个是优先标准,另一个是附加标准)。

(二) 非居民企业的纳税地点

非居民企业在中国境内设立机构、场所的,应当就其所设机构、场所取得的来自中国境内的所得,以及发生在中国境外但与其所设机构、场所有实际联系的所得,以机构、场所所在地为纳税地点。非居民企业在中国境内设立两个或两个以上机构、场所的,经税务机关审核批准,可以选择由其主要机构、场所汇总缴纳企业所得税。

在中国境内未设立机构、场所的,或者虽设立机构、场所但取得的所得与其所设机构、场所没有实际联系的非居民企业,以扣缴义务人所在地为纳税地点。

二、纳税期限(主席令第63号)

企业所得税按年计征,分月或者分季预缴,年终汇算清缴,多退少补。

自年度终了之日起5个月内,汇算清缴。

企业在年度中间终止经营活动的,应当自实际经营中止之日起60日内,向税务机关办理当期企业所得税汇算清缴。

三、纳税申报(主席令第63号)

(1) 按月或按季预缴的,应当自月份或者季度终了之日起15日内,向税务机关报送预缴企业所得税纳税申报表,预缴税款。

(2) 正常情况下,企业应当自年度终了之日起5个月内,向税务机关报送年度企业所得税纳税申报表,并汇算清缴,结清应缴应退税款。

四、跨地区经营汇总纳税企业所得税征收管理办法(财预〔2012〕40号)

(1) 居民企业在中国境内跨地区(指跨省、自治区、直辖市和计划单列市)设立不具有法人资格的营业机构、场所的,应当汇总计算并缴纳企业所得税。

(2) 母子公司的盈亏不能汇总进行弥补,总分公司的盈亏可以汇总进行弥补。

(3) 在汇总计算境外应纳税所得额时,企业在境外同一国家(地区)设立不具有独立纳税地位的分支机构的亏损,不得抵减其境内或他国(地区)的应纳税所得额,但可以用同一国家(地区)其他项目或以后年度的所得按规定弥补。

(4) 汇总纳税企业按照《企业所得税法》规定汇总计算的企业所得税包括预缴税款和汇算清缴应缴应退税款,50%在各分支机构间分摊,各分支机构根据分摊税款就地办理缴库或退库;50%由总机构分摊缴纳,其中25%就地办理缴库或退库,25%就地全额缴入中央国库或退库。具体的税款缴库或退库程序按照财预〔2012〕40号文件等相关规定执行。

(5) 总分机构分摊税款的计算。

① 总机构按以下公式计算分摊税款:

总机构分摊税款=汇总纳税企业当期应纳所得税额×50%

② 分支机构按以下公式计算分摊税款:

所有分支机构分摊税款总额=汇总纳税企业当期应纳所得税额×50%

某分支机构分摊税款=所有分支机构分摊税款总额×该分支机构分摊比例

③ 总机构按照上年度分支机构的营业收入、职工薪酬和资产总额三个因素计算各分支机构分摊所得税款的比例;三级及以下分支机构,其营业收入、职工薪酬和资产总额统一计入二级分支机构;三个因素的权重依次为0.35、0.35、0.30。

计算公式如下:

某分支机构分摊比例=(该分支机构营业收入/各分支机构营业收入之和)×0.35 +(该分支机构职工薪酬/各分支机构职工薪酬之和)×0.35+(该分支机构资产总额/各分支机构资产总额之和)×0.30

五、合伙企业所得税的征收管理(财税〔2008〕159号)

自2008年1月1日起,合伙企业缴纳的所得税按下列规定处理,此前规定与下列规定有抵触的,以下列规定为准。

(1) 合伙企业以每一个合伙人为纳税人。合伙企业合伙人是自然人的,缴纳个人所得税;合伙人是法人和其他组织的,缴纳企业所得税。

(2) 合伙企业生产经营所得和其他所得采取"先分后税"的原则。具体应纳税所得额的计算按照《财政部、国家税务总局关于个人独资企业和合伙企业投资者征收个人所得税的规定》(财税〔2000〕91号)及《财政部、国家税务总局关于调整个体工商户个人独资企业和合伙企业个人所得税税前扣除标准有关问题的通知》(财税〔2008〕65号)的有关规定执行。

生产经营所得和其他所得,包括合伙企业分配给所有合伙人的所得和企业当年留存的所得(利润)。

(3) 合伙企业的合伙人按照下列原则确定应纳税所得额。

① 合伙企业的合伙人以合伙企业的生产经营所得和其他所得,按照合伙协议约定的分配比例确定应纳税所得额。

② 合伙协议未约定或者约定不明确的,以全部生产经营所得和其他所得,按照合伙人协商决定的分配比例确定应纳税所得额。

③ 协商不成的,以全部生产经营所得和其他所得,按照合伙人实缴出资比例确定应纳税所得额。

④ 无法确定出资比例的,以全部生产经营所得和其他所得,按照合伙人数量平均计算每个合伙人的应纳税所得额。

合伙协议不得约定将全部利润分配给部分合伙人。

(4) 合伙企业的合伙人是法人和其他组织的,合伙人在计算其缴纳企业所得税时,不得用合伙企业的亏损抵减其盈利。

六、新增企业所得税征管范围调整(国税发〔2008〕120号)

自2009年1月1日起,新增企业所得税纳税人中,应缴纳增值税的企业,其企业所得税由国家税务局管理;应缴纳营业税的企业,其企业所得税由地方税务局管理。以2008年为基年,2008年年底之前国家税务局、地方税务局各自管理的企业所得税纳税人不作调整。

从2009年起,企业所得税全额为中央收入的企业和在国家税务局缴纳营业税的企业,其企业所得税由国家税务局管理。银行(信用社)、保险公司的企业所得税由国家税务局管理,除上述规定外的其他各类金融企业的企业所得税由地方税务局管理。外商投资企业和外国企业常驻代表机构的企业所得税仍由国家税务局管理。具体内容可参考国税函〔2009〕50号文件。

【习题及解答】

【例7-1 计算题】 某工业企业为居民企业,2010年发生经营业务如下:全年取得产品销售收入为5 600万元,发生产品销售成本4 000万元;其他业务收入800万元,其他业务成本660万元;取得购买国债的利息收入40万元;缴纳非增值税销售税金及附加300万元;发生的管理费用760万元,其中新技术研发费用60万元、业务招待费用70万元;发生财务费用200万元;取得直接投资其他居民企业的权益性收益34万元(已在投资方所在地按15%的税率缴纳了所得税);取得营业外收入100万元,发生营业外支出250万元(其中含公益捐赠38万元)。

要求:计算该企业2010年应纳的企业所得税。

【答案及解析】 第一步:求利润总额。

利润总额=5 600+800+40+34+100-4 000-660-300-760-200-250=404(万元)。

第二步:纳税调整。

(1) 国债利息收入免征企业所得税,应调减应纳税所得额40万元。

(2) 新技术开发费应调减应纳税所得额=60×50%=30(万元)。

(3) 按实际发生业务招待费的60%计算=70×60%=42(万元)。

按销售(营业)收入的5‰计算=(5 600+800)×5‰=32(万元)。

按照规定税前扣除限额应为32万元,实际应调增应纳税所得额=70-32=38(万元)。

(4) 取得直接投资其他居民企业的权益性收益属于免税收入,应调减应纳税所得额34万元。

(5) 捐赠扣除标准=404×12%=48.48(万元)。

实际捐赠额38万元小于扣除标准48.48万元,可按实捐数扣除,不做纳税调整。

第三步:计算应纳税所得额和应纳税额。

(1) 应纳税所得额＝404－40－30＋38－34＝338(万元)。

(2) 该企业 2010 年应缴纳企业所得税＝338×25％＝84.5(万元)。

【例 7-2 计算题】 某企业为居民企业，2014 年发生经营业务如下：

(1) 取得产品销售收入 4 000 万元。

(2) 发生产品销售成本 2 600 万元。

(3) 发生销售费用 770 万元(其中广告费 650 万元)；管理费用 480 万元(其中业务招待费 25 万元，新技术开发费用 40 万元)；财务费用 60 万元。

(4) 销售税金 160 万元(含增值税 120 万元)。

(5) 营业外收入 80 万元、营业外支出 50 万元(含通过公益性社会团体向贫困山区捐款 30 万元、支付税收滞纳金 6 万元)。

(6) 计入成本和费用中的实发工资总额 200 万元、拨缴职工工会经费 5 万元、发生职工福利费 31 万元、发生职工教育经费 7 万元。

要求：计算该企业 2014 年度实际应缴纳的企业所得税。

【答案及解析】(1) 会计利润总额＝4 000＋80－2 600－770－480－60－40－50＝80(万元)。

(2) 广告费应调增应纳税所得额＝650－4 000×15％＝650－600＝50(万元)。

(3) 业务招待费应调增应纳税所得额＝25－25×60％＝25－15＝10(万元)。

4 000×5‰＝20(万元)＞25×60％＝15(万元)。

(4) 新技术开发费用应调减应纳税所得额＝40×50％＝20(万元)。

(5) 捐赠支出应调增应纳税所得额＝30－80×12％＝20.4(万元)。

(6) 工会经费应调增应纳税所得额＝5－200×2％＝1(万元)。

(7) 职工福利费应调增应纳税所得额＝31－200×14％＝3(万元)。

(8) 职工教育经费当年应调增应纳税所得额＝7－200×2.5％＝2(万元)。

(9) 应纳税所得额＝80＋50＋10－20＋20.4＋6＋1＋3＋2＝152.4(万元)。

(10) 2014 年应缴纳企业所得税＝152.4×25％＝38.1(万元)。

第八章 个人所得税

第一节　个人所得税概述

一、个人所得税的概念

个人所得税是以个人(自然人)取得的各项应税所得为征税对象所征收的税种。

我国于1980年9月通过了《个人所得税法》,开征个人所得税,统一适用于中国公民和在我国取得收入的外籍人员;2011年6月30日,第十一届全国人民代表大会常务委员会第二十一次会议通过《全国人民代表大会常务委员会关于修改〈中华人民共和国个人所得税法〉的决定》,对个人所得税法再次进行了修订,国务院相应地对《个人所得税法实施条例》进行了修订,并自2011年9月1日起施行。

二、个人所得税的特点

我国个人所得税主要有以下特点。

(1) 实行分类征收。

(2) 超额累进税率与比例税率并用。

(3) 费用扣除额较宽。

(4) 计算简便。

(5) 采取源泉扣缴和个人申报两种征纳方法。

三、个人所得税的立法原则

(1) 调节收入分配,体现社会公平。

(2) 增强纳税意识,树立义务观念。

(3) 扩大聚财渠道,增加财政收入。

第二节　征税范围、纳税人和税率

一、征税范围(主席令第85号、国务院令第600号)

个人所得税的征税对象是个人取得的应税所得。《个人所得税法》列举征税的个人所得共有11项,《个人所得税法实施条例》及相关法规具体确定了各项个人所得的征税范围。

(一) 工资、薪金所得

工资、薪金所得,是指个人因任职或者受雇而取得的工资、薪金、奖金、年终加薪、劳动分红、津贴、补贴以及与任职或者受雇有关的其他所得(国务院令第600号)。

(1) 一般来说,工资、薪金所得属于非独立个人劳动所得。除工资、薪金,奖金、年终加薪、劳动分红、津贴、补贴也被确定为工资、薪金范畴。

(2) 根据我国目前个人收入的构成情况,规定对于一些不属于工资、薪金性质的补贴、津贴或者不属于纳税人本人工资、薪金所得项目的收入,不予征税。这些项目如下(国税发〔1994〕89号)。

① 独生子女补贴。

② 执行公务员工资制度和纳入基本工资总额的补贴、津贴差额和家属成员的副食品补贴。

③ 托儿补助费。

④ 差旅费津贴、误餐补助。其中,误餐补助是指按照财政部门规定,个人因公在城区、郊区工作,不能在工作单位或返回就餐,根据实际误餐顿数,按规定的标准领取的误餐费。单位以误餐补助名义发给职工的补助、津贴不包括在内(财税字〔1995〕82号)。

(3) 退休人员再任职取得的收入,在减除按税法规定的费用扣除标准后,按工资、薪金所得项目缴纳个人所得税(国税函〔2005〕382号)。

(4) 公司职工取得的用于购买企业国有股权的劳动分红,按工资、薪金所得项目计征个人所得税(国税函〔2001〕832号)。

(5) 出租汽车经营单位对出阻车驾驶员采取单车承包或承租方式运营,出租车驾驶员从事客货营运取得的收入,按工资、薪金所得项目征税(国税发〔1995〕50号)。

(6) 自2004年1月20日起,对商品营销活动中,企业和单位对营销业绩突出的雇员以培训班、研讨会、工作考察等名义组织旅游活动,通过免收差旅费、旅游费对个人实行的营销业绩奖励(包括实物、有价证券等),应根据所发生费用的全额并入营销人员当期的工资、薪金所得,按照工资、薪金所得项目征收个人所得税,并由提供上述费用的企业和单位代扣代缴(财税〔2004〕11号)。

(二) 个体工商户、个人独资企业和合伙企业的生产、经营所得

1. 个体工商户的生产、经营所得

(1) 个体工商户从事工业、手工业、建筑业、交通运输业、商业、饮食业、服务业、修理业以及其他行业生产、经营取得的所得。

(2) 个人经政府有关部门批准取得执照,从事办学、医疗、咨询以及其他有偿服务活动取得的所得。

(3) 上述个体工商户和个人取得的与生产、经营有关的各项应税所得。

(4) 其他个人从事个体工商业生产、经营取得的所得的具体规定如下。

① 个体工商户或个人专营种植业、养殖业、饲养业、捕捞业,不征收个人所得税;不属于原农业税、牧业税征税范围的,应对其所得计征个人所得税;同时,对进入各类市场销售自产农产品的农民取得的所得暂不征收个人所得税。兼营上述"四业"并且"四业"的所得单独核算的,比照上述原则办理。对属于征收个人所得税的,应与其他行业的生产、经营所得合并计征个人所得税;对于"四业"的所得不能单独核算的,应就其全部所得计征个人所得税(财税字〔1994〕20号、财税〔2010〕96号)。

特别提示

对个人独资企业和合伙企业从事种植业、养殖业、饲养业和捕捞业(以下简称“四业”),其投资者取得的“四业”所得暂不征收个人所得税(财税〔2010〕96号)。

② 从事个体出租车运营的出租车驾驶员取得的收入,按个体工商户的生产、经营所得项目缴纳个人所得税(国税发〔1995〕50号)。

③ 出租车属个人所有,但挂靠出租汽车经营单位或企事业单位,驾驶员向挂靠单位缴纳管理费的,或出租汽车经营单位将出租车所有权转移给驾驶员的,出租车驾驶员从事客货运营取得的收入,比照个体工商户的生产、经营所得项目征税(国税发〔1995〕50号)。

④ 个人因从事彩票代销业务而取得的所得,应按照个体工商户的生产、经营所得项目计征个人所得税(国税函〔2002〕629号)。

2. 个人独资企业和合伙企业的生产、经营所得

合伙企业以每一个合伙人为纳税人,合伙企业合伙人是自然人的,缴纳个人所得税。合伙企业生产经营所得和其他所得采取“先分后税”的原则处理(财税〔2009〕91号、财税〔2008〕65号)。

3. 财产性支出

个人独资企业、合伙企业和其他企业的个人投资者以资金为本人、家庭成员及其相关人员支付与企业生产经营无关的消费性支出购买汽车、住房等,视为企业对个人投资者的利润分配,并入投资者个人的生产经营所得,依照个体工商户的生产、经营所得项目计征个人所得税(财税〔2008〕83号、财税〔2003〕158号)。

4. 其他规定

个体工商户和从事生产、经营的个人,取得与生产、经营活动无关的其他各项应税所得,应分别按照有关规定,计算征收个人所得税。

(三) 对企事业单位的承包经营、承租经营所得

对企事业单位的承包经营、承租经营所得,是指个人承包经营、承租经营以及转包、转租取得的所得,还包括个人按月或者按次取得的工资、薪金性质的所得(国务院令第600号)。

个人对企事业单位的承包经营、承租经营所得在形式上大体可以分为两类(国税发〔1994〕179号),如表8-1所示。

表8-1 个人对企事业单位的承包经营、承租经营所得的分类

个人承包工商登记	企业所得税	个人所得税所属税目	
承包后工商登记改变为个体工商户的	不缴纳企业所得税	个体工商户生产经营所得	
承包经营后,工商登记仍为企业的	缴纳企业所得税	对企业经营成果不拥有所有权	工资、薪金所得
		对企业经营成果拥有所有权	承包、承租经营所得

外商投资企业采取发包、出租经营且经营人为个人的,对经营人从外商投资企业分享

的收益或取得的所得，亦按照个人对企事业单位的承包经营、承租经营所得征收个人所得税。

（四）劳务报酬所得

劳务报酬所得，是指个人从事设计、装潢、安装、制图、化验、测试、医疗、法律、会计、咨询、讲学、新闻、广播、翻译、审稿、书画、雕刻、影视、录音、录像、演出、表演、广告、展览、技术服务、经济服务、代办服务，以及其他劳务报酬的所得。

特别提示 1

是否存在雇用与被雇用关系，是判断一种收入属于劳务报酬所得，还是属于工资、薪金所得的重要标准。后者存在雇用与被雇用的关系，而前者则不存在这种关系（国税发〔1994〕89 号）。

特别提示 2

在校学生因参与勤工俭学活动（包括参与学校组织的勤工俭学活动）而取得属于《个人所得税法》规定的应税所得项目的所得，应依法缴纳个人所得税。

个人担任董事职务所取得的董事费收入分两种情形：个人担任公司董事、监事，且不在公司任职、受雇的情形，属于劳务报酬性质，按劳务报酬所得项目征税；个人在公司（包括关联公司）任职、受雇，同时兼任董事、监事的，应将董事费、监事费与个人工资收入合并，统一按工资、薪金所得项目缴纳个人所得税（国税发〔2009〕121 号、国税函〔2002〕146 号）。

特别提示 3

自 2004 年 1 月 20 日起，对商品营销活动中，企业和单位对营销业绩突出的非雇员以培训班、研讨会、工作考察等名义组织旅游活动，通过免收差旅费、旅游费对个人实行的营销业绩奖励（包括实物、有价证券等），应根据所发生费用的全额作为该营销人员当期的劳务收入，按照劳务报酬所得项目征收个人所得税，并由提供上述费用的企业和单位代扣代缴（财税〔2004〕11 号）。

个人兼职取得的收入，应按照劳务报酬所得项目缴纳个人所得税（国税函〔2005〕382 号）。

出租车驾驶员收入，属于工资、薪金所得，个体工商户的生产、经营所得，还是劳务报酬所得，需要区分界定，如图 8-1 所示。

（五）稿酬所得（国税函〔2002〕146 号）

稿酬所得，是指个人因其作品以图书、报刊形式出版、发表而取得的所得（国务院令第 600 号）。这里所说的作品，包括文学作品、书画作品、摄影作品，以及其他作品。

对报纸、杂志、出版等所得征税的问题如下。

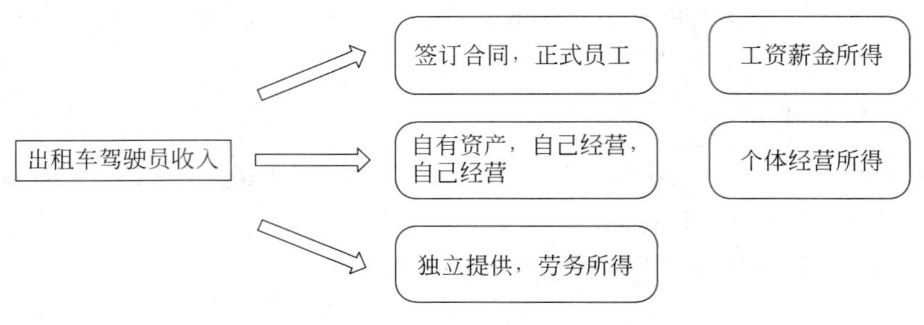

图 8-1　出租车驾驶员收入

(1) 任职、受雇于报纸、杂志等单位的记者、编辑等专业人员，因在本单位的报纸、杂志上发表作品取得的所得，属于因任职、受雇而取得的所得，应与其当月工资收入合并，按工资、薪金所得项目征收个人所得税。

除上述专业人员外，其他人员在本单位的报纸、杂志上发表作品取得的所得，应按稿酬所得项目征收个人所得税。

(2) 出版社的专业作者撰写、编写或翻译的作品，由本社以图书形式出版而取得的稿费收入，应按稿酬所得项目计算缴纳个人所得税。

特别提示

以是否出版、发表，是否在本单位出版、发表以及作者专业状况和出版、发表作品的形式为标准，辨析稿酬所得、劳务报酬所得和工资、薪金所得三者之间的区别。

(六) 特许权使用费所得

特许权使用费所得，是指个人提供专利权、商标权、著作权、非专利技术以及其他特许权的使用权取得的所得。

提供著作权的使用权取得的所得，不包括稿酬所得，对于作者将自己的文字作品手稿原件或复印件公开拍卖(竞价)取得的所得，属于提供著作权的使用所得，应按特许权使用费所得项目征收个人所得税(国税发〔2007〕38 号)。

个人取得特许权的经济赔偿收入，应按特许权使用费所得项目缴纳个人所得税，税款由支付赔款的单位或个人代扣代缴(国税函〔2000〕257 号)。

从 2002 年 5 月 1 日起，编剧从电视剧的制作单位取得的剧本使用费，不再区分剧本的使用方是否为其任职单位，统一按特许权使用费所得项目计征个人所得税(国税发〔2002〕52 号)。

(七) 利息、股息、红利所得

利息、股息、红利所得，是指个人拥有债权、股权而取得的利息、股息、红利所得。

1. 除国家规定外的其他专户存款(财税〔2008〕132 号)

个人从银行及其他储蓄机构开设的用于支付电话、水、电、煤气等有关费用，或者用于购买股票等方面的投资、生产经营业务往来结算以及其他用途，取得的利息收入，属于储蓄存款利息所得性质，应依法缴纳个人所得税，税款由结付利息的储蓄机构代扣代缴。但自2008年10月9日起，对储蓄存款利息所得暂免征收个人所得税。

2. 职工个人取得的量化资产

根据国家有关规定(财税发〔2000〕60号)，允许集体所有制企业在改制为股份合作制企业时，将有关资产量化给职工个人：

(1) 对职工个人以股份形式取得的仅作为分红依据、不拥有所有权的企业量化资产，不征收个人所得税。

(2) 对职工个人以股份形式取得的企业量化资产参与企业分配而获得的股息、红利，应按利息、股息、红利所得项目征收个人所得税。

3. 个人银行结算账户利息

自2008年10月9日起，个人银行结算账户利息视同储蓄存款利息，暂免征收个人所得税(财税〔2008〕132号)。

特别提示

个人取得国债利息、国家发行的金融债券利息、教育储蓄存款利息和储蓄存款利息均免征个人所得税。

(八) 财产租赁所得

财产租赁所得，是指个人出租建筑物、土地使用权、机器设备、车船以及其他财产取得的所得。

个人取得的财产转租收入，属于财产租赁所得项目的征税范围。在确定纳税人时，应以产权凭证为依据，对无产权凭证的，由主管税务机关根据实际情况确定；产权所有人死亡，在未办理产权继承手续期间，该财产出租而有租金收入的，以领取租金的个人为纳税人(国税发〔1994〕89号)。

(九) 财产转让所得

财产转让所得，是指个人转让有价证券、股权、建筑物、土地使用权、机器设备、车船以及其他财产取得的所得。具体规定为：

1. 股票转让所得

根据《个人所得税法实施条例》的规定，对股票转让所得征收个人所得税的办法，由财政部另行制定，报国务院批准施行。经国务院批准，对股票转让所得暂不征收个人所得税。

2. 量化资产股份转让(国税发〔2000〕60号)

集体所有制企业在改制为股份合作制企业时，对职工个人以股份形式取得的拥有所有权的企业量化资产，暂缓征收个人所得税；待个人将股份转让时，就其转让收入额，减除个人取得该股份时实际支付的费用支出和合理转让费用后的余额，按财产转让所得项目计征个人所得税。

3. 个人出售自有住房(财税字〔1999〕278号)

(1) 自2010年10月1日起，对出售自有住房并在1年内重新购房的纳税人不再减免个人所得税(财税〔2010〕94号)。

(2) 对个人转让自用5年以上,并且是家庭唯一生活用房取得的所得,继续免征个人所得税。

(十) 偶然所得

偶然所得,是指个人得奖、中奖、中彩以及其他偶然性质的所得。

对个人购买社会福利有奖募捐奖券一次中奖收入不超过1万元的,暂免征收个人所得税;超过1万元的,按全额征税。

企业对累积消费达到一定额度的顾客,给予额外抽奖机会,个人的获奖所得,按照偶然所得项目,全额适用20%的税率缴纳个人所得税(主席令第48号)。

(十一) 其他所得(财税字〔1995〕64号)

上述10项个人应税所得是根据所得的不同性质划分的。此外,对于今后可能出现的需要征税的新项目,以及个人取得的难以界定应税项目的个人所得,由国务院财政部门确定征收个人所得税。例如,银行和其他金融机构以超过中国人民银行规定的存款利率和保值贴补率计算的利息额支付给储户的部分,不管是以利息、奖金,还是以其他名义支付,均不属于税法规定的免税利息所得,必须依法缴纳个人所得税。根据财政部、国家税务总局的规定,对这种超过国家利率支付给储户的揽储奖金,应按其他所得项目征税。

(十二) 所得来源的确定

对于来自中国境内的所得,《个人所得税法》及其实施条例作了规定。

(1) 工资、薪金所得,以纳税人任职的、受雇的公司、企业、事业单位、机关、团体、部队、学校等单位的所在地为所得来源地。

(2) 生产、经营所得,以生产、经营活动实现地为所得来源地。

(3) 劳务报酬所得,以纳税人实际提供劳务报酬的地点为所得来源地。

(4) 不动产转让所得,以不动产坐落地为所得来源地;动产转让所得,以实现转让的地点为所得来源地。

(5) 财产租赁所得,以被租赁财产的使用地为所得来源地。

(6) 利息、股息、红利所得,以支付利息、股息、红利的企业、机构、组织的所在地为所得来源地。

(7) 特许权使用费所得,以特许权的使用地为所得来源地。

下列所得,不论支付地点是否在中国境内,均为来自中国境内的所得:

(1) 在中国境内任职、受雇而取得的工资、薪金所得。

(2) 在中国境内从事生产、经营活动而取得的生产经营所得。

(3) 因任职、受雇、履约等而在中国境内提供各种劳务取得的劳务报酬所得。

(4) 将财产出租给承租人在中国境内使用而取得的所得。

(5) 转让中国境内的建筑物、土地使用权等财产,以及在中国境内转让其他财产取得的所得。

(6) 提供专利权、非专利技术、商标权、著作权,以及其他特许权在中国境内使用的所得。

(7) 因持有中国的各种债券、股票、股权而从中国境内的公司、企业或者其他经济组织及个人取得的利息、股息、红利所得。

二、纳税人(主席令第 85 号、国务院令第 600 号)

个人所得税的纳税人是指在中国境内有住所,或者虽无住所但在境内居住满 1 年,以及无住所又不居住或居住不满 1 年但从中国境内取得所得的个人。包括中国公民、个体工商户、外籍个人,以及香港、澳门、台湾地区同胞等(主席令第 48 号)。

(一) 居民纳税人与非居民纳税人的判定标准

居民纳税人与非居民纳税人的判定标准如表 8-2 所示。

表 8-2　居民纳税人与非居民纳税人的判定标准

纳税人类别	承担的纳税义务	判 定 标 准
居民纳税人	无限纳税义务	(1) 住所标准:因户籍、家庭、经济利益关系而在中国境内习惯性居住 (2) 居住时间标准:在中国境内居住满 1 年是指一个公历的纳税年度
非居民纳税人	有限纳税义务	(1) 在我国无住所且不居住的个人 (2) 在我国无住所或居住不满 1 年的个人

(二) 纳税人的纳税义务范围

属于我国税法中的居民纳税人,应就其来自中国境内和境外的所得,向我国政府履行全面纳税义务,依法缴纳个人所得税;属于我国税法中的非居民纳税人,只就其来自中国境内的所得向我国政府履行有限纳税义务,依法缴纳个人所得税。

(三) 居住时间的规定

(1)"90 天规则"。在境内无住所而一个纳税年度内在境内连续或累计居住不超过 90 日或 183 日(税收协定)的个人,来自境内的所得,由境外雇主支付且不是由该雇主设在中国境内机构负担的工资、薪金免税,仅就其实际在中国境内工作期间由中国境内企业或个人雇主支付或者由中国境内机构负担的工资、薪金所得纳税(国税发〔1994〕148 号)。

(2) 在境内无住所而一个纳税年度内在境内连续或累计居住超过 90 日或 183 日(税收协定),但不满 1 年的个人,其来自中国境内的所得,无论是由中国境内企业或个人雇主支付还是由境外企业或个人雇主支付,均应缴纳个人所得税。至于个人在中国境外取得的工资、薪金所得,除担任中国境内企业董事或高层管理人员,并在境外履行职务而由境内企业支付董事费或工资、薪金所得外,不缴纳个人所得税(国税发〔1994〕148 号)。

(3)"5 年规则"。在境内居住无住所,但居住满 1 年,不满 5 年的个人,其来自中国境内的所得应全部依法缴纳个人所得税。对于其来自中国境外的各种所得,经主管税务机关批准,可以只就由中国境内公司、企业以及其他经济组织或者个人支付的部分缴纳个人所得税。

(4) 境内连续居住满 5 年的个人。在中国境内无住所的个人在境内连续居住满 5 年的,从第 6 年起,应当就其来自中国境内、境外的全部所得缴纳个人所得税。

如该个人在第6年起以后的某一纳税年度内在境内居住不足90天,可以按税法相关规定确定纳税义务,仅就其境内所得的境内支付部分交税,并从再次居住满1年的年度起重新计算5年期限。

归纳

居住时间与纳税义务如表8-3所示。

表8-3 居住时间与纳税义务

居住时间	在中国境内工作		在中国境外工作	
	境内支付	境外支付	境内支付	境外支付
T≤90(183)天(国税发〔1994〕148号)	征税	免税	不征税	不征税
90(183)天<T≤1年(国税发〔1994〕148号)	征税	征税	不征税	不征税
1年<T≤5年(国务院令第600号)	征税	征税	征税	免税
T>5年(国务院令第600号)	征税	征税	征税	征税

特别提示1

上述个人入境、离境、往返或多次往返境内外的当日,均按1天计算其在中国实际逗留天数。

特别提示2

对在中国境内、境外机构同时担任职务或仅在境外机构任职的境内无住所个人,计算其在境内工作期间时,对其入境、离境、往返或多次往返境内外的当日,均按半天计算其在中国实际工作天数。

三、税率

(一)税率设计的原则

(1)税负从轻。

(2)区别对待,分类调节。

(3)体现国家政策。

(二)适用税率(主席令第48号)

个人所得税区分不同个人所得项目,规定了超额累进税率和比例税率两种形式。

(1)工资、薪金所得。适用3%~45%的7级超额累进税率,如表8-4所示。

表 8-4　工资、薪金所得适用税率

级数	全月应纳税所得额(含税级距)	税率(%)	速算扣除数
1	不超过 1 500 元的部分	3	0
2	超过 1 500 元至 4 500 元的部分	10	105
3	超过 4 500 元至 9 000 元的部分	20	555
4	超过 9 000 元至 35 000 元的部分	25	1 005
5	超过 35 000 元至 55 000 元的部分	30	2 755
6	超过 55 000 元至 80 000 元的部分	35	5 505
7	超过 80 000 元的部分	45	13 505

注：本表所列含税级距，为按照税法规定，以每月收入额扣除规定费用 3 500 元后的余额或者减除有关费用后的所得额。

(2) 个体工商户的生产、经营所得和对企事业单位的承包经营、承租经营所得、个人独资企业和合伙企业的生产经营所得适用 5%～35%的 5 级超额累进税率，如表 8-5 所示。

表 8-5　个体工商户的生产、经营所得和对企事业单位的承包经营、承租经营所得、个人独资企业和合伙企业的生产经营所得适用税率

级数	全年应纳税所得额	税率(%)	速算扣除数
1	不超过 15 000 元的部分	5	0
2	超过 15 000 元至 30 000 元的部分	10	750
3	超过 30 000 元至 60 000 元的部分	20	3 750
4	超过 60 000 元至 100 000 元的部分	30	9 750
5	超过 100 000 元的部分	35	14 750

注：本表所称全年应纳税所得额，对个体工商户的生产、经营所得来源，是指以每一纳税年度的收入总额，减除成本、费用以及损失后的余额；对企事业单位的承包经营、承租经营所得来源，是指以每一纳税年度的收入总额，减除必要费用后的余额。

(3) 稿酬所得。对稿酬所得，规定在适用 20%税率征税时，按应纳税额减征 30%，即只征收 70%的税额。

(4) 劳务报酬所得。对劳务报酬所得一次收入畸高的，规定在适用 20%税率征税的基础上，实行加成征税办法。

所谓劳务报酬所得一次收入畸高的，是指个人一次性取得的劳务报酬，其应纳税所得额超过 20 000 元。劳务报酬所得加成征税采取超额累进税率的计算办法，对应纳税所得额在 20 000 元至 50 000 元的部分，依照税法规定计算应纳税额后，再按照应纳税额加征五成；对超过 50 000 元的部分，按应纳税额加征十成(国务院令第 600 号)，这等于对应纳税所得额超过 20 000 元和超过 50 000 元的部分分别适用 30% 和 40% 的税率，如表 8-6 所示。

表 8-6 劳务报酬所得适用税率

级数	每次应纳税所得额	税率(%)	速算扣除数(元)
1	不超过 20 000 元的部分	20	0
2	超过 20 000 元至 50 000 元的部分	30	2 000
3	超过 50 000 元的部分	40	7 000

注：本表所称每次应纳税所得额，是指每次收入额减除费用 800 元(每次收入额不超过 4 000 元)或者减除 20%的费用(每次收入额超过 4 000 元)后的余额。

(5) 特许权使用费所得，财产转让所得，财产租赁所得，利息、股息、红利所得，偶然所得和其他所得均适用 20%的比例税率。

第三节 计税依据和应纳税额的计算

一、计税依据

(一) 一般规定

个人所得税的计税依据是个人取得的各项收入减去税法规定的扣除项目或扣除金额之后的余额。

应纳税所得额=各项收入－税法规定的扣除项目或扣除金额

我国个人所得税采取分项确定、分类扣除，根据其所得的不同情况分别实行定额、定率和会计核算三种扣除办法(表 8-7)。

表 8-7 我国个人所得税会计核算三种扣除办法

11 类应税所得	费用扣除方法
工资、薪金所得	定额扣除
(1) 稿酬所得 (2) 特许权使用费所得 (3) 劳务报酬所得 (4) 财产租赁所得	定额或定率扣除(每次 800 元或 20%)
(1) 对企事业单位的承包经营、承租经营所得 (2) 个体工商户(个人独资企业、合伙企业)生产经营所得	会计核算
(1) 利息、股息、红利所得 (2) 偶然所得 (3) 其他所得	无费用扣除

特别提示

个人取得的收入一般是货币形式。除现金外，应以凭证、票面价格及参照市场价格核定应纳税所得额(国务院令第 600 号)。

（二）特殊规定

（1）个人将其所得通过中国境内的社会团体、国家机关向教育和其他社会公益事业以及遭受严重自然灾害地区、贫困地区的捐赠，捐赠额未超过纳税人申报的应纳税所得额30%的部分，可以从应纳税所得额中扣除，超过部分不得扣除（国务院令第 600 号）。

（2）从 2000 年开始，允许个人通过非营利性的社会团体和政府部门，对下列机构的捐赠准予在个人所得税税前 100%（全额）扣除：红十字事业，福利性、非营利性老年服务机构，公益性青少年活动场所（其中包括新建的），农村义务教育，教育事业，宋庆龄基金会6 家单位，中国医药卫生事业发展基金会，中国教育发展基金会，中国老龄事业发展基金会等 8 家单位，中华快车基金会等 5 家单位以及地震灾区等（财税〔2000〕21 号、财税〔2000〕30 号、财税〔2000〕97 号、财税〔2001〕103 号、财税〔2004〕39 号、财税〔2004〕172 号、财税〔2006〕66 号、财税〔2006〕67 号、财税〔2006〕68 号、国税发〔2008〕55 号）。

二、应纳税所得额的确定（国务院令第 600 号）

（一）工资、薪金所得

工资、薪金所得实行按月计证，以个人每月收入额固定减除 3 500 元费用后的余额为计税依据（主席令第 48 号）。

（1）减除费用的具体规定。

① 附加减除费用《个人所得税法》规定，自 2011 年 9 月 1 日起，在每月扣除 3 500 元的基础上，再减除 1 300 元，即扣除 4 800 元。

附加减除费用所适用的具体范围是（国务院令第 600 号）：在中国境内的外商投资企业和外国企业中工作的外籍人员；应聘在中国境内企业、事业单位、社会团体、国家机关中工作的外籍人员；在中国境内有住所而在中国境外任职或受雇取得工资、薪金所得的个人；财政部确定的其他人员。

此外，附加减除费用也适用于华侨和香港、澳门、台湾同胞。

② 雇用和派遣单位分别支付工资、薪金的费用扣除原则是，采取由支付者一方减除费用的办法（国税发〔1994〕89 号）。

③ 对于外商投资企业、外国企业和外国驻华机构发放给中方工作人员的工资、薪金所得，应全额计税。但对于可以提供有效合同或有关凭证，能够证明其工资、薪金所得的一部分按有关规定上缴派遣（介绍）单位的，可以扣除其实际上缴的部分，按其余额计征个人所得税（国税发〔1994〕89 号）。

④ 如果纳税人因任职、受雇、履约等而在中国境内提供劳务取得所得，无论支付地点是否在中国境内，均为来自中国境内的所得（国税发〔1994〕89 号）。

⑤ 为了照顾采掘业、远洋运输业、远洋捕捞业因受季节、产量等因素的影响，职工的工资、薪金收入呈现较大幅度波动的实际情况，对这三个特定行业的职工取得的工资、薪金所得采取按年计算、分月预缴的方式计征个人所得税。年度终了后 30 日内，合计其全年工资、薪金所得，再按 12 个月平均计算实际应纳的税款，多退少补。用公式表示为

年应纳所得税额＝[（全年工资、薪金收入÷12－费用扣除标准）×税率－速算扣除数]×12

考虑到远洋运输具有跨国流动的特性,因此,对远洋运输船员每月的工资、薪金收入在统一扣除3 500元费用标准的基础上,准予再扣除税法规定的附加减除费用标准。由于船员的伙食费统一用于集体用餐,不发给个人,故特案允许该项补贴不计入船员个人的应纳税工资、薪金收入(国税发〔1999〕202号、主席令第48号)。

⑥ 个人因公务用车和通信制度改革而取得的公务用车、通信补贴收入,按月发放的,并入当月"工资、薪金所得"计征个人所得税;不按月发放的,分解到所属月份并与该月份"工资、薪金所得"合并后计征个人所得税(国税函〔2006〕245号)。

(2) 纳税人取得全年一次性奖金,单独作为一个月工资、薪金所得计算纳税,自2005年1月1日起由扣缴义务人发放时代扣代缴(国税发〔2005〕9号)。

(3) 取得不含税全年一次性奖金收入个人所得税的计算方法则按照国税发〔2005〕715号文件执行。

(4) 雇主为雇员负担全年一次性奖金部分个人所得税款,属于雇员又额外增加了收入,应将雇主负担的这部分税款并入雇员的全年一次性奖金,换算为应纳税所得额后,按照规定方法计征个人所得税(国家税务总局公告2011年第28号)。

(5) 双薪的计税方法。就机关而言,相当于全年一次性奖金,应按全年一次性奖金政策规定计算个人所得税;就企业而言,如果当月既有年终加薪,又有全年一次性奖金,可合并按照全年一次性奖金政策规定计算个人所得税,否则,应并入当月的工资按规定计算个人所得税。

(6) 在中国境内无住所的个人,凡在中国境内不满一个月,并仅就满一个月期间的工资、薪金所得申报纳税的,均应以全月工资、薪金所得为依据计算实际应纳税额(国税函〔1994〕148号)。

(7) 对个人因解除劳动合同取得经济补偿金的,根据《财政部、国家税务总局关于个人与用人单位解除劳动关系取得的一次性补偿收入征免个人所得税问题的通知》和《国家税务总局关于国有企业职工因解除劳动合同取得一次性补偿收入征免个人所得税问题的通知》的精神按规定处理。

(8) 自2011年1月1日起,个人提前退休取得一次性补偿收入的个人所得税按照国家税务总局公告2011年第6号的规定处理。

(9) 对非居民个人不同纳税义务的规定,详见国税发〔2004〕97号。

(二) 个体工商户、个人独资企业和合伙企业的生产、经营所得的计税方法

1. 个体工商户生产、经营所得的计税方法(国家税务总局令2014年第35号)

个体工商户的生产、经营所得,以每一纳税年度的收入总额,减除成本、费用、税金、损失、其他支出以及允许弥补的以前年度亏损后的余额,为应纳税所得额。

个体工商户下列支出不得扣除:

(1) 个人所得税税款;

(2) 税收滞纳金;

(3) 罚金、罚款和被没收财物的损失;

(4) 不符合扣除规定的捐赠支出;

(5) 赞助支出;

(6) 用于个人和家庭的支出；

(7) 与取得生产经营收入无关的其他支出；

(8) 国家税务总局规定不准扣除的支出。

个体工商户生产经营活动中，应当分别核算生产经营费用和个人、家庭费用。对于生产经营与个人、家庭生活混用难以分清的费用，其 40%视为与生产经营有关费用，准予扣除。

个体工商户纳税年度发生的亏损，准予向以后年度结转，用以后年度的生产经营所得弥补，但结转年限最长不得超过 5 年。

扣除项目及标准如下。

(1) 个体工商户实际支付给从业人员的、合理的工资、薪金支出，准予扣除。个体工商户业主的费用扣除标准(3 500 元/人/月)可扣除，个体工商户业主的工资、薪金支出不得税前扣除。

(2) 个体工商户按照国务院有关主管部门或者省级人民政府规定的范围和标准为其业主和从业人员缴纳的基本养老保险费、基本医疗保险费、失业保险费、生育保险费、工伤保险费和住房公积金，准予扣除。

个体工商户为从业人员缴纳的补充养老保险费、补充医疗保险费，分别在不超过从业人员工资总额 5%标准内的部分据实扣除；超过部分，不得扣除。

(3) 除个体工商户依照国家有关规定为特殊工种从业人员支付的人身安全保险费和财政部、国家税务总局规定可以扣除的其他商业保险费外，个体工商户业主本人或者为从业人员支付的商业保险费，不得扣除。个体工商户参加财产保险，按照规定缴纳的保险费，准予扣除。

(4) 个体工商户在生产经营活动中发生的合理的不需要资本化的借款费用，准予扣除。

(5) 个体工商户在生产经营活动中发生的下列利息支出，准予扣除：

① 向金融企业借款的利息支出；

② 向非金融企业和个人借款的利息支出，不超过按照金融企业同期同类贷款利率计算的数额的部分。

(6) 个体工商户在货币交易中，以及纳税年度终了时将人民币以外的货币性资产、负债按照期末即期人民币汇率中间价折算为人民币时产生的汇兑损失，除已经计入有关资产成本部分外，准予扣除。

(7) 个体工商户向当地工会组织拨缴的工会经费、实际发生的职工福利费支出、职工教育经费支出分别在工资、薪金总额的 2%、14%、2.5%的标准内据实扣除。

(8) 个体工商户发生的与生产经营活动有关的业务招待费，按照实际发生额的 60%扣除，但最高不得超过当年销售(营业)收入的 5‰。业主自申请营业执照之日起至开始生产经营之日止所发生的业务招待费，按照实际发生额的 60%计入个体工商户的开办费。

(9) 个体工商户每一纳税年度发生的与其生产经营活动直接相关的广告费和业务宣传费不超过当年销售(营业)收入 15%的部分，可以据实扣除；超过部分，准予在以后纳税年度结转扣除。

(10) 个体工商户按照规定缴纳的摊位费、行政性收费、协会会费等,按实际发生数额扣除。代其从业人员或者他人负担的税款,不得税前扣除。

(11) 个体工商户发生的合理的劳动保护支出,准予扣除。

(12) 个体工商户通过公益性社会团体或者县级以上人民政府及其部门,用于《公益事业捐赠法》规定的公益事业的捐赠,捐赠额不超过其应纳税所得额30%的部分可以据实扣除。个体工商户直接对受益人的捐赠不得扣除。

(13) 个体工商户研究开发新产品、新技术、新工艺所发生的开发费用,以及研究开发新产品、新技术而购置单台价值在10万元以下的测试仪器和试验性装置的购置费准予直接扣除;单台价值在10万元以上(含10万元)的测试仪器和试验性装置,按固定资产管理,不得在当期直接扣除。

2. 个人独资企业和合伙企业投资者征收个人所得税的相关规定

根据国务院的决定,从2000年1月1日起,个人独资企业和合伙企业不再缴纳企业所得税,只对投资者个人取得的生产经营所得征收个人所得税;根据国发〔2000〕16号文件、财税〔1994〕20号文件和财税〔2004〕30号文件等有关规定,对个人独资企业和合伙企业投资者取得的种植业、养殖业、饲养业、捕捞业“四业”所得暂不征收个人所得税。

个人独资企业和合伙企业的计税依据,等于每一纳税年度的收入总额减除成本、费用以及损失后的余额。

(1) 扣除项目。扣除项目比照《个体工商户个人所得税计税办法》(国家税务总局令第35号)的规定执行。但下列项目的扣除例外。

① 投资者的工资不得在税前直接扣除,但可按规定的标准扣除费用。自2011年9月1日起,投资者费用扣除标准为3 500元/月,具体计算方法比照个体工商户全年应纳税额的计算方法。

② 投资者及其家庭发生的生活费用不允许在税前扣除。投资者及其家庭发生的生活费用与企业生产经营费用混合在一起,并且难以划分的,其40%视为与生产经营有关费用,准予扣除。

③ 计提的各种准备金不得扣除。

④ 企业与其关联企业之间的业务往来,应当按照独立企业之间的业务往来收取或者支付价款、费用。不按照独立企业之间的业务往来收取或者支付价款、费用,而减少其应纳税所得额的,主管税务机关有权进行合理调整。

(2) 个人独资企业和合伙企业核定征收应纳税额的计算。

① 核定征收的范围。有下列情形之一的,主管税务机关应采取核定征收方式征收个人所得税:企业依照国家有关规定应当设置但未设置账簿的;企业虽设置账簿,但账目混乱或者成本资料、收入凭证、费用凭证残缺不全,难以查账的;纳税人发生纳税义务,未按照规定的期限办理纳税申报,经税务机关责令限期申报,逾期仍不申报的。

② 核定征收方式。核定征收方式,包括定额征收、核定应税所得率征收以及其他合理的征收方式。实行核定应税所得率征收方式的,应纳所得税额的计算公式如下:

$$应纳所得税额=应纳税所得额\times 适用税率$$

$$应纳税所得额=收入总额\times 应税所得率=成本费用支出额\div (1-应税所得率)\times 应税所得率$$

各行业的应税所得率如表8-8所示。

表8-8　各行业的应税所得率

行　　业	应税所得率
工业、商业、交通运输业	5%～20%
建筑业、房地产开发业	7%～20%
饮食服务业	7%～25%
娱乐业	20%～40%
其他行业	10%～30%

（三）对企事业单位承包经营、承租经营所得的计税方法

对企事业单位承包经营、承租经营所得是以每一纳税年度的收入总额，减除必要费用后的余额，为计税依据。

个人在承租承包经营期间，按照企业所得税的有关规定，凡承租经营后，未改变被租企业名称，未变更工商登记，仍以被承租企业名义对外从事生产经营活动，不论被承租企业与承租方如何分配经营成果，均以被承租企业为纳税人。

（四）劳务报酬所得的计税方法

劳务报酬所得以个人每次取得的收入，定额或定率减除规定费用后的余额为计税依据。每次收入不超过4 000元的，定额减除费用800元；每次收入在4 000元以上的，定率减除20%的费用（主席令第48号）。

税法规定凡属于一次性收入的，已取得该项收入为一次，按次确定计税依据；凡属于同一项目连续性收入的，以一个月内取得的收入为一次，据以确定计税依据（国税函发〔1996〕602号）。

获得劳务报酬所得的纳税人从其收入中支付给中介人和相关人员的报酬，除另有规定外，在定率扣除20%的费用后，一律不再扣除。对中介人和相关人员取得的报酬，应分别计征个人所得税（国税函发〔1996〕602号）。

（五）稿酬所得的计税方法

1. 计税依据的确定

稿酬所得以个人每次取得的收入，定额或定率减除规定费用后的余额为计税依据。每次收入不超过4 000元的，定额减除费用800元；每次收入在4 000元以上的，定率减除20%的费用。费用扣除计算方法与劳务报酬所得相同。

2. 每次取得的收入的确定

所谓每次取得的收入，是指以每次出版、发表作品取得的收入为一次，确定应纳税所得额。稿酬每次取得的收入特殊规定如下。

(1) 个人每次以图书、报刊方式出版、发表同一作品,不论出版单位是预付还是分笔支付稿酬或者加印该作品后再付稿酬,均应合并为一次征税。

(2) 在两处或两处以上出版、发表或再版同一作品而取得的稿酬,应就各处取得的所得或再版所得分次征税。

(3) 个人的同一作品在报刊上连载,应合并其应连载而取得的所得为一次。连载之后又出书取得稿酬的,或先出书后连载取得稿酬的,应视同再版稿酬分次征税。

(4) 作者去世后,对取得其遗作稿酬的个人,按稿酬所得征税。

(六) 特许权使用费所得的计税方法

特许权使用费所得以个人每次取得的收入,定额或定率减除规定费用后的余额为计税依据。每次收入不超过4 000元的,定额减除费用800元;每次收入在4 000元以上的,定率减除20%的费用(主席令第48号)。费用扣除计算方法与劳务报酬所得相同。

对个人从事技术转让所支付的中介费,若能提供有效合法凭证,允许从其所得中扣除。

(七) 利息、股息、红利所得的计税方法

1. 计税依据的确定

利息、股息、红利所得以个人每次取得的收入额为计税依据,不得从收入额中扣除任何费用。

对于股份制企业在分配股息、红利时,以股票形式向股东个人支付应得的股息、红利(即派发红股),应以派发红股的股票票面金额为收入额,计算征收个人所得额(国税发〔1994〕89号)。

2. 实施上市公司股息红利差别化个人所得税政策(财税〔2012〕85号)

(1) 个人从公开发行或转让市场取得的上市公司股票,持股期限在1个月内(含)的,其股息红利所得全额计入应纳税所得额;持股期限在1个月以上至1年(含)的,暂减按50%计入应纳税所得额。持股期限超过1年的,股息红利所得暂免征收个人所得税(财税〔2015〕101号)。

(2) 个人转让股票时按照先进先出的原则计算持股期限,其证券账户中先取得的股票视为先转让。

(3) 对个人持有的上市公司限售股,解禁后取得的股息红利,按照财税〔2012〕85号规定计算纳税,持股时间自解禁日起计算;解禁前取得的股息红利继续暂减按50%计入计税依据,适用20%的税率计征个人所得税(财税〔2009〕167号、财税〔2010〕70号)。

(八) 财产租赁所得的计税方法

财产租赁所得一般以个人每次取得的收入,定额或定率减除规定费用后的余额为计税依据。每次收入不超过4 000元,定额减除费用800元;每次收入在4 000元以上,定率减除20%的费用。财产租赁所得以一个月内取得的收入为一次。

允许扣除的修缮费用,以每次800元为限。一次扣除不完的,准予在下一次继续扣除,直到扣完为止(国税发〔1994〕89号)。

个人将承租房屋转租取得的租金收入,属于个人所得税应税所得,应按"财产租赁所

得”项目计算缴纳个人所得税。

个人出租房屋的个人所得税应税收入不含增值税，计算房屋出租所得可扣除的税费不包括本次出租缴纳的增值税。个人转租房屋的，其向房屋出租方支付的租金及增值税额，在计算转租所得时予以扣除。免征增值税的，确定计税依据时，租金收入不扣减增值税额(财税〔2016〕43 号)。

(九) 财产转让所得的计税方法

财产转让所得以个人每次转让财产取得的收入额减除财产原值和相关税费后的余额为计税依据。

个人转让房屋的个人所得税应税收入不含增值税，其取得房屋时所支付价款中包含的增值税计入财产原值，计算转让所得时可扣除的税费不包括本次转让缴纳的增值税。免征增值税的，确定计税依据时，转让房地产取得的收入不扣减增值税额(财税〔2016〕43 号)。

财产转让所得中允许减除的财产原值是指：

(1) 有价证券。其原值为买入价及买入时按规定缴纳的有关费用。一般地，转让债权采用加权平均法确定其应减除的财产原值和合理费用。

(2) 建筑物。其原值为建造费或者购进价格以及其他有关税费。

(3) 土地使用权。其原值为取得土地使用权所支付的金额、开发土地的费用以及其他有关税费。

(4) 机器设备、车船。其原值为购进价格、运输费、安装费，以及其他有关费用。

(5) 其他财产。其原值参照以上方法确定。如果纳税人未提供完整、准确的财产原值凭证，不能正确计算财产原值，由主管税务机关核定其财产原值。

(6) 个人因购买和处置债权所得按照国税函〔2005〕655 号文件有关规定征收个人所得税。

(十) 偶然所得和其他所得的计税方法

偶然所得和其他所得以个人每次取得的收入额为计税依据，不扣除任何费用。除有特殊规定外，每次收入额就是应纳税所得额，以每次取得该项收入为一次。

(十一) 特殊情形下个人所得税的计税方法

1. 扣除捐赠款的计税方法

个人将其所得对教育事业和其他公益事业捐赠的部分，允许从应纳税所得额中扣除。上述捐赠是指个人将其所得通过中国境内的社会团体、国家机关向教育和其他社会公益事业以及遭受严重自然灾害地区、贫困地区的捐赠。

一般捐赠额的扣除以不超过纳税人申报应纳税所得额的 30%为限。

2. 境外缴纳税额抵免的计税方法

在中国境内有住所，或者虽无住所，但在中国境内居住满 1 年以上的个人，从中国境内和境外取得的所得，都应缴纳个人所得税。实际上，纳税人的境外所得一般均已缴纳或负担了有关国家的所得税额。为了避免发生国家间对同一所得的重复征税，同时维护我国的税收权益，税法规定，纳税人从中国境外取得的所得，准予其在应纳税额中扣除已在境外实缴的个人所得税税款，但扣除额不得超过该纳税人境外所得依照税法规定计算的应纳税额。

3. 两个或两个以上的个人共同取得同一项目收入的计税方法

两个或两个以上的个人共同取得同一项目收入的，如编著一本书、参加同一场演出等，应当对每个人取得的收入分别按照税法规定减除费用后计算纳税，即实行“先分、后扣、再税”的办法。

4. 对从事建筑安装业个人取得所得的征税办法

详见国税发〔1996〕127号文件、国家税务总局公告2015年第52号。

5. 对从事广告业个人取得所得的征税办法

详见国税发〔1998〕197号文件。

6. 对演出市场个人取得所得的征税办法

详见国税发〔1995〕171号文件。

7. 个人股票期权所得征收个人所得税的方法

(1) 股票期权所得性质的确认及其具体征税规定如表8-9所示(财税〔2005〕35号、国税函〔2006〕902号)。

表8-9 股票期权所得性质的确认及其具体征税规定

行为	计税方法
施权日	一般不作为应税所得征税(另有规定除外)
行权日之前	股票期权一般不得转让；因特殊情况转让，股票期权的转让净收入，按工资、薪金所得缴纳个人所得税
行权日	从企业取得股票的实际购买价(施权价)低于购买日公平市场价(指该股票当日的收盘价，下同)的差额，应按工资、薪金所得项目缴纳个人所得税
出售日	获得的高于购买日公平市场价的差额，应按照财产转让所得项目的征免规定计算缴纳个人所得税
分配日	按照利息、股息、红利所得项目缴纳个人所得税

(2) 员工接受可公开交易的股票期权税务处理。

① 员工取得可公开交易的股票期权，作为员工授权日所在月份的工资、薪金所得，计算缴纳个人所得税。

如果员工以折价购入方式取得股票期权的，可以授权日股票期权的市场价格扣除折价购入股票期权时实际支付的价款后的余额，作为授权日所在月份的工资、薪金所得。

② 员工取得可公开交易的股票期权后，转让该股票期权所取得的所得，属于财产转让所得，按现行税法和政策规定免征个人所得税。

③ 员工取得上述可公开交易的股票期权后，实际行权时，不再计算缴纳个人所得税。

8. 关于股权转让所得个人所得税的征收办法(国家税务总局公告2014年第67号)

(1) 股权转让收入是指转让方因股权转让而获得的现金、实物、有价证券和其他形式的经济利益。

(2) 转让方取得与股权转让相关的各种款项，包括违约金、补偿金以及其他名目的款项、资产、权益等，均应当并入股权转让收入。

(3) 纳税人按照合同约定，在满足约定条件后取得的后续收入，应当作为股权转让收入。

(4) 股权转让收入应当按照公平交易原则确定。符合下列情形之一的，主管税务机关可以核定股权转让收入。

① 申报的股权转让收入明显偏低且无正当理由的；

② 未按照规定期限办理纳税申报，经税务机关责令限期申报，逾期仍不申报的；

③ 转让方无法提供或拒不提供股权转让收入的有关资料；

④ 其他应核定股权转让收入的情形。

(5) 主管税务机关应依次按照下列方法核定股权转让收入。

① 净资产核定法。股权转让收入按照每股净资产或股权对应的净资产份额核定。

② 类比法。一是参照相同或类似条件下同一企业同一股东或其他股东股权转让收入核定；二是参照相同或类似条件下同类行业企业股权转让收入核定。

③ 其他合理方法。主管税务机关采用以上方法核定股权转让收入存在困难的，可以采取其他合理方法核定。

9. 纳税人收回转让的股权征收个人所得税的方法(国税函〔2005〕130号)

(1) 根据《个人所得税法》及其实施条例和《税收征收管理法》的有关规定，股权转让合同履行完毕、股权已作变更登记，且所得已经实现的，转让人取得的股权转让收入应当依法缴纳个人所得税。转让行为结束后，当事人签订并执行解除原股权转让合同、退回股权的协议，是另一次股权转让行为，对前次转让行为征收的个人所得税不予退回。

(2) 股权转让合同未履行完毕，因执行仲裁委员会作出的解除股权转让合同及补充协议的裁决、停止执行原股权转让合同，并原价收回已转让股权的，由于其股权转让行为尚未完成、收入未完全实现，随着股权转让关系的解除，股权收益不复存在，根据《个人所得税法》和《税收征收管理法》的有关规定，以及从行政行为合理性原则出发，纳税人不应缴纳个人所得税。

10. 关于股权激励所得个人所得税的征收方法

(1) 股权激励所得项目和计税方法的确定(财税〔2009〕5号)。

个人因任职、受雇从上市公司取得的股票增值权所得和限制性股票所得，由上市公司或其境内公司按照工资、薪金所得项目和股票期权所得个人所得税计税方法，依法扣缴其个人所得税。

(2) 股票增值权计税依据的确定(国税函〔2009〕461号)。

股票增值权被授权人获取的收益，是由上市公司根据授权日与行权日股票差价乘以被授权股数，直接向被授权人支付的现金。上市公司应于向股票增值权被授权人兑现时依法扣缴个人所得税。其计算公式为

股票增值权某次行权计税依据＝(行权日股票价格－授权日段票价格)×行权股票份数

11. 个人转让上市公司限售股所得征收个人所得税的计算(财税〔2009〕167号)

(1) 自2010年1月1日起，对个人转让限售股取得的所得，按照“财产转让所得”，适用20%的比例税率征收个人所得税。其计算公式为

应纳税所得额=限售股转让收入-(限售股原值+合理税费)

应纳税额=应纳税所得额×20%

(2) 如果纳税人未能提供完整、真实的限售股原值凭证的,不能准确计算限售股原值的,主管税务机关一律按限售股转让收入的15%核定限售股原值及合理税费。

(3) 对个人在上海证券交易所、深圳证券交易所转让从上市公司公开发行和转让市场取得的上市公司股票所得,继续免征个人所得税。

12. 单位低价向职工售房有关个人所得税的计算方法(财税〔2007〕13号)

自2007年2月8日起,单位低价向职工售房有关个人所得税的计算方法按以下规定执行。

(1) 国家机关、企事业单位及其他组织(统称单位)在住房制度改革期间,按照所在地县级以上人民政府规定的房改成本价格向职工出售公有住房、职工因支付的房改成本价格低于房屋建造成本价格或市场价格而取得的差价收益,免征个人所得税。

(2) 除上述第(1)条规定情形外,单位按低于购买或建造成本价格出售住房给职工,职工因此而少支出的差价部分,属于个人所得税应税所得,应按照"工资、薪金所得"项目缴纳个人所得税。

(3) 对职工取得的上述应税所得,比照国税发〔2005〕9号文件规定的全年一次性奖金的征税办法计算征收个人所得税。

13. 个人取得拍卖收入征收个人所得税的计算方法(国税发〔2007〕38号)

自2007年5月1日起,个人取得拍卖收入征收个人所得税执行以下计算方法。

(1) 个人通过拍卖市场拍卖个人财产、对其取得所得按以下规定征税。

① 作者将自己的文字作品手稿原件或复印件拍卖取得的所得,应以其转让收入额减除800元(转让收入额4 000元以下)或者20%(转让收入额4 000元以上)后的余额为计税依据,按照特许权使用费所得项目适用20%税率缴纳个人所得税(国税发〔1994〕89号)。

② 个人拍卖除文字作品原稿及复印件外的其他财产,应以其转让收入额减除财产原值和合理费用后的余额为计税依据,按照财产转让所得项目适用20%税率缴纳个人所得税。

(2) 对个人财产拍卖所得征收个人所得税时,以该项财产最终拍卖成交价格为其转让收入额。

(3) 个人财产拍卖所得适用财产转让所得项目计算时,纳税人凭合法有效凭证,从其转让收入额中减除相应的财产原值、拍卖财产过程中缴纳的税金及有关合理费用。

(4) 纳税人不能提供合法、完整、准确的财产原值凭证,不能正确计算财产原值的,按转让收入额的3%征收率计算缴纳个人所得税;拍卖品为经文物部门认定是海外回流文物的,按转让收入额的2%征收率计算缴纳个人所得税。

14. 个人无偿受赠房屋产权的个人所得税处理(财税〔2009〕78号)

(1) 以下情形的房屋产权无偿赠予,对当事双方不征收个人所得税。

① 房屋产权所有人将房屋产权无偿赠予配偶、父母、子女、祖父母、外祖父母、孙子女、外孙子女、兄弟姐妹。

② 房屋产权所有人将房屋产权无偿赠予对其承担直接抚养或者赡养义务的抚养人或者赡养人。

③ 房屋产权所有人死亡，依法取得房屋产权的法定继承人、遗嘱继承人或受遗赠人。

(2) 除第(1)条规定情形外，房屋产权所有人将房屋产权无偿赠予他人的，受赠人因无偿受赠房屋取得的受赠所得，按照经国务院财政部门确定征税的其他所得项目缴纳个人所得税，税率为20%。

(3) 对受赠人无偿受赠房屋计征个人所得税时，其计税依据为房地产合同上标明的赠予房屋价值减除赠予过程中受赠人支付的相关税费后的余额。

(4) 受赠人转让受赠房屋的，以其转让受赠房屋的收入减除原捐赠人取得该房屋的实际购置成本以及赠与和转让过程中受赠人支付的相关税费后的余额，为受赠人的计税依据，依法计征个人所得税。

15. 个人转让离婚析产房屋的征税问题(国税发〔2009〕121号)

(1) 通过离婚析产的方式分割房屋产权是夫妻双方对共同共有财产的处置，个人因离婚办理房屋产权过户手续，不征收个人所得税。

(2) 个人转让离婚析产房屋所取得的收入，允许扣除其相应的财产原值和合理费用后，余额按照规定的税率缴纳个人所得税。其相应的财产原值，为房屋初次购置全部原值和相关税费之和乘以转让者占房屋所有权的比例。

(3) 个人转让离婚析产房屋所取得的收入，符合家庭生活自用5年以上唯一住房的，可以申请免征个人所得税(国税发〔2005〕172号)。

16. 企业年金个人所得税的计算方法(财税〔2013〕103号)

(1) 计税依据的确定。

① 企业和事业单位(以下统称单位)根据国家有关政策规定的办法和标准，为在本单位任职或者受雇的全体职工缴付的企业年金或职业年金(以下统称年金)单位缴费部分，在计入个人账户时，个人暂不缴纳个人所得税。

② 个人根据国家有关政策规定缴付的年金个人缴费部分，在不超过本人缴费工资计税基数4%标准内的部分，暂从个人当期的应纳税所得额中扣除。

③ 超过上述第①项和第②项规定的标准缴付的年金单位缴费和个人缴费部分，应并入个人当期的工资、薪金所得，依法计征个人所得税。税款由建立年金的单位代扣代缴，并向主管税务机关申报解缴。

④ 企业年金个人缴费工资计税基数为本人上一年度月平均工资。月平均工资超过职工工作地所在设区城市上一年度职工月平均工资300%以上的部分，不计入个人缴费工资计税基数。

(2) 年金基金投资运营收益分配计入个人账户时，个人暂不缴纳个人所得税。

17. 律师事务所从业人员个人所得税的计算方法

详见国家税务总局公告2012年第53号。

18. 个人投资者收购企业股权后将原盈余积累转赠股本个人所得税的问题

详见国家税务总局公告2013年第23号。

19. 关于股权奖励和转增股本个人所得税征管问题

详见国家税务总局公告2015年第80号。

20. 非货币性资产投资个人所得税政策(财税〔2015〕41号)

自2015年4月1日起,非货币性资产投资有关个人所得税政策如下。

(1) 个人以非货币性资产投资,属于个人转让非货币性资产和投资同时发生。对个人转让非货币性资产的所得,应按照财产转让所得项目,依法计算缴纳个人所得税。

(2) 个人以非货币性资产投资,应按评估后的公允价值确认非货币性资产转让收入。非货币性资产转让收入减除该资产原值及合理税费后的余额为应纳税所得额。

(3) 个人应在发生上述应税行为的次月15日内向主管税务机关申报纳税。纳税人一次性缴税有困难的,可合理确定分期缴纳计划并报主管税务机关备案后,自发生上述应税行为之日起不超过5个公历年度内(含)分期缴纳个人所得税。

(4) 个人以非货币性资产投资交易过程中取得现金补价的,现金部分应优先用于缴税;现金不足以缴纳的部分,可分期缴纳。

(5) 非货币性资产,是指现金、银行存款等货币性资产以外的资产,包括股权、不动产、技术发明成果以及其他形式的非货币性资产。

非货币性资产投资,包括以非货币性资产出资设立新的企业,以及以非货币性资产出资参与企业增资扩股、定向增发股票、股权置换、重组改制等投资行为。

对2015年4月1日之前发生的个人非货币性资产投资,尚未进行税收处理且自发生上述应税行为之日起期限未超过5年的,可在剩余的期限内分期缴纳其应纳税款。

非货币性资产投资有关个人税征管问题,详见国家税务总局公告2015年第20号。

21. 商业健康保险个人所得税政策(财税〔2015〕126号)

(1) 实施商业健康保险个人所得税政策的试点地区为:北京市、上海市、天津市、重庆市等。

(2) 财税〔2015〕56号文件所称符合规定的商业健康保险,是指保险公司参照个人税收优惠型健康保险产品指引框架及示范条款(附件)开发的、符合下列条件的健康保险产品。

① 健康保险产品采取具有保障功能并设立有最低保证收益账户的万能险方式,包含医疗保险和个人账户积累两项责任。被保险人个人账户由其所投保的保险公司负责管理维护。

② 被保险人为16周岁以上、未满法定退休年龄的纳税人群。保险公司不得因被保险人既往病史拒保,并保证续保。

③ 医疗保险保障责任范围包括被保险人医保所在地基本医疗保险基金支付范围内的自付费用及部分基本医疗保险基金支付范围外的费用,费用的报销范围、比例和额度由各保险公司根据具体产品特点自行确定。

④ 同一款健康保险产品,可依据被保险人的不同情况,设置不同的保险金额,具体保险金额下限由保监会规定。

⑤ 健康保险产品坚持"保本微利"原则,对医疗保险部分的简单赔付率低于规定比例的,保险公司要将实际赔付率与规定比例之间的差额部分返还到被保险人的个人账户。

(3) 关于个人所得税税前扣除征管问题。

对试点地区个人购买符合规定的健康保险产品的支出，按照 2 400 元/年的限额标准在个人所得税前予以扣除，具体规定如下。

① 取得工资薪金所得或连续性劳务报酬所得的个人，自行购买符合规定的健康保险产品的，应当及时向代扣代缴单位提供保单凭证。扣缴单位自个人提交保单凭证的次月起，在不超过 200 元/月的标准内按月扣除。一年内保费金额超过 2 400 元的部分，不得税前扣除。次年或以后年度续保时，按上述规定执行。

② 单位统一组织为员工购买或者单位和个人共同负担购买符合规定的健康保险产品，单位负担部分应当实名计入个人工资薪金明细清单，视同个人购买，并自购买产品次月起，在不超过 200 元/月的标准内按月扣除。一年内保费金额超过 2 400 元的部分，不得税前扣除。次年或以后年度续保时，按上述规定执行。

③ 个体工商户业主、企事业单位承包承租经营者、个人独资和合伙企业投资者自行购买符合条件的健康保险产品的，在不超过 2 400 元/年的标准内据实扣除。一年内保费金额超过 2 400 元的部分，不得税前扣除。次年或以后年度续保时，按上述规定执行。

(4) 保险公司销售商业健康保险产品时，应在符合税收优惠条件的保单上注明税优识别码。个人购买商业健康保险未获得税优识别码的，其支出金额不得税前扣除。非试点地区个人购买商业健康保险产品不适用财税〔2015〕126 号文件相关个人所得税政策(国家税务总局公告 2015 年第 93 号)。

三、应纳税额的计算

(一) 工资、薪金所得

工资、薪金所得应纳税额的计算公式为

应纳税所得额＝每月收入－3 500 元

应纳税额＝应纳税所得额×适用税率－速算扣除数

外籍、港澳台在华人员及其他特殊人员附加减除费用 1 300 元：

应纳税额＝(每月收入－4 800 元)×适用税率－速算扣除数

适用税率为 7 级超额累进税率。

(二) 个体工商户的生产、经营所得

个体工商户的生产、经营所得应纳税额的计算公式为

应纳税所得额＝收入总额－(成本＋费用＋损失＋准予扣除的税金)－规定的费用减除标准

应纳税额＝应纳税所得额×适用税率－速算扣除数

适用税率为 5 级超额累进税率。

个体工商户 2011 年 9 月 1 日(含)以后的生产经营所得，适用修改后的费用减除标准，即 42 000 元/年(3 500 元/月)(业主工资不能扣除)。

(三) 对企事业单位承包经营、承租经营所得

对企事业单位承包经营、承租经营所得应纳税额的计算公式为

应纳税额=应纳税所得额×适用税额-速算扣除数

适用税率为5级超额累进税率。

实行承包、承租经营的纳税人,应以每一纳税年度的承包、承租经营所得计算纳税。纳税人在一个年度内分次取得承包、承租经营所得的,应在每次取得承包、承租经营所得后预缴税款,年终汇算清缴,多退少补。如果纳税人的承包、承租期在一个纳税年度内经营不足12个月,应以其实际承包、承租经营的期限为一个纳税年度计算纳税。计算公式为

应纳税所得额=该年度承包、承租经营收入额-3 500×该年度实际承包、承租经营月份数
应纳税额=应纳税所得额×适用税率-速算扣除数

(四)劳务报酬所得

劳务报酬所得应纳税额的计算公式如下:

(1)每次收入不超过4 000元:

应纳税所得额=每次收入额-800
应纳税额=应纳税所得额×20%

(2)每次收入在4 000元以上:

应纳税所得额=每次收入额×(1-20%)
应纳税额=应纳税所得额×20%

如果纳税人的每次应税劳务报酬应纳税所得额超过20 000元,应实行加成征税,其应纳税额应依据相应税率和速算扣除数计算(国务院令第600号)。

如果单位或个人为纳税人代付税款,应当将单位或个人支付给纳税人的不含税支付额(或称纳税人取得的不含税收入额)换算为应纳税所得额,然后按规定计算应代付的个人所得税款(国税发〔1996〕161号)。计算公式为

(1)不含税收入额不超过3 360元:

应纳税所得额=(不含税收入额- 800)÷(1-税率)
应纳税额=应纳税所得额×适用税率

(2)不含税收入额超过3 360元:

应纳税所得额=[(不含税收入额-速算扣除数)×(1-20%)]÷[1-税率×(1-20%)]
=[(不含税收入额-速算扣除数)×(1-20%)]÷当级换算系数
应纳税额=应纳税所得额×适用税率-速算扣除数

上述公式中,税率是指不含税劳务报酬收入所对应的税率,如表8-10所示;适用税率是指应纳税所得额按含税级距所对应的税率(国税发〔2000〕192号)。

表8-10 不含税劳务报酬收入适用税率

级数	不含税劳务报酬收入额	税率(%)	速算扣除数	换算系数
1	未超过3 360元的部分	20	0	无
2	超过3 360元至21 000元的部分	20	0	84
3	超过21 000元至49 500元的部分	30	2 000	76
4	超过49 500元的部分	40	7 000	68

（五）稿酬所得

稿酬所得应纳税额的计算公式如下：

(1) 每次收入不超过 4 000 元：

应纳税所得额＝每次收入额－800

应纳税额＝应纳税所得额×20%×(1－30%)

(2) 每次收入在 4 000 元以上：

应纳税所得额＝每次收入额×(1－20%)

应纳税额＝应纳税所得额×20%×(1－30%)

（六）特许权使用费所得

特许权使用费所得应纳税额的计算公式如下：

(1) 每次收入不超过 4 000 元：

应纳税所得额＝每次收入额－800

应纳税额＝应纳税所得额×20%

(2) 每次收入在 4 000 元以上：

应纳税所得额＝每次收入额×(1－20%)

应纳税额＝应纳税所得额×20%

（七）利息、股息、红利所得

利息、股息、红利所得应纳税额的计算公式为

应纳税额＝应纳税所得额×适用税率＝每次收入额×20%

（八）财产租赁所得

个人出租财产取得的财产租赁收入，在计算缴纳个人所得税时，应依次扣除以下费用（国税函〔2009〕639 号）。

(1) 财产租赁过程中缴纳的税费。

(2) 向出租方支付的租金。

(3) 由纳税人负担的该出租财产实际开支的修缮费用。

(4) 税法规定的其他费用扣除标准。

财产租赁所得应纳税额的计算公式如下：

(1) 每次(月)收入不足 4 000 元：

应纳税所得额＝每次(月)收入额－准予扣除项目－修缮费用(800 元为限)－800 元

应纳税额＝应纳税所得额×20%

(2) 每次(月)收入 4 000 元以上：

应纳税所得额＝[每次(月)收入额－准予扣除项目－修缮费用(800 元为限)]×(1－20%)

应纳税额＝应纳税所得额×20%

（九）财产转让所得

财产转让所得应纳税额的计算公式如下：

应纳税额=(收入总额－财产原值－合理税费)×20%

(十) 偶然所得和其他所得

偶然所得和其他所得应纳税额的计算公式如下：

应纳税额=应纳税所得额×适用税率=每次收入额×20%

第四节 减免税优惠

一、免税项目

根据《个人所得税法》(主席令第85号),对下列各项个人所得,免征个人所得税。

(1) 省级人民政府、国务院部委和中国人民解放军军以上单位,以及外国组织、国际组织颁发的科学、教育、技术、文化、卫生、体育、环境保护等方面的奖金。

(2) 国债和国家发行的金融债券利息(国务院令第600号)。

(3) 个人取得的教育储蓄存款利息(国税发〔2005〕148号)。

(4) 按照国家统一规定发给的补贴、津贴(国务院令第600号)。

(5) 福利费、抚恤金、救济金(国务院令第600号)。

(6) 保险赔款。

(7) 军人的转业安置费、复员费。

(8) 按照国家统一规定发给干部、职工的安家费、退职费、退休工资、离休工资、离休生活补助费。

离退休人员除按规定领取离退休工资或养老金外,另从原任职单位取得的各类补贴、奖金、实物,不属于免税的退休工资、离休工资、离休生活补助费,应按工资、薪金所得项目的规定缴纳个人所得税。

(9) 依照我国有关法律规定应予免税的各国驻华使馆、领事馆的外交代表、领事官员和其他人员的所得(国务院令第600号)。

(10) 中国政府参加的国际公约、签订的协议中规定免税的所得。

(11) 其他经国务院财政部门批准免税的所得。

二、减税项目(主席令第48号)

有下列情形之一的,经批准可以减征个人所得税。

(1) 残疾、孤老人员和烈属的所得。

(2) 因严重自然灾害造成重大损失的。

(3) 其他经国务院财政部门批准减税的。

三、暂免征税项目(财税字〔1994〕20号)

对下列所得暂免征收个人所得税。

(1) 外籍个人以非现金形式或实报实销形式取得的住房补贴、伙食补贴、搬迁费、洗衣费。

(2) 外籍个人按合理标准取得的境内、境外出差补贴。

(3) 外籍个人取得的探亲费、语言训练费、子女教育费等，经当地税务机关审核批准为合理的部分。

(4) 外籍个人从外商投资企业取得的股息、红利所得。

(5) 凡符合下列条件之一的外籍专家取得的工资、薪金所得，可免征个人所得税。

① 根据世界银行专项贷款协议，由世界银行直接派往我国工作的外国专家。

② 联合国组织直接派往我国工作的专家。

③ 为联合国援助项目来华工作的专家。

④ 援助国派往我国专为该国援助项目工作的专家。

⑤ 根据两国政府签订的文化交流项目来华工作两年以内的文教专家，其工资、薪金所得由该国负担的。

⑥ 根据我国大专院校国际交流项目来华工作两年以内的文教专家，其工资、薪金所得由该国负担的。

⑦ 通过民间科研协定来华工作的专家，其工资、薪金所得由该国政府机构负担的。

(6) 个人举报、协查各种违法、犯罪行为而获得的奖金。

(7) 个人办理代扣代缴手续，按规定取得的扣缴手续费。

(8) 个人转让自用达 5 年以上，并且是唯一的家庭生活用房取得的所得。

(9) 对个人购买体育彩票，一次中奖收入在 1 万元以下的(含 1 万元)，暂免征收个人所得税；超过 1 万元的，全额征收个人所得税(财税字〔1998〕12 号)。

(10) 达到离休、退休年龄，但确因工作需要，适当延长离休、退休年龄的高级专家(指接受国家发放的政府特殊津贴的专家、学者)，其在延长离休、退休期间的工资、薪金所得，视同离休、退休工资免征个人所得税。

(11) 符合条件的社会保险和住房公积金。

① 城镇企业事业单位及其职工个人按照《失业保险条例》规定的比例，实际缴付的失业保险费，均不计入职工个人当期的工资、薪金收入，免予征收个人所得税(国务院令第 258 号)。

② 企业和个人按照国家或地方政府规定的比例，提取并向指定金融机构实际缴付的住房公积金、医疗保险金、基本养老保险金，免予征收个人所得税。

(12) 个人领取原提存的住房公积金、医疗保险金、基本养老保险金，以及具备《失业保险条例》规定的事业人员领取的失业保险金，免予征收个人所得税。

(13) 按照国家或省级地方政府规定的比例缴付的住房公积金、医疗保险金、基本养老保险金、失业保险金存入银行个人账户所取得的利息所得，免予征收个人所得税。

(14) 生育妇女按照县级以上人民政府根据国家有关规定制定的生育保险办法，取得的生育津贴、生育医疗费或其他属于生育保险性质的津贴、补贴，免征个人所得税(财税〔2008〕8 号)。

第五节　申报和缴纳

一、源泉扣缴(国务院令第600号)

(一) 扣缴义务人

税法规定,个人所得税以取得应税所得的个人为纳税人,以支付所得的单位或者个人为扣缴义务人,包括企业(公司)事业单位、财政部门、机关事务管理部门、人事管理部门、社会团体、军队、驻华机构(不包括外国驻华使领馆和联合国其他依法享受外交特权和豁免权的国际组织驻华机构)、个体工商户等单位或个人。按照税法规定代扣个人所得税,是扣缴义务人的法定义务,必须依法执行(主席令第48号)。

(二) 应扣缴税款的所得项目

扣缴义务人在向个人支付下列所得时,应代扣代缴个人所得税:工资、薪金所得;对企事业单位的承包经营、承租经营所得;劳务报酬所得;稿酬所得;特许权使用费所得;利息、股息、红利所得;财产租赁所得;财产转让所得;偶然所得,以及经国务院财政部门确定征税的其他所得。

(三) 扣缴义务人的法定义务

扣缴义务人在向个人支付应纳税所得时,不论纳税人是否属于本单位人员,均应代扣代缴应纳的个人所得税税款。扣缴义务人依法履行代扣代缴税款义务,纳税人不得拒绝。

(四) 法律责任

(1) 属于2001年5月1日后发生的应税行为,扣缴义务人应扣未扣、应收未收税款的,税务机关向纳税人追缴税款,对扣缴义务人处应扣未扣、应收未收税款50%以上3倍以下的罚款;纳税人、扣缴义务人逃避、拒绝或者以其他方式阻挠税务机关检查的,由税务机关责令改正,可以处1万元以下的罚款;情节严重的,处1万元以上5万元以下的罚款。

(2) 扣缴义务人的法人代表(或单位主要负责人)、财会部门的负责人及具体办理代扣代缴税款的有关人员,共同对依法履行代扣代缴义务负法律责任。根据税法规定,扣缴义务人有偷税或者抗税行为的,除依法追缴税款、处以罚款(罚金)外,对情节严重的,还应追究直接责任人的刑事责任。

(五) 代扣代缴税款的手续费

税务机关应根据扣缴义务人所扣缴的税款,付给2%的手续费,由扣缴义务人用于代扣代缴费用开支和奖励代扣代缴工作做得较好的办税人员。

二、自行申报纳税

(一) 申报纳脱的所得项目(国务院令第600号)

凡有下列情形之一的,纳税人必须自行向税务机关申报所得并缴纳税款:

(1) 年所得12万元以上的;

(2) 在两处或两处以上取得工资、薪金所得的;

（3）从中国境外取得所得的；

（4）取得应纳税所得没有扣缴义务人的，如个体工商户从事生产、经营的所得；

（5）国务院规定的其他情形。

（二）申报纳税地点（国税发〔2006〕162号）

申报纳税地点一般应为收入来源地的税务机关。但是，纳税人在两处或两处以上取得工资、薪金所得的，可选择并固定在一地税务机关申报纳税；从境外取得所得的，应向境内户籍所在地或经常居住地税务机关申报纳税。

（三）申报纳税期限（国税发〔2006〕162号）

除特殊情况，纳税人应在取得应纳税所得的次月15日内向主管税务机关申报所得并缴纳税款。具体规定如下。

（1）工资、薪金所得的应纳税款，按月计征，由纳税人在次月15日内缴入国库，并向税务机关报送个人所得税纳税申报表。

（2）对于账册健全的个体工商户，其生产、经营所得应纳的税款实行按年计算、分月预缴，由纳税人在次月15日内申报预缴，年度终了后3个月汇算清缴，多退少补。对账册不健全的个体工商户，其生产、经营所得的应纳税款，由税务机关依据《税收征收管理法》自行确定征收方式。

（3）纳税人年终一次性取得承包经营、承租经营所得的，自取得收入之日起30日内申报纳税；在一年内分次取得承包经营、承租经营所得的，应在取得每次所得后的15日内预缴税款，年度终了后3个月内汇算清缴，多退少补。

（4）劳务报酬、稿酬、特许权使用费、利息、股息、红利、财产租赁、财产转让所得和偶然所得等，按次计征。取得所得的纳税人应当在次月15日内将应纳税款缴入国库，并向税务机关报送个人所得税纳税申报表。

（5）个人从中国境外取得所得的，其来源于中国境外的应纳税所得，在境外以纳税年度计算缴纳个人所得税的，应在所得来源国的纳税年度终了、结清税款后的30日内，向中国主管税务机关申报纳税；在取得境外所得时结清税款的，或者在境外按所得来源国税法规定免予缴纳个人所得税的，应当在次年1月1日起30日内，向中国主管税务机关申报纳税。

（四）申报纳税方式（国税发〔2006〕162号）

个人所得税的申报纳税方式主要有三种，即由本人直接申报纳税、委托他人代为申报纳税以及采用邮寄方式在规定的申报期内申报纳税。其中，采取邮寄申报纳税的，以寄出地的邮戳日期为实际申报日期。

三、个人财产对外转移提交税收证明或完税证明的规定（国税发〔2005〕13号）

（1）税务机关对申请人缴纳税款情况进行证明。税务机关在为申请人开具税收证明时，应当按其收入或财产不同类别、来源，由收入来源地或者财产所在地国家税务局、地方税务局分别开具。

(2) 申请人拟转移的财产已取得完税凭证的,可直接向外汇管理部门提供完税凭证,无须向税务机关另外申请税收证明。申请人拟转移的财产总价值在人民币15万元以下的,无须向税务机关申请税收证明。

【习题及解答】

【例8-1 计算题】 (2014年注会)某高校赵教授2014年取得部分收入项目如下:

(1) 1月从学校取得的收入包括基本工资3 200元、教授津贴6 000元,因公出差取得差旅费津贴420元,按照所在省人民政府规定的比例提取并缴付"五险一金"1 455元。

(2) 5月10日因担任另一高校的博士学位论文答辩取得答辩费5 000元,同日晚上为该校做一场学术报告取得收入3 000元。

(3) 自1月1日起将自有的面积为120平方米的住房按市场价格出租给李某居住,每月租金5 500元,租期为一年,全年租金收入66 000元。其中,7月因墙面开裂发生维修费用3200元,取得装修公司出具的正式发票。

(4) 7月取得国债利息收入1 850元、一年期定期储蓄存款利息收入375元、某上市公司发行的企业债利息收入1 000元。

(5) 8月因持有两年前购买的某上市公司股票13 000股,取得该公司年中股票分红所得2 600元。

要求:

(1) 计算赵教授1月从学校取得的收入应缴纳的个人所得税。

(2) 计算赵教授5月10日取得的答辩费和做学术报告取得收入应缴纳的个人所得税。

(3) 计算赵教授7月取得的租金收入应缴纳的个人所得税(不考虑租金收入应缴纳的其他税收及附加)。

(4) 计算赵教授7月取得的利息收入应缴纳的个人所得税。

(5) 计算赵教授8月取得的上市公司股票分红收入应缴纳的个人所得税。

【答案及解析】(1) 工资薪金应纳税所得额=3 200+6 000-1 455-3 500=4 245(元)。

应纳个人所得税=4 245×10%-105=319.5(元)。

(2) 答辩费收入应纳个人所得税=5 000×(1-20%)×20%=800(元)。

学术报告收入应纳个人所得税=(3 000-800)×20%=440(元)。

合计应纳个人所得税=800+440=1 240(元)。

(3) 租金收入应纳税所得额=(5 500-800)×(1-20%)=3 760(元)。

应纳个人所得税=3 760×10%=376(元)。

(4) 利息收入应纳个人所得税=1 000×20%=200(元)。

(5) 股票分红收入应纳个人所得税=2 600×25%×20%=130(元)。

注意:根据财税〔2015〕101号规定:自2015年9月8日起,个人从公开发行和转让市场取得的上市公司股票,持股期限超过1年的,股息红利所得暂免征收个人所得税。

【例 8-2 计算题】（2013 年注会）中国公民张某自 2009 年起任国内某上市公司高级工程师，2013 年取得的部分收入如下：

（1）1 月取得任职公司支付的工资 7 500 元，另取得地区津贴 1 600 元，差旅费津贴 1 500 元。

（2）公司于 2011 年实行股票期权计划，2011 年 1 月 11 日张某获得公司授予的股票期权 10 000 份（该期权不可公开交易），授予价格为每份 6 元。当日公司股票的收盘价为 7.68 元。公司规定的股票期权行权期限是 2013 年 2 月 10 日至 9 月 10 日。张某于 2013 年 2 月 13 日对 4 000 份股票期权实施行权，当日公司股票的收盘价为 9.6 元。

（3）5 月取得财政部发行国债的利息 2 000 元，取得 2011 年某省发行的地方政府债券的利息 560 元，取得某国内上市公司发行的公司债券利息 750 元。

（4）7 月 9 日张某对剩余的股票期权全部实施行权，当日股票收盘价 10.8 元。

要求：

（1）计算 1 月张某取得工资、津贴收入应缴纳的个人所得税。

（2）计算 2 月张某实施股票期权行权应缴纳的个人所得税。

（3）计算 5 月张某取得的各项利息收入应缴纳的个人所得税。

（4）计算 7 月张某实施股票期权行权应缴纳的个人所得税。

【答案及解析】（1）差旅费津贴属于不予征税项目。1 月张某取得工资、津贴收入应缴纳个人所得税＝（7 500＋1 600－3 500）×20％－555＝565（元）。

（2）员工行权时，按下列公式计算应纳税所得额：股票期权形式的工资、薪金应纳税所得额＝（行权股票的每股市场价－员工取得该股票期权支付的每股施权价）×股票数量；应纳税额＝（股票期权形式的工资、薪金应纳税所得额/规定月份数×适用税率－速算扣除数）×规定月份数；这里的“规定月份数”是指员工取得该股票期权形式工资、薪金在境内工作期间的月份数，长于 12 个月的，按 12 个月计算。查找适用税率：4 000×（9.6－6）÷12＝1 200（元），适用税率 3％。应纳个人所得税＝1 200×3％×12＝432（元）。

（3）国债利息和 2011 年发行的地方政府债券利息所得，免征个人所得税。5 月张某取得各项利息收入应纳个人所得税＝750×20％＝150（元）。

（4）2 月第一次行权所得额＝4 000×（9.6－6）＝14 400（元）；

7 月第二次行权所得额＝6 000×（10.8－6）＝28 800（元）。

7 月实施股票期权应纳个人所得税＝［（14 400＋28 800）÷12×10％－105］×12－432＝2 628（元）。

第Ⅳ篇　财　产　税

第九章 土地增值税

第一节 土地增值税概述

一、土地增值税的概念

土地增值税是对有偿转让国有土地使用权及地上建筑物和其他附着物产权并取得增值性收入的单位和个人所征收的一种税。现行《土地增值税暂行条例》自 1994 年 1 月 1 日起施行。

二、土地增值税的特点

(1) 以转让房地产取得的增值额为征税对象，作为增值对象的增值额，是纳税人转让房地产收入额减税法规定准予扣除项目金额后的余额。

(2) 征税面比较广，凡在我国境内转让房地产并取得增值收入的单位和个人，除税法规定免税的外，均应按照税法规定缴纳。即不论法人与自然人、不论其经济性质，也不分内、外资企业或中、外籍人员，不论专营或兼营房地产业务，不论部门都均有缴纳土地增值税的义务。

(3) 采用扣除法和评估法计算增值额，以纳税人转让房地产取得的收入减除法定扣除项目金额后的余额作为计税依据。对旧房及建筑物的转让，以及对纳税人转让房地产申报不实、成交价格偏低的，采用评估价格法确定增值额，计征土地增值税。

(4) 实行超率累进税率，增值率高的，适用的税率高；增值率低的，适用的税率低。

(5) 实行按次征收和按期征收相结合，纳税时间、缴纳方法根据房地产转让情况而定。

三、土地增值税的立法原则

(1) 适度加强国家对房地产开发、交易行为的宏观调控。

(2) 抑制土地炒买炒卖，保障国家的土地收益。

(3) 规范国家参与土地增值收益的分配方式，增加财政收入。

第二节 征税范围、纳税人和税率

一、征税范围

土地增值税的课税对象是有偿转让国有土地使用权、土地上建筑物及其他附着物产权所取得的增值额(国务院令第 138 号)。

相关链接

房地产转让涉及的税种如表9-1所示。

表9-1 房地产转让涉及的税种

转让方	增值税、城市维护建设税、教育费附加、印花税、土地增值税、所得税
承受方	契税、印花税

(一) 征税范围的一般规定(财法字〔1995〕6号)

(1) 土地增值税只对转让国有土地使用权的行为课税,转让非国有土地和出让国有土地的行为均不征税。

所谓国有土地使用权,是指土地使用人根据国家法律、合同的规定,对国家所有的土地享有的使用权力。对于集体所有的土地按现行规定须先由国家征用后才能转让。自行转让集体土地是一种违法行为,应由相关部门依照相关法律处理,而不应纳入土地增值税的征税范围。

国有土地出让是指国家以土地所有者的身份将土地使用权在一定年限内让与土地使用者,并由土地使用者向国家支付土地出让金的行为。由于土地使用权的出让方是国家,出让收入在性质上属于政府凭借所有权在土地一级市场上收取的租金,不应在土地增值税的征税范围之内。

(2) 土地增值税既对转让土地使用权课税,也对转让土地上建筑物和其他附着物的产权征税。所谓土地上建筑物,是指土地上的一切建筑物,包括地上地下的各种附属设施,厂房、商店、医院、围墙、电梯、管道等。

特别提示1

土地增值税的基本征税范围不仅仅限于土地交易。

特别提示2

土地增值税的征税范围具有“国有”“转让”两个关键特征。

特别提示3

附着物是指附着于土地上的不能移动或一经移动就会遭到损害的物品。

(3) 存量房地产的买卖。存量房地产是指已经建成并已投入使用的房地产,其房屋所有人将房屋产权和土地使用权一并转让给其他单位和个人。这种行为按照国家有关的房地产法律和法规,应当到有关部门办理房产产权和土地使用权的转移变更手续;原土地使用权属于无偿划拨的,还应到土地管理部门补交土地出让金。

(4) 土地增值税只对有偿转让的房地产征税,对以继承、赠与等方式无偿转让的房地产不予征税。

① 房地产的继承。房地产的继承是指房产的原产权所有人、依照法律规定取得土地使用权的土地使用人死亡以后,由其继承人依法承受死者房产产权和土地使用权的民事法律行为。

② 房地产的赠与。房地产的赠与是指房产所有人、土地使用权所有人将自己所拥有的房地产无偿地交给其他单位与个人的行为。不征收土地增值税的房地产赠与行为只包括以下两种情况:

第一,房产所有人、土地使用权所有人将房屋产权、土地使用权赠与直系亲属或负有直接赡养义务人的行为。

第二,房产所有人、土地使用权所有人通过中国境内非营利的社会团体、国家机关将房屋产权、土地使用权赠与教育、民政和其他社会福利、公益事业的行为。其中,社会团体是指中国青少年发展基金会、希望工程基金会、宋庆龄基金会、减灾委员会、中国红十字会、中国残疾人联合会、全国老年基金会、老区促进会以及经民政部门批准成立的其他非营利公益性组织。

土地增值税征税范围的判断标准如表 9-2 所示。

表 9-2　土地增值税征税范围的判断标准

转让的土地使用权是否为国家所有	
土地使用权、地上建筑物及其附着物的产权是否发生转让	(1) 征税范围不包括未转让土地使用权、房产产权的行为,是否发生转让行为主要以房地产权属的变更为标准。凡土地使用权、房产产权未转让的(如房地产的出租),不征收土地增值税 (2) 征税范围不包括国有土地使用权出让所取得的收入
转让房地产是否取得收入	征税范围不包括房地产的权属虽转让,但未取得收入的行为,如房地产的继承

(二) 征税范围的若干具体规定

(1) 合作建房(财税字〔1995〕48 号)。对于一方出地,另一方出资金,双方合作建房,建成后分房自用的,暂免征收土地增值税。

但是,建成后转让的,属于征收土地增值税的范围。

(2) 交换房地产(财税字〔1995〕48 号)。交换房地产行为既发生了房产产权、土地使用权的转移,交换双方又取得了实物形态的收入,按照规定属于征收土地增值税的范围。但对个人之间互换自有居住用房地产的,经当地税务机关核实,可以免征土地增值税。

(3) 房地产抵押。在抵押期间不征收土地增值税,待抵押期满后,视该房地产是否转移产权来确定是否征收土地增值税。以房地产抵债而发生房地产产权转让的,属于征收土地增值税的范围。

(4) 房地产出租(国税发〔2006〕187 号)。房地产出租,出租人取得了收入,但没有发生房地产产权的转让,不属于征收土地增值税的范围。

(5) 房地产评估增值。房地产评估增值,没有发生房地产权属的转让,不属于征收土地增值税的范围。

(6) 房地产的代建房行为。对于房地产开发公司而言,虽然取得了收入,但没有发生房地产权属的转移,其收入属于劳务收入性质,故不属于土地增值税的征税范围。

归纳

土地增值税征税范围具体规定如表9-3所示。

表9-3 土地增值税征税范围具体规定

有关事项	是否属于征税范围
出售	征税包括三种情况:①出售国有土地使用权;②取得国有土地使用权后进行房屋开发建造后出售;③存量房地产买卖
继承、赠与	继承不征(无收入)。赠与中公益性赠与、赠与直系亲属或承担直接赡养义务人,不征;非公益性赠与,征税
出租	不征(无权属转移);征增值税、城市维护建设税和教育费附加
房地产抵押	抵押期不征;抵押期满偿还债务本息不征;抵押期满,不能偿还债务,而以房地产抵债,征税
房地产交换	单位之间换房,征税对个人之间互换自有居住用房地产(商业用地不行)的,经当地税务机关核实,可以免征(不是不征收)土地增值税
合作建房	建成后自用,暂免建成后转让(包括合作建房双方之间的转让),征税
房地产的代建房行为	没有发生房地产权属的转移,其收入属于劳务收入性质,故不属于土地增值税的征税范围
房地产评估增值	不征(权属未转移,无收入)
国家收回房地产	免征
企业改制重组	暂免征(除房地产企业外)

小结:

1. 属于土地增值税征税范围的情况(应征)

(1) 转让国有土地使用权。

(2) 取得土地使用权进行房屋开发建造后出售的。

(3) 存量房地产买卖。

(4) 抵押期满以房地产抵债(发生权属转让)。

(5)单位之间交换房地产(有实物形态收入)。

(6) 合作建房建成后转让的。

(7) 非公益性赠与、给除直系亲属和直接赡养人以外的人的赠与。

2. 不属于土地增值税征税范围的情况(不征)

(1) 房地产继承(无收入)。

(2) 房地产有条件的赠与(特定人群、特定公益)。

(3) 房地产出租(权属未变)。

(4) 房地产抵押期内(权属未变)。

(5) 房地产的代建房行为(无权属转移)。

(6) 房地产重新评估增值(无权属转移)。

3. 免征土地增值税的情况(免征或暂免征收)

(1) 个人互换自有居住用房地产,经当地税务机关核实。

(2) 合作建房建成后按比例分房自用。

(3) 企事业单位、社会团体以及其他组织转让旧房作为公租房房源,增值额未超过扣除项目金额20%的。

(4) 企事业单位、社会团体以及其他组织转让旧房作为改造安置住房房源且增值额未超过扣除项目金额20%的。

(5) 国家征用或收回的房地产。

(6) 个人转让住房。

(7) 建造普通标准住宅出售,增值额未超过扣除项目金额20%的。

(8) 除房地产企业的改制重组中房地产的转移、变更外。

提示:部分免税条款见本章第五节:减免税优惠。

二、纳税人

《土地增值税暂行条例》规定,土地增值税的纳税人是转让国有土地使用权及地上建筑物及其附着物产权,并取得收入的单位和个人,包括机关、团体、部队、企业事业单位、个体工商业户及国内其他单位和个人,还包括外商投资企业、外国企业及外国机构、华侨、港澳台同胞及外国公民等(国务院令第138号)。

三、税率

税率设计的基本原则是:增值多的多征,增值少的少征,无增值的不征,按照这个原则,土地增值税采用4级超率累进税率(表9-4)(国务院令第138号)。

表9-4 土地增值税税率

级数	增值额与扣除项目金额的比率	税率(%)	速算扣除系数(%)
1	不超过50%的部分	30	0
2	50%~100%的部分	40	5
3	100%~200%的部分	50	15
4	超过200%的部分	60	35

第三节 转让房地产增值额的确定

土地增值税的计税依据是转让房地产所取得的增值额,即转让房地产的收入减税法规定的扣除项目金额后的余额,取决于转让房地产的收入和扣除项目金额两个因素(国务院令第138号)。

一、转让收入的确定

纳税人转让房地产取得的收入是指转让房地产所取得的各种收入,包括货币收入、实物收入和其他收入在内的全部价款及有关经济利益(国务院令第138号)。

取得的实物收入要按照取得收入时的市场价格折算成货币收入;取得的无形资产收入要进行专门的评估以确定其所能带来的货币收入;取得的收入是外国货币的,应当以取得收入的当天或者当月1日国家公布的市场汇价折合成人民币。当月以分期收款方式取得的外币收入,也应按照实际收款日或收款当月1日国家公布的市场汇价折合成人民币。

土地增值税纳税人转让房地产取得的收入为不含增值税收入(财税〔2016〕43号)。

二、扣除项目金额的确定

(一)取得土地使用权所支付的金额

取得土地使用权所支付的金额是指纳税人为取得土地使用权支付的地价款和按国家统一规定缴纳的有关费用之和。其中取得土地使用权支付的地价款可以有三种形式:以出让方式取得的土地使用权,是支付的土地出让金;以行政划拨方式取得的土地使用权,是按规定补缴的出让金;以转让方式取得的土地使用权,是支付的转让地价款。按国家统一规定缴纳的有关费用是指纳税人在取得土地使用权过程中办理有关手续,按国家统一规定缴纳的有关登记、过户手续费和契税(国务院令第138号、财法字〔1995〕6号)。

(二)开发土地和新建房以及配套设施的成本(以下简称"房地产开发成本")

房地产开发成本是指纳税人在开发房地产项目时实际发生的成本,这些成本允许按照实际发生数扣除,主要包括土地征用及拆迁补偿费、前期工程费、建筑安装工程费、基础设施费、公共配套设施费、开发间接费用等(国务院令第138号、财法字〔1995〕6号)。

(1)土地征用及拆迁补偿费包括土地征用费、耕地占用税、劳动力安置费及有关地上、地下附着物拆迁补偿的净支出、安置动迁用房支出等。

(2)前期工程费包括规划、设计、项目可行性研究和水文、地质、勘察、测绘、"三通一平"等支出。

(3)建筑安装工程费是指以出包方式支付给承包单位的建筑安装工程费,以自营方式发生的建筑工程安装费。

(4)基础设施费包括开发小区内的道路、供水、供电、供气、排污、排洪、通信、照明、环卫、绿化等工程发生的支出。

(5)公共配套设施费包括不能有偿转让的开发小区内公共配套设施发生的支出。

(6)开发间接费用是指直接组织、管理开发项目所发生的费用,包括工资、职工福利费、折旧费、修理费、办公费、水电费、劳动保护费、周转房摊销等。

(三)开发土地和新建房及配套设施的费用(以下简称"房地产开发费用")

房地产开发费用是指与房地产开发项目有关的销售费用、管理费用、财务费用。根据现行财务会计制度的规定,与房地产开发有关的费用直接计入当年损益,不按房地产项目进行归集或分摊(国务院令第138号、财法字〔1995〕6号)。

对于利息支出以外的其他房地产开发费用,按取得土地使用权支付的金额和房地产开发成本金额之和,在5%以内计算扣除。相关内容如表9-5所示。

表9-5 房地产开发费用扣除标准

情形	允许扣除的利息支出	允许扣除的开发费用
能按转让房地产项目计算分摊利息支出并提供金融机构证明的	据实扣除	利息+(取得土地使用权所支付的金额+房地产开发成本)×5%以内
不能按转让房地产项目计算分摊利息支出或不能提供金融机构证明的	利息支出不得单独计算,而应并入房地产开发费用中一并计算扣除	(取得土地使用权所支付的金额+房地产开发成本)×10%以内

其中,计算扣除的具体比例,由省、自治区、直辖市人民政府规定。

特别提示1

财政部、国家税务总局还对扣除项目金额中利息支出的计算问题作了两点专门规定(国税函〔2010〕220号):一是利息的上浮幅度按国家的有关规定执行,超过上浮幅度的部分不允许扣除;二是对于超过贷款期限的利息部分和加罚的利息不允许扣除。

此外,全部使用自有资金,没有利息支出的,按照以上方法扣除。

房地产开发企业既向金融机构借款,又有其他借款的,其房地产开发费用计算扣除时不能同时适用上述两种办法。

特别提示2

土地增值税清算时,已经计入房地产开发成本的利息支出,应调整至财务费用中计算扣除。

(四)与转让房地产有关的税金

它是指在转让房地产时缴纳的营业税、印花税、城市维护建设税,教育费附加也可视同税金扣除。允许扣除的印花税,是指在转让房地产时缴纳的印花税,房地产开发企业将其缴纳的印花税列入管理费用,印花税不再单独扣除。房地产开发企业以外的其他纳税人允许扣除在转让房地产环节缴纳的印花税(国务院令第138号、财法字〔1995〕6号)。

《中华人民共和国土地增值税暂行条例》等规定的土地增值税扣除项目涉及的增值税进项税额,允许在销项税额中计算抵扣的,不计入扣除项目,不允许在销项税额中计算抵扣的,可以计入扣除项目(财税〔2016〕43号)。

房地产转让税金扣除标准如表9-6所示。

表 9-6 房地产转让税金扣除标准

企业状况	可扣除税金	详细说明
房地产开发企业	(1) 增值税 (2) 城市维护建设税和教育费附加	(1) 增值税进项税额中不允许在销项税额中计算抵扣的,可以计入扣除项目 (2) 由于印花税(产权转移书据0.5‰)包含在管理费用中,故不能在此单独扣除
非房地产开发企业	(1) 增值税 (2) 印花税 (3) 城市维护建设税和教育费附加	(1) 增值税进项税额中不允许在销项税额中计算抵扣的,可以计入扣除项目 (2) 印花税税率为0.5‰(产权转移书据)

(五) 财政部确定的其他扣除项目

财政部确定的一项重要扣除项目是,对从事房地产开发的纳税人允许按取得土地使用权时所支付的金额和房地产开发成本之和,加计20%的扣除(国务院令第138号、财法字〔1995〕6号)。

特别提示1

此项加计扣除仅对从事房地产开发的纳税人有效,非房地产开发的纳税人不享受此项政策。

特别提示2

对取得土地使用权后,未进行开发即转让的,在计算应纳土地增值税时,不得加计扣除。

(六) 旧房及建筑物的评估价格

转让旧房的,应按房屋及建筑物的评估价格、取得土地使用权所支付的地价款和按国家统一规定缴纳的有关费用以及在转让环节缴纳的税金作为扣除项目金额计征土地增值税(国务院令第138号、财法字〔1995〕6号)。

(1) 旧房及建筑物的评估价格,是指转让已使用过的房屋及建筑物时,由政府批准设立的房地产评估机构评定的重置成本价乘以成新度折扣率后的价格,评估价格须经当地税务机关确认。

(2) 对取得土地使用权时未支付地价款或不能提供已支付的地价款凭据的,不允许扣除取得土地使用权时所支付的金额。

三、评估价格及有关规定

评估价格是指由政府批准设立的房地产评估机构根据相同地段、同类房地产进行综合评定的价格,评估价格需要经过当地税务机关的审核确认。

纳税人有下列情况之一的,需要对房地产进行评估,并据评估价格确定转让房地产价

格和扣除项目金额(国税函发〔1995〕110 号):

(1) 出售旧房及建筑物。旧房是指使用一定时间或者达到一定磨损程度的房产。

由政府批准设立的房地产评估机构评定的房地产重置成本乘以成新度折扣率即为旧房地产的评估价格。计算公式为

旧房地产的评估价格=房地产的重置成本×成新度折扣率

纳税人转让旧房及建筑物凡不能取得评估价格,但能提供购房发票的,经当地税务机关的确认,可按发票上所载金额并从购买年度起至转让年度止每年加计 5%计算扣除。计算扣除项目时所称每年是指自购房发票所载日期起至售房发票开具之日止,每满 12 个月计一年,未满 12 个月但超过 6 个月的可以视同为一年。对纳税人在购房时缴纳的契税,凡能提供契税完税凭证的,准予扣除,但不作为加计 5%的基数。

对于转让旧房及建筑物,既没有评估价格,又不能提供购房发票的,地方税务机关可以根据《中华人民共和国税收管理法》第三十五条规定,实行核定征收。

特别提示 1

房地产的重置成本是指评估时点的重新取得或者重新开发的全新状况的待评估房地产所必要的支出和应获得利润之和。

特别提示 2

房屋的陈新度折扣率不同于会计核算中的折旧,应根据房屋的使用时间、使用程度和保养情况,综合确定房屋的新旧比例,一般用几成新来表示。

特别提示 3

对于个人购入房地产再转让的,其在购入环节缴纳的契税,由于已经包含在旧房及建筑物的评估价格之中,因此,计征土地增值税时,不另作为与转让房地产有关的税金予以扣除。

(2) 隐瞒或虚报房地产成交价格。对隐瞒和虚报房地产成交价格的,应由房地产评估机构参照同类房地产的市场成交价格进行评估,作为转让房地产收入的确定依据。分析各种与房地产交易相关的因素对价格的影响程度并进行调整,最终确定一个比较适合的市场评估价格,确定转让房地产的收入。其计算公式为

房地产评估价格=交易实例房地产价格×实物状况因素修正×权益因素修正×区域因素修正×其他因素修正

特别提示

同类房地产是指与被评估房地产的地理位置、外观形状、面值大小、建筑材料、内在结构、性质功能、使用年限、转让时间等诸多因素相同或相似的房地产。

(3) 提供扣除项目金额不实。即纳税人在纳税申报时,不据实提供扣除项目金额,而是虚增被转让房地产扣除项目的内容或金额,以达到通过虚增成本偷税的目的。

(4) 转让房地产的成交价格低于房地产评估价格,又无正当理由的。即纳税人申报的转让房地产成交价低于房地产评估机构通过市场比较法进行房地产评估时所确定的正常市场交易价,对此,纳税人又不能提供有效凭据或无正当理由进行解释的行为。

第四节 应纳税额的计算

土地增值税以转让房地产的增值额为税基,依据超率累进税率,计算应纳税额。计算的方法是(财法字〔1995〕6号):首先以出售房地产的总收入减除扣除项目金额,求得增值额;再以增值额同扣除项目相比,其比值即为土地增值率,然后,根据土地增值率的高低确定适用税率。相关内容如表9-7所示。其计算公式为

土地增值税应纳税额=增值额×适用税率-扣除项目金额×速算扣除系数

表9-7 土地增值税计算扣除标准

<table>
<tr><th>转让项目的性质</th><th>扣 除 项 目</th><th>具 体 内 容</th></tr>
<tr><td>转让土地(卖地)</td><td>扣除项目[(1)～(2)项]</td><td>(1) 取得土地使用权所支付的金额
(2) 与转让房地产有关的税金</td></tr>
<tr><td rowspan="2">新建房屋(卖新房)</td><td>房地产企业[(1)～(5)项]</td><td rowspan="2">(1) 取得土地使用权所支付的金额
(2) 房地产开发成本
(3) 房地产开发费用
(4) 与转让房地产有关的税金
(5) 财政部规定的其他扣除项目</td></tr>
<tr><td>非房地产企业[(1)～(4)项]</td></tr>
<tr><td>存量房屋(卖旧房)</td><td>扣除项目[(1)～(3)项]</td><td>(1) 房屋及建筑物的评估价格,评估价格=重置成本价×成新度折扣率
(2) 取得土地使用权所支付的地价款和按国家统一规定缴纳的有关费用
(3) 转让环节缴纳的税金</td></tr>
</table>

第五节 减免税优惠

建造普通标准住宅出售,其增值额未超过扣除项目金额20%的予以免税,超过20%的按全部增值额纳税(财法字〔1995〕6号)。

特别提示

普通标准住宅是指按所在地一般民用住宅标准建造的居住用住宅,自2005年6月1日起,普通标准住宅应同时满足:住宅小区面积容积率在1.0以上,单套建筑面积在120平方米以下。实际成交价格低于同级别土地上住房平均交易价格1.2倍以下,高级公寓、别墅、度假村等不属于普通标准住宅。

对于纳税人既建造普通标准住宅，又建造其他房地产开发的，应分别核算增值额。不分别核算增值额或者不能准确核算增值额的，其建造的普通标准住宅不能适用这一免税规定。

因国家建设需要而被政府征收、收回的房地产，应给予免税（财法字〔1995〕6号）。这类房地产是指因城市市政规划、国家建设需要拆迁，而被政府征收、收回的房地产。由于上述原因，纳税人自行转让房地产的，亦给予免税。

居民个人拥有的普通住宅，在转让时暂免征收土地增值税。个人因工作调动或改善居住条件而转让原自用住房（非普通住宅），经向税务机关申报核准，凡居住满5年或5年以上的，免于征收土地增值税；居住满3年未满5年的，减半征收土地增值税；居住未满3年的，按规定计征土地增值税（财法字〔1995〕6号）。

企事业单位、社会团体以及其他组织转让旧房作为公共租赁住房房源且增值额未超过扣除项目金额20%的，免征土地增值税（财税〔2014〕52号、财税〔2015〕139号）。

为支持和帮助鲁甸地震受灾区积极开展生产自救，重建家园，政府为受灾居民组织建设的安居房建设用地，转让时免征土地增值税（国发〔2014〕57号、财税〔2015〕27号）。

自2015年1月1日至2017年12月31日，企业改制土地增值税政策如下（财税〔2015〕5号）：

（1）按照《公司法》的规定，非公司制企业整体改建为有限责任公司或者股份有限公司，有限责任公司（股份有限公司）整体改建为股份有限公司（有限责任公司）。对改建前的企业将国有土地、房屋权属转移、变更到改建后的企业，暂不征收土地增值税。

整体改建是指不改变原企业的投资主体，并承继原企业权利、义务的行为。

（2）按照法律规定或者合同约定，两个或两个以上企业合并为一个企业，且原企业投资主体存续的，对原企业将国有土地、房屋权属转移、变更到合并后的企业，暂不征收土地增值税。

（3）按照法律规定或者合同约定，企业分设为两个或两个以上与原企业投资主体相同的企业，对原企业将国有土地、房屋权属转移、变更到分立后的企业，暂不征收土地增值税。

（4）单位、个人在改制重组时以国有土地、房屋进行投资，对其将国有土地、房屋权属转移、变更到被投资的企业，暂不征收土地增值税。

（5）上述改制重组有关土地增值税政策不适用于房地产开发企业。

（6）企业改制重组后再转让国有土地使用权并申报缴纳土地增值税时，应以改制前取得该宗国有土地使用权所支付的地价款和按国家统一规定缴纳的有关费用，作为该企业“取得土地使用权所支付的金额”扣除。企业在重组改制过程中经省级以上（含省级）国土管理部门批准，国家以国有土地使用权作价出资入股的，再转让该宗国有土地使用权并申报缴纳土地增值税时，应以该宗土地作价入股时省级以上（含省级）国土管理部门批准的评估价格，作为该企业“取得土地使用权所支付的金额”扣除。办理纳税申报时，企业应提供该宗土地作价入股时省级以上（含省级）国土管理部门的批准文件和批准的评估价格，不能提供批准文件和批准的评估价格的，不得扣除。

（7）企业按规定享受相关土地增值税优惠政策的，应及时向主管税务机关提交相关房产、国有土地权证、价值证明等书面材料。

第六节 申报和缴纳

一、申报纳税程序(财法字〔1995〕6号)

根据《土地增值税暂行条例》规定,纳税人应自转让房地产合同签订之日起7日内向房地产所在地的主管税务机关办理纳税申报,同时向税务机关提交房屋及建筑物产权、土地使用权证书、土地转让合同、房产买卖合同、房地产评估报告及其他与转让房地产有关的资料,然后在税务机关核定的期限内缴纳土地增值税。

纳税人经常发生转让房地产行为而难以在每次转让后申报的,可按月或按各省、自治区、直辖市和计划单列市地方税务局规定的期限缴纳。纳税人选择定期申报方式的,应向纳税所在地的地方税务机关备案,定期申报方式确定后,一年之内不得变更。纳税人按规定办理纳税手续后,持纳税凭证到房产、土地管理部门办理产权变更手续。

二、纳税时间和缴纳方法(财法字〔1995〕6号)、(财税字〔1995〕48号)

(1) 一次性交割、付清价款方式转让房地产的,应在办理过户、登记手续前数日内一次性缴纳全部土地增值税。

(2) 分期收款方式转让房地产的,应在合同规定的每次收款日期后的数日内,按照应纳税额=(土地增值税总额/房地产总收入)×收到价款,缴纳土地增值税。

(3) 项目全部竣工结算前转让房地产的。项目全部竣工结算前转让房地产的情况包括:一部分房地产项目先行开发并已转让出去,但小区内的部分配套设施在转让后才建成。预售方式转让房地产。在项目全部竣工之前取得的收入,可采用预征的方法征收土地增值税,在项目全部竣工办理结算后再进行清算,多退少补。

三、纳税地点(财法字〔1995〕6号)

土地增值税由房地产所在地的税务机关负责征收。所谓房地产所在地,是指房地产的坐落地,不论纳税人的机构所在地、经营所在地、居住所在地在何处,均在转让的房地产所在地申报纳税。

四、房地产开发项目土地增值税的清算管理

(一) 土地增值税清算的定义(国税发〔2009〕91号)

土地增值税清算是指纳税人在符合土地增值税清算条件后,依照税收法律、法规及土地增值税有关政策规定,计算房地产开发项目应缴纳的土地增值税税额,并填写《土地增值税清算申报表》,向主管税务机关提供有关资料,办理土地增值税清算手续,结清该房地产项目应缴纳土地增值税税款的行为。

(二) 土地增值税的清算单位(国税发〔2006〕187号)

(1) 取得预售收入时,按照预征率预缴土地增值税,达到清算条件时进行清算。

(2) 以国家有关部门审批的房地产开发项目为单位进行清算，对于分期开发的项目，以分期项目为单位清算。

(3) 开发项目中同时包含普通住宅和非普通住宅的，应分别计算增值额。

(三) 土地增值税的清算条件(国税发〔2006〕187 号)

土地增值税的清算条件如表 9-8 所示。

表 9-8　土地增值税的清算条件

应进行清算	主管税务机关可要求纳税人进行清算
(1) 房地产开发项目全部竣工、完成销售的 (2) 整体转让未竣工决算房地产开发项目的 (3) 直接转让土地使用权的	(1) 已竣工验收的房地产开发项目，已转让的房地产建筑面积占整个项目可售建筑面积的比例在 85% 以上，或该比例虽未超过 85%，但剩余的可售建筑面积已经出租或自用的 (2) 取得销售(预售)许可证满三年仍未销售完毕的 (3) 纳税人申请注销税务登记但未办理土地增值税清算手续的，应在办理注销登记前进行土地增值税清算 (4) 省(自治区、直辖市、计划单列市)税务机关规定的其他情况

应进行土地增值税清算的项目，纳税人应当在满足条件之日起 90 日内到主管税务机关办理清算手续。对于税务机关可要求纳税人进行土地增值税清算的项目，由主管税务机关确定是否进行清算；对于确定需要进行清算的项目，由主管税务机关下达清算通知，纳税人应当在收到清算通知之日起 90 日内办理清算手续。

(四) 清算时相关问题的处理

(1) 收入的确认。土地增值税清算时已全额开具商品房销售发票的，按照发票所载金额确认收入；未开具发票或者未全额开具发票的，按照交易双方签订的销售合同所载的售房金额及其他收益确认收入。销售合同所载的商品房面积和有关部门实际测量不一致的，在清算前已发生补、退房款的，应在计算土地增值税时予以调整。

(2) 房地产开发企业未支付的质量保证金，其扣除项目金额的确定如下：房地产开发企业在工程竣工验收后，根据合同约定，扣留建筑安装企业一定比例的工程款，作为开发项目的质量保证金，在计算土地增值税时，建筑安装施工企业就质量保证金对房地产开发企业开具发票，按发票所载金额予以扣除；未开具发票的，扣留的质量保证金不得计算扣除。

(3) 房地产企业逾期开发缴纳的土地闲置费不得扣除。

(4) 拆迁安置土地增值税的问题处理如表 9-9 所示(上述 4 条来自国税函〔2010〕220 号)。

表 9-9　拆迁安置土地增值税的问题处理

安置类型	税务处理
(1) 房地产企业用建造的该项目房地产安置回迁户的	安置用房视同销售处理，同时将此确认为房地产开发项目的拆迁补偿费
	房地产开发企业支付给回迁户的补差价款，计入拆迁补偿费；回迁户支付给房地产开发企业的补差价款，应抵减本项目拆迁补偿费

续表

安置类型	税务处理
(2) 开发企业采取异地安置	异地安置的房屋属于自行开发建造的，房屋价值按视同销售处理，计入本项目的拆迁补偿费
	异地安置的房屋属于购入的，以实际支付的购房支出计入拆迁补偿费
(3) 货币安置拆迁的	房地产开发企业凭合法有效凭据计入拆迁补偿费

(5)属于多个房地产项目共同成本费用的，应按清算项目可售建筑面积占多个项目可售总建筑面积的比例或其他合理的方法，计算确定清算项目的扣除金额(国税发〔2006〕187号)。

(6) 纳税人转让旧房及建筑物时，因计算纳税需要对房地产进行评估，其支付的评估费用允许在计算土地增值税时予以扣除。但是，对纳税人隐瞒、虚报房地产成交价格等情形，而按房地产评估价格计算征收土地增值税时所发生的评估费用，则不允许在计算土地增值税时予以扣除(财税字〔1995〕48号)。

(7) 非直接销售和自用房地产的收入确定(国税发〔2006〕187号)。

① 房地产开发企业将开发产品用于职工福利、奖励、对外投资、分配给股东或投资人、抵偿债务、换取其他单位和个人的非货币性资产等，发生所有权转移时应视同销售房地产，其收入按下列方法和顺序确认：按本企业在同一地区、同一年度销售的同类房地产的平均价格确定；由主管税务机关参照当地当年、同类房地产的市场价格或评估价值确定。

② 房地产开发企业将开发的部分房地产转为企业自用或用于出租等商业用途时，如果产权未发生转移，不征收土地增值税。在税款清算时不列收入，不扣除相应的成本和费用。

(8) 对于县级以上人民政府要求房地产开发企业在收房时代收的各项费用，审核其代收费用是否计入房价并向购买方一并收取；当代收费用计入房价时，审核有无将代收费用计入加计扣除以及房地产开发费用计算基数的情形(财税字〔1995〕48号)。

(9) 房地产开发企业开发建造的与清算项目配套的居委会和派出所用房、会所、停车场、物业管理场所、变电站、热力站、水厂、文体场馆、学校、幼儿园、托儿所、医院、邮电通信等公共设施，按表9-10中所示原则进行处理。

表9-10 公共设施土地增值税计算标准

用途	收入	成本费用
建成后产权属于全体业主所有的	无须确认收入	可以扣除
建成后无偿移交给政府、公用事业单位用于非营利社会公共事业的	无须确认收入	可以扣除
建成后有偿转让的	计算收入	可以扣除

(10) 房地产开发企业销售已装修的房屋，其装修费用可以计入房地产开发成本。房地产开发企业的预提费用，除另有规定，不得扣除。

(11) 在土地增值税清算时未转让的房地产,清算后销售或有偿转让的,纳税人应按规定进行土地增值税的纳税申报,扣除项目金额按清算时的单位建筑面积成本费用乘以销售或转让面积计算。

(12) 房地产开发企业办理土地增值税清算所附送的前期工程费、建筑安装工程费、基础设施费、开发间接费用的凭证或资料不符合清算要求或不实的,地方税务机关可参照当地建设工程造价管理部门公布的建安造价定额资料,结合房屋结构、用途、区位等因素,核定上述四项开发成本的单位面积金额标准,并据以计算扣除[(9)~(12)来自国税发〔2006〕187号]。

(五) 核定征收(国税发〔2006〕187号)

在土地增值税清算过程中,发现纳税人符合核定征收条件的,应按核定征收率原则上不低于5%的标准对房地产项目进行清算。各省级税务机关应结合本地实际,区分不同房地产类型制定核定征收率。

(1) 在土地增值税清算中符合以下条件之一的,可实行核定征收:

① 依照法律、行政法规的规定应当设置但未设置账簿的。

② 擅自销毁账簿或者拒不提供纳税资料的。

③ 虽设置账簿,但账目混乱或者成本资料、收入凭证、费用凭证残缺不全,难以确定转让收入或扣除项目金额的。

④ 符合土地增值税清算条件,企业未按照规定的期限办理清算手续,经税务机关责令限期清算,逾期仍不清算的。

⑤ 申报的计税依据明显偏低,又无正当理由的。

(2) 符合上述核定征收条件的,由主管税务机关发出核定征收的税务事项告知书后,税务人员对房地产项目开展土地增值税核定征收核查,经主管税务机关审核合议,通知纳税人申报缴纳应补缴税款或办理退税。

(3) 对于分期开发的房地产项目,各期清算的方式应保持一致。

【习题及解答】

【例9-1 多选题】 下列各项中,应当征收土地增值税的有( )。

A. 公司与公司之间互换房产

B. 房地产开发公司为客户代建房产

C. 兼并企业从被兼并企业取得房产

D. 双方合作建房后按比例分配自用房产

【答案】 AC

根据(财税字〔1995〕48号),交换房地产行为既发生了房产产权、土地使用权的转移,交换双方又取得了实物形态的收入,按照规定属于征收土地增值税的范围。同时,财税字〔1995〕48号文件中规定,在企业兼并中,对被兼并企业将房地产转让到兼并企业中的,暂免征收土地增值税条款失效,该行为应当征收土地增值税。

【例9-2 综合题】 (2011年注会)府城房地产开发公司为内资企业,公司于2008年

1月—2011年2月开发“东丽家园”住宅项目,发生相关业务如下:

(1) 2008年1月通过竞拍获得一宗国有土地使用权,合同记载总价款17 000万元,并规定2008年3月1日动工开发。由于公司资金短缺,于2009年5月才开始动工。因超过期限1年未进行开发建设,被政府相关部门按照规定征收土地受让总价款20%的土地闲置费。

(2) 支付拆迁补偿费、前期工程费、基础设施费、公共配套设施费和间接开发费用合计2 450万元。

(3) 2010年3月该项目竣工验收,应支付建筑企业工程总价款3 150万元,根据合同约定当期实际支付价款为总价的95%,剩余5%作为质量保证金留存2年,建筑企业按照工程总价款开具了发票。

(4) 发生销售费用、管理费用1 200万元,向商业银行借款的利息支出600万元,其中含超过贷款期限的利息和罚息150万元,已取得相关凭证。

(5) 2010年4月开始销售,可售总面积为45 000平方米,截至2010年8月底销售面积为40 500平方米,取得收入40 500万元,尚余4 500平方米房屋未销售。

(6) 2010年9月主管税务机关要求房地产开发公司就“东丽家园”项目进行土地增值税清算,公司以该项目尚未销售完毕为由对此提出异议。

(7) 2011年2月底,公司将剩余4 500平方米房屋打包销售,收取价款4 320万元。

其他相关资料:①当地适用的契税税率为5%;②城市维护建设税税率为5%;③教育费附加征收率为3%,地方教育费附加征收率为2%;④其他开发费用扣除比例为5%。

根据上述资料,按序号回答下列问题,如有计算,每问需计算出合计数。

(1) 简要说明主管税务机关于2010年9月要求府城房地产开发公司对该项目进行土地增值税清算的理由。

(2) 在计算土地增值税和企业所得税时,对缴纳的土地闲置费是否可以扣除?

(3) 计算2010年9月进行土增值税清算时可扣除的土地成本金额。

(4) 计算2010年9月进行土地增值税清算时可扣除的开发成本金额。

(5) 在计算土地增值税和企业所得税时,对公司发生的借款利息支出如何进行税务处理?

(6) 计算2010年9月进行土地增值税清算时可扣除的开发费用。

(7) 计算2010年9月进行土增值税清算时可扣除的营业税金及附加。

(8) 计算2010年9月进行土地增值税清算时的增值额和应缴纳的土地增值税。

(9) 计算2011年2月公司打包销售的4 500平方米房屋的单位建筑面积成本费用。

(10) 计算2011年2月公司打包销售的4 500平方米房屋的土地增值税。

【答案及解析】(1) 已竣工验收的房地产开发项目,已转让的房地产建筑面积占整个项目可售建筑面积的比例在85%以上的,主管税务机关可要求纳税人进行土地增值税清算。

府城房地产开发公司截至2010年8月底已经销售了40 500平方米的建筑面积,占全部可销售面积45 000平方米的90%,已经达到了主管税务机关可要求纳税人进行土地增值税清算的条件。

(2) 房地产开发企业逾期开发缴纳的土地闲置费在土地增值税税前不得扣除，但在企业所得税税前可以扣除。

(3) 可以扣除的土地成本金额＝(17 000＋17 000×5％)×90％＝16 065(万元)。

(4) 可以扣除的开发成本金额＝(2 450＋3 150)×90％＝5 040(万元)。

(5) 超过贷款期限的利息和罚息在土地增值税税前不能扣除，在企业所得税税前可以扣除。所以金融机构利息费用，在土地增值税税前可以扣除 450 万元，在企业所得税税前可以扣除 600 万元。

(6) 可以扣除的开发费用＝(600－150)×90％＋(16 065＋5 040)×5％＝1 460.25(万元)。

(7) 可以扣除的税金＝40 500×5％×(1＋5％＋3％＋2％)＝2227.5(万元)。

(8) 扣除项目金额＝16 065＋5 040＋1 460.25＋2 227.5＋(16 065＋5 040)×20％＝29 013.75(万元)，增值额＝40 500－29 013.75＝11 486.25(万元)，增值率＝11 486.25÷29 013.75×100％＝39.59％，应纳土地增值税＝11 486.25×30％＝3 445.88(万元)。

(9) 单位建筑面积成本费用＝29 013.75÷40 500＝0.72(万元)。

(10) 扣除项目＝0.72×4 500＝3 240(万元)，增值额＝4 320－3 240＝1 080(万元)，增值率＝1 080÷3 240×100％＝33.33％，应纳土地增值税＝1 080×30％＝324(万元)。

第十章 房产税

第一节 房产税概述

一、房产税的概念

房产税是以房屋为征税对象，以房屋的计税余值或租金收入为计税依据，向房屋产权所有人征收的一种财产税。现行《房产税暂行条例》于 1986 年 10 月 1 日起施行。

二、房产税的特点

房产税的特点主要有以下几点：

(1) 房产税属于财产税中的个别财产税（有房有车的人，才需缴纳财产税）。

(2) 限于征税范围内的经营性房屋（下列除外：农村，非营业）。

(3) 区别房屋的经营使用方式规定不同的计税依据。

第二节 征税范围、纳税人和税率

征收房产税的房产，是以房屋形态表现的房产。房屋是指有房面和围护结构（有墙或两边有柱），能够遮风挡雨，可供人们在其中生产、工作、学习、娱乐、居住或储藏物资的场所。独立于房屋之外的建筑物，如围墙、烟囱、水塔、变电塔、油池油柜、酒窖菜窖、酒精池、糖蜜池、室外游泳池、玻璃暖房、砖瓦石灰窑以及各种油气罐等，不属于房产。

一、征税范围（国发〔1986〕90 号）

《房产税暂行条例》规定，房产税在城市、县城、建制镇和工矿区征收。

特别提示 1

开征房产税的工矿区须经省级人民政府批准。

特别提示 2

房产税与城镇土地使用税的征税范围相同。

二、纳税人（国发〔1986〕90 号）

房产税以在征税范围内的房屋产权所有人为纳税人。相关情形及其纳税人如表 10-1

所示。

表 10-1 房产税相关情形及其纳税人

相关情形	纳税人
产权属国家所有的	由经营管理单位纳税
产权属集体和个人所有的	由集体单位和个人纳税
产权出典的	由承典人纳税
产权所有人、承典人不在房屋所在地的；产权未确定或者租典纠纷未解决的	由房产代管人或者使用人纳税
纳税单位和个人无租使用房产管理部门、免税单位及纳税单位的房产(财税〔2009〕128号)	应由使用人代为缴纳房产税
自2009年1月1日起，外商投资企业、外国企业和组织以及外籍个人，缴纳房产税	

所谓产权出典，是指产权所有人将房屋、生产资料等的产权，在一定期限内典当给他人使用，而取得资金的一种融资业务。

特别提示1

无租使用具体规定如军队无租出借的房产，由使用人代缴房产税(财税字〔1987〕32号)。

特别提示2

以人民币以外的货币为记账本位币的外资企业及外籍个人在缴纳房产税时，均应将其根据记账本位币计算的税款按照缴款上月最后一日的人民币汇率中间价折合成人民币。

三、税率

房产税税率及其适用情况如表10-2所示。

表 10-2 房产税税率及其适用情况

税率	适用情况
1.2%的规定税率(国发〔1986〕90号)	自有房产用于生产经营
12%的规定税率(国发〔1986〕90号)	出租非居住的房产取得的租金收入
4%的优惠税率(财税〔2000〕125号)	(1) 个人出租住房(不分出租后用途) (2) 企事业单位、社团以及其他组织按市场价格向个人出租用于居住的住房

特别提示

个人出租住房,应缴纳的税种及对应税率如表10-3所示(未考虑城市维护建设税及教育费附加、地方教育费附加,免征印花税和城镇土地使用税):

表10-3 个人出租房屋应税税种及对应税率

税 种	税 率
增值税	5%的税率减按1.5%
房产税	4%
个人所得税	10%

第三节 计税依据和应纳税额的计算

一、计税依据

房产税采用从价计征。计税办法分为按房产余值计税和按租金收入计税两种。

(1) 对经营自用的房屋,以房产的计税余值作为计税依据。所谓计税余值,是指依照税法规定按房产原值一次减除10%～30%的损耗价值以后的余额。

① 房产原值是指纳税人按照会计制度规定,在账簿"固定资产"科目中记载的房屋原价。因此,凡按会计制度规定在账簿中记载有房屋原价的,应以房屋原价按规定减除一定比例后的房产余值计征房产税;没有记载房屋原价的,按照上述原则,并参照同类房屋,确定房产原值,按规定计征房产税(财税地字〔1986〕8号)。

② 房产原值应包括与房屋不可分割的各种附属设备或一般不单独计算价值的配套设施(财税地字〔1987〕3号)。

③ 纳税人对原有房屋进行改建、扩建的,要相应增加房屋的原值(国发〔1986〕90号)。

④ 对于更换房屋附属设备和配套设施的,在将其价值计入房产原值时,可扣减原来相应设备和设施的价值;对附属设备和配套设施中易损坏,需要经常更换的零配件,更新后不再计入房产原值,原零配件的原值也不扣除(国税发〔2005〕173号)。

⑤ 自2006年1月1日起,凡在房产税征收范围内的具备房屋功能的地下建筑,包括与地上房屋相连的地下建筑以及完全建在地面以下的建筑、地下人防设施等,均应当依照有关规定征收房产税(财税〔2005〕181号)。

⑥ 对出租房产,租赁双方签订的租赁合同约定有免收租金期限的,免收租金期间由产权所有人按照房产原值缴纳房产税(财税〔2010〕121号)。

无租使用其他单位房产的应税单位和个人,依照房产余值代缴纳房产税(财税〔2009〕128号)。

⑦ 对按照房产原值计税的房产,无论会计上如何核算,房产原值均应包含地价,包括

为取得土地使用权支付的价款、开发土地发生的成本费用等。容积率(建筑面积/土地面积)低于0.5的,按房产建筑面积的2倍计算土地面积并据此确定计入房产原值的地价(财税〔2010〕121号)。

⑧ 产权出典的房产,由承典人依照房产余值缴纳房产税(财税〔2009〕128号)。

对于与地上房屋相连的地下建筑,如房屋的地下室、地下停车场、商场的地下部分等,应将地下部分与地上房屋视为一个整体,按照地上房屋建筑的有关规定计算征收房产税。出租的地下建筑,按照出租地上房屋建筑的有关规定计算征收房产税(财税〔2005〕181号)。

⑨ 在确定计税余值时,房产原值的具体减除比例,由省、自治区、直辖市人民政府在税法规定的减除幅度内自行确定(财税地字〔1986〕7号)。

(2) 对于出租的房屋,以租金收入为计税依据,具体内容如表10-4所示(国发〔1986〕90号)。

表10-4 房屋出租房产税计算

计税依据	税率	计税公式
(1) 租金收入(包括实物收入和货币收入)以劳务或其他形式抵付房租收入的,按当地同类房产租金水平确定 (2) 出租的地下建筑,按出租地上房屋建筑的有关规定计税	12%	应纳税额=租金收入×12%或4%
个人按市场价格出租的居民用房(出租后不论是否用于居住)	4%	

免税单位非自用房产应该按法规缴纳房产税,例如,武警、军队将房产出租,应按出租房租金的12%缴纳房产税(国税函〔2000〕466号)。

房产出租的,计征房产税的租金收入不含增值税(财税〔2016〕43号)。

(3) 投资联营及融资租赁房产的计税依据如表10-5所示。

表10-5 投资联营及融资租赁房产的计税依据

投资联营(国税函发〔1993〕368号)	以房产投资联营,投资者参与投资利润分红,共担风险的	从价计征:按房产余值作为计税依据计征房产税
	以房产投资,收取固定收入,不承担联营风险的	从租计征:由出租方按租金收入计缴房产税
融资租赁(财税〔2009〕128号)	计税依据	以房产余值计算征收
	纳税人	承租人自融资租赁合同约定开始日的次月起或自合同签订的次月起从价计税

(4) 居民住宅区内业主共有的经营性房产的计税依据如表10-6所示(财税〔2006〕186号)。

表 10-6 居民住宅区内业主共有的经营性房产的计税依据

情形	税务处理
自营的	依照房产原值减除10%至30%后的余值计征,没有房产原值或不能将业主共有房产与其他房产的原值准确划分开的,由房产所在地地方税务机关参照同类房产核定房产原值
出租的	依照租金收入计征

二、应纳税额的计算

(1) 地上建筑物房产税应纳税额的计算如表10-7所示(国发〔1986〕90号)。

表 10-7 地上建筑物房产税应纳税额的计算

计税方法	计税依据	税率	税额计算公式
从价计征	房产计税余值	1.2%	全年应纳税额=应税房产原值×(1-扣除比例)×1.2%
从租计征	房屋租金	12%(个人出租居住用房:4%)	全年应纳税额=租金收入×12%(或4%)

(2) 独立地下建筑物房产税应纳税额的计算如表10-8所示(财税〔2005〕181号)。

表 10-8 独立地下建筑物房产税应纳税额的计算

房产用途	应税原值	税额计算公式
(1) 工业用房产	房屋原价的50%~60%作为应税房产原值	应纳房产税的税额=应税房产原值×(1-原值减除比例)×1.2%
(2) 商业和其他用房产	房屋原价的70%~80%作为应税房产原值	应纳房产税的税额=应税房产原值×(1-原值减除比例)×1.2%
(3) 出租的地下建筑,按照出租地上房屋建筑的有关规定计算征收房产税		
(4) 地下建筑物的原价折算为房产原值的比例,由各省、自治区、直辖市和计划单列市财政和地方税务部门在税法规定的减除幅度内自行确定		

第四节 减免税优惠

一、减免税基本规定(国发〔1986〕90号)

依据《房产税暂行条例》及有关规定,下列房产免征房产税:

(1) 国家机关、人民团体、军队自用的房产。

特别提示

上述免税单位的出租房产以及非自身业务使用的生产、营业用房,不属于免税范围。

(2) 国家财政部门拨付事业经费单位自用的房产。实行差额预算管理的事业单位,也属于由国家财政部门拨付事业经费的单位,对其本身自用的房产免征房产税(财税地字

〔1986〕8号)。

免税单位非自用房产应该按法规缴纳房产税,如军队、武警部队出租的房产,应征收房产税;无租出借的房产,由使用人代缴(财税字〔1987〕32号、财税地字〔1987〕12号)。高等学校附属的招待所,属于营业用房,应照章征收房产税(财税地字〔1987〕14号)。

(3) 宗教寺庙、公园、名胜古迹自用的房产(财税地字〔1986〕8号)。宗教寺庙自用的房产,是指举行宗教仪式等的房屋和宗教人员使用的生活用房屋。公园、名胜古迹自用的房产,是指供公共参观游览的房屋及其管理单位的办公用房屋。公园、名胜古迹中附设的营业单位,如影剧院、饮食部、茶社、照相馆、索道公司(财税〔2008〕152号)等所使用的房产及出租的房产,应征收房产税。

(4) 个人所有的非营业用的房产。

(5) 经财政部批准免税的其他房产。

二、减免税特殊规定

经财政部和国家税务总局批准,下列房产可免征房产税:

(1) 企业办的各类学校、医院、托儿所、幼儿园自用的房产,免征房产税(财税地字〔1986〕8号)。

(2) 经有关部门鉴定,对毁损不堪居住的房屋和危险房屋,在停止使用后,可免征房产税(财税〔2008〕62号)。

(3) 凡是在基建工地为基建工地服务的各种工棚、材料棚、休息棚和办公室、食堂、茶炉房、汽车房等临时性房屋,不论是施工企业自行建造还是由基建单位出资建造,交施工企业使用的,在施工期间,一律免征房产税。但是,如果在基建工程结束以后,施工企业将这种临时性房屋交还或者估价转让给基建单位的,应当从基建单位接收的次月起,依照规定征收房产税(财税地字〔1986〕8号)。

(4) 自2004年7月1日起,纳税人因房屋大修导致连续停用半年以上的,在房屋大修期间免征房产税,免征税额由纳税人在申报缴纳房产税时自行计算扣除,并在申报表附表或备注栏中作相应说明(国税函〔2004〕839号、财税〔2008〕152号)。

(5) 纳税单位与免税单位共同使用的房屋,按各自使用的部分划分,分别征收或免征房产税(财税地字〔1986〕8号)。

(6) 老年服务机构自用的房产暂免征收房产税。

(7) 国家机关、军队、人民团体、财政补助事业单位、居民委员会、村民委员会拥有的体育场馆,用于体育活动的房产、土地,免征房产税。企业拥有并运营管理的大型体育场馆,其用于体育活动的房产、土地,减半征收房产税。高尔夫球、马术、汽车、卡丁车、摩托车的比赛场、训练场、练习场,除另有规定外,不得享受房产税优惠政策(财税〔2015〕130号)。

(8) 从2001年1月1日起,对按政府规定价格出租的公有住房和廉租住房,包括企业和自收自支事业单位向职工出租的单位自有住房;房管部门向居民出租的公有住房;落实私房政策中带户发还产权并以政府规定租金标准向居民出租的私有住房等,暂免征收房产税(财税〔2000〕125号、财税〔2013〕94号)。

(9) 对邮政部门坐落在城市、县城、建制镇、工矿区范围内的房产,应当依法征收房产税;对坐落在城市、县城、建制镇、工矿区范围以外,尚在县邮政局内核算的房产,在单位财务账中划分清楚的,从2001年1月1日起不再征收房产税(国税函〔2001〕379号)。

(10) 对房地产开发企业建造的商品房,在出售前不征收房产税。但对出售前房地产开发企业已使用或出租、出借的商品房应按规定征收房产税(国税发〔2003〕89号)。

(11) 铁路运输的房产税优惠。

铁道部(现为中国铁路总公司)所属铁路运输企业自用的房产,继续免征房产税(财税〔2003〕149号、财税〔2006〕17号)。地方铁路运输企业自用的房产,应缴纳的房产税比照铁道部(现为中国铁路总公司)所属铁路运输企业的政策执行。

(12) 中国人民银行总行是国家机关,对其自用的房产免征房产税(财税字〔1987〕36号)。

对行使国家行政管理职能的中国人民银行总行(含国家外汇管理局)所属分支机构自用的房产,免征房产税(国税函〔2001〕770号)。对被撤销金融机构清算期间自有的或从债务方接收的房产,免征房产税(财税〔2003〕141号)。

(13) 2011年1月1日至2020年12月31日,对天然林资源保护工程的房产继续免征房产税(财税〔2011〕90号)。

(14) 对为农村居民提供生活用水而建设供水工程运营管理单位的生产、办公用房产、土地,从2011年1月1日至2018年12月31日,免征房产税(财税〔2012〕30号、财税〔2016〕19号)。

(15) 自2013年1月1日至2018年12月31日,对专门经营农产品的农产品批发市场、农贸市场使用的房产、土地免征房产税。对同时经营其他产品的农产品批发市场和农贸市场使用的房产、土地,按其他产品与农产品交易场地面积的比例确定征免房产税(财税〔2012〕68号、财税〔2016〕1号)。

(16) 对商品储备管理公司及其直属库承担商品储存业务自用的房产、土地,免征房产税(财税〔2013〕59号、财税〔2016〕28号)。

(17) 非营利科研机构自用的房产,免征房产税(国办发〔2000〕78号、财税〔2001〕5号)。

(18) 为落实国家大学科技园、科技企业孵化器相关税收优惠政策,对其自用以及提供给孵化企业使用的房产、土地,免征城镇土地使用税(国发〔2014〕49号)。

(19) 医疗卫生机构的房产税优惠(财税〔2000〕42号)。

① 对非营利医疗机构自用的房产,免征房产税。

② 为了支持营利性医疗机构的发展,对营利性医疗机构取得的收入,直接用于改善医疗卫生条件的,自其取得执业登记之日起3年内对营利性医疗机构自用的房产免征房产税,3年免税期满后恢复征税。

③ 对疾病控制机构和妇幼保健机构等卫生机构自用的房产,免征房产税。

(20) 对农林牧渔业用地和农民居住用房屋及土地,不征收房产税(国税发〔1999〕44号)。

(21) 由财政部门拨付事业经费的文化单位转制为企业,自转制注册之日起对其自用房产免征房产税(财税〔2014〕84 号)。

(22) 对公共租赁住房免征房产税。公共租赁住房经营管理单位应单独核算公共租赁住房租金收入,未单独核算的,不得享受房产税优惠政策(财税〔2014〕52 号)。

第五节　申报和缴纳

一、纳税义务发生时间及截止时间

房产税纳税义务发生时间如表 10-9 所示。

表 10-9　房产税纳税义务发生时间

房产用途变化	纳税义务发生时间
将原有房产用于生产经营(财税地字〔1986〕8 号)	从生产经营之月起
将自建房屋用于生产经营(财税地字〔1986〕8 号)	从建成之日的次月起
委托施工企业建设的房屋(财税地字〔1986〕8 号)	从办理验收手续之次月起
特例:对于验收前已使用或出租出借的新建房屋,应从使用或出租出借当月起计征房产税(财税地字〔1986〕8 号)	
纳税人购置新建商品房(国税发〔2003〕89 号)	自房屋交付使用之次月起
购置存量房(国税发〔2003〕89 号)	自办理房屋权属转移,登记机关签发房屋权属证书之次月起
纳税人出租、出借房产(国税发〔2003〕89 号)	自交付出租、出借房产之次月起
房地产开发企业自用、出租、出借本企业建造商品房(财税〔2006〕186 号)	自房屋使用或交付之次月起
自 2009 年 1 月 1 日起,纳税人因房产的实物或权利状态发生变化而依法终止房产税纳税义务的,其应纳税款的计算应截至房产的实物或权利状态发生变化的当月末(财税〔2008〕152 号)	

特别提示

融资租赁的房产,由承租人自融资租赁合同约定开始日的次月起依照房产余值缴纳房产税。合同未约定开始日的,由承租人自合同签订的次月起依照房产余值缴纳房产税(财税〔2009〕128 号)。

二、纳税期限(财税地字〔1986〕7 号)

房产税实行按年征收,分期缴纳。纳税期限由省、自治区、直辖市人民政府规定。各地一般按季或半年征收。

三、纳税申报

房产税的纳税申报,是房屋产权所有人或纳税人缴纳房产税必须履行的法定手续。纳税人应根据税法要求,将现有房屋的坐落地点、结构、面积、原值、出租收入等情况,据实向当地税务机关办理纳税申报，并按规定纳税。如果纳税人住址发生变更、产权发生转移，以及出现新建、改建、扩建、拆除房屋等情况，而引起房产原值发生变化或者租金收入变化的，都要按规定及时向税务机关办理变更登记。

四、纳税地点

房产税在房产所在地缴纳。房产不在同一地方的纳税人，应按房产的坐落地点分别向房产所在地的税务机关缴纳(财税地字〔1986〕8号)。

【习题及解答】

【例10-1　单选题】 2016年6月出租房产计算房产税的租金的说法，正确的是(　　)。

A. 租金收入不含增值税
B. 租金收应含增值税
C. 小规模纳税人租金收入含增值税
D. 只有一般纳税人租金收入不含增值税

【答案】 A

第十一章 车船税

第一节 车船税概述

车船税是对在中华人民共和国境内的应税车辆、船舶(简称车船)的所有人或者管理人征收的一种税。现行《车船税法》于 2012 年 1 月 1 日起施行。车船税具有涉及面广、税源流动性强、纳税人多为个人等特点。

第二节 征税范围、纳税人和适用税额

一、征税对象及范围

车船税的征税范围是指在中华人民共和国境内属于《车船税法》所附《车船税税目税额表》(主席令第 43 号)规定的车辆、船舶。车辆、船舶是指(国务院令第 611 号):

(1) 依法应当在车船管理部门登记的机动车辆和船舶。

(2) 依法不需要在车船管理部门登记、在单位内部场所行驶或者作业的机动车辆和船舶。

境内单位和个人租入外国籍船舶的,不征收车船税。境内单位将船舶出租到境外的,应依法征收车船税(国家税务总局公告 2013 年第 42 号)。

二、纳税人

在中华人民共和国境内属于《车船税法》所附《车船税税目税额表》规定的车辆、船舶的所有人或者管理人,为车船税的纳税人,应当依照《车船税法》缴纳车船税(主席令第 43 号)。

三、税目、税额

车船的适用税额,依照《车船税法》所附《车船税税目税额表》执行(主席令第 43 号)。

车船税税目、税额如表 11-1 所示。

特别提示

整备质量、净吨位、艇身长度等计税单位,有尾数的一律按照含尾数的计税单位计算车船税应纳税额。计算得出的应纳税额小数点后超过两位的可四舍五入保留两位小数。

表11-1 车船税税目、税额

<table>
<tr><th colspan="2">税目</th><th>计量单位</th><th>年基准税额</th><th>备注</th></tr>
<tr><td rowspan="7">乘用车[按发动机汽缸容量(排气量)分档]</td><td>1.0升(含)以下的</td><td rowspan="7">每辆</td><td>60～360元</td><td rowspan="7">核定载客人数9人(含)以下</td></tr>
<tr><td>1.0升以上至1.6升(含)的</td><td>300～540元</td></tr>
<tr><td>1.6升以上至2.0升(含)的</td><td>360～660元</td></tr>
<tr><td>2.0升以上至2.5升(含)的</td><td>660～1 200元</td></tr>
<tr><td>2.5升以上至3.0升(含)的</td><td>1 200～2 400元</td></tr>
<tr><td>3.0升以上至4.0升(含)的</td><td>2 400～3 600元</td></tr>
<tr><td>4.0升以上的</td><td>3 600～5 400元</td></tr>
<tr><td rowspan="2">商用车</td><td>客车</td><td>每辆</td><td>480～1 440元</td><td>核定载客人数9人以上，包括电车</td></tr>
<tr><td>货车</td><td>整备质量每吨</td><td>16～120元</td><td>包括半挂牵引车、三轮汽车和低速载货汽车等</td></tr>
<tr><td>挂车</td><td></td><td>整备质量每吨</td><td>按照货车税额的50%计算</td><td></td></tr>
<tr><td rowspan="2">其他车辆</td><td>专用作业车</td><td rowspan="2">整备质量每吨</td><td>16～120元</td><td rowspan="2">不包括拖拉机</td></tr>
<tr><td>轮式专用机械车</td><td>16～120元</td></tr>
<tr><td>摩托车</td><td></td><td>每辆</td><td>36～180元</td><td></td></tr>
<tr><td rowspan="2">船舶</td><td>机动船舶</td><td>净吨位每吨</td><td>3～6元</td><td>(1) 船舶、非机动驳船分别按照机动船舶税额的50%计算
(2) 拖船按照发动机功率每1千瓦折合净吨位0.67吨计算征收车船税</td></tr>
<tr><td>游艇</td><td>艇身长度每米</td><td>600～2 000元</td><td></td></tr>
</table>

机动船舶具体适用税额为(国务院令第611号)：

(1) 净吨位小于或者等于200吨的，每吨3元。

(2) 净吨位201吨至2 000吨的，每吨4元。

(3) 净吨位2 001吨至10 000吨的，每吨5元。

(4) 净吨位10 001吨及以上的，每吨6元。

拖船按照发动机功率每1千瓦折合净吨位0.67吨计算征收车船税。

游艇具体适用税额为(国务院令第611号)：

(1) 艇身长度不超过10米的游艇，每米600元。

(2) 艇身长度超过10米但不超过18米的游艇，每米900元。

(3) 艇身长度超过 18 米但不超过 30 米的游艇，每米 1 300 元。

(4) 艇身长度超过 30 米的游艇，每米 2 000 元。

(5) 辅助动力帆艇，每米 600 元。

游艇艇身长度是指游艇的总长。

《车船税法》及其实施条例所涉及的排气量、整备质量、核定载客人数、净吨位、千瓦、艇身长度，以车船管理部门核发的车船登记证书或者行驶证相应项目所载数据为准。

(1) 专用作业车的认定。对于在设计和技术特性上用于特殊工作，并装置有专用设备或器具的汽车，应认定为专用作业车，如汽车起重机、消防车、混凝土泵车、清障车、高空作业车、洒水车、扫路车等。以载运人员或货物为主要目的的专用汽车，如救护车，不属于专用作业车。

(2) 税务机关核定客货两用车的征税问题。客货两用车又称多用途货车，是指在设计和结构上主要用于载运货物，但在驾驶员座椅后带有固定或折叠式座椅，可运载 3 人以上乘客的货车。客货两用车依照货车的计税单位和年基准税额计征车船税。

(3) 车船税应纳税额计算的其他规定。乘用车按照车辆登记管理部门核发的机动车登记证书或者行驶证书所载的排气量毫升数确定税额区间。

第三节　应纳税额的计算与代收代缴

一、应纳税额的计算（国务院令第 611 号）

纳税人按照纳税地点所在的省、自治区、直辖市人民政府确定的具体适用税额缴纳车船税。车船税由地方税务机关负责征收。

(1) 购置的新车船，购置当年的应纳税额自纳税义务发生的当月起按月计算。计算公式为

应纳税额＝(年应纳税额÷12)×应纳税月份数

应纳税月份数＝12－纳税义务发生时间(取月份)＋1

(2) 在一个纳税年度内，已完税的车船被盗抢、报废、灭失的，纳税人可以凭有关管理机关出具的证明和完税证明，向纳税所在地的主管税务机关申请退还自被盗抢、报废、灭失月份起至该纳税年度终了期间的税款。

(3) 已办理退税的被盗抢车船，失而复得的，纳税人应当从公安机关出具相关证明的当月起计算缴纳车船税。

(4) 在一个纳税年度内，纳税人在非车辆登记地由保险机构代收代缴机动车车船税，且能够提供合法有效完税证明的，纳税人不再向车辆登记地的地方税务机关缴纳车辆车船税。

(5) 已缴纳车船税的车船在同一纳税年度内办理转让过户的，不另纳税，也不退税。

二、保险机构代收代缴（国家税务总局公告 2015 年第 83 号）

(1) 从事机动车第三者责任强制保险业务的保险机构为机动车车船税的扣缴义务

人,应当在收取保险费时依法代收车船税,并出具代收税款凭证(主席令第43号)。

(2) 保险机构在代收车船税时,应当在机动车交通事故责任强制保险的保险单以及保费发票上注明已收税款的信息和减免税信息,作为代收税款凭证。

(3) 保险机构应当按照本地区车船税代收代缴管理办法规定的期限和方式,及时向保险机构所在地的税务机关办理申报、结报手续,报送代收代缴税款报告表和投保机动车缴税的明细信息。

(4) 对已经向主管税务机关申报缴纳车船税的纳税人,保险机构在销售机动车第三者责任强制保险时,不再代收车船税,但应当根据纳税人的完税凭证原件,将车辆的完税凭证号和出具该凭证的税务机关名称录入交强险业务系统。

对出具税务机关减免税证明的车辆,保险机构在销售机动车第三者责任强制保险时,不代收车船税,保险机构应当将减免税证明号和出具该证明的税务机关名称录入交强险业务系统。

(5) 纳税人在应当购买交通事故责任强制保险截止日期以后购买的,或以前年度没有缴纳车辆车船税的,保险机构在代收代缴税款的同时,还应代收代缴欠缴税款的滞纳金。扣缴义务人代收代缴欠缴税款的滞纳金,从各省、自治区、直辖市人民政府规定的申报纳税期限截止日期的次日起计算。

(6) 已完税或者按照《车船税法》第三条第(四)项、第五条规定减税免税的车船,纳税人应当向扣缴义务人提供登记地主管税务机关出具的减免税证明(国务院令第611号)。

(7) 不能提供完税凭证或者减免税证明,且拒绝扣缴义务人代收代缴车船税的纳税人,扣缴义务人不得出具保单、保险标志和保费发票等,同时报告主管税务机关处理(国税函〔2011〕712号)。

(8) 扣缴义务人应当及时解缴代收代缴的税款,并向地方税务机关申报。

第四节 减免税优惠

一、法定减免(主席令第43号)

(1) 捕捞、养殖渔船。具体是指在渔业船舶管理部门登记为捕捞船或者养殖船的船舶。

(2) 军队、武装警察部队专用的车船。具体是指按照规定在军队、武装警察部队车船管理部门登记,并领取军队、武警牌照的车船。

(3) 警用车船。具体是指公安机关、国家安全机关、监狱、劳动教养管理机关和人民法院、人民检察院领取警用牌照的车辆和执行警务的专用船舶。

(4) 依照法律规定应当予以免税的外国驻华使领馆、国际组织驻华代表机构及其有关人员的车船。

(5) 对节约能源的车船减半征收车船税,对使用新能源的车船免征车船税(具体标准参见财税〔2015〕51号);对受严重自然灾害影响纳税困难以及有其他特殊原因确需减税、免税的,可以减征或者免征车船税。

节约能源、使用新能源的车辆包括纯电动汽车、燃料电池汽车和混合动力汽车。纯电动汽车、燃料电池汽车和插电式混合动力汽车免征车船税，其他混合动力汽车按照同类车辆适用税额减半征税。

（6）省、自治区、直辖市人民政府根据当地实际情况，可以对公共交通车船，农村居民拥有并主要在农村地区使用的摩托车、三轮汽车和低速载货汽车定期减征或者免征车船税。

二、特定减免（国务院令第 611 号）

（1）经批准临时入境的外国车船和香港特别行政区、澳门特别行政区、台湾地区的车船，不征收车船税。

（2）按照规定缴纳船舶吨税的机动船舶，自《车船税法》实施之日起 5 年内免征车船税。

（3）机场、港口内部行驶或作业的车船，自《车船税法》实施之日起 5 年内免征车船税。

第五节 申报和缴纳

一、车船税的纳税期限

车船税纳税义务发生时间为取得车船所有权或者管理权的当月，即为购买车船的发票或者其他证明文件所载日期的当月。对于在国内购买的机动车，购买日期以《机动车销售统一发票》所载日期为准；对于进口机动车，购买日期以《海关关税专用缴款书》所载日期为准；对于购买的船舶，以购买船舶的发票或者其他证明文件所载日期的当月为准（主席令第 43 号）。

二、车船税的纳税地点

车船税的纳税地点为车船的登记地或者车船税扣缴义务人所在地。依法不需要办理登记的车船，车船税的纳税地点为车船的所有人或者管理人所在地（主席令第 43 号）。

三、车船税的申报缴纳

车船税按年申报，分月计算，一次性缴纳。纳税年度为公历 1 月 1 日至 12 月 31 日。车船税按年申报缴纳。具体申报纳税期限由省、自治区、直辖市人民政府规定（国务院令第 611 号）。

对于依法不需要购买机动车交通事故责任强制保险的车辆，纳税人应当向主管税务机关申报缴纳车船税（主席令第 43 号）。

归纳

车船税征税管理如表11-2所示。

表11-2 车船税征税管理

基本要素	主要规定
纳税期限	(1) 车船税纳税义务发生时间为取得车船所有权或者管理权的当月 (2) 取得车船所有权或者管理权的当月,应当以购买车船的发票或者其他证明文件所载日期的当月为准
纳税地点	(1) 纳税人自行申报缴纳车船税的,纳税地点为车船登记地的主管税务机关所在地 (2) 扣缴义务人代收代缴车船税的,纳税地点为扣缴义务人所在地 (3) 依法不需要办理登记的车船,纳税地点为车船的所有人或者管理人主管税务机关所在地
纳税申报	车船税按年申报,分月计算,一次性缴纳。纳税年度为公历1月1日至12月31日
征收机关	车船税由地方税务机关负责征收
年度税不重征	(1) 纳税人在购买"交强险"时,由扣缴义务人代收代缴车船税的,凭注明已收税款信息的"交强险"保险单,车辆登记地的主管税务机关不再征收该纳税年度的车船税。再次征收的,车辆登记地主管税务机关应予退还(国家税务总局公告2013年第42号) (2) 已经缴纳车船税的船舶在同一纳税年度内办理转让过户的,在原登记地不予退税,在新登记地凭完税凭证不再纳税,新登记地海事管理机构应记录上述船舶的完税凭证号和出具该凭证的税务机关或海事管理机构名称,并将完税凭证的复印件存档备查(国家税务总局公告2013年第1号)

【习题及解答】

【例11-1 单选题】 (据2013年注税改编)某运输公司2012年有如下运输工具:运输卡车10辆,整备质量12.4吨/辆,4月购入乘用车12辆,当月办理登记取得车辆行驶证,当地政府规定的乘用车车船税税额1 000元/辆,运输卡车车船税税额80元/吨。2012年度该公司应缴纳车船税(　　)元。

A. 18 920　　B. 19 000　　C. 21 920　　D. 22 000

【答案】 A

【解析】 应缴纳车船税=12.4×10×80+12×1 000×9÷12=18 920(元)。

第十二章 资 源 税

第一节 资源税概述

一、资源税的概念

资源税是以部分自然资源为课税对象，对在我国领域及管辖海域内开采应税矿产品及生产盐的单位和个人，就其应税产品销售额或销售数量为计税依据而征收的一种税。

二、资源税的特点

(1) 只对特定资源征税。

(2) 具有受益税性质。

(3) 具有级差收入税的特点。

三、立法原则

普遍征收、级差调整。

第二节 纳税人与扣缴义务人

一、纳税人

在中华人民共和国境内开采应税矿产品或者生产盐的单位和个人，为资源税的纳税人(国务院令第139号)。

特别提示

开采海洋或陆上油气资源的中外合作油气田，在2011年11月1日前已签订的合同继续缴纳矿区使用费，不缴纳资源税；自2011年11月1日前新签订的合同缴纳资源税，不再缴纳矿区使用费。开采海洋油气资源的自营油气田，自2011年11月1日起缴纳资源税，不再缴纳矿区使用费(财税〔2014〕73号)。

二、扣缴义务人

独立矿山、联合企业及其他收购未税矿产品的单位为扣缴义务人(财政部、国家税务总局令第66号)。

第三节 征税范围

《资源税暂行条例》只将原油、天然气、煤炭、其他非金属矿原矿、黑色金属矿原矿、有色金属矿原矿和盐列入了征税范围,可以分为矿产品和盐两大类。

一、矿产品(财政部、国家税务总局令第66号)

(一)原油

原油是指开采的天然原油,不包括人造石油。

(二)天然气

天然气是指专门开采或与原油同时开采的天然气。

(三)煤炭

煤炭是指原煤和未税原煤加工的洗选煤,不包括已税原煤加工的洗选煤及其他煤炭制品。在废弃的煤矸石中利用简易工具手工回收煤炭对外销售或使用,依法照章征收资源税(国税函发〔1996〕605号)。

(四)其他非金属矿原矿

其他非金属矿原矿是指上列产品和井矿盐以外的非金属矿原矿。未列举名称的其他非金属矿原矿和其他有色金属矿原矿由省、自治区、直辖市人民政府决定征收或暂缓征收资源税,并报财政部和国家税务总局备案(财法字〔1993〕43号)。

矿泉水是含有符合国家标准的矿物质元素的一种水气矿产,可供饮用或医用等,矿泉水等水气矿产属于其他非金属矿原矿(国家税务总局公告2011年第63号)。

(五)黑色金属矿原矿和有色金属矿原矿

黑色金属矿原矿和有色金属矿原矿系指纳税人开采后自用或销售的,用于直接入炉冶炼或作为主产品先入选精矿、制造人工矿,再最终入炉冶炼的金属矿原矿(国家税务总局公告2011年第63号)。

二、盐(财政部、国家税务总局令第66号)

(一)固体盐

固体盐是指海盐原盐、湖盐原盐和井矿盐。

(二)液体盐

液体盐俗称卤水,指氯化钠含量达到一定浓度的溶液,是用于生产碱和其他产品的原料。

三、对岩金矿的征税规定(财税〔2006〕69号)

岩金矿原矿已缴纳过资源税,选冶后形成的尾矿进行再利用的,只要纳税人能够单独统计、核算,能与原矿明确区隔开,不再计征资源税。尾矿与原矿不能划分清楚的,应按原矿计征资源税。

第四节 税目与税额

一、资源税的税目(财政部令第66号)

资源税的税目反映征收资源税的具体范围,是资源税课征对象的具体表现形式。《资源税暂行条例》采取列举法,即按照各种课税的产品类别设置7个税目,如表12-1所示。

表12-1 资源税税目

原油	开采的天然原油征税,人造石油不征税
天然气	专门开采和与原油同时开采的天然气征税,煤矿生产的天然气不征税
煤炭	原煤和以未税原煤加工的洗选煤征税,已税原煤加工的洗选煤及其他煤炭制品不征税
其他非金属矿原矿	除原油、天然气、煤炭和井矿盐以外的非金属矿原矿
盐	包括固体盐、液体盐。固体盐包括海盐原盐、湖盐原盐和井矿盐,液体盐是指卤水

二、资源税的税额

纳税人具体适用的税率,根据纳税人所开采或者生产应税产品的资源品位、开采条件等情况,由财政部和国务院有关部门确定;财政部未列举名称且未确定具体适用税率的其他非金属矿原矿和有色金属矿原矿,由省、自治区、直辖市人民政府根据实际情况确定,报财政部和国家税务总局备案。

纳税人开采或者生产不同税目应税产品的,应当分别核算不同应税产品的销售额或者销售数量;未分别核算或者不能准确提供不同税目应税产品的销售额或者销售数量的,从高适用税率。资源税税目税率幅度如表12-2所示(详情请参见财税〔2016〕53号附件《资源税税目税率幅度表》)。

表12-2 资源税税目税率幅度

税目		征税对象	税率幅度
原油			6%～10%
天然气			6%～10%
煤炭			2%～10%
金属矿	铁矿	精矿	1%～6%
	金矿	金锭	1%～4%
	铜矿	精矿	2%～8%
	铝土矿	原矿	3%～9%

续表

税目		征税对象	税率幅度
金属矿	铅锌矿	精矿	2%～6%
	镍矿	精矿	2%～6%
	锡矿	精矿	2%～6%
	未列举名称的其他金属矿产品	原矿或精矿	税率不超过20%
非金属矿	石墨	精矿	3%～10%
	硅藻土	精矿	1%～6%
	高岭土	原矿	1%～6%
	萤石	精矿	1%～6%
	石灰石	原矿	1%～6%
	硫铁矿	精矿	1%～6%
	磷矿	原矿	3%～8%
	氯化钾	精矿	3%～8%
	硫酸钾	精矿	6%～12%
	井矿盐	氯化钠初级产品	1%～6%
	湖盐	氯化钠初级产品	1%～6%
	提取地下卤水晒制的盐	氯化钠初级产品	3%～15%
	煤层(成)气	原矿	1%～2%
	黏土、砂石	原矿	每吨或立方米0.1元～5元
	未列举名称的其他非金属矿产品	原矿或精矿	从量税率每吨或立方米不超过30元;从价税率不超过20%
海盐		氯化钠初级产品	1%～5%

备注:

1. 铝土矿包括耐火级矾土、研磨级矾土等高铝黏土。

2. 氯化钠初级产品是指井矿盐、湖盐原盐、提取地下卤水晒制的盐和海盐原盐,包括固体和液体形态的初级产品。

3. 海盐是指海水晒制的盐,不包括提取地下卤水晒制的盐。

特别提示

(1) 煤炭资源税自2014年12月1日起实行从价计征,并采用了折算率方法来计征洗选煤的应纳资源税额(国家税务总局公告2014年第62号)。

(2) 经国务院批准,自2015年5月1日起,稀土、钨、钼资源税由从量定额计征改为从价定率计征。稀土、钨、钼应税产品包括原矿和以自采原矿加工的精矿。轻稀土按地区执行不同的适用税率,其中,内蒙古为11.5%、四川为9.5%、山东为7.5%;中重稀土资源税适用税率为27%；钨资源税适用税率为6.5%；钼资源税适用税率为11%（财税〔2015〕52号）。

(3) 对《资源税税目税额明细表》中未列举名单的纳税人（指在已列举的部分纳税人名单中，尚未列举到的纳税人）适用的税额，由各省、自治区、直辖市人民政府根据纳税人的资源状况，参照该表中确定的邻近矿山的税额标准，在上下浮动30%的幅度内核定，并报财政部和国家税务总局备案（财政部、国家税务总局令66号）。

(4) 自2015年8月1日起，《煤炭资源税征收管理办法（试行）》施行（国家税务总局公告2015年第51号）。

(5) 对《资源税税目税率幅度表》（表12-2）中列举名称的21种资源品目和未列举名称的其他金属矿实行从价计征，计税依据由原矿销售量调整为原矿、精矿（或原矿加工品）、氯化钠初级产品或金锭的销售额。列举名称的21种资源品目包括：铁矿、金矿、铜矿、铝土矿、铅锌矿、镍矿、锡矿、石墨、硅藻土、高岭土、萤石、石灰石、硫铁矿、磷矿、氯化钾、硫酸钾、井矿盐、湖盐、提取地下卤水晒制的盐、煤层（成）气、海盐。对经营分散、多为现金交易且难以控管的黏土、砂石，按照便利征管原则，仍实行从量定额计征。

对《资源税税目税率幅度表》中未列举名称的其他非金属矿产品，按照从价计征为主、从量计征为辅的原则，由省级人民政府确定计征方式。

此次资源税从价计征改革，自2016年7月1日起实施。已实施从价计征的原油、天然气、煤炭、稀土、钨、钼6个资源品目资源税政策暂不调整，仍按原办法执行（财税〔2016〕53号）。

(6) 自2016年7月1日起，开展水资源税改革试点工作，鉴于取用水资源涉及面广、情况复杂，为确保改革平稳有序实施，先在河北省开展水资源税试点。河北省开征水资源税试点工作，采取水资源费改税方式，将地表水和地下水纳入征税范围，实行从量定额计征，对高耗水行业、超计划用水以及在地下水超采地区取用地下水，适当提高税额标准，正常生产生活用水维持原有负担水平不变。在总结试点经验基础上，财政部、国家税务总局将选择其他地区逐步扩大试点范围，条件成熟后在全国推开（财税〔2016〕53号）。

第五节　应纳税额的计算

一、一般计税方法

资源税的应纳税额按照应税资源产品的课税数量和规定的单位税额计算。

（一）从价定率征收

应纳税额＝（不含增值税）销售额×比例税率

（二）从量定额征收

应纳税额＝课税数量×适用的单位税额

特别提示

(1) 在税额计算过程中还要注意有无减征、免征规定。

(2) 资源税具有单一环节一次课征的特点,只在开采后出厂销售或移送自用环节纳税。

(3) 要关注资源税与增值税、所得税的关系。

(三) 销售额的确定

1. 基本规定(财政部、国家税务总局令第66号)

销售额为纳税人销售应税产品(原油、天然气)向购买方收取的全部价款和价外费用,但不包括收取的增值税销项税额。

2. 特殊情形(财政部、国家税务总局令第66号)

(1) 纳税人开采应税产品由其关联单位对外销售,按关联单位销售额征收资源税。既有对外销售应税产品,又有将应税产品用于除连续生产应税产品以外其他方面的,则对自用的这部分应税产品,按纳税人对外销售应税产品的平均价格计算销售额征收资源税。

(2) 纳税人申报的销售额明显偏低且无正当理由、有视同销售应税产品行为而无销售额的,按下列顺序确定销售额。

① 按纳税人最近时期同类货物的平均销售价格确定。

② 按其他纳税人最近时期销售同类货物的平均销售价格确定。

③ 按组成计税价格确定销售额:

$$
\begin{aligned}
\text{组成计税价格} &= \text{成本}\times(1+\text{成本利润率})+\text{资源税} \\
&= \text{成本}\times(1+\text{成本利润率})\div(1-\text{税率})
\end{aligned}
$$

式中,成本为应税产品的实际生产成本;成本利润率由省、自治区、直辖市税务机关确定。

(四) 课税数量的确定(国务院令第139号)

(1) 各种应税产品,凡直接对外销售的,均以实际销售数量为课税数量。

(2) 各种应税产品,凡自产自用的,均以自用数量为课税数量。

(3) 纳税人不能准确提供应税产品销售数量或移送使用数量的,以应税产品的产量或主管税务机关确定的折算比换算成的数量为课税数量。

二、应纳税额计算的特殊规定

应纳税额计算的特殊规定如下。

(1) 纳税人开采或者生产不同税目应税产品的应当分别核算不同税目应税产品的课税数量。未分别核算或者不能准确提供不同税目应税产品的课税数量的,从高适用税额计税(国务院令第605号)。

(2) 纳税人自产自用应税产品,因无法准确提供移送使用量而采取折算比换算课税数量办法的,具体规定如下(国家税务总局公告2011年第63号)。

① 煤炭。对于连续加工前无法正确计算原煤移送使用量的,可按加工产品的综合回收率,将加工产品实际销量和自用量折算成原煤数量作为课税数量。

原煤数量＝加工量÷综合回收率

② 金属和非金属矿产品原矿。无法准确掌握纳税人移送使用原矿数量的，可将其精矿按选矿比折算成原矿数量作为课税数量。

耗用原矿数量＝精矿数量÷选矿比

(3) 原油中的稠油、高凝油与稀油划分不清或不易划分的，一律按原油稀油的数量课税。

(4) 以液体盐加工固体盐的。纳税人以自产的液体盐加工固体盐，按固体盐税额征税，以加工的固体盐数量为课税数量。如果纳税人以外购的液体盐加工固体盐，其加工固体盐所耗用液体盐的已纳税额准予在其应纳固体盐税额中抵扣。

(5) 开采海洋或陆上油气资源的中外合作油气田，按实物量计算缴纳资源税，以该油气田开采的原油、天然气扣除作业用量和损耗量之后的原油、天然气产量作为课税数量（财税〔2014〕73号）。

(6) 提取液体盐（俗称卤水）制取化工产品的，要严格按照提取的液体盐数量作为课税数量计征资源税（财税〔2013〕109号）。

三、代扣代缴（国税发〔1998〕49号）

(1) 目前资源税代扣代缴的适用范围是指收购的除原油、天然气、煤炭以外的资源税未税矿产品。

(2) 代扣代缴资源税适用的单位税额规定如下。

① 独立矿山、联合企业收购与本单位矿种相同的未税矿产品，按照本单位相同矿种应税产品的单位税额，依据收购数量代扣代缴资源税。

② 独立矿山、联合企业收购与本单位矿种不同的未税矿产品，以及其他收购单位收购的未税矿产品，按照收购地相应矿种规定的单位税额，依据收购数量代扣代缴资源税。

③ 收购地没有相同品种矿产品的，按收购地主管税务机关核定的单位税额，依据收购数量代扣代缴资源税。

其他收购单位收购未税矿产品，按主管税务机关核定的税额（率），依据收购数量代扣代缴资源税。

四、减免税规定

(1) 纳税人开采或生产应税产品，自用于连续生产应税产品的，不缴纳资源税；自用于其他方面的，视同销售缴纳资源税（国务院令第605号）。

(2) 有下列情形之一，减征或免征资源税（国务院令第605号）。

① 开采原油过程中用于加热、修井的原油，免税。

② 纳税人开采或者生产应税产品过程中，因意外事故或者自然灾害等原因遭受重大损失的，由省、自治区、直辖市人民政府酌情决定减税或者免税。

③ 国务院规定的其他减税、免税项目。

(3) 自2015年5月1日起，将铁矿石资源税由减按规定税额标准的80%征收调整为减按规定税额标准的40%征收（国家税务总局、国家能源局公告2015年第21号）。

(4) 关于原油、天然气资源税优惠政策(财税〔2014〕73号)。

① 对油田范围内运输稠油过程中用于加热的原油、天然气免征资源税。

② 对稠油、高凝油和高含硫天然气资源税减征40%。

③ 对三次采油资源税减征30%。

④ 对低丰度油气田资源税暂减征20%。

⑤ 对深水油气田资源税减征30%。

(5) 对衰竭期煤矿开采的煤炭,资源税减征30%(财税〔2014〕72号)。

(6) 对充填开采置换出来的煤炭,资源税减征50%(财税〔2014〕72号)。

第六节 申报与缴纳

一、纳税义务发生时间

纳税义务的发生时间是指纳税人发生应税行为应当承担纳税义务的起始时间。根据纳税人的生产经营、货款结算方式和资源税征收的几种情况,其纳税义务的发生时间如表12-3所示(财政部、国家税务总局令第66号)。

表12-3 纳税义务发生时间归纳

具体情形	纳税义务发生时间
分期收款	销售合同规定的收款日期的当天
预收货款	发出应税产品的当天
其他结算方式	收讫销售款或者取得索取销售款凭据的当天
自产自用应税产品应征资源税的	移送使用应税产品的当天
扣缴义务人代扣代缴税款	支付首笔货款或首次开具支付货款凭据的当天

二、纳税地点

纳税人应纳的资源税,应当向应税产品的开采或者生产所在地主管税务机关缴纳。

纳税人在本省、自治区、直辖市范围内开采或者生产应税产品,其纳税地点需要调整的,由省、自治区、直辖市税务机关决定(国务院令第605号)。

纳税人跨省开采资源税应税产品,其下属生产单位与核算单位不在同一省、自治区、直辖市的,对其开采或生产的应税产品,一律在开采地或生产地纳税,其应纳税款由独立核算、自负盈亏的单位,按照开采地的实际销售量(或者自用量)及适用的单位税额计算划拨(财法字〔1993〕43号)。

扣缴义务人代扣代缴的资源税,应当向收购地主管税务机关缴纳(财法字〔1993〕43号)。上述内容总结如表12-4所示。

表 12-4 资源税纳税地点汇总

具体情形	纳税地点
凡是缴纳资源税的纳税人	都应当向应税产品开采或者生产地主管税务机关缴纳
如果纳税人应纳的资源税属于跨省开采，其下属生产单位与核算单位不在同一省、自治区、直辖市的	对其开采或生产的应税产品一律在开采地或生产地纳税
扣缴义务人代扣代缴的资源税	应当向收购地主管税务机关缴纳

三、纳税期限（国务院令第 605 号）

资源税的纳税期限由主管税务机关根据纳税人应纳税额的多少，分别核定为 1 日、3 日、5 日、10 日、15 日或者 1 个月。不能按固定期限计算纳税的，可以按次计算纳税。

对资源税的报税期限规定为：以 1 个月为一期纳税的，自期满之日起 10 日内申报纳税；以 1 日、3 日、5 日、10 日或 15 日为一期纳税的，自期满之日起 5 日内预缴税款，于次月 1 日起 10 日内申报纳税并结清上月税款。

【习题及解答】

【例 12-1 多选题】 (2011 年注税)下列各项关于资源税的表述中，正确的有(　　)。

A. 对出口的应税产品免征资源税

B. 对进口的应税产品不征收资源税

C. 开采原油过程中用于修井的原油免征资源税

D. 开采应税产品过程中因自然灾害有重大损失的可由省级人民政府酌情决定减征或免征资源税

【答案】 BCD

【解析】 选项 A，按照税法规定，对出口的应税产品没有资源税减免税的优惠。

第十三章 契税

第一节 契税概述

一、契税的概念

契税是以所有权发生转移的不动产为征税对象,向产权承受人征收的一种财产税。现行《契税暂行条例》于1997年10月1日起施行。

二、契税的特点

契税与其他税种相比,具有如下特点:

(1) 契税属于财产转移税。

(2) 契税由财产承受人缴纳。

特别提示

一般实行先税后征。

第二节 征税范围、纳税人和税率

一、征税范围

契税的征税对象为发生土地使用权和房屋所有权权属转移的土地和房屋,具体征税范围包括:国有土地使用权出让;土地使用权转让,包括出售、赠与和交换;房屋买卖、赠与、交换。即以货币为媒介,出卖者向购买者过渡房产所有权的交易行为(国务院令第224号)。

(一) 国有土地使用权出让

国有土地使用权出让是指国家以土地所有者的身份将土地使用权在一定年限内让渡给土地使用者,并由土地使用者向国家支付土地使用权出让金的行为(财法字〔1997〕52号)。出让可以使用拍卖、招标、双方协议的方式。

(二) 土地使用权转让

土地使用权转让是指土地使用者将土地使用权再转移的行为。转让可以使用出售、交换、赠与的方式(财法字〔1997〕52号)。土地使用权转让,不包括农村集体土地承包(国务院令第224号)。

（三）房屋买卖

（1）房产抵债或实物交换房屋。经当地政府和有关部门批准，以房抵债和实物交换房屋，均视同房屋买卖，应由产权承受人按房屋现值缴纳契税（财法字〔1997〕52 号）。

以房产权补偿征地款的方式转移产权，实质上是一种以征地款购买房产的行为，应依法缴纳契税（国税函〔1999〕737 号）。

（2）以房产作投资或作股权转让（财法字〔1997〕52 号）。这种交易业务属房屋产权转移，应根据国家房地产管理的有关规定，办理房屋产权交易和产权变更登记手续，视同房屋买卖，由产权承受方按投资房产价值或房产买价缴纳契税。

以自有房产作股投入本人经营企业，免纳契税。因为以自有的房地产投入本人独资经营的企业，房屋产权所有人和土地使用权人未发生变化，无须办理房产变更手续，也不办理契税手续。

对以国家作价出资（入股）方式转移国有土地使用权的行为，应视同土地使用权转让，由土地使用权的承受方按规定缴纳契税（财税〔2008〕129 号）。

（四）房屋赠与

房屋的赠与是指房屋产权所有人将房屋无偿转让给他人所有。房屋赠与的前提，必须是产权无纠纷，赠与人和受赠人双方自愿。

由于房屋是不动产，价值较大，故法律要求赠与房屋应有书面合同（契约），并到房地产管理机关或农村基层政权机关办理登记过户手续，才能生效。如果房屋赠与行为涉及涉外关系，还须公证处证明和外事部门认证，才能有效。房屋的受赠人要按规定缴纳契约。

以获奖方式取得房屋产权的，其实质是接受赠与房产，应照章缴纳契税（财法字〔1997〕52 号）。

居民个人根据国家房改政策购买的公有住房，并取得房改房产权证后，将名下的房屋产权转移给其子女，属于赠与行为，应依照《契税暂行条例》及其有关规定征收契税（国税函〔2008〕718 号）。

特别提示

继承土地房屋权属下的契税政策归纳如表 13-1 所示。

表 13-1 继承土地房屋权属下的契税政策归纳

特殊行为	具体情况	契税政策
继承土地房屋权属（国税函〔2004〕1036 号）	法定继承人（包括配偶、子女、父母、兄弟姐妹、祖父母、外祖父母）继承土地房屋权属的	不征
	非法定继承人根据遗嘱承受死者生前土地房屋权属，属于赠与行为的	征收契税

（五）房屋交换（财法字〔1997〕52 号）

房屋交换，是指房屋住户、用户、所有人为了生活工作方便，互相之间交换房屋的使用权或所有权的行为。交换的标的性质有公房、私房;标的种类有住宅、店面及办公用房等。

行为的内容是:①房屋使用权交换。经房屋所有人同意,使用者可以通过变更租赁合同,办理过户手续,交换房屋使用权。②房屋所有权交换。

房屋产权相互交换,双方交换价值相等,免纳契税,办理免征契税手续;其价值不相等的,按超出部分由支付差价方缴纳契税。

特别提示1

对承受国有土地使用权应支付的土地出让金,要征收契税。不得因减免出让金而减免契税。

特别提示2

买房者不论其购买目的是拆用材料还是得到旧房后翻建成新房,都要涉及办理产权转移手续,只要发生房屋权属变化,就要照章缴纳契税。

特别提示3

以某些特殊方式转移土地、房屋权属也视为土地使用权转让、房屋买卖缴纳契税:

(1) 以房屋抵债或实物交换房屋,视同房屋买卖,由产权承受人按房屋现值缴纳契税。

(2) 以房产作投资或入股,应按规定办理房屋产权交易和产权变更登记手续,视同房屋买卖,由产权承受方按入股房产现值缴纳契税。

特例:以自有房产作股投入本人独资经营的企业,因未发生权属变化,不需要办理房产变更手续,故免纳契税。

对以国家作价出资(入股)方式转移国有土地使用权的行为,应视同土地使用权转让,由土地使用权的承受方按规定缴纳契税。

(六) 企业改制重组中的契税政策(财税〔2015〕37号)

企业改制重组中的契税政策汇总如表13-2所示。

表13-2 企业改制重组中的契税政策汇总

特殊行为	具体情况	契税政策
企业改制	非公司制企业改制为有限责任公司或股份有限公司,有限责任公司变更为股份有限公司,股份有限公司变更为有限责任公司,原企业投资主体存续并在改制(变更)后的公司中所持股权(股份)比例超过75%,且改制(变更)后公司承继原企业权利、义务的,对改制(变更)后公司承受原企业土地、房屋权属的	免征
事业单位改制	原投资主体存续并在改制后企业中出资(股权、股份)比例超过50%的,对改制后企业承受原事业单位土地、房屋权属的	免征

续表

特殊行为	具体情况	契税政策
企业合并	合并后的企业承受各方的土地、房屋权属的	免征
企业分立	分立为两个或两个以上与原公司投资主体相同的公司，对分立后公司承受原公司土地、房屋权属的	免征
企业破产	债权人承受破产企业土地、房屋权属以抵偿债务的	免征
	非债权人承受破产企业土地、房屋权属，与原企业30%以上职工签订服务年限不少于3年的劳动用工合同的	减半征收
	非债权人承受破产企业土地、房屋权属，与原企业全部职工签订服务年限不少于3年的劳动用工合同的	免征
资产划转	对承受县级以上人民政府或国有资产管理部门按规定进行行政性调整、划转国有土地、房屋权属的单位	免征
	企业改制重组，同一投资主体内部企业之间土地、房屋权属的划拨的	免征
债权转股权	国务院批准债转股企业，债转股后新设公司承受原企业土地、房屋权属的	免征
划拨用地出让或作价出资	以出让方式或国家作价出资（入股）方式承受原改制重组企业、事业单位划拨用地的，不属上述规定的免税范围	对承受方征收契税
企业股权转让	单位、个人承受企业股权，企业土地、房屋权属不发生转移的	不征

（七）房屋附属设施有关契税政策

（1）对于承受与房屋相关的附属设施（包括停车位、汽车库、自行车库、顶层阁楼以及储藏室，下同）所有权或土地使用权的行为，按照契税法律、法规的规定征收契税；对于不涉及土地使用权和房屋所有权转移变动的，不征收契税（财税〔2004〕126号）。具体如表13-3所示。

表13-3　房屋附属设施有关契税政策汇总

特殊行为	具体情况	契税政策
房屋的附属设施	承受附属设施所有权或土地使用权的	征收契税
	不涉及土地使用权和房屋所有权转移变动的	不征

（2）采取分期付款方式购买房屋附属设施土地使用权、房屋所有权的，应按合同规定的总价款计征契税（财税〔2004〕126号）。

（3）承受的房屋附属设施权属单独计价的，按照当地确定的适用税率征收契税；与房屋统一计价的，适用与房屋相同的契税税率（财税〔2004〕126号）。

（4）对纳税人因改变土地用途而签订土地使用权出让合同变更协议或者重新签订土地使用权出让合同的，应征收契税（国税函〔2008〕662号）。

（5）土地使用者转让、抵押或置换土地，无论其是否取得了该土地的使用权属证书，无论其在转让、抵押或置换土地过程中是否与对方当事人办理了土地使用权属证书变更登记手续，只要土地使用者享有占有、使用、收益或处分该土地的权利，且有合同等证据表明其实质转让、抵押或置换了土地并取得了相应的经济利益,土地使用者及其对方当事人应当依照税法规定缴纳契税(国税函〔2007〕645号)。

二、纳税人(国务院令第224号)

在中华人民共和国境内转移土地、房屋权属,承受的单位和个人为契税的纳税人,包括城镇、乡村居民个人;私营组织和个体工商户;华侨、港澳台同胞;外商投资企业和外国企业,以及外国人等五大类,还包括国有经济单位。

三、税率

契税实行幅度比例税率,税率幅度为3%~5%。具体执行税率,由各省、自治区、直辖市人民政府在规定的幅度内,根据本地区的实际情况确定。

第三节 计税依据和应纳税额的计算

一、计税依据(国务院令第224号)

契税的计税依据按照土地、房屋交易的不同情况确定。

(1) 土地使用权出售、房屋买卖,其计税依据为成交价格(国税农函〔1997〕12号)。

(2) 土地使用权赠与、房屋赠与,其计税依据由征收机关参照土地使用权出售、房屋买卖的市场价格核定(国税农函〔1997〕12号)。

(3) 土地使用权交换、房屋交换,其计税依据是所交换的土地使用权、房屋的价格差额。对于成交价格明显低于市场价格且无正当理由的,或者所交换的土地使用权、房屋的价格差额明显不合理且无正当理由的,由征收机关参照市场价格核定(国税农函〔1997〕12号)。

(4) 国有土地使用权出让,其契税计税价格为承受人为取得该土地使用权而支付的全部经济利益(财税〔2004〕134号)。

① 以协议方式出让的,其契税计税价格为成交价格。成交价格包括土地出让金、土地补偿费、安置补偿费、地上附着物和青苗补偿费、拆迁补偿费、市政建设配套费等承受者应支付的货币、实物、无形资产及其他经济利益。

没有成交价格或者成交价格明显偏低的,征收机关可依次按下列两种方式确定。

第一,评估价格:由政府批准设立的房地产评估机构根据相同地段,同类房地产进行综合评定,并经当地税务机关确认的价格。

第二,土地基准地价:由县以上人民政府公示的土地基准地价。

② 以竞价方式出让的,其契税计税价格,一般应确定为竞价的成交价格,土地出让金、市政建设配套费以及各种补偿费用应包括在内。

③ 先以划拨方式取得土地使用权,后经批准改为出让方式取得该土地使用权的,应依法缴纳契税,其计税依据为应补缴的土地出让金和其他出让费用。

④ 对通过"招、拍、挂"程序承受国有土地使用权的,应按照土地成交总价款计征契税,其中的土地前期开发成本不得扣除(国税函〔2009〕603号)。

(5) 房屋买卖的契税计税价格为房屋买卖合同的总价款，买卖装修的房屋，装修费用应包括在内(国税函〔2007〕606号)。

(6) 土地使用者将土地使用权及所附建筑物、构筑物等(包括在建的房屋、其他建筑物、构筑物和其他附着物)转让给他人的，应按照转让的总价款计征契税(财税〔2007〕162号)。

(7) 对纳税人因改变土地用途而签订土地使用权出让合同变更协议或者重新签订土地使用权出让合同的，其计税依据为因改变土地用途应补缴的土地收益金及应补缴政府的其他费用(国税函〔2008〕662号)。

(8) 企业承受土地使用权用于房地产开发，并在该土地上代政府建设保障性住房的，计税价格为取得全部土地使用权的成交价格(财税〔2012〕82号)。

(9) 计征契税的成交价格不含增值税(财税〔2016〕43号)。

归纳1

契税纳税人及计税依据一览如表13-4所示。

表13-4 契税纳税人及计税依据一览

征税对象	纳税人	计税依据
国有土地使用权出让	承受方	成交价格(不含增值税)
土地使用权转让	受让方	
房屋买卖	买方	
房屋赠与	受赠方	征收机关参照市场价核定
房屋交换	付出差价方	等价交换，免征契税；不等价交换，依交换价格差额

归纳2

契税计税依据一览如表13-5所示。

表13-5 契税计税依据一览

具体情形	计税依据
国有土地使用权出让、出售、房屋买卖(财税〔2004〕134号、国税农函〔1997〕12号)	成交价格；买卖装修的房屋，装修费用应包括在内(国税函〔2007〕606号)
土地使用权赠与、房屋赠与(国税农函〔1997〕12号)	由征收机关参照土地使用权出售、房屋买卖的市场价格核定
土地使用权交换、房屋交换(国税农函〔1997〕12号)	所交换的土地使用权、房屋的价格差额 交换价格相等时，免征契税 不等时，由多交付货币、货物、无形资产或其他经济利益的一方缴纳契税

续表

具体情形	计税依据
以划拨方式取得土地使用权,经批准转让房地产时	由房地产转让者补交契税,计税依据为补交的土地使用权出让费用或者土地收益
房屋附属设施征收契税的依据	采取分期付款方式购买房屋附属设施土地使用权、房屋所有权的,按照合同规定的总价款计算征收契税 承受的房屋附属设施权属如果是单独计价的,按照当地适用的税率征收;如果与房屋统一计价的,适用与房屋相同的税率
对于个人无偿赠与不动产行为(法定继承人除外)	应对受赠人全额征收契税

二、应纳税额的计算

应纳税额的计算公式为

应纳税额=计税依据×税率

应纳税额以人民币计算。转移土地、房屋权属以外汇结算的,按照纳税义务发生之日中国人民银行公布的人民币市场汇率中间价,折合成人民币计算(国务院令第224号)。

第四节 减免税优惠

一、契税减免的基本规定

(1) 国家机关、事业单位、社会团体、军事单位承受土地、房屋用于办公、教学、医疗、科研和军事设施的,免征契税(国务院令第224号)。

(2) 城镇职工按规定第一次购买公有住房的,免征契税(国务院令第224号)。

1992年,根据国务院办公厅转发国务院住房制度改革领导小组《关于全面推进城镇住房制度改革意见的通知》精神,对职工个人购买公有住房作了免征契税的具体规定:

凡全民、城镇集体所有制单位,有当地正式城镇户口的职工,按省、自治区、直辖市人民政府批准的标准价,第一次购买本单位公有住房,在规定住房标准面积以内的,可以免纳契税,免税照顾每户只能享受一次(财法字〔1997〕52号)。

2000年11月29日,财政部、国家税务总局规定,对各类公有制单位为解决职工住房而采取集资建房方式建成的普通住房或由单位购买的普通商品住房,经当地县以上人民政府房改部门批准、按照国家房改政策出售给本单位职工的,如属职工首次购买住房,均比照《契税暂行条例》第六条"城镇职工按规定第一次购买公有住房的,免征"的规定,免征契税。此规定从发文之日起实施,以前已征税款不予退还(财税〔2000〕130号)。

(3) 自2016年2月22日起,对个人购买家庭唯一住房(家庭成员范围包括购房人、配偶以及未成年子女,下同),面积为90平方米及以下的,减按1%的税率征收契税;面积为90平方米以上的,减按1.5%的税率征收契税。对个人购买家庭第二套改善性住房,面积为90平方米及以下的,减按1%的税率征收契税;面积为90平方米以上的,减按2%的税率征收契税(财税〔2016〕23号)。

归纳

个人购买家庭住房有关契税优惠政策如表 13-6 所示。

表 13-6 个人购买家庭住房有关契税优惠政策

个人购买住房	契税优惠政策
城镇职工按规定第一次购买公有住房(含按政策经批准的集资房、房改房)的	免征契税
个人购买普通住房,且该住房属于家庭(成员包括购房人、配偶以及未成年子女,下同)唯一住房的	减半征收契税
个人购买 90 平方米及以下普通住房,且该住房属于家庭唯一住房的	减按 1%税率征收契税
个人购买 90 平方米以上普通住房,且该住房属于家庭唯一住房的	减按 1.5%税率征收契税
对个人购买家庭第二套改善性住房,面积为 90 平方米及以下的	减按 1%税率征收契税
对个人购买家庭第二套改善性住房,面积为 90 平方米以上的	减按 2%税率征收契税

提示:纳税人在申请办理家庭唯一普通住房契税优惠时,无须提供原民政部门开具的(无)婚姻登记记录证明(国家税务总局公告 2015 年第 71 号)。

(4) 因不可抗力丧失住房而重新购买住房的,酌情准予减征或者免征契税(国务院令第 224 号)。

(5) 土地、房屋被县级以上人民政府征用、占用后,重新承受土地、房屋权属的,由省级人民政府确定是否减免(财法字〔1997〕52 号)。

(6) 承受荒山、荒沟、荒丘、荒滩土地使用权,并用于农、林、牧、植业生产的,免征契税(财法字〔1997〕52 号)。

(7) 依照我国有关法律规定以及我国缔结或参加的双边和多边条约或协定,应当予以免税的外国驻华使馆、领事馆、联合国驻华机构及其外交代表、领事官员和其他外交人员承受土地、房屋权属的,经外交部确认,可以免征契税(财法字〔1997〕52 号)。

二、财政部规定的其他减征、免征契税的项目

(1) 售后回租及相关事项的契税政策如表 13-7 所示(财税〔2012〕82 号)。

表 13-7 售后回租及相关事项的契税政策

特殊行为	具体情况	契税政策
金融租赁公司售后回租业务	对金融租赁公司开展售后回租业务,承受承租人房屋、土地权属的	征收契税
	对售后回租合同期满,承租人回购原房屋、土地权属的	免征契税
房屋被征收的居民重置住房	(1) 居民因个人房屋被征收而选择货币补偿用以重新购置房屋,并且购房成交价格不超过货币补偿的 (2) 居民因个人房屋被征收而选择房屋产权调换,并且不缴纳房屋产权调换差价的	免征契税
	(1) 选择货币补偿用以重新购置房屋,购房成交价格超过货币补偿的差价部分 (2) 选择房屋产权调换,缴纳房屋产权调换的差价	征收契税

续表

<table>
<tr><th>特殊行为</th><th>具体情况</th><th>契税政策</th></tr>
<tr><td rowspan="2">无实质性权属转移的房地产交易</td><td>单位、个人以房屋、土地以外的资产增资,相应扩大其在被投资公司的股权持有比例,无论被投资公司是否变更工商登记,其房屋、土地权属不发生转移的</td><td>不征契税</td></tr>
<tr><td>(1) 个体工商户的经营者将其个人名下的房屋、土地权属转移至个体工商户名下,或个体工商户将其名下的房屋、土地权属转回原经营者个人名下的
(2) 合伙企业的合伙人将其名下的房屋、土地权属转移至合伙企业名下,或合伙企业将其名下的房屋、土地权属转回原合伙人名下的</td><td>免征契税</td></tr>
<tr><td colspan="3">以"招、拍、挂"方式出让国有土地使用权的,纳税人为最终与土地管理部门签订出让合同的土地使用权承受人
企业承受土地使用权用于房地产开发,并在该土地上代政府建设保障性住房的,计税价格为取得全部土地使用权的成交价格</td></tr>
</table>

(2) 棚户区改造的契税政策(财税〔2013〕101号)。对经营管理单位回购已分配的改造安置住房继续作为改造安置房源的,免征契税。

个人首次购买90平方米以下改造安置住房,按1%的税率计征契税;购买超过90平方米,但符合普通住房标准的改造安置住房,按法定税率减半计征契税。

改造安置住房是指相关部门和单位与棚户区被征收人签订的房屋征收(拆迁)补偿协议或棚户区改造合同(协议)中明确用于安置被征收人的住房或通过改建、扩建、翻建等方式实施改造的住房。棚户区是指简易结构房屋较多、建筑密度较大、房屋使用年限较长、使用功能不全、基础设施简陋的区域,具体包括城市棚户区、国有工矿(含煤矿)棚户区、国有林区棚户区和国有林场危旧房、国有垦区危房。棚户区改造是指列入省级人民政府批准的棚户区改造规划或年度改造计划的改造项目。

以上契税政策自2013年7月4日起执行,对于2013年7月4日至文到之日的已征税款,按有关规定予以退税。

(3) 婚姻关系存续期间,房屋、土地权属原归夫妻一方所有,变更为夫妻双方共有或另一方所有的,或者房屋、土地权属原归夫妻双方共有,变更为其中一方所有的,或者房屋、土地权属原归夫妻双方共有,双方约定、变更共有份额的,免征契税(财税〔2014〕4号)。

(5) 对已缴纳契税的购房单位和个人,在未办理房屋权属变更登记前退房的,退还已纳契税;在办理房屋权属变更登记后退房的,不予退还已纳契税(财税〔2011〕32号)。

(6) 对社会保险费(基本养老保险、基本医疗保险、失业保险)征收机构承受用以抵缴社会保险费的土地、房屋权属免征契税(国税函〔2001〕483号)。

(7) 对县级以上人民政府教育行政主管部门或劳动行政主管部门批准并核发《社会力量办学许可证》,由企业事业组织、社会团体及其他社会组织和公民个人利用非国家财政性教育经费面向社会举办的教育机构,其承受的土地、房屋权属用于教学的,免征契税(财税〔2001〕156号)。

(8) 对被撤销的金融机构在清算过程中催收债权时,接收债务方土地使用权、房屋所有权所发生的权属转移免征契税(财税〔2003〕141号)。

(9) 已购公有住房经补缴土地出让金和其他出让费用成为完全产权住房的,免征土地权属转移的契税(财税〔2004〕134号)。

(10) 灾后重建相关事项的优惠政策。因地震灾害灭失住房而重新购买住房的,准予减征或者免征契税,具体的减免办法由受灾地区省级人民政府制定(财税〔2008〕62号)。

(11) 对公共租赁住房经营管理单位购买住房作为公共租赁住房,免征契税(财税〔2014〕52号)。

(12) 为支持和帮助鲁甸地震受灾地区积极开展生产自救,重建家园,对受灾居民购买安居房,免征契税(财税〔2015〕27号)。

(13) 自2016年1月1日至2018年12月31日,对饮水工程运营管理单位为建设饮水工程而承受土地使用权,免征契税(财税〔2016〕19号)。

第五节　申报和缴纳

一、纳税义务发生时间

契税的纳税义务发生时间是纳税人签订土地、房屋权属转移合同的当天,或者纳税人取得其他具有土地、房屋权属转移合同性质凭证的当天(国务院令第224号)。

纳税人因改变土地、房屋用途应当补缴已经减征、免征契税的,其纳税义务发生时间为改变有关土地、房屋用途的当天(财法字〔1997〕52号)。

二、纳税期限

纳税人应当自纳税义务发生之日起10日内,向土地、房屋所在地的契税征收机关办理纳税申报,并在契税征收机关核定的期限内缴纳税款(国务院令第224号)。

三、纳税地点

契税在土地、房屋所在地的征收机关缴纳(国务院令第224号)。

四、征收管理

纳税人办理纳税事宜后,征收机关应向纳税人开具契税完税凭证。纳税人持契税完税凭证和其他规定的文件资料,依法向土地管理部门、房地产管理部门办理有关土地、房屋的权属变更登记手续。土地管理部门和房地产管理部门应向契税征收机关提供有关资料,并协助契税征收机关依法征收契税(国务院令第224号)。

根据人民法院、仲裁委员会的生效法律文书发生土地、房屋权属转移,纳税人不能取得销售不动产发票的,可持人民法院执行裁定书原件及相关材料办理契税纳税申报,税务机关应予受理。

购买新建商品房的纳税人在办理契税纳税申报时,由于销售新建商品房的房地产开发企业已办理注销税务登记或者被税务机关列为非正常户等原因,致使纳税人不能取得销售不动产发票的，税务机关在核实有关情况后应予受理(国家税务总局公告2015年第67号)。

【习题及解答】

【例13-1 多选题】 甲企业将原值28万的房产评估作价30万元投资乙企业，乙企业办理产权登记后又将该房产以40万元价格售与丙企业，当地契税税率3%，则下列说法正确的有(　　)。

A. 丙企业缴纳契税0.9万元
B. 丙企业缴纳契税1.2万元
C. 乙企业缴纳契税0.9万元
D. 乙企业缴纳契税0.84万元
E. 甲企业缴纳契税0.84万元

【答案】 BC

【解析】 乙企业按评估作价入股金额计算契税＝30×3%＝0.9(万元)，丙企业按成交价格计算契税＝40×3%＝1.2(万元)。

第十四章 城镇土地使用税

第一节　城镇土地使用税概述

一、城镇土地使用税的概念

城镇土地使用税是以开征范围内的土地为征税对象，以实际占用的土地面积为计税依据，按规定税额对拥有土地使用权的单位和个人征收的一种税。现行《城镇土地使用税暂行条例》于 2007 年 1 月 1 日起施行。

二、城镇土地使用税的特点

（1）现行的城镇土地使用税实质上是对占用土地资源或行为的课税，属于准财产税，而非严格意义上的财产税。

（2）征税对象是土地，开征城镇土地使用税，实质上是运用国家政治权力，将纳税人获取的本应属于国家的土地收益集中到国家手中。

（3）征税范围有所限定，现行城镇土地使用税征税限定在城市、县城、建制镇、工矿区。

（4）实行差别幅度税额，不同城镇适用不同税额，对同一城镇的不同地段，根据市政建设状况和经济繁荣程度也确定不等的负担水平。

第二节　征税范围、纳税人和应纳税额的计算

一、征税范围

城镇土地使用税的征税范围是城市、县城、建制镇和工矿区（国税地字〔1988〕15 号）。

二、纳税人

凡在城市、县城、建制镇、工矿区范围内使用土地的单位和个人，为城镇土地使用税的纳税人。单位包括国有企业、集体企业、私营企业、股份制企业、外商投资企业、外国企业以及其他企业和事业单位、社会团体、国家机关、军队以及其他单位。个人包括个体工商户及其他个人（国务院令第 483 号）。税法根据用地者的不同情况，对纳税人作了如下具体规定（国税地字〔1988〕15 号）。

（1）城镇土地使用税由拥有土地使用权的单位或个人缴纳。

（2）土地使用权未确定或权属纠纷未解决的，由实际使用人纳税。

（3）土地使用权共有的，由共有各方分别纳税。

三、适用税额

城镇土地使用税实行分级幅度税额(财税〔2007〕9号)。每平方米土地年税额规定如下:

(1) 大城市1.5～30元。

(2) 中等城市1.2～24元。

(3) 小城市0.9～18元。

(4) 县城、建制镇、工矿区0.6～12元。

四、计税依据

城镇土地使用税以纳税人实际占用的土地面积(平方米)为计税依据。纳税人实际占用的土地面积,以房地产管理部门核发的土地使用证书与确认的土地面积为准;尚未核发土地使用证书的,应由纳税人据实申报土地面识,据以纳税,待核发土地使用证后再作调整(国务院令第483号)。

对在城镇土地使用税征税范围内单独建造的地下建筑用地,按规定征收城镇土地使用税。其中,已取得地下土地使用权证的,按土地使用权证确认的土地面积计算应征税款;未取得地下土地使用权证或地下土地使用权证上未标明土地面积的,按地下建筑垂直投影面积计算应征税款,对地下建筑用地暂按应征税款的50%征收城镇土地使用税(财税〔2009〕128号)。

五、应纳税额的计算

城镇土地使用税的应纳税额依据纳税人实际占用的土地面积和适用单位税额计算。计算公式如下:

年应纳税额=计税土地面积(平方米)×适用税额

土地使用权由几方共有的,由共有各方按照各自实际使用的土地面积占总面积的比例,分别计算缴纳城镇土地使用税(先分后税)。

单独建造的地下建筑物的税额计算公式:

全年应纳税额=证书确认应税土地面积或地下建筑物垂直投影面积(平方米)×适用税额×50%

第三节 减免税优惠

一、减免税优惠的基本规定

城镇土地使用税的免税项目(国务院令第483号)如下。

(1) 国家机关、人民团体、军队自用的土地。

特别提示

人民团体是指经国务院授权的政府部门批准设立或登记备案，并由国家拨付行政事业费的各种社会团体。

(2) 由国家财政部门拨付事业经费的单位自用的土地。

特别提示1

由国家财政部门拨付事业经费的单位，是指由国家财政部门拨付经费、实行全额预算管理或差额预算管理的事业单位，不包括实行自收自支、自负盈亏的事业单位。

特别提示2

企业办的学校、医院、托儿所、幼儿园，其用地能与企业其他用地明确区分的，可以比照由国家财政部门拨付事业经费的单位自用的土地，免征城镇土地使用税。

(3) 宗教寺庙、公园、名胜古迹自用的土地。

特别提示1

宗教寺庙自用的土地是指举行宗教仪式等的用地和寺庙内的宗教人员生活用地。

特别提示2

公园、名胜古迹自用的土地是指供公共参观游览的用地及其管理单位的办公用地。公园、名胜古迹附设的营业场所，如影剧院、饮食部、茶社、照相馆等用地，应征收城镇土地使用税。

(4) 市政街道、广场、绿化用地等公共用地。非社会性质的公共用地不能免税，如企业内的广场、道路、绿化等占用的土地。

(5) 直接用于农林牧渔业的生产用地。指直接从事种植、养殖、饲养的专业用地。农副产品加工厂占地和从事农林牧渔业生产单位的生活办公用地不包括在内。

(6) 开山填海整治的土地。自行开山填海整治的土地和改造的废弃土地，从使用的月份起免缴城镇土地使用税5～10年。开山填海整治的土地是指纳税人经有关部门批准后自行填海整治的土地，不包括纳税人通过出让、转让、划拨等方式获得的已填海整治的土地。

(7) 由财政部另行规定免税的能源、交通、水利用地和其他用地。

(8) 省、自治区、直辖市地方税务局确定减免土地使用税的优惠：个人所有的居住房屋及院落用地，房产管理部门在房租改革前经租的居民住房用地，免税单位职工家属的宿舍用地，集体和个人举办的各类学校、医院、托儿所、幼儿园用地等的征免税，由各省、自治区、直辖市税务局确定。

二、减免税优惠的特殊规定

(1) 免税单位与纳税单位之间无偿使用的土地(国税地字〔1989〕140号)。对免税单位无偿使用纳税单位的土地(如公安、海关等单位使用铁路、民航等单位的土地)免征城镇土地使用税;对纳税单位无偿使用免税单位的土地,纳税单位应照章缴纳城镇土地使用税。

(2) 房地产开发公司开发建造商品房的用地(国税发〔2004〕100号)。房地产开发公司建造商品房的用地,除经批准开发建造经济适用房的用地,对各类房地产开发用地一律不得减免城镇土地使用税。

(3) 城镇内的集贸市场(农贸市场)用地(国税地字〔1989〕140号、财税〔2012〕68号、财税〔2016〕1号)。自2013年1月1日起至2018年12月31日,对专门经营农产品的农产品批发市场、农贸市场使用的房产、土地,免征城镇土地使用税。对同时经营其他产品的农产品批发市场和农贸市场使用的房产、土地,按其他产品与农产品交易场地面积的比例确定征免城镇土地使用税。

(4) 防火、防爆、防毒等安全防范用地(国税地字〔1989〕140号)。对于各类危险品仓库、厂房所需的防火、防爆、防毒等安全防范用地,可由各省、自治区、直辖市税务局确定,暂免征收城镇土地使用税;对仓库库区、厂房本身用地,应依法征收城镇土地使用税。

(5) 搬迁企业的用地(国税函〔2004〕939号)。自2004年7月1日起,企业搬迁后原场地不使用的、企业范围内荒山等尚未利用的土地,免征城镇土地使用税。

(6) 对石油天然气生产建设中用于地质勘探、钻井、井下作业、油气田地面工程等设施临时用地暂免征收城镇土地使用税(财税〔2015〕76号)。

(7) 企业的铁路专用线、公路等用地(国税地字〔1989〕140号)。对企业的铁路专用线、公路等用地,除另有规定者,在企业厂区(包括生产、办公及生活区)以内的,应照章征收城镇土地使用税;在厂区以外、与社会公用地段未加隔离的,暂免征收城镇土地使用税。

(8) 企业的绿化用地(国税地字〔1989〕140号)。对企业厂区(包括生产、办公及生活区)以内的绿化用地,应照章征收城镇土地使用税,厂区以外的公共绿化用地朝向社会开放的公共用地,暂免征收城镇土地使用税。

(9) 盐场、盐矿用地(国税地字〔1989〕141号)。

① 对盐场、盐矿的生产厂房、办公、生活区用地,应照章征收城镇土地使用税。

② 盐场的盐滩、盐矿的矿井用地,暂免征收城镇土地使用税。

③ 对盐场、盐矿的其他用地,由各省、自治区、直辖市税务局根据实际情况确定征收城镇土地使用税或给予定期减征、免征的照顾。

(10) 矿山企业用地(国税地字〔1989〕122号)。

① 矿山的采矿场、排土场、尾矿库、炸药库的安全区,以及运矿运岩公路、尾矿输送管道及回水系统用地,免征城镇土地使用税。

② 对位于城镇土地使用税征税范围内的煤炭企业已取得土地使用权,未利用的塌陷地,自2006年9月1日起恢复征收城镇土地使用税。

③ 矿山企业的其他生产用地及办公、生活民用地，均应征收城镇土地使用税。

(11) 电力行业用地(国税地字〔1989〕13 号)。

① 火电厂厂区围墙内的用地，均征收城镇土地使用税。对厂区围墙外的灰场、输灰管、输油(气)管道、铁路专用线用地，免征城镇土地使用税；厂区围墙外的其他用地，应照章征税。

② 水电站的发电厂房用地(包括坝内、坝外式厂房上生产、办公、生活用地)，应征收城镇土地使用税，对其他用地给予免税照顾。

③ 对供电部门的输电线路用地、变电站用地，免征城镇土地使用税。

(12) 水利设施用地(国税地字〔1989〕14 号)。

① 水利设施及其管护用地(如水库库区、大坝、堤防、模渠、泵站等用地)，免征城镇土地使用税；其他用地，如生产、办公、生活用地，应照章征收。

② 对兼有发电的水利设施用地城镇土地使用税的征免，具体办法比照电力行业征免城镇土地使用税的有关规定办理。

(13) 民航机场用地(国税地字〔1989〕32 号)。机场飞行区(包括跑道、滑行道、停机坪、安全带、夜航灯光区)用地、场内外通信导航设施用地和飞行区四周排水防洪设施用地，免征城镇土地使用税。在机场道路中，场外道路用地免征城镇土地使用税；场内道路用地依照规定征收城镇土地使用税。

机场工作区(包括办公、生产、维修用地及候机楼、停车场)用地、生活区用地、绿化用地，均须依照规定征收城镇土地使用税。

(14) 老年服务机构自用的土地(财税〔2000〕97 号)。对政府部门和企事业单位、社会团体以及个人等社会力量投资兴办的福利性、非营利性的老年服务机构自用的土地，暂免征收城镇土地使用税。

特别提示

老年服务机构是指专门为老年人提供生活照料、文化、护理、健身等多方面服务的福利性、非营利性的机构，主要包括老年社会福利院、敬老院、养老院、老年服务中心、老年公寓(含老年护理院、康复中心、托老所)等。

(15) 邮政部门的土地(国税函〔2001〕379 号)。对邮政部门坐落在城市、县城、建制镇、工矿区范围内的土地，应当依法征收城镇土地使用税；对坐落在城市、县城、建制镇、工矿区范围以外的，尚在县邮政局内核算的土地，在单位财务账中划分清楚的，从 2001 年 1 月 1 日起不再征收城镇土地使用税。

(16) 铁路行业自用的土地(财税〔2003〕149 号)。铁道部(现为中国铁路总公司)所属铁路运输企业继续免征城镇土地使用税。地方铁路运输企业内用的房产、土地应缴纳的城镇土地使用税，比照铁道部(现为中国铁路总公司)所属铁路运输企业的政策执行。

(17) 自 2015 年 1 月 1 日起至 2016 年 12 月 31 日止，对物流企业自有的(包括自用和出租)大宗商品仓储设施用地，减按所属土地等级适用税额标准的 50%计征城镇土地使用税(财税〔2015〕98 号)。

(18) 自2016年1月1日起至2018年12月31日止,对商品储备管理公司及其直属库承担商品储备业务自用的房产、土地,免征城镇土地使用税(财税〔2016〕28号)。

(19) 核电站(财税〔2007〕124号、财税〔2014〕52号)。对核电站的核岛、常规岛、辅助厂房和通信设施用地(不包括地下线路用地),生活、办公用地按规定征收城镇土地使用税,其他用地免征城镇土地使用税。对核电站应税土地在基建期内减半征收城镇土地使用税。

(20) 农村饮水工程用地(财税〔2012〕30号、财税〔2016〕19号)。对为农村居民提供生活用水而建设的供水工程运营管理单位的生产、办公用土地,自2011年1月1日至2018年12月31日免征城镇土地使用税。对既向城镇居民供水,又向农村居民供水的饮水工程运营管理单位,依据其向农村居民供水量占总供水量的比例免征城镇土地使用税。

(21) 直接用于采摘、观光的种植、养殖、饲养的土地(财税〔2006〕186号)。自2007年1月1日起,在城镇土地使用税征收范围内经营采摘、观光农业的单位和个人,其直接用于采摘、观光的种植、养殖、饲养的土地,免征城镇土地使用税。

(22) 对在一个纳税年度内月平均实际安置残疾人就业人数占单位在职职工总数的比例高于25%(含25%)且实际安置残疾人人数高于10人(含10人)的单位,可减征或免征该年度城镇土地使用税。具体减免税比例及管理办法由省、自治区、直辖市财税主管部门确定(财税〔2010〕121号)。

(23) 为落实国家大学科技园、科技企业孵化器相关税收优惠政策,对其自用以及提供给孵化企业使用的房产、土地,免征城镇土地使用税(国发〔2014〕49号)。

(24) 对非营利医疗机构、疾病控制机构和妇幼保健机构等卫生机构自用的土地,免征城镇土地使用税(财税〔2000〕42号)。

(25) 对公共租赁住房建设期间用地及公共租赁住房建成后占地免征城镇土地使用税。在其他住房项目中配套建设公共租赁住房,依据政府部门出具的相关材料,按公共租赁住房建筑面积占总建筑面积的比例免征建设、管理公共租赁住房涉及的城镇土地使用税(财税〔2014〕52号、财税〔2015〕139号)。

第四节 申报和缴纳

一、纳税义务发生时间(国务院令第483号)

使用城镇土地,一般是从次月起发生纳税义务,只有新征用耕地是在批准使用之日起满一年时开始纳税。具体如表14-1所示。

表14-1 纳税义务发生时间

情 况	纳税义务发生时间
购置新建商品房	房屋交付使用之次月起
购置存量房	房地产权属登记机关签发房屋权属证书之次月起
出租、出借房地产	交付出租出借房产之次月起

续表

情　　况	纳税义务发生时间
出让或转让有偿取得土地使用权	合同约定交付土地时间的次月起或合同签订的次月起
新征用的耕地	批准征用之日起满一年时
新征用的非耕地	批准征用的次月起

特别提示

自 2014 年 12 月 31 日起，通过招标、拍卖、挂牌方式取得的建设用地，不属于新征用的耕地，纳税人应按照《财政部　国家税务总局关于房产税、城镇土地使用税有关政策的通知》(财税〔2006〕186 号)第二条规定，从合同约定交付土地时间的次月起缴纳城镇土地使用税；合同未约定交付土地时间的，从合同签订的次月起缴纳城镇土地使用税(国家税务总局公告 2014 年第 74 号)。

二、纳税期限(国务院令第 483 号)

纳税期限城镇土地使用税按年计算，分期缴纳。缴纳期限由省、自治区、直辖市人民政府确定。各省、自治区、直辖市税务机关结合当地情况，一般分别确定按月、季、半年或一年等不同的期限缴纳。

三、纳税申报

纳税人应依照当地税务机关规定的期限，填写《城镇土地使用税纳税申报表》，将其占用的土地的权属、位置、用途、面积和税务机关规定的其他内容，据实向当地税务机关办理纳税申报登记，并提供有关的证明文件资料。纳税人新征用的土地，必须于批准新征用之日起 30 日内申报登记。纳税人如有地址变更、土地使用权属转换等情况，从转移之日起按规定期限办理申报变更登记。

四、纳税地点

城镇土地使用税的纳税地点为土地所在地，由土地所在地的税务机关负责征收(国务院令第 483 号)。纳税人使用的土地不属于同一省、自治区、直辖市管辖范围内的，由纳税人分别向土地所在地的税务机关申报缴纳。在同一省、自治区、直辖市内，纳税人跨地区使用的土地，由各省、自治区、直辖市税务局确定纳税地点(国税地〔1988〕15 号)。

【习题及解答】

【例 14-1　单选题】　(2013 年注税)位于某县城的化工厂，2012 年 1 月土地使用证书记载占用土地的面积为 80 000 平方米，8 月新征用耕地 10 000 平方米，已缴纳耕地占用税，适用城镇土地使用税税率为 10 元/平方米。该化工厂 2012 年应缴纳城镇土地使用税

(　　)元。

A. 720 000　　B. 800 000　　C. 820 000　　D. 900 000

【答案】B

【解析】纳税人新征用的耕地,自批准征用之日起满一年时开始缴纳城镇土地使用税。应缴纳城镇土地使用税=80 000×10=800 000(元)。

第Ⅴ篇　行　为　税

第十五章 印 花 税

第一节 印花税概述

一、印花税的概念

印花税是对经济活动和经济交往中书立、领受、使用的应税经济凭证所征收的一种税。现行《印花税暂行条例》于1988年10月1日起施行。

二、印花税的特点

印花税与其他税种相比,具有如下特点:

(1) 兼有凭证税和行为税性质。

(2) 征税范围广泛。

(3) 税率低、税负轻。

(4) 由纳税人自行完成纳税义务。

第二节 征税范围、纳税人和税率

一、征税范围

我国经济活动中发生的经济凭证种类繁多,数量巨大,现行印花税只对《印花税暂行条例》中列举的凭证征收,没有列举的凭证不征税;列举的凭证分为五类,即经济合同、产权转移书据、营业账簿、权利、许可证照和经财政部门确认的其他凭证(国务院令第11号)。

(一) 经济合同

合同是指当事人之间为实现一定目的,经协商一致,明确当事人各方权利、义务关系的协议。以经济业务活动作为内容的合同,通常称为经济合同。我国印花税只对依法订立的经济合同征收,在税目税率表中列举了10大类合同。

(1) 购销合同。包括供应、预购、采购、购销结合及协作、调剂、补偿、易货等合同;还包括各出版单位与发行单位(不包括订阅单位和个人)之间订立的图书、报刊、音像征订凭证(国务院令第11号)。

对于工业、商业、物资、外贸等部门经销和调拨商品,物资供应的调拨单(或其他名称的单、卡、书、表等),应当区分其性质和用途,看其是作为部门内执行计划使用的,还是代替合同使用的,以确定是否贴花。凡属于明确双方供需关系,据以供货和结算,具有合同性质的凭证,应按规定缴纳印花税(国税发〔1991〕155号)。

对纳税人以电子形式签订的各类应税凭证按规定征收印花税(财税〔2006〕162号)。

对发电厂与电网之间、电网与电网之间(国家电网公司系统、南方电网公司系统内部各级电网互供电量除外)签订的购售电合同按购销合同征收印花税。电网与用户之间签订的供用电合同不属于印花税列举征税的凭证,不征收印花税(财税〔2006〕162号)。

(2) 加工承揽合同。包括加工、定做、修缮、印刷、广告、测绘、测试等合同(国务院令第11号)。

(3) 建设工程勘察设计合同。包括勘察、设计合同的总包合同、分包合同和转包合同(国务院令第11号)。

(4) 建筑安装工程承包合同。包括建筑、安装工程承包合同的总包合同、分包合同和转包合同(国务院令第11号)。

(5) 财产租赁合同。包括租赁房屋、船舶、飞机、机动车辆、机械、器具、设备等合同;还包括企业、个人出租门店、柜台等所签订的合同,但不包括企业与主管部门签订的租赁承包合同(国务院令第11号、国税地字〔1988〕25号)。

(6) 货物运输合同。包括民用航空运输、铁路运输、海上运输、内河运输、公路运输和联运合同(国务院令第11号)。

(7) 仓储保管合同。包括仓储、保管合同或作为合同使用的仓单、栈单(或称入库单)。对某些使用不规范的凭证不便计税的,可就其结算单据作为计税贴花的凭证(国务院令第11号)。

(8) 借款合同。包括银行及其他金融组织和借款人(不包括银行同业拆借)所签订的借款合同(国务院令第11号)。

银行同业拆借,是指按国家信贷制度规定,银行、非银行金融机构之间相互融通短期资金的行为。同业拆借合同不属于列举征税的凭证,不贴印花(国税发〔1991〕155号)。

(9) 财产保险合同。包括财产、责任、保证、信用等保险合同(国务院令第11号)。

(10) 技术合同。包括技术开发、转让、咨询、服务等合同(国务院令第11号)。其中,技术转让合同包括专利申请转让、非专利技术转让所书立的合同,不包括专利权转让、专利实施许可所书立的合同。后者适用于"产权转移书据"合同(国税地字〔1989〕34号)。

技术咨询合同是合同当事人就有关项目的分析、论证、评价、预测和调查订立的技术合同,而一般的法律、会计、审计等方面的咨询不属于技术咨询,其所立合同不贴印花(国税地字〔1989〕34号)。

技术服务合同的征税范围包括技术服务合同、技术培训合同和技术中介合同(国税地字〔1989〕34号)。

此外,在确定应税经济合同的范围时,特别需要注意以下三个问题。

(1) 具有合同性质的凭证应视同合同征税(国务院令第11号)。所谓具有合同性质的凭证,是指具有合同效力的协议、契约、合约、单据、确认书及其他各种名称的凭证(财税字〔1988〕255号)。对于企业集团内具有平等法律地位的主体之间自愿订立、明确双方购销关系、据以供货和结算、具有合同性质的凭证,应按规定征收印花税。对于企业集团内部执行计划使用的、不具有合同性质的凭证,不征收印花税(国税函〔2009〕9号)。

(2) 未按期兑现合同亦应贴花(国税地字〔1988〕25号)。印花税既是凭证税,又具有行为税性质。纳税人签订应税合同，就发生了应税经济行为，必须依法贴花，履行完税手续。所以，不论合同是否兑现或能否按期兑现，都应当缴纳印花税。

(3) 同时书立合同和开立单据的贴花方法(国税地字〔1988〕25 号)。办理一项业务(如货物运输、仓储保管、财产保险、银行借款等)，如果既书立合同，又开立单据，只就合同贴花；凡不书立合同，只开立单据，以单据作为合同适用的，其使用的单据应按规定贴花。

(二) 产权转移书据

产权转移即财产权利关系的变更行为，表现为产权主体发生变更。产权转移书据是在产权的买卖、交换、继承、赠与、分割等产权主体变更过程中，由产权出让人与受让人之间所订立的民事法律文书(财税字〔1988〕255 号)。

产权转移书据包括财产所有权、版权、商标专用权、专利权、专有技术使用权 5 项(国务院令第 11 号)。

其中，财产所有权转移书据，是指经政府管理机关登记注册的不动产、动产的所有权转移所书立的书据，包括股份制企业向社会公开发行的股票，因购买、继承、赠与所书立的产权转移书据(国税发〔1991〕155 号)。其他 4 项则属于无形资产的产权转移书据。

另外，土地使用权出让合同、土地使用权转让合同、商品房销售合同按照产权转移书据征收印花税(财税〔2006〕162 号)。

特别提示

印花税适用税目特殊情况如表 15-1 所示。

表 15-1　印花税适用税目特殊情况

类　别	行　　为	适用税目
专利类	转让专利权，专利实施许可	产权转移书据
	专利申请权转让	技术合同
非专利类	转让专有技术使用权	产权转移书据
	非专利技术转让	技术合同

(三) 营业账簿(财税字〔1988〕255 号)

印花税税目中的营业账簿归属于财务会计账簿，是按照财务会计制度的要求设置的，反映生产经营活动的账册。按照营业账簿反映的内容不同，在税目中分为记载资金的账簿(以下简称资金账簿)和其他营业账簿两类，以便于分别采用按金额计税和按件计税两种计税方法。

(1) 资金账簿，是指载有固定资产原值和自有流动资金的总分类账簿，或者专门设置的记载固定资产原值和自有流动资金的账簿。

(2) 其他营业账簿，是反映除资金资产以外的其他生产经营活动内容的账簿，即除资金账簿以外的，归属于财务会计体系的生产经营用账册，包括日记账簿和各明细分类账簿。

(3) 有关营业账簿征免范围应明确的若干问题如表15-2所示。

表15-2 营业账簿征免范围

<table>
<tr><td rowspan="2">(1) 核算形式(国税地字〔1988〕25号)</td><td>一级核算形式的单位</td><td>财会部门设置的账簿贴花</td></tr>
<tr><td>分级核算形式的单位</td><td>财会部门和设置在其他部门和车间的明细分类账均贴花</td></tr>
<tr><td rowspan="2">(2) 事业单位(国税地字〔1988〕25号)</td><td>实行差额预算管理</td><td>记载经营业务的账簿,按其他账簿定额贴花,不记载经营业务的账簿不贴花</td></tr>
<tr><td>经费来源自收自支</td><td>对其营业账簿,应就记载资金的账簿和其他账簿分别按规定贴花</td></tr>
<tr><td rowspan="2">(3) 跨地区经营的分支机构(由各分支机构在其所在地缴纳)(国税地字〔1988〕25号)</td><td>上级单位核拨资金的</td><td>记载资金的账簿按核拨的账面资金数额计税贴花</td></tr>
<tr><td>上级单位不核拨资金的</td><td>只就其他账簿按定额贴花</td></tr>
<tr><td rowspan="5">(4) 增量贴花的几种情形(凡原已贴花的部分可不再贴花,未贴花的部分和以后新增加的资金按规定贴花)(财税〔2003〕183号)</td><td colspan="2">实行公司制改造并经县以上政府和有关部门批准的企业在改制过程中成立的新企业(重新办理法人登记的),其新启用的资金账簿记载的资金或因企业建立资本纽带关系而增加的资金</td></tr>
<tr><td colspan="2">以合并或分立方式成立的新企业</td></tr>
<tr><td colspan="2">企业债权转股权新增加的资金</td></tr>
<tr><td colspan="2">企业改制中经评估增加的资金</td></tr>
<tr><td colspan="2">企业其他会计科目记载的资金转为实收资本或资本公积的资金</td></tr>
<tr><td rowspan="2">(5) 其他(国税地字〔1988〕25号)</td><td colspan="2">车间、门市部、仓库设置的不属于会计核算范围或虽属会计核算范围,但不记载金额的登记簿、统计簿、台账等,不贴花</td></tr>
<tr><td colspan="2">对会计核算采用单页表式记载资金活动情况,以表代账的,在未形成账簿(账册)前,暂不贴花,待装订成册时,按册贴花</td></tr>
</table>

特别提示1

具体的公司制改造印花税法规有:中国建银投资有限责任公司(财税〔2005〕160号)、大秦铁路股份有限公司(财税〔2006〕32号)、中国铁道建筑总公司(国税函〔2008〕679号)、中国邮政集团公司邮政速递物流业务重组(财税〔2010〕92号)。

特别提示2

公司制改造包括国有企业依《公司法》整体改造成国有独资有限责任公司;企业通过增资扩股或者转让部分产权,实现他人对企业的参股,将企业改造成有限责任公司或股份有限公司;企业以其部分财产和相应债务与他人组建新公司;企业将债务搁在原企业,而以其优质财产与他人组建的新公司(财税〔2003〕183号)。

(四) 权利、许可证照(国务院令第11号)

权利、许可证照是政府授予单位、个人某种法定权利和准予从事特定经济活动的各种证照的统称。包括政府部门发给的房屋产权证、工商营业执照、商标注册证、专利证、土地使用证等。

（五）经财政部门确定征税的其他凭证

除了税法列举的以上五大类应税经济凭证外，在确定经济凭证的征免税范围时，需要注意以下三点。

(1) 由于目前同一性质的凭证名称各异，不够统一，因此，各类凭证不论以何种形式或名称书立，只要其性质属于条例中列举征税范围内的凭证，均应照章纳税（国务院令第11号）。

(2) 应税凭证均是指在中国境内具有法律效力，受中国法律保护的凭证（财税字〔1988〕255号）。

(3) 适用于中国境内，并在中国境内具备法律效力的应税凭证，无论在中国境内或者境外书立，均应依照印花税的规定贴花（财税字〔1988〕255号）。

二、纳税人

凡在我国境内书立、领受、使用属于征税范围内所列凭证的单位和个人，都是印花税的纳税人（国务院令第11号），包括各类企业、事业、机关、团体、部队，以及中外合资经营企业、合作经营企业、外资企业、外国公司企业和其他经济组织及其在华机构等单位和个人（财税字〔1988〕255号）。按照征税项目划分的具体纳税人如表15-3所示（国务院令第11号）。

表15-3 印花税纳税人分类

纳税人	具体情况	注意问题
立合同人	指各类合同的当事人，即对凭证有直接权利义务关系的单位和个人，但不包括合同的担保人、证人、鉴定人、当事人的代理人有代理纳税的义务	凡由两方或两方以上当事人共同书立的应税凭证，其当事人各方都是印花税的纳税人，应各就其所持凭证的计税金额履行纳税义务
立据人	订立产权转移书据的单位和个人	
立账簿人	设立并使用营业账簿的单位和个人	
领受人	领取或接受并持有权利、许可证照的单位和个人	
使用人（财税字〔1988〕255号）	在国外书立、领受，但在国内使用应税凭证的单位和个人	
电子凭证签订人（财税〔2006〕162号）	纳税人以电子形式签订的各类应税凭证按规定征收	

三、税率

现行印花税采用比例税率和定额税率两种税率（国务院令第11号），如表15-4所示。

表 15-4 印花税税率

税率形式	应税凭证	税 率
比例税率	借款合同	0.05‰
	购销合同、建筑安装工程承包合同、技术合同	0.3‰
	加工承揽合同、建设工程勘察设计合同、货物运输合同、产权转移书据、记载资金的营业账簿	0.5‰
	财产租赁合同、仓储保管合同、财产保险合同、股权转让书据(自 2008 年 9 月 19 日起,单边征收)	1‰
定额税率	其他营业账簿;权利、许可证照	每件 5 元

特别提示 1

根据国家税务总局等的规定,股份制企业向社会公开发行的股票,对买卖、继承、赠与所书立的 A 股、B 股股权转让书据实行单边收取,对出让方按 1‰的税率征收证券(股票)交易印花税(财税明电〔2008〕2 号)。

自 2014 年 6 月 1 日起,在上海证券交易所、深圳证券交易所、全国中小企业股份转让系统买卖、继承、赠与优先股所书立的股权转让书据,均依书立时实际成交金额,由出让方按 1‰的税率计算缴纳证券(股票)交易印花税(财税〔2014〕46 号)。

自 2014 年 6 月 1 日起,在全国中小企业股份转让系统买卖、继承、赠与股票所书立的股权转让书据,依书立时实际成交金额,由出让方按 1‰的税率计算缴纳证券(股票)交易印花税(财税〔2014〕47 号)。

特别提示 2

在确定适用税率时,如果一份合同载有一个或几个经济事项,可以同时适用一个或几个税率分别计算贴花。但属于同一笔金额或几个经济事项金额未分开的,应按其中的较高税率计算纳税,而不是分别按多种税率贴花(财税字〔1988〕255 号)。

第三节 计税依据和应纳税额的计算

一、计税依据

印花税根据不同征税项目,分别实行从价计征和从量计征两种征收方法。

(一) 从价计税情况下计税依据的确定

实行从价计税的凭证,以凭证所载金额为计税依据。具体规定如下。

(1) 各类经济合同,以合同上所记载的金额、收入或费用为计税依据(国务院令第 11 号)。

① 购销合同的计税依据为购销金额,不得作任何扣除,特别是调剂合同和易货合同,

应包括调剂、易货的全额。

在商品购销活动中，采用以货换货方式进行商品交易签订的合同，是反映既购又销双重经济行为的合同。对此，应按合同所载的购、销金额合计数计税贴花。合同未列明金额的，应按合同所载购、销数量，依照国家牌价或市场价格计算应纳税额（国税发〔1991〕155 号）。

② 加工承揽合同的计税依据是加工或承揽收入的金额。相关内容总结如表 15-5 所示。

表 15-5　加工承揽合同计税依据

<table>
<tr><th colspan="2">情　　形</th><th>计税规定</th></tr>
<tr><td rowspan="3">由受托方提供原材料（国税地字〔1988〕25 号）</td><td rowspan="2">在合同中分别记载加工费金额与原材料金额的</td><td>加工费金额按加工承揽合同的 0.5‰计税</td></tr>
<tr><td>原材料金额按购销合同的 0.3‰计税</td></tr>
<tr><td>在合同中未分别记载的</td><td>就全部金额依照加工承揽合同计税贴花，税率为 0.5‰</td></tr>
<tr><td>由委托方提供原材料</td><td colspan="2">对委托方提供的主要材料或原料金额不计税贴花
无论加工费和辅助材料金额是否分别记载，均以辅助材料与加工费的合计数，依照加工承揽合同计税贴花，税率为 0.5‰</td></tr>
</table>

③ 货物运输合同的计税依据为取得的运输费金额（即运费收入），不包括所运货物的金额、装卸费和保险费等（表 15-6）。

表 15-6　货物运输合同计税依据

<table>
<tr><th colspan="2">情　　形</th><th>计税依据</th></tr>
<tr><td rowspan="2">国内各种形式的货物联运（国税发〔1990〕173 号）</td><td>在起运地统一结算全程运费</td><td>以全程运费为计税依据，由起运地运费结算双方缴纳印花税</td></tr>
<tr><td>分程结算运费</td><td>以分程运费为计税依据，分别由办理运费结算的各方缴纳印花税</td></tr>
<tr><td rowspan="5">国际货运（国税发〔1990〕173 号）</td><td rowspan="2">由我国运输企业运输的</td><td>运输企业所持的运费结算凭证，以本程运费为计税依据计算应纳税额</td></tr>
<tr><td>托运方所持的运费结算凭证，以全程运费为计税依据计算应纳税额</td></tr>
<tr><td rowspan="2">由外国运输企业运输进出口货物的</td><td>运输企业所持的运费结算凭证免纳印花税</td></tr>
<tr><td>托运方所持的运费结算凭证应计算应纳税额</td></tr>
<tr><td>国际货运运费结算凭证在国外办理的</td><td>应在凭证转回我国境内时按规定缴纳印花税</td></tr>
</table>

④ 仓储保管合同的计税依据为仓储保管的费用（即保管费收入）。

⑤ 借款合同的计税依据为借款金额。针对实际借贷活动中不同的借款形式，税法规定了不同的计税方法（国税地字〔1988〕30 号），如表 15-7 所示。

表 15-7 借款合同计税依据

具体形式	计税方法
一项信贷业务既签整体借款合同,又一次或分次填开借据的	以借款合同所载金额为依据计税贴花
一项信贷业务只填开借据作为合同使用的	以借据所载金额为依据计税贴花
流动资金周转性借款合同,规定最高限额,借款人在规定期限和最高限额内随借随还,该合同一般按年(期)签订	以其规定的最高限额为依据,在签订时贴花一次;期限及限额内不签订新合同的,不再另贴印花
借款方以财产做抵押,取得抵押贷款的合同	按借款合同贴花
借款方因无力偿还借款而将抵押财产转移给贷款方时	就双方签订的产权转移书据,按产权转移书据的规定计税贴花
银行及其他金融组织融资租赁业务签订的融资租赁合同	按合同所载租金总额,暂按借款合同计税
银团借款	各方分别在所执正本上,按各自的借款金额计税贴花
基建贷款按年度用款计划分年签订借款合同,最后一年签订包含分合同的总借款合同	按分合同分别贴花,最后签订的总合同,只就借款总额扣除分合同借款金额后的余额计税贴花

⑥ 财产保险合同的计税依据为支付(收取)的保险费金额,不包括所保财产的金额。

⑦ 技术合同的计税依据为合同所载的价款、报酬或使用费。

为了鼓励技术研究开发,对技术开发合同,只就合同所载的报酬金额计税,研究开发经费不作为计税依据。但对合同约定按研究开发经费一定比例作为报酬的,应按一定比例的报酬金额贴花(国税地字〔1989〕34 号)。

(2) 产权转移书据以书据中所载的金额为计税依据(国务院令第 11 号)。

(3) 记载资金的营业账簿,以实收资本和资本公积的两项合计金额为计税依据(国务院令第 11 号),如表 15-8 所示。

表 15-8 营业账簿计税依据

记载资金的营业账簿以实收资本和资本公积的两项合计金额为计税依据,凡资金账簿在次年度的实收资本和资本公积未增加的(国税发〔1994〕25 号)		对其不再计算贴花
实收资本和资本公积两项的合计金额大于原已贴花资金的(国税发〔1994〕25 号)		就增加的部分补贴印花
其他营业账簿(国务院令第 11 号)		计税依据为应税凭证件数
对有经营收入的事业单位	记载经营业务的账簿	按每件 5 元贴花
	不记载经营业务的账簿	不贴花

对跨地区经营的分支机构的营业账簿在计税贴花时,为了避免对同一资金重复计税,规定上级单位记载资金的账簿,应按扣除拨给下属机构资金数额后的其余部分计算贴花(国税地字〔1988〕25 号)。

2002 年 1 月 28 日,外国银行在我国境内设立的分行,其境外总行须拨付规定数额的

"营运资金",分行在账户设置上不设"实收资本"和"资本公积"账户。外国银行分行记载由其境外总行拨付的"营运资金"账簿,应按核拨的账面资金数额计税贴花(国税函〔2002〕104 号)。

(4) 确定合同计税依据时应当注意的一个问题是,有些合同在签订时无法确定计税金额,如技术转让合同中的转让收入,是按销售收入的一定比例收取或是按实现利润分成;财产租赁合同只是规定了月(天)租金标准而无期限。对于这类合同,可在签订时先按定额 5 元贴花,以后结算时再按实际金额计税,补贴印花(国税地字〔1988〕25 号)。

(二) 从量计税情况下计税依据的确定

实行从量计税的其他营业账簿和权利、许可证照,以计税数量为计税依据(国务院令第 11 号)。

二、印花税应纳税额的计算

(一) 应纳税额的计算方法

印花税应纳税额的计算如表 15-9 所示。

表 15-9　印花税应纳税额的计算

税率形式	适 用 范 围	应纳税额计算
定额税率	其他营业账簿;权利、许可证照	应纳税额=凭证件数×固定税额(5 元)
比例税率	其他税目	应纳税额=计税金额×比例税率

特别提示

印花税计税依据及税率的一般规定如表 15-10 所示。

表 15-10　印花税计税依据及税率的一般规定

合同或凭证	计 税 依 据	税　率
购销合同	购销金额	0.3‰
加工承揽合同	(1) 受托方提供原材料的加工、定作合同,材料和加工费分开记载的,分别按照购销合同和加工承揽合同贴花;未分别记载的,按全部金额依照加工承揽合同贴花 (2) 委托方提供原料或主要材料的加工合同,按照合同中规定的受托方的加工费收入和提供的辅助材料金额之和,按加工承揽合同贴花	0.5‰
建设工程勘察设计合同	收取的费用	0.5‰
建筑安装工程承包合同	承包金额	0.3‰
财产租赁合同	租赁金额,如果经计算,税额不足 1 元的,按 1 元贴花	1‰

续表

合同或凭证	计 税 依 据	税 率
货物运输合同	运输费用,但不包括所运货物的金额以及装卸费用和保险费用等	0.5‰
借款合同	借款金额,有具体规定	0.05‰
财产保险合同	保险费收入	1‰
技术合同	合同所载金额(不含研发经费)	0.3‰
产权转移书据	所载金额	0.5‰
营业账簿	记载资金的账簿的计税依据为“实收资本”与“资本公积”两项合计金额	0.5‰
	其他账簿按件计税	5元
权利许可证照	按件计税	5元

(二)计算印花税应纳税额应当注意的问题

(1)按金额比例贴花的应税凭证,未标明金额的,应按照凭证所载数量及市场价格计算金额,依适用税率贴足印花(财税字〔1988〕255号)。

(2)应税凭证所载金额为外国货币的,按凭证书立当日国家外汇管理局公布的外汇牌价折合人民币,计算应纳税额(财税字〔1988〕255号)。

(3)同一凭证由两方或者两方以上当事人签订并各执一份的,应当由各方就所执的一份各自全额贴花(国务院令第11号)。

(4)同一凭证因载有两个或两个以上经济事项而适用不同税率,如分别载有金额的,应分别计算应纳税额,相加后按合计税额贴花;如未分别记载金额的,按税率高的计税贴花(财税字〔1988〕255号)。

(5)已贴花的凭证,修改后所载金额增加的,其增加部分应当补贴印花税票(国务院令第11号)。

(6)按比例税率计算纳税而应纳税额又不足1角的,免纳印花税;应纳税额在1角以上的,其税额尾数不满5分的不计,满5分的按1角计算贴花。对财产租赁合同的应纳税额超过1角但不足1元的,按1元贴花(国务院令第11号)。

第四节 减免税优惠

一、基本优惠

根据《印花税暂行条例》及其实施细则和其他有关税法的规定,下列凭证免纳印花税。

(1)已缴纳印花税的凭证副本或抄本。由于这种副本或抄本属于备查性质,不是正式文本,对外不发生法律效力,因此对其不应再征收印花税。但副本或者抄本作为正本使用的,应另行贴花(国务院令第11号、财税字〔1988〕255号)。

(2)财产所有人将财产赠给政府、社会福利单位、学校所立的书据。其中,社会福利单位是指扶养孤老伤残的社会福利单位(国务院令第11号)。

(3) 国家指定的收购部门与村民委员会、农民个人书立的农业产品收购合同(财税字〔1988〕255号)。

(4) 无息、贴息贷款合同(财税字〔1988〕255号)。例如,经财政贴息的项目贷款合同(财税字〔1995〕47号)、农副产品收购贷款、储备贷款及农业综合开发和扶贫贷款等财政贴息贷款合同(财税字〔1996〕55号)。

(5) 外国政府或国际金融组织向我国政府及国家金融机构提供优惠贷款所书立的合同(财税字〔1988〕255号)。

(6) 农牧业保险合同(国税地字〔1988〕37号)。

二、其他优惠

(1) 房地产管理部门与个人订立的租房合同,凡房屋属于用于生活居住的,暂免贴花(国税地字〔1988〕25号)。

(2) 对国家邮政局及所属各级邮政企业,从1999年1月1日起独立运营新设立的资金账簿,凡属在邮电管理局分营前已贴花的资金免征印花税,1999年1月1日以后增加的资金按规定贴花(国税函〔2001〕361号)。

(3) 证券(股票)交易印花税的税收优惠。

① 对经国务院和省级人民政府决定或批准进行的国有(含国有控股)企业改组改制而发生的上市公司国有股权无偿转让行为,暂不征收证券(股票)交易印花税。对不属于上述情况的上市公司国有股权无偿转让行为,仍应征收证券(股票)交易印花税(国税函〔2004〕941号)。

② 资产公司收购、承接和处置的国有银行不良资产范围内的上市公司股权受让或者出让行为,可以报请审核免征证券(股票)交易印花税(国税发〔2002〕94号)。

③ 对全国社会保障基金理事会委托社保基金投资管理人运用社保基金买卖证券应缴纳的印花税实行先征后返(财税〔2003〕134号)。

④ 从2003年1月1日起,继续对投资者(包括个人和机构)买卖封闭式证券投资基金免征印花税(财税〔2004〕173号)。

⑤ 国有股东按照《境内证券市场转持部分国有股充实全国社会保障基金实施办法》(财企〔2009〕94号)向全国社会保障基金理事会转持国有股,免征证券(股票)交易印花税(财税〔2009〕103号)。

(4) 在企业改制过程中有关印花税征免规定如表15-11所示(财税〔2003〕183号)。

① 财政部、国家税务总局关于组建中国铁路总公司有关印花税政策的通知:一、对中国铁路总公司组建时新启用(截至2013年12月31日)的资金账簿记载的资金免征印花税。二、对中国铁路总公司在改革过程中通过控股、参股等与所属企业建立资本关系而增加的资金账簿资金免征印花税(财税〔2015〕57号)。

② 为支持资产管理公司改制,经国务院批准,现对中国华融资产管理股份有限公司有关印花税政策通知如下:对中国华融资产管理股份有限公司改制过程中资产评估增值转增资本金涉及的印花税予以免征。对改制后再增加的资本金涉及的印花税照章征收

表 15-11 印花税征免规定

凭证项目	情　况	贴花规定
资金账簿	公司制改造改制重办法人登记的新企业，新启用资金账簿记载的资金或建立资本纽带关系而增加的资金	原已贴花的部分不再贴花，未贴花的部分和以后新增加的资金按规定贴花
	以合并或分立方式成立的新企业，新启用的资金账簿	
	企业债权转股权新增的资金	增加的资金按规定贴花
	企业改制中经评估增加的资金	
	其他会计科目转为实收资本或资本公积的资金	按规定贴花
应税合同	改制前签订但未履行完的已贴花的各类应税合同，改制后仅改变执行主体但未改变内容条款的，例如中国铁路总公司(财税〔2015〕57 号)	不再贴花
产权转移书据	因改制签订的产权转移书据，例如中国邮政集团公司(财税〔2010〕92 号)和中国铁路总公司(财税〔2015〕57 号)	免予贴花

(财税〔2015〕109 号)。

(5) 证券投资者保护基金有限责任公司发生的下列凭证和产权转移书据享受印花税的优惠政策(财税〔2006〕104 号)。

① 新设立的资金账簿免征印花税。

② 与中国人民银行签订的再贷款合同、与证券公司行政清算机构签订的借款合同，免征印花税。

③ 接收被处置证券公司财产签订的产权转移书据，免征印花税。

④ 以保护基金自有财产和接收的受偿资产与保险公司签订的财产保险合同，免征印花税。

值得注意的是，与保护基金有限责任公司签订上述应税合同或产权转移书据，只是对保护基金有限责任公司免征印花税，对应税合同或产权转移书据相关的其他当事人应照章征收印花税。

(6) 廉租住房、经济适用住房和住房租赁的税收优惠如下(财税〔2008〕24 号)：

对个人出租、承租住房签订的租赁合同，免征印花税。

(7) 对商品储备管理公司及其直属库资金账簿免征印花税；对其承担商品储备业务过程中书立的购销合同免征印花税，对合同其他各方当事人应缴纳的印花税照章征收(财税〔2013〕59 号)。

(8) 经企业主管部门批准的国营、集体企业兼并，对并入单位的资产，凡已按资金总额贴花的，接收单位对并入的资金不再补贴印花(国税地字〔1988〕25 号)。

(9) 对铁路、公路、航运、水路承运快件行李、包裹开具的托运单据，暂免贴印花(国税地字〔1988〕25 号)。

(10) 图书、报纸、期刊以及音像制品的各类发行单位之间，以及发行单位与订阅单位或个人之间书立的征订凭证，暂免征收印花税(国税地字〔1989〕142 号)。

(11) 对办理借款展期业务使用借款展期合同或其他凭证，按信贷制度规定，仅载明延期还款事项的，可暂不贴花(国税发〔1991〕155 号)。

(12) 财政等部门的拨款改贷款签订的借款合同，凡直接与使用单位签订的，暂不贴花；凡委托金融单位贷款，金融单位与使用单位签订的借款合同应按规定贴花(国税发〔1991〕155 号)。

(13) 中国人民银行各级机构向专业银行发放的各种期限的贷款不属于银行同业拆借，所签订的合同或者借据应缴纳印花税。对于日拆性贷款(在此专指 20 天内的贷款)，由于其期限短、利息低，并且贷放和使用均有较强的政策性，因此，对此类贷款所签的合同或借据，暂免征收印花税(国税函〔1993〕705 号)。

(14) 对被撤销金融机构接收债权、清偿债务过程中签订的产权转移书据，免征印花税。2003 年 7 月 3 日前，属免征事项的应纳税款不再追缴，已征税款不予退还(财税〔2003〕141 号)。

(15) 棚户区改造有关的印花税优惠如下(财税〔2013〕101 号)。

① 自 2013 年 7 月 4 日起，对改造安置住房经营管理单位、开发商与改造安置住房相关的印花税以及购买安置住房的个人涉及的印花税予以免征。

② 在商品住房等开发项目中配套建造安置住房的，依据政府部门出具的相关材料、房屋征收(拆迁)补偿协议或棚户区改造合同(协议)，按改造安置住房建筑面积占总建筑面积的比例免征印花税。

(16) 自 2014 年 1 月 1 日起至 2018 年 12 月 31 日止，暂免征收飞机租赁企业购机环节中购销合同的印花税(财税〔2014〕18 号)。

(17) 对全国社会保障基金理事会回拨国有创业投资机构和国有创业投资引导基金已转持的国有股，不征收过户环节的证券(股票)交易印花税(财税〔2011〕65 号)。

(18) 自 2014 年 11 月 1 日至 2017 年 12 月 31 日止，对金融机构与小型、微型企业签订的借款合同免征印花税(财税〔2014〕78 号)。上述小型、微型企业的认定，按照《工业和信息化部、国家统计局、国家发展和改革委员会、财政部关于印发中小企业划型标准规定的通知》(工信部联企业〔2011〕300 号)的有关规定执行。

(19) 关于支持抗震救灾和灾后恢复重建的税收政策：由政府组织建设的安居房，对所签订的建筑工程勘察设计合同、建筑安装工程承包合同、产权转移书据、房屋租赁合同，免征印花税；对财产所有人将财产(物品)直接捐赠或通过公益性社会团体、县级以上人民政府及其部门捐赠给受灾地区或受灾居民所书立的产权转移书据，免征印花税(财税〔2015〕27 号)。

(20) 在融资性售后回租业务中，对承租人、出租人因出售租赁资产及购回租赁资产所签订的合同，不征收印花税(财税〔2015〕144 号)。

(21) 对香港市场投资者通过基金互认买卖、继承、赠与内地基金份额，按照内地现行税制规定，暂不征收印花税；对内地投资者通过基金互认买卖、继承、赠与香港基金份额，按照香港特别行政区现行印花税税法规定执行(财税〔2015〕125 号)。

(22) 自 2016 年 1 月 1 日至 2018 年 12 月 31 日，决定继续对公共租赁住房建设和运营给予税收优惠(财税〔2014〕52 号、财税〔2015〕139 号)。

① 对公共租赁住房经营管理单位免征建设、管理公共租赁住房涉及的印花税。在其

他住房项目中配套建设公共租赁住房,依据政府部门出具的相关材料,按公共租赁住房建筑面积占总建筑面积的比例免征建设、管理公共租赁住房涉及的印花税。

② 对公共租赁住房经营管理单位购买住房作为公共租赁住房,免征契税、印花税;对公共租赁住房租赁双方免征签订租赁协议涉及的印花税。

(23) 自2015年1月1日起至2017年12月31日止执行,对保险保障基金公司下列应税凭证,免征印花税:①新设立的资金账簿;②在对保险公司进行风险处置和破产救助过程中签订的产权转移书据;③在对保险公司进行风险处置过程中与中国人民银行签订的再贷款合同;④以保险保障基金自有财产和接收的受偿资产与保险公司签订的财产保险合同。

对与保险保障基金公司签订上述产权转移书据或应税合同的其他当事人照章征收印花税(财税〔2016〕10号)。

(24) 自2016年1月1日至2018年12月31日,执行对饮水工程运营管理单位为建设饮水工程取得土地使用权而签订的产权转移书据,以及与施工单位签订的建设工程承包合同免征印花税。饮水工程运营管理单位,是指负责饮水工程运营管理的自来水公司、供水公司、供水(总)站(厂、中心)、村集体、农民用水合作组织等单位。对于既向城镇居民供水,又向农村居民供水的饮水工程运营管理单位,依据向农村居民供水收入占总供水收入的比例免征增值税;依据向农村居民供水量占总供水量的比例免征契税、印花税、房产税和城镇土地使用税。无法提供具体比例或所提供数据不实的,不得享受上述税收优惠政策(财税〔2016〕19号)。

(25) 对商品储备管理公司及其直属库资金账簿免征印花税;对其承担商品储备业务过程中书立的购销合同免征印花税,对合同其他各方当事人应缴纳的印花税照章征收。执行时间为2016年1月1日至2018年12月31日。2016年1月1日以后已缴上述应予免税的税款,从企业应缴纳的相应税款中抵扣(财税〔2016〕28号)。

第五节 申报和缴纳

一、印花税的缴纳方法

印花税的纳税方法有自行贴花、汇贴或汇缴和委托代征三种方法,如表15-12所示。

表15-12 印花税缴纳方法

方法	适用范围	具体规定
自行贴花(国务院令第11号)	应税凭证较少或贴花次数较少的纳税人	自行计算应纳税额,自行购买印花税票,自行一次性贴足印花税票并加以注销或划销 对于已贴花的凭证,修改后所载金额增加的,其增加部分应当补贴印花税票,但多贴印花税票者,不得申请退税或者抵用

续表

方法	适用范围	具体规定
汇贴或汇缴(财税字〔1988〕255号)	应纳税额较大或者贴花次数频繁的纳税人	汇贴：当一份凭证应纳税额超过500元时，应向税务机关申请填写缴款书或者完税凭证
		汇缴：同一种类应税凭证需要频繁贴花的。汇总缴纳的期限，由当地税务机关确定，但最长不得超过1个月(财税字〔1988〕255号)
委托代征法(财税字〔1988〕255号)		税务机关委托由发放或者办理应纳税凭证的单位代为征收印花税

特别提示1

对国家政策性银行记载资金的账簿，一次性贴花数额较大、难以承担的，经当地税务机关核准，可在3年内分次贴足印花(国税地字〔1988〕25号)。

特别提示2

委托代征的具体法规有：代办运输、联运的单位(国税发〔1990〕173号)、中国专利局代征专利证书印花税(国税函〔1991〕1405号)、证券登记公司代扣非交易转让股票的印花税(国税发〔1997〕129号)、铁路运输企业的铁路货运业务(国税发〔2006〕101号)、中国人寿保险股份有限公司代理国寿投资控股有限公司的印花税(国家税务总局公告2013年第2号)。

二、印花税票

印花税票可以委托单位或个人代售，并由税务机关付给5%的手续费，支付来源从实征印花税款中提取(财税字〔1988〕255号)。

三、违章处理

自2004年1月29日起，印花税纳税人有表15-13所列行为之一的，由税务机关根据情节轻重予以处罚(国税发〔2004〕15号)。

表15-13 印花税违章处理情况

具体行为	处理措施
在应纳税凭证上未贴或少贴印花税票的或者已粘贴在应税凭证上的印花税票未注销或者未划销的(无追究刑事责任的规定)	由税务机关追缴其不缴或者少缴的税款、滞纳金，并处不缴或者少数的税款50%以上5倍以下的罚款
已贴用的印花税票揭下重用造成未缴或少缴印花税的(构成犯罪的，依法追究刑事责任)	

续表

具体行为	处理措施
按期汇总缴纳印花税的纳税人,超过税务机关核定的纳税期限,未缴或少缴印花税的(情节严重的,撤销其汇缴许可证;构成犯罪的,依法追究刑事责任)	由税务机关追缴其不缴或者少缴的税款、滞纳金,并处不缴或者少数的税款50%以上5倍以下的罚款
伪造印花税票的	由税务机关责令改正,处以2 000元以上1万元以下的罚款;情节严重的,处以1万元以上5万元以下的罚款;构成犯罪的,依法追究刑事责任
汇总缴纳印花税的,未将已贴印花或缴款书盖章注销;未按规定保存纳税凭证(无追究刑事责任的规定)	由税务机关责令限期改正,处以2 000元以下的罚款;情节严重的,处以2 000元以上1万元以下的罚款

四、纳税环节和纳税地点

(一)纳税环节

印花税应当在书立或领受时贴花,具体是指在合同签订时、账簿启用时和证照领受时贴花(国务院令第11号)。如果合同是在国外签订,并且不便在国外贴花,应在将合同带入境时办理贴花纳税手续(财税字〔1988〕255号)。

(二)纳税地点(国税函〔1991〕1187号)

印花税纳税地点如表15-14所示。

表15-14　印花税纳税地点

一般实行就地纳税	
对于全国性商品物资订货会(包括展销会、交易会等)上所签订合同应纳的印花税	由纳税人回其所在地后及时办理贴花完税手续
对地方主办,不涉及省际关系的订货会、展销会上所签合同的印花税	纳税地点由各省、自治区、直辖市人民政府自行确定

【习题及解答】

【例15-1　多选题】(2013年注税)下列合同和书据,应按产权转移书据税目征收印花税的有(　　)。

A. 商品房销售合同　　B. 土地使用权出让合同

C. 专利申请转让合同　　D. 土地使用权转让合同

【答案】ABD

【解析】选项C,按照技术合同税目征收印花税。

第十六章 耕地占用税

第一节 耕地占用税概述

一、耕地占用税的概念

耕地占用税是对占用耕地建房或从事其他非农业建设的单位和个人，就其实际占用的耕地按面积征收的一种税，它属于对特定土地资源占用课税。现行《耕地占用税暂行条例》于 2008 年 1 月 1 日起施行，《耕地占用税暂行条例实施细则》公布并实施于 2008 年 2 月 26 日。

二、耕地占用税的特点

耕地占用税作为一个出于特定目的、对特定的土地资源课征的税种，与其他税种相比，具有比较鲜明的特点，主要表现在：

(1) 兼具资源税与特定行为税的性质；

(2) 采用地区差别税率；

(3) 在占用耕地环节一次性课征。

第二节 纳税人和征税范围

一、纳税人

耕地占用税的纳税人，为占用耕地建房或者从事非农业建设的单位或者个人(国务院令第 511 号)。所称单位，包括国有企业、集体企业、私营企业、股份制企业、外商投资企业、外国企业以及其他企业和事业单位、社会团体、国家机关、部队以及其他单位；所称个人，包括个体工商户以及其他个人。

二、征税范围

耕地占用税的征税范围为用于建房或从事其他非农业建设而征(占)用的国家所有和集体所有的耕地(国务院令第 511 号)。此处耕地是指种植农业作物的土地。如种植粮食作物、经济作物的农田，还包括种植蔬菜和果树的菜地、园地(包括花圃、苗圃、菜园、果园、桑园和其他种植经济林木的土地)及其附属的土地(如田间道路等)。

此外，耕地占用税的征税范围还应该包括如下两种情况。

(1) 占用林地、牧草地、农田水利地、养殖水面以及渔业水域滩涂等其他农用地建房或从事非农业建设，比照占用耕地征收耕地占用税，建设直接为农业生产服务的生产设施占用前款规定的农用地的,不征收耕地占用税(国务院令第 511 号)。征收适用税额可以适当低于当地占用耕地的适用税额,具体适用税额按照各省、自治区、直辖市人民政府的规定执行(财政部、国家税务总局令第 49 号)。

① 林地,包括有林地、灌木林地、疏林地、未成林地、迹地、苗圃等,不包括居民点内部的绿化林木用地,铁路、公路征地范围内的林木用地,以及河流、沟渠的护堤林用地(财政部、国家税务总局令第 49 号)。

② 牧草地,包括天然牧草地、人工牧草地(财政部、国家税务总局令第 49 号)。

③ 农田水利用地,包括农田排灌沟渠及相应附属设施用地(财政部、国家税务总局令第 49 号)。

④ 养殖水面,包括人工开挖或者天然形成的用于水产养殖的河流水面、湖泊水面、水库水面、坑塘水面及相应附属设施用地(财政部、国家税务总局令第 49 号)。

⑤ 渔业水域滩涂,包括专门用于种植或者养殖水生动植物的海水潮浸地带和滩地(财政部、国家税务总局令第 49 号)。

⑥ 直接为农业生产服务的生产设施,是指直接为农业生产服务而建设的建筑物和构筑物。具体包括:储存农用机具和种子、苗木、木材等农业产品的仓储设施;培育、生产种子、种苗的设施;畜禽养殖设施;木材集材道、运材道;农业科研、试验、示范基地;野生动植物保护、护林、森林病虫害防治、森林防火、木材检疫的设施;专为农业生产服务的灌溉排水、供水、供电、供热、供气、通信基础设施;农业生产者从事农业生产必需的食宿和管理设施;其他直接为农业生产服务的生产设施(财政部、国家税务总局令第 49 号)。

需要注意的是,农田水利不论是否包含建筑物、构筑占用耕地,均不属于耕地占用税征税范围,不征收耕地占用税。综合性水利工程占地不属于农田水利用地,应按照法定税率征收耕地占用税(国税函〔2010〕490 号)。

(2) 用于农业生产并已由相关行政主管部门发放使用权证的草地,以及用于种植芦苇并定期进行人工养护管理的苇田,属于耕地占用税的征税范围。对于占用草地、苇田建房或者从事非农业建设的单位和个人,视同占用耕地征收耕地占用税(财税〔2014〕20 号、国家税务总局公告 2016 年第 2 号)。

第三节 应纳税额的计算

一、计税依据

耕地占用税以纳税人占用耕地的面积为计税依据,以每平方米为计量单位(国务院令第 511 号)。

二、税率

实行地区差别幅度定额税率。人均耕地面积越少,单位税额越高。耕地占用税的税额规定如下(国务院令第 511 号)。

(1) 人均耕地不超过 1 亩的地区(以县级行政区域为单位,下同),每平方米为 10 元至 50 元。

(2) 人均耕地超过 1 亩但不超过 2 亩的地区,每平方米为 8 元至 40 元。

(3) 人均耕地超过 2 亩但不超过 3 亩的地区,每平方米为 6 元至 30 元。

(4) 人均耕地超过 3 亩的地区,每平方米为 5 元至 25 元。

特别提示

每一地区单位最高税额是单位最低税额的 5 倍。

经济特区、经济技术开发区和经济发达且人均耕地特别少的地区,适用税额可以适当提高,但是提高的部分最高不得超过上述规定税额的 50%(国务院令第 511 号)。各地平均税额如表 16-1 所示。

表 16-1 各地税额情况

地 区	每平方米平均税额(元)
上海	45
北京	40
天津	35
江苏、浙江、福建、广东	30
辽宁、湖北、湖南	25
河北、安徽、江西、山东、河南、重庆、四川	22.5
广西、海南、贵州、云南、陕西	20
山西、吉林、黑龙江	17.5
内蒙古、西藏、甘肃、青海、宁夏、新疆	12.5

三、税额计算

应纳税额的计算公式为

应纳税额=实际占用耕地面积(平方米)×适用定额税率

第四节 税收优惠

一、免征耕地占用税

(1) 军事设施占用耕地(国务院令第 511 号,财政部、国家税务总局令第 49 号)。

① 地上、地下的军事指挥、作战工程。

② 军用机场、港口、码头。

③ 营区、训练场、试验场。

④ 军用洞库、仓库。

⑤ 军用通信、侦察、导航、观测台站和测量、导航、助航标志。

⑥ 军用公路、铁路专用线,军用通信、输电线路,军用输油、输水管道。

⑦ 其他直接用于军事用途的设施。

(2) 学校、幼儿园、养老院、医院占用耕地(国务院令第511号,财政部、国家税务总局令第49号)。

① 免税的学校,具体范围包括县级以上人民政府教育行政部门批准成立的大学、中学、小学、学历性职业教育学校以及特殊教育学校,由国务院人力资源社会保障行政部门,省、自治区、直辖市、人民政府或其人力资源社会保障行政部门批准成立的技工院校(财税〔2012〕22号)。

学校内经营性场所和教职工住房占用耕地的,按照当地适用税额缴纳耕地占用税。

② 免税的幼儿园,具体范围限于县级以上人民政府教育行政部门登记注册或者备案的幼儿园内专门用于幼儿保育、教育的场所。

③ 免税的养老院,具体范围限于经批准设立的养老院内专门为老年人提供生活照顾的场所。

④ 免税的医院,具体范围限于县级以上人民政府卫生行政部门批准设立的医院内专门用于提供医护服务的场所及其配套设施。

医院内职工住房占用耕地的,按照当地适用税额缴纳耕地占用税。

(3) 对灾区住房倒塌的农(牧)民重建住房占用耕地的,在规定标准内的部分免征耕地占用税(财税〔2010〕59号、财税〔2010〕107号、财税〔2013〕58号、国发〔2014〕57号)。

二、减征耕地占用税

(1) 铁路线路、公路线路、飞机场跑道、停机坪、港口、航道占用耕地,减按每平方米2元的税额征收耕地占用税(国务院令第511号)。

① 减税的铁路线路,具体范围限于铁路路基、桥梁、涵洞、隧道及其按照规定两侧留地(财政部、国家税务总局令第49号)。

专用铁路和铁路专用线占用耕地的,按照当地适用税额缴纳耕地占用税(财政部、国家税务总局令第49号)。

② 减税的公路线路,具体范围限于经批准建设的国道、省道、县道、乡道和属于农村公路的村道的主体工程以及两侧边沟或者截水沟(财政部、国家税务总局令第49号)。

专用公路和城区内机动车道占用耕地的,按照当地适用税额缴纳耕地占用税(财政部、国家税务总局令第49号)。

③ 减税的飞机场跑道、停机坪,具体范围限于经批准建设的民用机场专门用于民用航空器起降、滑行、停放的场所(财政部、国家税务总局令第49号,财税〔2009〕126号)。

④ 减税的港口,具体范围限于经批准建设的港口内供船舶进出、停靠以及旅客上下、货物装卸的场所(财政部、国家税务总局令第49号)。

⑤ 减税的航道,具体范围限于在江、河、湖泊、港湾等水域内供船舶安全航行的通道(财政部、国家税务总局令第49号)。

根据实际需要,国务院财政、税务主管部门商国务院有关部门并报国务院批准后,可以对前款规定的情形免征或者减征耕地占用税(国务院令第 511 号)。

(2) 农村居民占用耕地新建住宅,按照当地适用税额减半征收耕地占用税(国务院令第 511 号)。

农村居民占用耕地建住宅,是指农村居民经批准在户口所在地按照规定标准占用耕地建设自用住宅(财政部、国家税务总局令第 49 号)。

(3) 农村居民经批准搬迁,原住宅基地恢复耕种,凡新建住宅占用耕地不超过原住宅基地面积的,不征收耕地占用税;超过原住宅基地面积的,对超过部分按照当地适用税额减半征收耕地占用税(财政部、国家税务总局令第 49 号);新建农村居民住房社区中学校、道路等占用耕地符合减免条件的,可以依法减免耕地占用税(财综〔2014〕7 号、国家税务总局公告 2016 年第 2 号)。

(4) 农村烈士家属、残疾军人、鳏寡孤独以及革命老根据地、少数民族聚居区和边远贫困山区生活困难的农村居民,在规定用地标准以内新建住宅缴纳耕地占用税确有困难的,经所在地乡(镇)人民政府审核,报经县级人民政府批准后,可以免征或者减征耕地占用税(国务院令第 511 号)。

归纳

耕地占用税税收优惠如表 16-2 所示。

表 16-2　耕地占用税税收优惠

免征耕地占用税	(1) 军事设施占用耕地
	(2) 学校、幼儿园、养老院、医院占用耕地
	(3) 灾区住房倒塌的农(牧)民重建住房
减征耕地占用税	(1) 铁路线路、公路线路、飞机场跑道、停机坪、港口、航道占用耕地,减按每平方米 2 元的税额征收耕地占用税
	(2) 农村居民占用耕地新建住宅,按当地适用税额减半征收耕地占用税
经审核批准后,免征或减征	(1) 农村烈士家属、残疾军人、鳏寡孤独以及革命老根据地、少数民族聚居区和边远贫困山区生活困难的农村居民,在规定用地标准以内新建住宅缴纳耕地占用税有困难
	(2) 新建农村居民住房社区中学校、道路等占用耕地符合减免条件的,可以依法减免耕地占用税
免征或减征耕地占用税后,纳税人改变原占地用途,不再属于免征或者减征耕地占用税情形的,应当按照当地适用税额补缴耕地占用税(国务院令第 511 号,财税〔2009〕19 号)	

第五节　申报和缴纳

一、纳税义务发生时间

经过批准占用耕地的,纳税义务发生时间为纳税人收到土地管理部门办理占用农用地手续通知的当天;未批准占用的为实际占用的当天(财政部、国家税务总局令第49号)。

二、纳税期限

获准占用耕地的单位或者个人应当在收到土地管理部门的通知之日起30日内缴纳耕地占用税(国务院令第511号)。

三、纳税地点

耕地占用税由地方税务机关负责征收(国务院令第511号)。

四、征收管理(国务院令第511号)

(1) 纳税人临时占用耕地,应缴纳耕地占用税。纳税人在批准临时占用耕地的期限内恢复所占用耕地原状的,全额退还已经缴纳的耕地占用税。

(2) 占用林地、牧草地、农田水利用地、养殖水面以及渔业水域滩涂等其他农用地建房或者从事非农业建设的,应征收耕地占用税。

(3) 建设直接为农业生产服务的生产设施占用前款规定的农用地的,不征收耕地占用税。

【习题及解答】

【例16-1 单选题】 (2014年注税)2012年3月某公司在郊区新建设立一家分公司,共计占用耕地15 000平方米,其中800平方米修建幼儿园、2 000平方米修建学校,当地耕地占用税税额为20元/平方米。该公司应缴纳耕地占用税(　　)元。

A. 244 000　　B. 260 000　　C. 284 000　　D. 300 000

【答案】 A

【解析】 学校、幼儿园占用耕地免税,应纳税额=(15 000－800－2 000)×20=244 000(元)。

第十七章 车辆购置税

第一节 车辆购置税概述

一、车辆购置税的概念

车辆购置税是以在中国境内购置规定的车辆为课税对象、在特定的环节向车辆购置者征收的一种税。现行《车辆购置税暂行条例》于2001年1月1日起施行。

二、车辆购置税的特点

车辆购置税的特点主要有以下几点。

(1) 征收范围单一。

(2) 征收环节单一。

(3) 征税具有特定目的。

(4) 价外征收,不转嫁税负。

第二节 纳税人

车辆购置税的纳税人是指在中华人民共和国境内购置应税车辆的单位和个人(国务院令第294号)。

一、车辆购置税应税行为

车辆购置税的应税行为是指在中华人民共和国境内购置应税车辆的行为。具体来讲,这种应税行为包括以下几种情况(国务院令第294号)。

(1) 购买自用行为。包括购买使用国产应税车辆和购买自用进口应税车辆。

(2) 进口自用行为。纳税人直接从境外进口或委托代理进口自用的应税车辆,即非贸易方式进口自用的应税车辆。

(3) 受赠使用行为。

(4) 自产自用行为。

(5) 获奖自用行为。

(6) 其他自用行为。如拍卖、抵债、走私、罚没等方式取得并自用的应税车辆。

特别提示

取得(不论何种渠道)、自用。

二、车辆购置税征税区域

我国车辆购置税的适用区域在中华人民共和国境内，只要在中华人民共和国境内发生了车辆购置税的应税行为，都要征收车辆购置税(国务院令第294号)。

在中华人民共和国境内，是指应税车辆的购置地或使用地在中华人民共和国境内。应税车辆的购置地与应税行为的发生地是一致的。

三、车辆购置税纳税人的具体范围(国务院令第294号)

车辆购置税纳税人的范围包括单位和个人，具体为：

(1) 单位是指国有企业、集体企业、私营企业、股份制企业、外商投资企业、外国企业以及其他企业、事业单位，社会团体、国家机关、部队以及其他单位。

(2) 个人是指个体工商业户及其他个人。泛指具有民事权利能力，依法享有民事权利，承担民事义务的自然人，包括中华人民共和国公民和外国公民。

第三节　征税对象和征税范围

一、车辆购置税的征税对象

应税车辆是车辆购置税的征税对象。

二、车辆购置税的征税范围

车辆购置税的征税范围包括汽车、摩托车、电车、挂车、农用运输车(国务院令第294号)。具体范围按《车辆购置税征收范围表》(表17-1)执行。

表17-1　车辆购置税征收范围表

汽车：包括各类汽车
摩托车
(1) 轻便摩托车：最高设计时速不大于50 km/h，发动机汽缸总排量不大于50 cm^3的两个或三个车轮的机动车 (2) 二轮摩托车：最高设计车速大于50 km/h，或发动机汽缸总排量大于50 cm^3的两个车轮的机动车 (3) 三轮摩托车：最高设计车速大于50 km/h，或发动机汽缸总排量大于50 cm^3，空车重量不大于400 kg的三个车轮的机动车
电车 (1) 无轨电车：以电能为动力，由专用输电电缆线供电的轮式公共车辆 (2) 有轨电车：以电能为动力，在轨道上行驶的公共车辆
挂车 (1) 全挂车：无动力设备，独立承载，由牵引车辆牵引行驶的车辆 (2) 半挂车：无动力设备，与牵引车辆共同承载，由牵引车辆牵引行驶的车辆

续表

农用运输车
(1) 三轮农用运输车：柴油发动机，功率不大于 7.4 kW，载重量不大于 500 kg，最高车速不大于 40 km/h 的三个车轮的机动车(三轮农用运输车，自 2004 年 10 月 1 日起免征车辆购置税) (2) 四轮农用运输车：柴油发动机，功率不大于 28 kW，载重量不大于 1 500 kg，最高车速不大于 50 km/h 的四个车轮的机动车

车辆购置税征收范围的调整，由国务院决定，其他任何部门、单位和个人只能认真执行政策规定，无权擅自扩大或缩小车辆购置税的征税范围。

特别提示

车辆购置税的征税范围大于消费税征税车辆的范围。

归纳

增值税、消费税与车辆购置税应税行为辨析如表 17-2 所示。

表 17-2 增值税、消费税与车辆购置税应税行为辨析

行 为	增值税	消费税	车购税
自产、进口小汽车(含中轻型商务车)用于销售、捐赠、投资、偿债	√	√	
自产、进口大卡车、大货车用于销售、捐赠、投资、偿债	√		
自产、进口小汽车(含中轻型商务车)自用	√	√	√
自产、进口卡车、货车、电车、挂车、农用运输车(农用三轮运输车除外)自用	√		√
购置、受赠、获奖、接受投资小汽车、卡车、货车、电车、挂车、农用运输车(农用三轮运输车除外)等车辆自用			√

第四节 税率与计税依据

一、车辆购置税的税率

我国车辆购置税实行统一比例税率(指一个税种只设计一个比例的税率)，税率为 10%(国务院令第 294 号)。

二、车辆购置税的计税依据

车辆购置税以应税车辆为征税对象，实行从价定率、价外征收的方法计算应纳税额，应税车辆的价格(不含税)即计税价格就成为车辆购置税的计税依据。但是，由于应税车辆购置的来源不同，应税行为的发生不同，计税价格的组成也就不一样。因此，车辆购置税计税依据的构成也就不同(国务院令第 294 号)。

(一) 购买自用应税车辆计税依据的确定(国家税务总局令第33号)

纳税人购买自用的应税车辆,计税价格为纳税人购买应税车辆而支付给销售者的全部价款和价外费用,不包含增值税税款。

在确定车辆购置税计税依据时,应将未扣除增值税款的或是价款与增值税款合并收取的发票价格换算为不含增值税的销售价格。

其换算公式为

计税价格=(含增值税的销售价格+价外费用)÷(1+增值税税率或征收率)

(二) 进口自用应税车辆计税依据的确定(国务院令第294号)

纳税人进口自用的应税车辆以组成计税价格为计税依据。计税价格的计算公式为

计税价格=关税完税价格+关税+消费税

特别提示

进口自用应税车辆计征车辆购置税的计税依据,与进口方计算增值税的计税依据一致。也可以用以下公式计算:

计税价格=(关税完税价格+关税)÷(1-消费税税率)

特别提示

如果进口车辆是不属于消费税征税范围的大卡车、大客车,则组成计税价格公式简化为

计税价格=关税完税价格+关税

(三) 其他自用应税车辆计税依据的确定(国家税务总局令第33号)

自用应税车辆车辆购置税计税依据如表17-3所示。

表17-3 自用应税车辆车辆购置税计税依据

计税依据	其他自用车辆类型	具体计税依据
最低计税价格	纳税人自产、受赠、获奖或者以其他方式如拍卖、抵押、走私、罚没方式取得并自用的应税车辆	由主管税务机关参照国家税务总局规定的最低计税价格核定。【提示】自产自用不用同类销售价格,而用最低计税价格
	纳税人购买自用或者进口自用应税车辆,申报的计税价格低于同类型应税车辆的最低计税价格,又无正当理由的	计税价格为国家税务总局核定的最低计税价格
	非贸易渠道进口车辆	同类型新车最低计税价格
最低计税价格的70%	底盘发生更换的车辆	计税依据为最新核发的同类型车辆最低计税价格的70%。【提示】此政策只适用于已经缴纳过车辆购置税并办理了登记注册手续的车辆底盘发生更换的情况

续表

<table>
<tr><th>计税依据</th><th>其他自用车辆类型</th><th>具体计税依据</th></tr>
<tr><td rowspan="6">有效价格证明注明的价格或核定价格</td><td>国家税务总局未核定最低计税价格的车辆</td><td>计税依据为纳税人提供的有效价格证明注明的价格。有效价格证明注明的价格明显偏低的，主管税务机关有权核定应税车辆的计税价格</td></tr>
<tr><td>进口旧车</td><td rowspan="5">凡纳税人出具有效价格证明的，计税依据为纳税人提供的有效价格证明注明的价格。有效价格证明注明的价格明显偏低的，主管税务机关有权核定应税车辆的计税价格</td></tr>
<tr><td>因不可抗力因素导致受损的车辆</td></tr>
<tr><td>库存超过 3 年的车辆</td></tr>
<tr><td>行驶 8 万公里以上的试验车辆</td></tr>
<tr><td>国家税务总局规定的其他车辆</td></tr>
<tr><td>初次办理纳税申报时确定的计税价格</td><td>免税条件消失的车辆</td><td>自 2015 年 2 月 1 日起，免税条件消失的车辆，自初次办理纳税申报之日起，使用年限未满 10 年的，计税价格以免税车辆初次办理纳税申报时确定的计税价格为基准，每满 1 年扣减 10%；未满 1 年的，计税价格为免税车辆的原计税价格；使用年限 10 年（含）以上的，计税价格为 0</td></tr>
</table>

（四）车辆购置税价格信息管理（国税发〔2006〕93 号）

车辆购置税价格信息（简称车价信息）管理工作包括车价信息的采集、审核、汇总、上传以及车辆最低计税价格的核定、下发。

（五）车辆购置税计税依据使用统一货币单位计算（国务院令第 294 号）

车辆购置税的计税依据和应纳税款应以人民币计算。纳税人以外汇结算应税车辆价款的，按照申报纳税之日中国人民银行公布的人民币基准汇价，折合成人民币计算应纳税额。

第五节 税收优惠

一、车辆购置税减税免税的具体规定

我国车辆购置税实行法定减免税。具体规定如下。

（1）外国驻华使馆、领事馆和国际组织驻华机构及其外交人员自用车辆免税（国务院令第 294 号）。

（2）中国人民解放军和中国人民武装警察部队列入军队武器装备订货计划的车辆免税（国务院令第 294 号）。

（3）设有固定装置的非运输车辆免税（国务院令第 294 号）。

（4）防汛部门和森林消防等部门购置的用于指挥、检查、调度、报汛（警）、联络的设有固定装置的指定型号的专用车辆免税(财税〔2014〕111号、财税〔2014〕112号、财税〔2015〕132号、财税〔2015〕133号)。

(5) 回国服务的在外留学人员用现汇购买1辆个人自用国产小汽车免税(国家税务总局公告2015年第4号)。

特别提示

留学回国人员还应当提供中华人民共和国驻留学人员学习所在国的大使馆或者领事馆(中央人民政府驻香港联络办公室、中央人民政府驻澳门联络办公室)出具的留学证明,公安部门出具的境内居住证明、本人护照,海关核发的《海关回国人员购买国产汽车准购单》。

(6) 长期来华定居专家进口的1辆自用小汽车免税(国家税务总局公告2015年第4号)。

特别提示

来华专家应当提供国家外国专家局或者其授权单位核发的专家证,公安部门出具的境内居住证明、本人护照。

(7) 自2004年10月1日起,对三轮农用运输车免征车辆购置税(财税〔2004〕66号)。

(8) 自2015年10月1日起至2016年12月31日止,对购置1.6升及以下排量乘用车减按5%的税率征收车辆购置税(财税〔2015〕104号)。

特别提示

本通知所称乘用车,是指在设计和技术特性上主要用于载运乘客及其随身行李和(或)临时物品、含驾驶员座位在内最多不超过9个座位的汽车。

(9) 自2014年9月1日至2017年12月31日,对购置的新能源汽车免征车辆购置税(财政部、国家税务总局、工业和信息化部公告2014年第53号)。

(10) 对专项用于抗震救灾和灾后恢复重建、能够提供由县级以上(含县级)人民政府或其授权单位出具的抗震救灾证明的新购特种车辆,免征车辆购置税。符合免税条件但已经征税的特种车辆,退还已征税款(财税〔2015〕27号)。

(11) 对中国妇女发展基金会2015年申请的159辆用于"母亲健康快车"项目的流动医疗车免征车辆购置税。免税指标的使用截止期限为2016年8月31日(财税〔2006〕176号)。

(12) 有国务院规定予以免税或者减税的其他情形的,按照规定免税或者减税(国务院令第294号)。

二、车辆购置税的退税(国家税务总局令第33号)

纳税人已经缴纳车辆购置税但在办理车辆登记注册手续前,需要办理退还车辆购置税的，由纳税人申请，征收机构审核后办理退还车辆购置税手续。

第六节　应纳税额的计算

应纳税额的计算公式为

应纳税额＝计税价格×税率

一、购买自用应税车辆应纳税额的计算(国务院令第294号)

纳税人购买自用的应税车辆，其计税价格由纳税人支付给销售者的全部价款(不包括增值税税款)和价外费用组成(国务院令第294号)。

特别提示

购买自用的应税车辆包括购买国产车和购买进口车，这里所谓购买进口车并不是指自行进口自用车辆，而是指买别人进口的车辆。

计税依据包括随购买车辆支付的工具件和零部件价款、支付的车辆装饰费、销售单位开展优质销售活动所开票收取的有关费用(各项费用在一张发票上难以划分的)。

计税依据不包括支付的控购费、增值税税款。

代收款项应区别征税：①凡使用代收单位(受托方)票据收取的款项，应视作代收单位价外收费，应并入计税价格中征税；②凡使用委托方票据收取，受托方只履行代收义务和收取代收手续费的款项，应按其他税收政策规定征税。

特别提示

价外费用是指销售方价外向购买方收取的基金、集资费、违约金(延期付款利息)和手续费、包装费、储存费、优质费、运输装卸费、保管费以及其他各种性质的价外收费，但不包括销售方代办保险等而向购买方收取的保险费，以及向购买方收取的代购买方缴纳的车辆购置税、车辆牌照费(国家税务总局令第33号)。

二、进口自用应税车辆应纳税额的计算(国务院令第294号)

纳税人进口自用的应税车辆以组成计税价格为计税依据(国务院令第294号)。计税价格的计算公式为

计税价格＝关税完税价格＋关税＋消费税

或者

计税价格＝(关税完税价格＋关税)÷(1－消费税税率)

特别提示

纳税人进口应税车辆自用的,由进口自用方纳税;如果进口车辆用于销售、抵债、以物易物等方面,不属于进口自用应税车辆的行为。

三、其他方式取得并自用应税车辆应纳税额的计算

纳税人自产自用、受赠使用、获奖使用和以其他方式取得并自用应税车辆的,凡不能取得该型车辆的购置价格,或者低于最低计税价格的,以国家税务总局核定的最低计税价格为计税依据计算征收车辆购置税(国务院令第294号)。

(1) 自产自用应税车辆应纳税额的计算——最低计税价格。

(2) 受赠自用应税车辆应纳税额的计算——最低计税价格。

(3) 获奖自用应税车辆应纳税额的计算——最低计税价格。

(4) 其他方式取得并自用应税车辆应纳税额的计算——最低计税价格。

特别提示

进口旧车、因不可抗力因素导致受损的车辆、库存超过3年的车辆、行驶8万公里以上的试验车辆、国家税务总局规定的其他车辆,计税价格为纳税人提供的有效价格证明注明的价格。纳税人无法提供车辆有效价格证明的,主管税务机关有权核定应税车辆的计税价格。

四、特殊情形自用应税车辆应纳税额的计算

(1) 减税、免税条件消失车辆应纳税额的计算。对减税、免税条件消失的车辆,纳税人应按现行规定,在办理车辆过户手续前或者办理变更车辆登记注册手续前向主管税务机关缴纳车辆购置税。免税条件消失的车辆,自初次办理纳税申报之日起,使用年限未满10年的,计税价格以免税车辆初次办理纳税申报时确定的计税价格为基准,每满1年扣减10%;未满1年的,计税价格为免税车辆的原计税价格;使用年限10年(含)以上的,计税价格为0(国家税务总局令第33号)。其计算公式为

$$应纳税额=初次申报时计税价格\times(1-已使用年限\times10\%)\times税率$$

(2) 未按规定缴税车辆应补税额的计算。纳税人未按规定纳税的,应按现行政策规定的计税价格,区分情况,分别确定征税。不能提供购车发票和有关购车证明资料的,检查地税务机关应按同类型应税车辆的最低计税价格征税。如果纳税人回落籍地后提供的购车发票金额与支付的价外费用之和高于核定的最低计税价格的,落籍地主管税务机关还应对其差额计算补税。

第七节　申报与缴纳

根据自2015年2月1日起开始施行的《车辆购置税征收管理办法》(国家税务总局令第33号),车辆购置税的征收管理如下。

一、车辆购置税的纳税申报

车辆购置税实行一车一申报制度,具体可参见国家税务总局令第33号。

二、车辆购置税的纳税环节

车辆购置税是对应税车辆的购置行为课征,征税环节选择在使用环节(即最终消费环节)。具体而言,纳税人应当在向公安机关等车辆管理机构办理车辆登记注册手续前,缴纳车辆购置税。车辆购置税选择单一环节,实行一次课征制度,购置已征车辆购置税的车辆,不再征收车辆购置税。但免税条件消失的车辆,即免税车辆因转让、改制后改变了原免税前提条件的,就不再属于免税范围,应按规定缴纳车辆购置税。

三、车辆购置税的纳税地点

(1) 需要办理车辆登记注册手续的纳税人,向车辆登记注册地的主管税务机关办理纳税申报。车辆登记注册地是指车辆的上牌落籍地或落户地。

(2) 不需要办理车辆登记注册手续的纳税人,向纳税人所在地的主管税务机关办理纳税申报。

四、车辆购置税纳税期限

车辆购置税纳税期限如表17-4所示。

表17-4　车辆购置税纳税期限

购买自用的应税车辆	自购买之日(即购车发票上注明的销售日期)起60日内申报纳税
进口自用的应税车辆	自进口之日(报关进口的当天)起60日内申报纳税
自产、受赠、获奖和以其他方式取得并自用的应税车辆	自取得之日起60日内申报纳税
免税车辆因转让、改变用途等原因,其免税条件消失的	自免税条件消失之日起60日内重新申报纳税
免税车辆发生转让,但仍属于免税范围的	受让方应当自购买或取得车辆之日起60日内重新申报免税

车辆购置税税款于纳税人办理纳税申报时一次缴清(国务院令第294号)。

五、车辆购置税的缴税管理

车辆购置税缴款方法的选择如下。

(1) 自报核缴。

(2) 集中征收缴纳。

(3) 代征、代扣、代收。

六、车辆购置税的退税制度

(1) 已缴纳车辆购置税的车辆,发生下列情形之一的,准予纳税人申请退税。

① 车辆退回生产企业或者经销商的。

② 符合免税条件的设有固定装置的非运输车辆但已征税的。

③ 其他依据法律法规规定应予退税的情形。

(2) 退税款的计算。

① 车辆退回生产企业或者经销商的,纳税人申请退税时,主管税务机关自纳税人办理纳税申报之日起,按已缴纳税款每满1年扣减10%计算退税额;未满1年的,按已缴纳税款全额退税。

② 其他退税情形,纳税人申请退税时,主管税务机关依据有关规定计算退税额。

【习题及解答】

【例17-1 多选题】 (2010年注税)下列车辆中,纳税人出具有效证明后,以统一发票或有效凭证上注明的计税价格为车辆购置税计税依据的有( )。

A. 进口旧车

B. 库存超过3年的车辆

C. 减税条件消失的车辆

D. 行使3万公里以上的试验车辆

E. 因不可抗力因素导致受损的车辆

【答案】 ABE

第十八章 城市维护建设税与教育费附加

第一节 城市维护建设税

一、城市维护建设税的概念、特点和作用

（一）城市维护建设税的概念

城市维护建设税是对从事工商经营，缴纳增值税、消费税、营业税的单位和个人征收的一种税。现行《城市维护建设税暂行条例》（国发〔1985〕19号）于1985年1月1日起在全国范围内施行。

（二）城市维护建设税的特点

城市维护建设税与其他税种相比较，具有以下特点：

(1) 税款专款专用，具有受益税性质。

(2) 属于一种附加税。

(3) 根据城建规模设计税率。

(4) 征收范围较广。

（三）城市维护建设税的作用

(1) 补充城市维护建设资金的不足。

(2) 限制对企业的乱摊派。

(3) 调动地方政府进行城市建设和维护的积极性，为推行分税制创造条件。

二、城市维护建设税的基本规定（国发〔1985〕19号）

（一）征税范围

城市维护建设税的征税范围比较广。具体包括城市市区、县城、建制镇，以及税法规定征收"三税"的其他地区。城市、县城、建制镇的范围应以行政区划为标准，不能随意扩大或缩小各自行政区域的管辖范围。

（二）纳税人

城市维护建设税的纳税人是指负有缴纳增值税、消费税、营业税义务的单位和个人。

个体商贩及个人在集市上出售商品，对其征收临时经营的增值税，是否同时按其实缴税额征收城市维护建设税，由各省、自治区、直辖市人民政府根据实际情况确定（财税字〔1985〕69号）。

自2010年12月1日起，对外商投资企业和外国企业及外籍个人开始征收城市维护建设税（财税〔2010〕103号）。对外资企业在2010年12月1日（含）之后发生纳税义务的

增值税、消费税、营业税征收城市维护建设税和教育费附加。

（三）税率

(1) 城市维护建设税税率的基本规定。城市维护建设税实行地区差别比例税率。按照纳税人所在地的不同，税率分别规定为7%、5%、1%三个档次。具体适用范围是：纳税人所在地在城市市区的税率为7%；纳税人所在地在县城、建制镇的税率为5%；纳税人所在地不在城市市区、县城、建制镇的税率为1%。具体如表18-1所示。

表18-1　城市维护建设税税率

纳税人所在地	税率
市区	7%
县城、镇	5%
不在市、县城、镇	1%

(2) 城市维护建设税税率的特殊规定。纳税单位和个人缴纳城市维护建设税的适用税率一律按其纳税所在地的规定税率执行。县政府设在城市市区，其在市区办的企业按照市区的规定税率计算纳税(财税字〔1985〕69号)。纳税人所在地为工矿区的，应根据行政区划分别按照7%、5%、1%的税率缴纳城市维护建设税(财税字〔1985〕69号)。

另外，货物运输业按代开发票纳税人管理的所有单位和个人(包括外商投资企业、特区企业和其他单位、个人)。凡按规定应当征收营业税的，在代开货物运输业发票时一律按开票金额的3%征收营业税，按营业税税款的7%预征城市维护建设税。在代开发票时已征收的，属于法律、法规规定的减征或者免征的城市维护建设税及高于法律、法规规定的城市维护建设税税率征收的税款，在下一征期退税。

城市维护建设税的适用税率，一般规定按纳税人所在地的适用税率执行。但对下列两种情况可按纳税人缴纳“三税”所在地的规定税率就地缴纳城市维护建设税(财税字〔1985〕143号)：

① 由受托方代收、代扣“三税”的单位和个人；

② 流动经营等无固定纳税地点的单位和个人。

对铁道部(现为中国铁路总公司)应纳城市维护建设税的税率，鉴于其计税依据为铁道部(现为中国铁路总公司)实际集中缴纳的营业税税额，难以适用地区差别税率，因此特规定税率统一为5%(财税字〔1985〕159号)。

中国铁路总公司的分支机构预征1%增值税所应缴纳的城市维护建设税和教育费附加，由中国铁路总公司按季向北京市国家税务局缴纳(税总发〔2014〕17号)。

《中华人民共和国城市维护建设税暂行条例》对市区、县城、镇分别规定了7%、5%、1%的城市维护建设税税率。撤县建市后，城市维护建设税适用税率应为7%(税总函〔2015〕511号)。

归纳

各种特殊情况下城市维护建设税适用税率如表18-2所示。

表18-2　各种特殊情况下城市维护建设税适用税率

特殊情况	适用税率及规定
代收代扣城市维护建设税	缴纳“三税”所在地的规定税率(代收代扣方所在地适用税率)
流动经营等无固定纳税地点	缴纳“三税”所在地的规定税率
货物运输业按代开发票纳税人,在代开货物运输业发票时(“营改增”之前)	凡按规定应当征收营业税的,在代开货物运输业发票时一律按开票金额3%征收营业税,按营业税税款7%预征城市维护建设税。在代开发票时已征收的属于法律、法规规定的减征或者免征的城市维护建设税及高于法律、法规规定的城市维护建设税税率征收的税款,在下一征期退税
铁道部(现为中国铁路总公司)应纳城市维护建设税的税率	对于铁道部(现为中国铁路总公司)实际集中缴纳的营业税税额,财政部规定统一使用5%的税率

(四)计税依据

城市维护建设税的计税依据是纳税人实际缴纳的增值税、消费税、营业税税额。《城市维护建设税暂行条例》规定:“城市维护建设税,以纳税人实际缴纳的消费税、增值税、营业税税额为计税依据。”

城市维护建设税以“三税”为计税依据,指的是“三税”实际缴纳税额包括被查补的上述三项税额但不包括加收的滞纳金和罚款。以此为基础针对以下特殊情况,也存在相关调整。

(1) 海关对进口产品代征增值税、消费税的不征收城市维护建设税(财税字〔1985〕69号)。

(2) 对由于减免增值税、消费税、营业税而发生的退税,同时退还已纳的城市维护建设税,但对出口产品退还增值税、消费税的不退还已缴纳的城市维护建设税(财税字〔1985〕143号)。生产企业出口货物实行免、抵、退税办法后,经国家税务局正式审核批准的当期免抵的增值税税额应纳入城市维护建设税和教育费附加的计征范围,分别按规定的税(费)率征收城市维护建设税和教育费附加(财税〔2005〕25号)。

归纳

城市维护建设税计税依据如表18-3所示。

(3) 中外合作油气田开采的原油、天然气,按规定缴纳增值税后,以合作油气田缴纳的增值税税额为依据缴纳城市维护建设税和教育费附加(国家税务总局公告2010年第31号)。

表 18-3　城市维护建设税计税依据

城市维护建设税计税依据包括的内容	城市维护建设税计税依据不包括的内容
(1) 纳税人实际向税务机关缴纳的增值税、消费税、营业税税额 (2) 纳税人被税务机关查补的消费税、增值税、营业税税额 (3) 纳税人出口货物经批准免抵的增值税税额(出口不退,免抵要交)	(1) 纳税人进口环节被海关代征的增值税、消费税税额(进口不征) (2) 非税款项(被加收的滞纳金和罚款等)

(五) 减税、免税

城市维护建设税是以增值税、消费税、营业税为计税依据,并与"三税"同时征收。这样税法规定对纳税人减免"三税"时,相应也减免了城市维护建设税。因此城市维护建设税原则上不单独规定减免税。但是针对一些特殊情况,财政部和国家税务总局还是陆续做出了一些特案税收优惠规定,具体内容参阅财税〔2003〕141号、财税〔2004〕93号、财税〔2005〕23号、财税〔2010〕44号、财税〔2014〕39号、财税〔2015〕27号文件。

此外,对增值税、消费税、营业税"三税"实行先征后返、先征后退、即征即退办法的除另有规定外,对随"三税"附征的城市维护建设税和教育费附加,一律不予退(返)还(财税〔2005〕72号)。

特别提示

城市维护建设税与教育费附加的税收优惠政策可以合并记忆,因为两者的征免一般情况下是一致的。

归纳

城建税与增值税、消费税、营业税的退免税关系如表18-4所示。

表 18-4　城建税与增值税、消费税、营业税的退免税关系

退免增值税、消费税、营业税的原因	城建税、教育费附加的退免处理
错征税款导致退还"三税"	退还附征的城市维护建设税和教育费附加
法定免税的实施导致退还"三税"	退还附征的城市维护建设税和教育费附加
对"三税"采用先征后返、先征后退、即征即退办法的	除另有规定外,对随"三税"附征的城市维护建设税和教育费附加,一律不予退(返)还
出口退还增值税、消费税的	不退还附征的城市维护建设税和教育费附加
出口企业经国税局批准的当期免抵的增值税	应计征城市维护建设税和教育费附加

(六) 应纳税额的计算

城市维护建设税的应纳税额按以下公式计算:

$$应纳税额=(实际缴纳的增值税额+实际缴纳的消费税额+实际缴纳的营业税额)\times 适用税率$$

（七）征收管理（国税函〔2004〕420号）

城市维护建设税的征收管理、纳税环节等事项，比照增值税、消费税、营业税的有关规定办理。根据税法规定的原则，针对一些比较复杂并有特殊性的纳税地点，财政部和国家税务总局作了如下规定：

(1) 纳税人直接缴纳“三税”的，在缴纳“三税”地缴纳城市维护建设税。

(2) 代扣代缴的纳税地点。代征、代扣、代缴增值税、消费税、营业税的企业单位，同时也要代征、代扣、代缴城市维护建设税。没有代扣城市维护建设税的，应由纳税单位或个人回到其所在地申报纳税。

(3) 跨省开采的油田，下属生产单位与核算单位不在一个省内的，按照现行税法法规，对其生产的原油，在油井所在地缴纳产品税。应纳的税款，由核算单位按照各油井的产量和法规的税率，计算汇拨。这样，各油井应纳的城市维护建设税，应由核算单位计算，随同产品税一并汇拨油井所在地，由油井在缴纳产品税的同时，一并缴纳城市维护建设税。

(4) 对管道局输油部分的收入，按照税法法规，由取得收入的各管理局在所在地缴纳营业税。因此，其应纳的城市维护建设税，亦由取得收入的各管理局在所在地缴纳，不能按管道局所属单位在各省市的人数向各省市缴纳。

(5) 对流动经营等无固定纳税地点的单位和个人，应随同“三税”在经营地按适用税率缴纳。

由于城市维护建设税是与增值税、消费税、营业税同时征收的，因此在一般情况下城市维护建设税不单独加收滞纳金或罚款。但是，如果纳税人缴纳了“三税”之后，却不按规定缴纳城市维护建设税，则可以对其单独加收滞纳金，也可以单独进行罚款。

第二节　教育费附加

一、教育费附加的概念

教育费附加是以单位和个人缴纳的增值税、消费税、营业税税额为计算依据征收的一种附加费。

二、教育费附加的征收范围及计税依据

教育费附加对缴纳增值税、消费税、营业税的单位和个人征收，以其实际缴纳的增值税、消费税和营业税税额为计税依据，分别与增值税、消费税和营业税同时缴纳。自2010年12月1日起对外商投资企业、外国企业及外籍个人开始征收教育费附加（财税〔2010〕103号）。

三、教育费附加的计征比率

随着经济发展,教育费附加的计征比率也经历了一个由低到高的变化过程,现行教育费附加的计征比率为3%(国务院令第448号)。

根据《财政部关于统一地方教育附加政策有关问题的通知》的有关规定,按照其实际缴纳"三税"税额的2%征收地方教育附加(财综〔2010〕98号)。

四、教育费附加的计算

应纳教育费附加=(实际缴纳的增值税、消费税、营业税三税税额)×征收比率

五、教育费附加的减免规定

自2016年2月1日起,将免征教育费附加、地方教育附加的范围,由现行按月纳税的月销售额或营业额不超过3万元(按季度纳税的季度销售额或营业额不超过9万元)的缴纳义务人,扩大到按月纳税的月销售额或营业额不超过10万元(按季度纳税的季度销售额或营业额不超过30万元)的缴纳义务人(财税〔2016〕12号)。

一般来说,城市维护建设税减免,教育费附加也会同时减免,所以可将城市维护建设税与教育费附加的税收优惠政策可以合并记忆。具体细节请参阅财税字〔1985〕69号、财税字〔1985〕143号、财税〔2014〕39号、财税〔2004〕93号、财税〔2003〕141号文件。

【习题及解答】

【例18-1 单选题】 (2011年注税)下列关于教育费附加减免的说法,正确的是(　　)。

A. 对进口的产品征收增值税的同时征收教育费附加

B. 对出口产品退还增值税的同时退还教育费附加

C. 下岗职工从事个体餐饮,自领取税务登记证之日起3年内免征教育费附加

D. 企业减免营业税1年后才能减免教育费附加

【答案】 C

参考文献

[1] 罗宏斌,唐明. 国家税收[M]. 长沙：湖南大学出版社,2008.

[2] 靳万军,石坚. 税收理论与实践[M]. 北京：经济科学出版社,2010.

[3] 宋凤轩. 税收理论与实务[M]. 北京：经济管理出版社,2007.

[4] 李胜良. 税收脉络[M]. 北京：经济科学出版社,2004.

[5] 庞凤喜,薛钢,高亚军. 税收原理与中国税制[M]. 北京：财政经济出版社,2010.

[6] 王传纶,高培勇. 当代西方财政经济理论[M]. 北京：商务印书馆,1995.

[7] 胡怡建. 中国税制[M]. 北京：科学出版社,2006.

[8] 邓力平. 中国税制[M]. 北京：经济科学出版社,2004.

[9] 杨秀琴,钱晟. 中国税制[M]. 北京：中国人民大学出版社,1999.

[10] 许建国,林颖. 中国税制[M]. 北京：高等教育出版社,2012.

[11] 刘佐. 2012 年中国税制概览[M]. 16 版. 北京：经济科学出版社,2012.

[12] 朱青. 国际税收[M]. 北京：中国人民大学出版社,2011.

[13] 马海涛. 中国税制[M]. 北京,中国人民大学出版社,2011.

[14] 全国税务师职业资格考试教材编写组. 税法(一)[M]. 北京：中国税务出版社,2016.

[15] 全国税务师职业资格考试教材编写组. 税法(二)[M]. 北京：中国税务出版社,2016.

[16] 姬金玲. 2016 房地产业营改增操作案例[EB/OL]. http://www.tudou.com/programs/view/3vS_4Szmddw/.

教学支持说明

扫描二维码在线填写
更快捷获取教学支持

尊敬的老师：

您好！为方便教学，我们为采用本书作为教材的老师提供教学辅助资源。鉴于部分资源仅提供给授课教师使用，请您填写如下信息，发电子邮件给我们，或直接手机扫描上方二维码在线填写提交给我们，我们将会及时提供给您教学资源或使用说明。

（本表电子版下载地址：http://www.tup.com.cn/subpress/3/jsfk.doc）

课程信息

书　　名			
作　　者		书号（ISBN）	
开设课程1		开设课程2	
学生类型	□本科　□研究生　□MBA/EMBA　□在职培训		
本书作为	□主要教材　□参考教材	学生人数	
对本教材建议			
有何出版计划			

您的信息

学　　校			
学　　院		系/专业	
姓　　名		职称/职务	
电　　话		电子邮件	
通信地址			

清华大学出版社客户服务：

E-mail: tupfuwu@163.com

电话：010-62770175-4506/4903

地址：北京市海淀区双清路学研大厦 B 座 506 室

网址：http://www.tup.com.cn/

传真：010-62775511

邮编：100084